Vor der Reise

Reisetipps A–Z

Land und Leute

Kerala

Madurai

Mumbai

Anhang

Martin und Thomas Barkemeier
Kerala mit Mumbai und Madurai

Kollam kandal illam venda

„Wer nach Kerala kommt, wird seine
Heimat schnell hinter sich lassen"

Keralisches Sprichwort

Impressum

Martin und Thomas Barkemeier
Kerala mit Mumbai und Madurai

erschienen im
REISE KNOW-HOW Verlag Peter Rump GmbH
Osnabrücker Str. 79
33649 Bielefeld
© Peter Rump
1. Auflage 2003

Alle Rechte vorbehalten.

Gestaltung
Umschlag: M. Schömann, P. Rump (Layout);
 Günter Pawlak (Realisierung)
Inhalt: Günter Pawlak (Layout);
 Caroline Tiemann (Realisierung)
Fotos: Martin Barkemeier (mb), Thomas Barkemeier (tb)
Umschlagfoto: Martin Barkemeier
Karten: Catherine Raisin (vordere Umschlagklappe), der Verlag
Bildbearbeitung: Becker Reproservice, Martin Barkemeier

Lektorat: Caroline Tiemann

Druck und Bindung
 Fuldaer Verlagsagentur

ISBN 3-8317-1004-X
PRINTED IN GERMANY

Dieses Buch ist erhältlich in jeder Buchhandlung der BRD,
der Schweiz, Österreichs, Belgiens und der Niederlande.
Bitte informieren Sie Ihren Buchhändler
über folgende Bezugsadressen:
BRD
 Prolit GmbH, Postfach 9, 35461 Fernwald (Annerod)
 sowie alle Barsortimente
Schweiz
 AVA-buch 2000
 Postfach, CH-8910 Affoltern
Österreich
 Mohr Morawa Buchvertrieb GmbH
 Sulzengasse 2, A-1230 Wien
Niederlande, Belgien
 Willems Adventure
 Postbus 403, NL- 3140 AK Maassluis

Wer im Buchhandel trotzdem kein Glück hat,
bekommt unsere Bücher auch direkt bei:
Rump Direktversand Heidekampstraße 18,
D-49809 Lingen (Ems) oder über
unseren **Büchershop im Internet:**
www.reise-know-how.de

Wir freuen uns über Kritik, Kommentare und Verbesserungsvorschläge.

Alle Informationen in diesem Buch sind von den Autoren mit größter Sorgfalt gesammelt und vom Lektorat des Verlages gewissenhaft bearbeitet und überprüft worden.

Da inhaltliche und sachliche Fehler nicht ausgeschlossen werden können, erklärt der Verlag, dass alle Angaben im Sinne der Produkthaftung ohne Garantie erfolgen und dass Verlag wie Autoren keinerlei Verantwortung und Haftung für inhaltliche und sachliche Fehler übernehmen.

Die Nennung von Firmen und ihren Produkten und ihre Reihenfolge sind als Beispiel ohne Wertung gegenüber anderen anzusehen.
Qualitäts- und Quantitätsangaben sind rein subjektive Einschätzungen der Autoren und dienen keinesfalls der Bewerbung von Firmen oder Produkten.

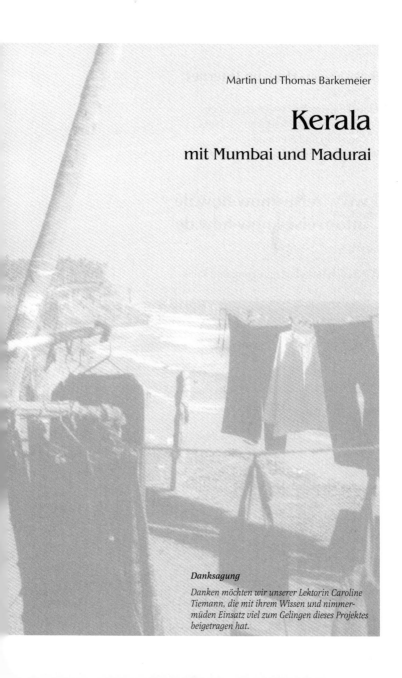

Martin und Thomas Barkemeier

Kerala
mit Mumbai und Madurai

Danksagung

Danken möchten wir unserer Lektorin Caroline Tiemann, die mit ihrem Wissen und nimmermüden Einsatz viel zum Gelingen dieses Projektes beigetragen hat.

REISE KNOW-HOW im Internet

Aktuelle Reisetipps und Neuigkeiten
Ergänzungen nach Redaktionsschluss
Büchershop und Sonderangebote
Weiterführende Links zu über 100 Ländern

www.reise-know-how.de
info@reise-know-how.de

Wir freuen uns über Anregung und Kritik.

Vorwort

„Kollam kandal illam venda" – wer nach Kerala kommt, wird seine Heimat schnell hinter sich lassen. Dieses alte keralische Sprichwort scheint angesichts der einzigartigen Schönheit dieses nach Goa zweitkleinsten südindischen Bundesstaates eher noch untertrieben. Bei einer Reise durch den schmalen Landstreifen im äußersten Südwesten des Subkontinents wähnt man sich angesichts der geradezu überbordenden tropischen Natur in einem Garten Eden. Saftig grüne Reisfelder, Tee-, Kaffee- und Kautschukplantagen, Baumwollfelder, Mango-, Papaya-, Apfel- und Jackfruitbäume, der Anbau von Kardamom, Pfeffer, Zimt und Nelken sowie vor allem der Lebensbaum Keralas, die Kokospalme, bestimmen das Landschaftsbild.

Abgesehen von der tropischen Fülle wird das 1956 aus dem Zusammenschluss der ehemaligen Fürstentümer Travancore und Cochin sowie dem Distrikt Malabar entstandene Kerala durch die 44 an den Hängen der West-Ghats entspringenden Flüsse sowie durch das weit verzweigte Lagunensystem der Backwaters geprägt. Eine Fahrt durch diese Welt von künstlichen Kanälen und Seen bildet den Höhepunkt jeder Kerala-Reise.

Kerala gilt heute als eine Art Vorzeigestaat für ein fortschrittliches, multikulturelles, offenes und gebildetes Indien. Nirgendwo sind die Alphabetisierungsquote und die durchschnittliche Lebenserwartung so hoch, die Kindersterblichkeit und das Bevölkerungswachstum so gering. Kerala gehört zu den angenehmsten, schönsten und entspannendsten Reisezielen des Indischen Subkontinents. Egal, ob man nun Erholung für Seele und Geist in einem der zahlreichen Ayurveda-Hotels sucht, an den Stränden von Kovalam oder Varkala faulenzt, in den saftig grünen Bergen der West-Ghats wandert, sich im Periyar-Nationalpark auf die Pirsch nach Elefanten und Tigern begibt, den musikalisch wie optisch faszinierenden Kathakali-Tänzen beiwohnt, mit einem Hausboot durch die paradiesische Welt der Backwaters gleitet oder die raffinierte Kerala-Küche kostet – Reisen in Kerala, das ist in erster Linie ein Genuss für die Sinne.

Allerdings besteht auch hier die Notwendigkeit, die Reise gut vorbereitet anzutreten und sich im auf den ersten Blick chaotischen Indien zurechtzufinden. Mit diesem Handbuch sollen dem Reisenden die nötigen Hinweise zu den kleinen, aber ungemein wichtigen Dingen des Reisealltags gegeben werden. Verkehrsverbindungen, Hotelpreise, Restaurantempfehlungen, Stadtpläne und zahlreiche praktische Tipps sollen es dem Kerala-Reisenden ermöglichen, sich in diesem nicht gerade einfachen Reiseland auf eigene Faust zu bewegen.

Der vorliegende Band ist eine Auskopplung aus dem erfolgreichen, umfangreichen Reisehandbuch „Indien – der Süden". Der allgemeine reisepraktische Teil deckt sich in beiden Büchern weitgehend.

Wir wünschen eine gute Reise!
Martin und Thomas Barkemeier

Inhalt

Vorwort	7
Kartenverzeichnis	10
Hinweise zur Benutzung	11

Vor der Reise

Diplomatische Vertretungen	14
Informationsstellen	14
Indien im Internet	15
Ein- und Ausreisebestimmungen	15
Anreise aus Europa	16
Anreise von Asien	21
Geldangelegenheiten	21
Preise und Kosten	24
Reisegepäck	26
Gesundheitsvorsorge	28
Versicherungen	30

Praktische Reisetipps A–Z

Behinderte	34
Einkaufen und Souvenirs	34
Elektrizität	37
Essen und Trinken	37
Fotografieren	45
Frauen unterwegs	47
Mit Kindern reisen	48
Medizinische Versorgung	49
Nachtleben	49
Öffnungszeiten	49
Post und Telekommunikation	50
Sicherheit	56
Unterkunft	61
Verhaltenstipps	65
Verkehrsmittel	70
Weiterreise	80
Zeitverschiebung	81

Land und Leute

Landschaft und Natur

Geografie	84
Klima	87
Flora und Fauna	89

Staat und Gesellschaft

Geschichte	98
Staat und Verwaltung	118
Presse	121
Wirtschaft	122
Tourismus	129

Menschen und Kultur

Bevölkerung	130
Sprache	136
Religionen	140
Architektur	157
Film	165
Literatur	169
Musik	171
Tanz	175
Feste und Feierlichkeiten	185

Kerala

Thiruvananthapuram (Trivandrum)	190
Kovalam ☞	200
Ponmudi und Peppara Wildlife Sanctuary	211
Padmanabhapuram ☞	212
Varkala	213
Backwaters ☞	222
Kollam (Quilon)	227
Alappuzha (Allepey)	231
Kottayam	236
Periyar-Wildschutzgebiet ☞	241
Munnar	252

INHALT

Kochi (Cochin) und Ernakulum 📷	255
Lakshadweep (Lakkadiven)	280
Thrissur (Trichur) 📷	281
Kozhikode (Calicut)	288
Kannur (Cannanore)	290

Madurai

Überblick	294
Sehenswertes	298
Praktische Tipps	304

Mumbai (Bombay)

Überblick	314
Geschichte	317
Sehenswertes	318
Praktische Tipps	328

Anhang

Glossar	346
Literaturtipps	349
Reise-Gesundheits-Information Indien	350
Hilfe!	353
Register	356
Die Autoren	360

Exkurse

- Mitleid fehl am Platz – das alltägliche Elend in den Augen der Inder 68
- Kerals Nationalbaum – die Kokospalme 92
- Die heilige Kuh – geschlagene Heilige 96
- Brahmanen und Unberührbare – die Kasten zwischen Tradition und Auflösung 100
- Kerals Landreform – die Abschaffung des Großgrundbesitzes 126
- Die Frau in der keralischen Gesellschaft 132
- Schulbildung in Kerala 138
- 330.000 Möglichkeiten – die indische Götterwelt 144
- Der Sari – das indischste aller Kleidungsstücke 178
- Wissen vom langen Leben – Ayurveda 219
- Rettung in letzter Sekunde – Project Tiger 244

Kartenverzeichnis

Alappuzha (Allepey) 232
Backwaters .... Umschlag vorn
Kerala .... Umschlag hinten
Kochi 256
Kochi: Ernakulum 268
Kochi: Fort Cochin 260
Kollam 228
Kottayam 236
Kovalam 201
Kozhikode (Calicut) 289
Madurai 296
Madurai: Altstadt 306
Madurai: Sri-Meenakshi-Tempel 298
Mumbai (Bombay) 324
Mumbai: Colaba 319
Mumbai: Zentrum 322
Munnar 253
Periyar-Widschutzgebiet 247
Thiruvananthapuram (Trivandrum) 192
Thrissur 282
Varkala 214

Highlight:

Mit „Highlight" sind Orte und Sehenswürdigkeiten gekennzeichnet, die von besonderem touristischen Interesse sind, die kulturellen und landschaftlichen Höhepunkte Keralas. Aufgeführt sind die lohnendsten Ziele, die von den meisten Reisenden angesteuert werden. Bei der Planung der eigenen Reiseroute sollte man die „Highlights" auf keinen Fall auslassen.

Der besondere Tipp:

Als „besonderer Tipp" sind in den Ortsbeschreibungen jene Orte markiert, die nicht auf der üblichen Route der meisten Indienreisenden liegen. Es sind spezielle Empfehlungen des Autors, die nicht weniger sehenswert sind als die „Highlights". Manchmal handelt es sich um Orte oder Gegenden, die wegen ihrer besonderen Atmosphäre einen Besuch lohnen.

Hinweise zur Benutzung

Preise

Mehr noch als bei anderen Ländern steht ein Reiseführer Indien in der Gefahr, dass die genannten Preise im Moment der Drucklegung schon wieder überholt sind. Unglücklicherweise gilt dies besonders für die Tourismusindustrie. Vor allem im Hotelwesen, aber auch bei öffentlichen Verkehrsmitteln ist in den nächsten Jahren mit saftigen Aufschlägen zu rechnen. Man liegt sicher nicht falsch, wenn man auf die hier genannten Preise ein paar Prozente hinzurechnet. Eintrittspreise werden nur dann aufgeführt, wenn sie mindestens 10 Rs (= ca. 0,25 €) betragen.

Begriffe und Ortsnamen

Es ist verwirrend: Selbst in Indien gibt es verschiedene Schreibungen für einen Ortsnamen, entweder mehr oder weniger korrekt der offiziellen Transkription oder der englischen Schreibweise folgend. Im Deutschen wiederum wird beispielsweise der *Maharadscha* immer häufiger in der englischen Weise geschrieben: *Maharaja*.

Daher wird in diesem Buch die linguistisch korrekte Transkription für Begriffe aus dem Hindi übernommen. Nur gelegentlich, vor allem bei Namen und bei bekannten Begriffen, wird die englische Schreibweise benutzt.

Häufig benutzte **indische Begriffe** sind in einem Glossar im Anhang des Buches erklärt, **geografische Begriffe** stehen in einem Kasten im Kapitel „Geografie" (S. 86), das spezielle **Vokabular der Tempelarchitektur** ist im Kapitel „Architektur" aufgeführt (S. 160).

Kartenverweise

Hinter jeder Ortsüberschrift steht ein Verweis auf das Planquadrat, in der Ort auf der **Karte im hinteren Umschlag** zu finden ist. Beispiel:

Kochi ⇗ C1

Der Ort Kochi liegt im Planquadrat C1.

Symbole in den Kästen

 Empfehlung

 Hinweis

 Warnung

 Verbot

Abkürzungen

1. Kl.	Erste Klasse
2. Kl.	Zweite Klasse
Abf.	Abfahrt
AC	Air Condition (Klimaanlage)
Ank.	Ankunft
Av., Aven.	Avenue
DZ	Doppelzimmer
Exp.	Expresszug
EZ	Einzelzimmer
GPO	General Post Office (Hauptpost)
ISD/STD	Telefonamt
ITDC	Indische Tourismusorganisation
Rd.	Road
Rs	Rupien
St.	Street

12 Vor der Reise

Vor der Reise

Handkarren – immer noch ein alltägliches
Bild auf Indiens Straßen

LKW-Fahrerhäuser werden
gern knallbunt bemalt

Die Autoriksha –
das Taxi des kleinen Mannes

DIPLOM. VERTRETUNGEN, INFORMATIONSSTELLEN

Diplomatische Vertretungen

In Deutschland

- **Indische Botschaft,** Konsularabteilung, Tiergartenstraße 17, 10785 Berlin, Tel.: 030/25795-0, Fax: 030/25795-102, Mo bis Fr 9.30 –12.30 Uhr, info@indianembassy.de, www.indianembassy.de.
- **Außenstelle Bonn der Indischen Botschaft,** Willy-Brandt-Allee 16, 53113 Bonn, Tel.: 0228/5405132, Fax: 233292
- **Indisches Generalkonsulat,** Friedrich-Ebert-Anlage 26, 60325 Frankfurt/M., Tel.: 069/153005-0 oder 15300548, Fax: 554125, www.cgifrankfurt.de.
- **Indisches Generalkonsulat,** Raboisen 6, 20095 Hamburg, Tel.: 040/338036, Fax: 323757.

In Österreich

- **Indische Botschaft,** Kärntner Ring 2, 1015 Wien, Tel.: 0043/222-505 86 66, Fax: 0043/222-505 92 19, indemb@eoivien.vienna.at, www.indianembassy.at.

In der Schweiz

- **Indische Botschaft,** Kirchenfeldstr. 28, 3006 Bern, Tel. 031/3511110 oder 3511046, Mo–Fr 9.30–12.30 Uhr, india@spectraweb.ch, Visabestimmungen unter www.intens.ch/indien/visa.pdf.
- **Indisches Generalkonsulat,** 9, Rue de Valais, 1202 Genf, Tel.: 0041/22-7384548, Fax: 0041/22-7315129.

In Indien

- **Botschaft der Bundesrepublik Deutschland,** 6/50G,Shanti Path, Chanakyapuri, New Delhi 110021, Tel.: 26871831-37, Fax: 26873117, germany@vsnl.com, www.germanembassy-india.org.
- **Botschaft der Republik Österreich,** 13, Chandragupta Marg, Chanakyapuri, Delhi, Tel.: 66889037/49, Fax: 26886929.
- **Botschaft der Schweiz,** Nyaya Marg, Chanakyapuri, Delhi, Tel.: 26878372, Fax: 26873093.
- **Deutsches Honorarkonsulat,** Hoechst House (10.Stock), Nariman Point, Mumbai, Tel.: 283422.
- **Österreichisches Honorarkonsulat,** 206-210 Balram Building, Mumbai, Tel.: 26442291.
- **Schweizer Honorarkonsulat,** Maker Chambers IV, J. Bajaj Marg, Nariman Point, Mumbai, Tel.: 22884563.

Informationsstellen

- **Indisches Fremdenverkehrsamt,** Basler Straße 46, 60329 Frankfurt/Main Tel.: 069/242949-0, Fax: 242949-77 info@india-tourism.de, www.india-tourism.de.

  In Österreich und der Schweiz unterhält Indien kein Fremdenverkehrsbüro. Infos können dort von der Indischen Botschaft eingeholt werden.
- **Deutsch-Indische Gesellschaft** (Bundesgeschäftsstelle), Charlottenplatz 17, 70173 Stuttgart, Tel.: 0711/297078, Fax: 0711/2991450, www.dig-ev.de.

  Zweigstellen gibt es in vielen größeren Städten in Deutschland.
- **Indisches Kulturzentrum,** Stormstr. 10, 14050 Berlin, Tel.: 030/3062950.
- **Gandhi Informationszentrum,** Lübecker Str. 44, 10559 Berlin, Tel.: und Fax: 030/3941420, http://home.snafu.de/mkgandhi/.
- **Auswärtiges Amt,** Werderscher Markt 1, 10117 Berlin, Postanschrift: 11013 Berlin, Tel.: 01888/17-0, Fax: 17-3402, www.auswaertiges-amt.de.

  Hier erhält man Informationen zur aktuellen allgemeinen Sicherheitslage und Warnungen vor besonders gefährdeten Gebieten.

Indien im Internet

- Die offizielle Website des Indischen Fremdenverkehrsamts mit einem breiten Informationsangebot auf Deutsch, umfangreichen Reiseinformationen zu allen Bundesstaaten, Einreisebestimmungen und Gesundheitstipps, Hilfe zur Routenplanung und Stadtführer, Adressen von Hotels, Reisebüros, Fluggesellschaften u.v.m.: **www.india-tourism.de**.
- Alles rund ums Reisen innerhalb Indiens findet sich unter: **www.indiatravelite.com**.
- Auf der Seite der staatlichen Fluggesellschaft Indian Airlines finden sich das Streckennetz, Flugpläne, Preise, Informationen für Vielflieger und mehr: **http://indian-airlines.nic.in**.
- Auf der Homepage von Indian Railways sind die wichtigsten innerindischen Zugverbindungen einzusehen, Informationen für Touristen, das Streckennetz, ein historischer Abriss und einiges mehr: **www.indianrailways.com**.
- Eine indische Suchmaschine mit einigen Chat-Rooms, Nachrichten, Wetterbericht u.v.m.: **www.123india.com**.
- Das National Informatics Centre (NIC) der indischen Regierung hat ein weiterverweisendes Verzeichnis staatlicher indischer Websites (Ministerien, Botschaften, Unionsstaaten, Organisationen etc.): **www.nic.in**.
- Aktuelle Nachrichten (auch nach Unionsstaaten geordnet), Archiv und mehr beim indischen Nachrichtendienst Rediff On the Net: **www.rediff.com**.
- Das deutsche Indien-Magazin berichtet informativ und kompetent über das moderne Indien – aktuelle Entwicklungen aus Politik, Wirtschaft und Gesellschaft. Filme und Bücher werden ausführlich besprochen und Restaurantkritiken und Kochtips sorgen für das leibliche Wohl. Ein Veranstaltungskalender und eine Link-Liste runden das Angebot ab: **www.indien-newsletter.de**.
- Landkarten von Indien zu verschiedenen Themen sowie Stadtpläne findet man unter: **www.mapsofindia.com**.
- Aktuellste Infos und Tipps zur Ergänzung dieser Auflage sowie weiterführende Links finden sich auf der Verlags-Homepage unter den Stichwörtern „Latest News" und „Travellinks". Diesen Service bietet der Verlag zu allen Reiseführern von Reise Know-How: **www.reise-know-how.de**.

Ein- und Ausreisebestimmungen

Visum

Dem Antrag müssen neben dem ausgefüllten, vorher bei der Botschaft bzw. dem Konsulat angeforderten **Antragsformular** (Rückporto beifügen) ein **Reisepass**, der ab dem Ankunftsdatum in Indien noch mindestens 6 Monate gültig ist, sowie **zwei Passbilder** neueren Datums beigefügt sein. Das Ganze wird zusammen mit der Visumgebühr bzw. dem Originaleinzahlungsbeleg in einem frankierten Rückumschlag per Einschreiben an die indische Vertretung geschickt. Als Bearbeitungszeit sollte man etwa 10 Tage rechnen. Wesentlich schneller geht es selbstverständlich, wenn man persönlich bei der Botschaft vorspricht. Das Visumformular kann man sich auch auf der Website des Indischen Fremdenverkehrsamts im Pdf-Format herunterladen (www.india-tourism.com).

Visagebühren

- **Transit Visum**, gültig für 15 Tage (zur ein- oder zweifachen Einreise): 12 €
- **Touristenvisum**, 6 Monate gültig ab Datum der Ausstellung, berechtigt zur mehrmaligen Einreise: 50 €
- **Geschäftsvisum**, gültig bis zu 6 Monaten ab dem Datum der ersten Einreise: 50 €, gültig für ein Jahr: 80 €
- **Studentenvisum**, gültig für die Dauer des Studiums oder maximal fünf Jahre, ein Nachweis der indischen Universität ist erforderlich: 93 €
- **Visum**, gültig ein bis **fünf Jahre**, spezielles Visum für Vielfach-Indien-Besucher und Ge-

ANREISE AUS EUROPA

schäftsleute, entsprechende Nachweise erforderlich: **160 €**
- **PIO Card** (nur für Pesonen indischer Herkunft): **1176 €**

Visumverlängerung

Wer sein im Ausland erhaltenes, sechsmonatiges Visum in Indien voll ausgeschöpft hat, braucht sich gar nicht erst der bürokratischen Mühe einer Visumverlängerung auszusetzen, da man als Tourist **nur 180 Tage des Jahres** in Indien verbringen darf. Erst wieder nach einem halben Jahr darf man erneut ins Land einreisen.

Ansonsten sind für Visumverlängerungen in Großstädten die so genannten **Foreigners Regional Registration Offices**, in Distrikthauptstädten die lokalen Polizeibehörden zuständig. Das Problem ist, dass dabei meist völlig unterschiedlich vorgegangen wird. Während man in einigen Städten relativ schnell und unproblematisch eine Verlängerung bekommt, erteilen andere sie gar nicht. Auch über die vorzulegenden Dokumente scheint Konfusion zu herrschen. Auf jeden Fall sollte man neben dem Pass immer die **Umtauschbescheinigungen** der Banken und mindestens **vier Passfotos** dabei haben.

Auch bei den Kosten scheint es keine klaren Richtlinien zu geben. Manche Traveller erhielten ihre Verlängerung umsonst, anderen knöpfte man 500 Rs ab.

Ein- und Ausfuhr

In Indien gelten die international üblichen **Zollbestimmungen,** d.h. man darf neben Artikeln des persönlichen Bedarfs u.a. 200 Zigaretten oder 50 Zigarren sowie Geschenke bis zu einem Wert von 800 Rs einführen.

Spezielle Beschränkungen gibt es für **elektronische Geräte** wie z.B. Kameras, Videogeräte oder Laptops. Wer mehr als eine Kamera mit zwei Objektiven und 30 Filme dabei hat, muss diese auf einem speziellen Formular offiziell deklarieren, welches bei der Ausreise wieder vorzulegen ist. Hiermit soll verhindert werden, dass man seine Reisekasse mit dem Verkauf dieser Waren aufbessert.

Mir ist jedoch bisher kein einziger Fall bekannt geworden, bei dem man bei der Ausreise tatsächlich nach dem Formblatt gefragt hätte.

Es darf **keine indische Währung** ein- oder ausgeführt werden. Reisende, die mehr als 2.500 US-$ Bargeld sowie über 10.000 US-$ in Reiseschecks und Bargeld (Gesamtwert) einführen wollen, müssen diese auf der Currency Declaration Form, die sie bei der Einreise erhalten, angeben.

Anreise aus Europa

Für die Anreise von Europa nach Kerala bietet sich ein Flug nach **Thiruvananthapuram (Trivandrum)** an, dem nächstgelegenen Flughafen in Indien mit internationalen Verbindungen. Direktflüge nach Thiruvananthapuram (Trivandrum) aus dem deutschsprachigen Raum gibt es allerdings nicht, dafür aber einige Umsteigeverbindungen.

Je nach Fluggesellschaft, Jahreszeit und Aufenthaltsdauer in Indien kostet ein Flug von Deutschland, Österreich und der Schweiz nach Thiruvananthapuram (Trivandrum) und wieder zurück ab 500 Euro.

Man kann statt nach Thiruvananthapuram (Trivandrum) aber auch mit Lufthansa von Frankfurt direkt nach Bangalore oder Chennai (Madras) fliegen und seine Reise nach Kerala von dort auf dem Landweg mit Zügen und Bussen fortsetzen.

Wahl der Fluggesellschaft

Die Wahl der Fluggesellschaft fällt bei der Vielzahl der Angebote oft recht schwer. Nach der Fluggesellschaft richtet sich der Umsteigeflughafen, denn dieser ist der Heimatflughafen der betreffenden Gesellschaft. Je nach Flugplan kann sogar eine Übernachtung im Umsteigeort notwendig werden. Die wichtigsten Fluggesellschaften auf den Strecken von Mitteleuropa nach Thiruvananthapuram (Trivandrum) sind (Heimatflughafen in Klammern): Air India (Delhi), Gulf Air (Abu

ANREISE AUS EUROPA

Dhabi und Bahrain), Kuwait Airways (Kuwait City), Qatar Airways (Doha) und Sri Lankan (Colombo).

Die am häufigsten beflogenen Strecken nach Thiruvananthapuram (Trivandrum) sind (Anzahl der Flüge pro Woche in Klammern): von Frankfurt über Abu Dhabi oder Bahrain mit Gulf Air (täglich), von Frankfurt über Delhi mit Air India (3x), von Frankfurt über Kuwait City mit Kuwait Airways (3x), von Frankfurt über Colombo mit Sri Lankan sowie von Frankfurt und München über Doha mit Qatar Airways (2x).

Flugpreise

Der offizielle, von der IATA (International Air Transport Association) festgesetzte Preis für die Route **Frankfurt – Thiruvananthapuram – Frankfurt** beträgt bei einer Ticketgültigkeit von einem Jahr und kostenloser Umbuchungsmöglichkeit rund 3500 Euro. Doch keine Angst, soviel bezahlt kaum jemand, es sei denn, er ist Geschäftsreisender. Die Preise für Billig-Tickets liegen in einem Bereich von **500 bis über 1000 Euro,** wobei es zu erheblichen saisonalen Schwankungen kommt. Die Termine für den Tarifwechsel sind festgelegt; Hauptsaison für Südindien ist die Zeit von November bis März, in der die Preise für Flüge vor allem in den Weihnachtsferien besonders hoch sind.

Wer weniger flexibel reagieren kann, was Abflugort, Flugroute, Datum und Uhrzeit anbelangt, der sollte sein Ticket eher früher als später kaufen, da die billigsten Kontingente als erstes verkauft werden.

Ein weiterer preisbestimmender Faktor ist oft die **Gültigkeitsdauer** des Tickets. Einige Tickets sind sehr billig, da sie nur 30 oder 45 Tage gültig sind, und diese taugen dann nicht für Langzeitreisende. Andere Tickets wiederum sind billig, weil die einmal gebuchten Reisetermine nicht mehr geändert werden können.

Wo bekommt man ein günstiges Flugticket?

Billig-Tickets sind über spezielle Reisebüros zu beziehen. Die Preise für Tickets ein und derselben Airline können in den verschiedenen Büros stark variieren. Ein Vergleich (auch über das Internet oder als Anfrage per Telefon) lohnt sich also durchaus. Ein zuverlässiges Reisebüro mit meistens günstigeren Preisen als viele andere ist **Jet-Travel** in Bonn (Buchholzstr. 35, 53127 Bonn, Tel. 0228/28 43 15, Fax 0228/28 40 86, E-Mail info@jet-travel.de). Über die Flüge, die Jet-Travel anbietet, kann man sich auch im Internet unter www.jet-travel.de informieren.

Die Fluggesellschaften bieten inzwischen nicht nur die Full-fare-IATA-Tickets (siehe oben), sondern auch Spezialtarife an. Falls man dennoch ein Full-fare-Ticket kauft, kann dieses später auch auf eine andere Airline umgeschrieben werden, die dieselbe Strecke fliegt – schließlich hätte man auch dort denselben (IATA-)Preis gezahlt.

Sonderangebote

Von Zeit zu Zeit offerieren die Fluggesellschaften, die Südindien anfliegen, befristete Sonderangebote zu niedrigeren als den üblichen Preise. Dann kann man schon für unter 500 Euro nach Thiruvananthapuram (Trivandrum) und wieder zurück fliegen. Ob für die geplante Reisezeit gerade Sonderangebote für Flüge nach Kerala auf dem Markt sind, lässt sich im Internet der Website von Jet-Travel (www.jet-travel.de) unter „Flüge" entnehmen, wo sie als Schnäppchenflüge nach Asien mit aufgeführt sind. Wenn für die gewünschten Reisetermine Plätze zur Verfügung stehen, kann man dort auch gleich **online buchen**.

Last-Minute-Flüge

Wer sich erst im letzten Augenblick für eine Reise nach Indien entscheidet oder gern pokert, kann Ausschau nach Last-Minute-Flügen halten, die von einigen Airlines mit deutlicher Ermäßigung ab etwa 14 Tage vor Abflug angeboten werden, wenn noch Plätze zu füllen sind. Sie werden nur von Lufthansa direkt angeboten (www.lufthansa.com), ansonsten aber nicht in allen Reisebüros, sondern nur bei Spezialisten. Wenn man kurzfristig nach Indien fliegen will, lohnt es, sich nach solchen Discount-Flügen auch bei L'Tur (mit über 130 Büros in Deutschland, Österreich und der Schweiz, telefonisch in Deutschland unter 01805/21 21 21, in Österreich unter 0820/60 08 00 und in der Schweiz unter 0848/80 88 88, im Internet: www.ltur.de) und bei Lastminute.com (nur telefonisch unter 01805/77 72 57 und im Internet unter www.de.lastminute.com) zu erkundigen.

Gültigkeit des Tickets

Es gibt Gültigkeitsdauern von 30 oder 45 Tagen sowie 3, 6 und 12 Monaten. Nach Ablauf der Frist (siehe Gültigkeitsdauer in der Mitte des Tickets über der Flugstreckenangabe) ist keine Verlängerung möglich, das Ticket verfällt dann.

Änderung des Flugtermins

Innerhalb der Geltungsdauer des Tickets kann der Flugtermin theoretisch beliebig oft verschoben werden, wofür aber fast immer Gebühren erhoben werden. Wenn man allerdings zu einem Flugtermin nicht erscheint – sei es, weil man den Flug verpasst hat, oder aus anderen Gründen –, verfällt das Ticket dadurch nicht. Gerade preiswerte Airlines sind aber oft auf Wochen ausgebucht, also Vorsicht! Die Änderungsmöglichkeit gilt nicht für Billig-Tickets, die einen fixen Termin beinhalten.

Die Warteliste

Ist ein Flugtermin ausgebucht, kann man sich auf die Warteliste (waiting list) setzen lassen, d.h., man kann noch einen Platz bekommen, falls andere Passagiere ihre Buchung zurückziehen oder einfach nicht erscheinen. Allerdings müssen die auf der Warteliste Stehenden nicht unbedingt am Flugplatz warten, ob denn tatsächlich ein Platz frei wird.

Die besseren Airlines geben ihren Warteliste-Kandidaten **Wartenummern**, anhand derer man ablesen kann, wie viele potentielle Passagiere noch vor einem dran sind. Bei Air-

ANREISE AUS EUROPA

lines, die diese Nummern nicht ausgeben, ist zu vermuten, dass in der Reihenfolge der Kandidaten gemauschelt werden kann. In einigen Ländern Asiens z.B. sind **Schmiergeldzahlungen**, um einen Flug zu bekommen, nicht ungewöhnlich.

Bei Wartelisten-Tickets, die lange vor dem anvisierten Flugtermin gekauft werden, ist die Chance recht gut, doch noch einen Platz zu bekommen.

Bei Erhalt des Tickets im Reisebüro ist unbedingt darauf zu achten, ob es ein **„OK-Ticket"** ist (mit bestätigtem Platz) oder nur ein **„RQ-Ticket"**, das einen nur auf die Warteliste setzt. (RQ bedeutet *request,* also „Wunsch".) Rechts neben der Flugstreckenangabe auf dem Ticket muss eindeutig verzeichnet sein, um was für ein Ticket es sich handelt. Hat der Reisebüromitarbeiter zuvor eindeutig ein „OK-Ticket" versprochen und liefert er dann nur ein „RQ-Ticket", sollte man die Annahme verweigern! Einige windige Reisebüros versprechen feste Plätze, auch wenn der Flug längst ausgebucht und die Warteliste eröffnet ist.

Man kann auch einen festen Platz buchen und sich zusätzlich auf die Warteliste für einen früheren Termin setzen lassen. Ein Beispiel: Angenommen, man möchte am 1.1. fliegen, an dem Termin ist jedoch alles voll. Stattdessen lässt man sich auf den nächsten freien Flugtermin setzen, sagen wir, zum 4.1. Damit ist der Platz zu diesem Termin gesichert, man kann sich nun aber noch gleichzeitig auf die Warteliste für den 1.1. setzen lassen. Springen von diesem Flug noch genügend Passagiere ab, hat man die Wahl: 1.1. oder 4.1. Die besseren Airlines telefonieren den Kunden an, wenn sein Wartelistenplatz frei geworden ist, und bitten um Festsetzung des endgültigen Reisetermins. Bei weniger guten Airlines muss man selber des öfteren nachhaken.

Bei **Spezialtarifen** gibt es übrigens oft keine Wartelisten-Buchung. Das Kontingent wird zu diesem Tarif nicht mehr freigegeben. Selbst wenn ein Passagier storniert, wird der Platz nur noch zu einem höheren Preis wieder verkauft.

Rückbestätigung

Kauft man ein Ticket mit schon festgesetzten Terminen, muss der Rückflug dennoch am Zielort bis mindestens 72 Stunden vor dem Abflug rückbestätigt werden. Man muss sich also mit der betreffenden Airline in Verbindung setzen – Telefonanruf genügt –, um noch einmal zu bestätigen, dass man wirklich zu dem gebuchten Termin fliegt. Vergisst man diese Rückbestätigung *(reconfirmation),* kann man im Computer der Airline gestrichen werden, und der Flugtermin ist dahin. Das Ticket verfällt dadurch aber nicht, es sei denn, der Gültigkeitstermin wird überschritten. Bei der Rückbestätigung erfährt man gleichzeitig, ob das Flugzeug zur geplanten Zeit abfliegt.

Verlust des Tickets

Geht ein Ticket verloren, das schon rückbestätigt wurde, hat man gute Chancen, einen Ersatz dafür zu erhalten. Einige Airlines kassieren eine Gebühr von 50-100 Euro für die Ausstellung eines Ersatztickets, und bei manchen läuft gar nichts mehr. Wer auf Nummer Sicher gehen will, kann die Rückflugtickets **im Büro der Fluggesellschaft deponieren** (gegen Quittung) und sie dann kurz vor dem Abflug abholen. Die deutschen Botschaften bewahren gegen eine Gebühr ebenfalls Wertgegenstände auf.

In jedem Fall sollten **Fotokopien** des Tickets vorhanden sein, auf denen Ticket-Nummer, Buchungscode, Name, Flugroute und -datum deutlich zu erkennen sind. Die Neuausstellung eines Tickets ist mit diesen Kopien in der Regel kein Problem mehr. Mit der Rückbestätigung hat diese Neuausstellung nichts zu tun.

Der Rückflug

Bei den meisten internationalen Flügen ist zwei Stunden vor dem Abflug am Schalter der Airline einzuchecken (check in).

Viele Airlines neigen zum **Überbuchen**, d.h., sie buchen mehr Passagiere ein, als Sitze im Flugzeug vorhanden sind, und wer zuletzt kommt, hat dann möglicherweise das Nachsehen: Dann bleibt man trotz „OK-Ticket" am Schalter im Flughafengebäude stehen. Wer

ANREISE AUS EUROPA

früh eincheckt, hat zudem die freie Auswahl bezüglich seines Sitzplatzes. Die bequemsten Plätze sind die am Notausgang *(emergency exit)*, da man dort niemanden vor sich sitzen und somit absolute Beinfreiheit, allerdings meist keine verstellbaren Rückenlehnen hat.

Bevor man sich am Check-in-Schalter anstellt, gilt es noch einige Formalitäten zu erledigen, die bei der auf indischen Flughäfen herrschenden chronischen Desorganisation oftmals recht langwierig ausfallen können. Zwar braucht man nicht mehr an einem speziellen Schalter die **Flughafengebühr** von 150 Rs für benachbarte Länder (Pakistan, Sri Lanka, Bangladesh, Nepal) bzw. 500 Rs in alle anderen Länder zu bezahlen, weil die seit einiger Zeit bereits beim Ticketkauf mit kassiert wird. Überzähliges **indisches Geld** kann aber nur gegen Vorlage einer Bankquittung, die bestätigt, dass man den Betrag offiziell getauscht hat, an einem Bankschalter in der Abfertigungshalle gegen westliches Geld zurückgetauscht werden. Da es immer wieder vorkommt, dass einige Bankangestellte dabei etwas schummeln und in ihre eigene Tasche wirtschaften, sollte man den ausgezahlten Betrag genau nachzählen.

Schließlich gilt es noch sein **Gepäck** durchleuchten und versiegeln zu lassen. In der Regel ist der Name des Zielflughafens am Röntgengerät angebracht. Wer vergessen hat, sein Gepäck versiegeln zu lassen, wird am Check-in-Schalter nicht abgefertigt.

Kleines „Flug-Know-How"

● Alle Fluggesellschaften bieten auf Wunsch bei Vorbestellung als Bordverpflegung **Sondermahlzeiten** an. Am besten, man bestellt sie gleich bei der Buchung des Tickets, spätestens aber drei Tage vor Abflug. Das Spektrum an Speisen umfasst die Kategorien vegetarisch (oft unterschieden in westlich und indisch/orientalisch/asiatisch), hinduistisch, moslemisch, koscher, salz- oder glutenarm, Diabetikerkost, kalorienarm, Kindermenü u.a. Die Zuverlässigkeit, mit der die Airline den gebuchten Speisewunsch erfüllt, ist ein Indiz dafür, wie gut oder schlecht sie ist!

Die Bestellungen der Sonderspeisen werden wie alle anderen Fluginformationen in den Computer eingegeben und beim Einchecken zeigt sich oft ein entsprechender Code auf der Bordkarte: „VGML" z.B. bedeutet „Vegetarian Meal". Falls die Airline trotz rechtzeitiger Bestellung nicht das richtige Essen an Bord hat, kann man darauf bestehen, ein entsprechendes Menü aus dem Vorhandenen zu bekommen!

● Falls das Flugzeug mit einer **Verspätung** von mehr als 2 bis 3 Stunden fliegt, lassen die besseren Airlines ihren Passagieren im Flughafenrestaurant eine kostenlose Mahlzeit servieren. Bei den Billig-Airlines tut man sich weitaus schwerer damit und das Essen muss oft eingefordert werden. Bei derartigen Verspätungen kann man beim Bodenpersonal der entsprechenden Fluggesellschaft um Essenscoupons bitten. Dieser Essensservice ist kein Gefallen, den die Airline den Passagieren erweist, sondern eine Vorschrift der IATA, des Dachverbandes der Fluggesellschaften.

● **Fällt der Flug gänzlich aus**, hat die Gesellschaft die Passagiere in Hotels unterzubringen und dort so lange zu verpflegen, bis eine Maschine endlich wieder fliegt. Ab acht Stunden vergeblicher Wartezeit müsste ein Hotelzimmer bereitgestellt werden. Auch hier zeigt sich manchmal (nicht immer), dass die billigen Airlines recht unkooperativ sind.

● **Rail-and-Fly-Tickets:** Bei einigen Fluggesellschaften ist die Bahnfahrt vom Wohnort in Deutschland bis zum Flughafen im Flugpreis enthalten, während bei anderen die Bahnfahrt deutlich günstiger gleich mit dem Flug gebucht werden kann, als dies an einem Schalter der Deutschen Bahn AG möglich wäre. Als Fahrkarte für die Zugfahrten zum Flughafen und vom Flughafen zurück zum Wohnort gilt dann je ein Coupon aus dem Flugticket.

● **Fly & Drive:** Hier ist eine Fahrt vom und zum Flughafen mit einem Mietwagen im Ticketpreis inbegriffen.

● **Zubringerflüge:** Flüge einiger Airlines kosten das gleiche, egal, wo man in Europa einsteigt. Man spart also die Anreise per Zug.

● **Buchtipps:** „Fliegen ohne Angst" und „Clever buchen – besser fliegen", aus der Reihe Praxis, Reise Know-How Verlag, Bielefeld.

Anreise von Asien

Bei der Anreise aus asiatischen Ländern muss man fast immer zunächst nach Mumbai fliegen und dann mit einem der zahlreichen Inlandsflüge weiter nach Thiruvananthapuram oder Kochi. Einzig von den Malediven, Sri Lanka und Singapur kann man direkt nach Kerala fliegen.

Von Malaysia

Nur die wenigsten fliegen von Malaysia nach Indien, da die Flugverbindungen von Bangkok nach Kalkutta wesentlich billiger sind. Die preiswertesten Flüge von Malaysia gibt es in Penang. In der Chulia Street in Georgetown bieten viele Reisebüros Tickets mit Malaysian Airlines System (MAS) **von Penang nach Chennai** für etwa 400 € an.

Von den Malediven

Tgl. mit Indian Airlines von **Malé**, der Hauptstadt der Malediven, nach Thiruvananthapuram, Preis etwa 90 €.

Von Singapur

Die ausgezeichnete Silk Air fliegt täglich von Singapur nach **Kochi**. Tickets zum Preis von ca. 250 € (one way) können in den auf Discount-Tickets spezialisierten Reisebüros, unter anderem in der Bencoolen St., gekauft werden.

Von Sri Lanka

Da die Fährverbindungen von und nach Indien wegen der politischen Unruhen seit Jahren eingestellt sind, besteht nur die Möglichkeit zu fliegen. Die billigste Verbindung besteht nach Colombo.
- Tgl. mit Indian Airlines oder Sri Lankan von **Colombo nach Thiruvananthapuram** für ca. 75 €, Do und So nach **Tiruchirapulli** (Trichy) an der Südostküste für ca. 65 €, nach **Mumbai** Mo und Do für ca. 200 €. Die auf Billigangebote spezialisierten Reisebüros finden sich in Colombo Fort.

Von Thailand

In den Reisebüros an der Khao San Road in Bangkok werden äußerst günstige Flugtickets nach Indien angeboten.
- Die beliebtesten Strecken sind Bangkok – Yangon (Rangoon) – Kalkutta für etwa 250 € und **Bangkok – Kalkutta** für ca. 130 €. Dies ist die mit Abstand billigste Möglichkeit, um per Flug von Südostasien nach Indien zu gelangen.
- Sehr günstige Angebote bietet Singapore Airlines. So kostet die Strecke **Bangkok – Singapur – Mumbai** oder **Chennai – Singapur – Bangkok** nur ca. 520 €.

Geldangelegenheiten

Indische Währung

Die indische Währungseinheit ist die indische **Rupie,** die in 100 **Paisa** unterteilt wird. Auf Preisangaben ist das Wort Rupie meist als Rs angegeben.

Die **Münzen** gibt es in Stückelungen von 5, 10, 25, 50 Paisa und 1, 2, 5 und 10 Rupien, wobei die kleinsten Münzeinheiten kaum noch in Umlauf sind. **Banknoten** gibt es in Werten von 1, 2, 5, 10, 20, 50, 100 und 500 Rupien. Die 1-, und 2- und 5-Rupien-Geldscheine werden allmählich ausrangiert.

Reiseschecks oder Bargeld?

Auf diese so oft vor Reisen gestellte Frage kann es auch in Indien nur eine sinnvolle Antwort geben: sowohl als auch. Reiseschecks bieten sicherlich den Vorteil, dass sie bei eventuellem Verlust ersetzt werden und zudem beim Umtausch etwas höher gehandelt werden als Bargeld. Bargeld sollte man jedoch zusätzlich für den Notfall dabei haben, etwa wenn Banken geschlossen sind oder, was in abgelegenen Orten gelegentlich noch vorkommt, überhaupt keine Umtauschmöglichkeit besteht. Dann kann man die fällige Hotel- oder Restaurantrechnung meist problemlos mit dem guten alten Dollarschein bezahlen.

GELDANGELEGENHEITEN

Auch bei der Frage der **Ausstellungswährung** sollte man eine elegante Doppellösung wählen, schlägt man so doch zwei Fliegen mit einer Klappe. Es ist es sinnvoll, etwa die Hälfte des Reisebudgets in Euro bzw. Schweizer Franken mitzunehmen, da man dann den doppelten Umtauschverlust (zunächst in Dollar und dann in Rupien) vermeidet. Andererseits ist der Dollar nach wie vor die Weltwährung Nr. 1 und im Zweifelsfall auch in Indien immer noch lieber gesehen als anderes Geld. Überdies besitzt diese Kombinationslösung den enormen Vorteil, dass man Kursschwankungen von Euro oder Dollar elegant für sich ausnutzen kann. Da die Euro- und Dollarkurse wie eine Art Waage funktionieren, d.h. wenn die eine Währung steigt, sinkt die andere automatisch im Wert, kann man auf die jeweiligen Veränderungen gewinnbringend reagieren.

Wegen des in Indien chronischen Mangels an großen Geldscheinen empfiehlt es sich, bei der **Stückelung** auf die Mitnahme allzu großer Schecks zu verzichten, weil man sonst nach dem Geldwechsel mit einem riesigen Bündel Geldscheine die Bank verlässt. Schecks in kleinerer Stückelung sollte man bis zum Ende der Reise aufbewahren, da man diese im Falle eines Einkaufs kurz vor dem Abflug verwenden kann. Ansonsten müsste man große Schecks anbrechen und das nicht ausgegebene Geld unter nicht unerheblichen Verlusten wieder zurücktauschen.

Es empfiehlt sich, die Reiseschecks zu Hause von einem international anerkannten Geldinstitut ausstellen zu lassen, da anderenfalls die Gefahr besteht, dass die Reiseschecks nicht akzeptiert werden. Zudem erhält man im Falle des Verlustes bei internationalen Banken wesentlich zügiger und unproblematischer Ersatz. *Bank of America* und *Thomas Cook* sind für Indien die wohl empfehlenswertesten Geldinstitute.

Kaufbeleg und Quittung müssen unbedingt von den Schecks getrennt aufbewahrt werden. Beide müssen zusammen mit dem Polizeibericht bei eventuellem **Verlust** vorgelegt werden. Ist das nicht möglich, dauert die Rückerstattung selbst bei den oben genannten Geldinstituten zermürbend lang.

Kreditkarten

Löste das Zeigen einer Kreditkarte noch vor wenigen Jahren unverständiges Kopfschütteln aus, so ist das bargeldlose Zahlen in vielen größeren Städten inzwischen fast schon eine Selbstverständlichkeit. Plastikkarten der bekannten Geldinstitute *Amex, Visa* und *MasterCard* sind in Hotels, Restaurants, vielen Geschäften und bei Fluggesellschaften ein gern gesehenes Zahlungsmittel. Leider wird es in Indien wie in vielen anderen asiatischen Ländern in letzter Zeit immer üblicher, bei der Bezahlung mit Kreditkarte einen **Aufpreis** von bis zu 5 % zu verlangen.

Die beste – und häufig einzige – Adresse, um mit seiner Kreditkarte **Bargeld** abzuheben, ist die effizient arbeitende **Bank of Baroda**, die für ihren zumindest für indische Verhältnisse zügigen Service bekannt ist.

Acht geben sollte man auch bei der Bezahlung selbst. Immer häufiger gibt es **Trickbetrügereien** mit kopierten Karten oder gefälschten Rechnungen, deren unangenehme Folgen man dann oft erst beim Blick auf den Kontoauszug nach der Rückkehr erkennt. Als Vorbeugung sollte man die Karte bei der Abrechnung nie aus den Augen lassen.

Geldautomaten

In den letzten Monaten schießen überall in Indien unseren Geldautomaten vergleichbare **ATM** wie Pilze aus dem Boden, an denen oft, nicht immer (bei vielen ATMs können nur Kunden der jeweiligen indischen Bank Geld abheben), mit Visa- und Mastercard, EC-Karte, seltener auch mit Amex-Card Geld abgehoben werden kann, natürlich nur unter Angabe der Geheimnummer. Soweit schon bekannt, wurde ein Hinweis im betreffenden Kapitel des jeweiligen Ortes eingefügt.

Geld wechseln

Wer in Indien einmal eine Bank von innen gesehen hat, der ahnt, dass offizielle Geldgeschäfte alles andere als effizient und schnell vonstatten gehen. Erstaunlich ist eigentlich vielmehr, dass bei all dem scheinbaren Durcheinander überhaupt irgendetwas funktioniert. Es bedarf **viel Geduld und Zeit,** um

Geldangelegenheiten

Wechselkurse

1 Euro = 51 Rs, 100 Rs = 1,96 Euro
1 Schw. Franken = 34 Rs, 100 Rs = 2,92 SFr
1 US-$ = 47 Rs, 100 Rs = 2,11 US-$

(Stand: April 2003)

seine Reiseschecks oder Bargeld in einer indischen Bank gewechselt zu bekommen. Erfahrene Indienreisende nehmen sich – anstatt einer Bettlektüre eine Banklektüre mit, um die langen Wartezeiten zu überbrücken. Wenn man nach dem Ausfüllen unzähliger Formulare und der Erkundung mehrerer Schalter und Bankangestellter endlich seinen Stapel Rupien ausgehändigt bekommt, gilt es, einige wichtige Dinge zu beachten.

Zunächst sollte man vor allem prüfen, ob dem Geld auch eine **offizielle Umtauschquittung** beigelegt ist. Diese ist beim eventuellen späteren Rücktausch ebenso vorzulegen wie für den Fall, dass man bei Fluggesellschaften oder offiziellen Touristenschaltern an Bahnhöfen mit einheimischer Währung bezahlen will. Der Staat will mit dieser umständlichen und letztlich auch völlig sinnlosen Vorschrift den Schwarzmarkt eliminieren. Vielfach reicht der Schalterbeamte das Papier erst nach mehrmaliger Nachfrage heraus.

Tauscht man größere Beträge, sollte man darum bitten, sein Geld hauptsächlich in 500-Rupien-Scheinen ausgezahlt zu bekommen, da man ansonsten schon beim Gegenwert von 100 US-$ ein dickes Bündel Geldscheine ausgehändigt bekommt. Nach der Übernahme des Geldes empfiehlt es sich, nachzuzählen. In Indien ist das eine Selbstverständlichkeit und wird nicht, wie eventuell hierzulande, als Misstrauen gewertet.

Keinesfalls sollte man allzu **schmutzige oder zerfledderte Scheine** annehmen, die gerade westlichen Touristen gerne untergejubelt werden. Die Inder selbst meiden solches Geld wie der Teufel das Weihwasser, und so wird man es dann später nicht mehr los.

Schließlich sollte man um **genügend Kleingeld** bitten, da Indien auch in dieser Beziehung unter chronischen Mangelerscheinungen leidet. *Sorry, no change*, sind die wohl meistgehörten Worte eines Indienreisenden. Oftmals ist es schon unmöglich, einen 20-Rupien-Schein gewechselt zu bekommen. Zwar ist dies vielfach nur ein Trick, um das Restgeld als zusätzliches Trinkgeld einzustecken, doch wer sich gleich beim Geldwechseln in der Bank genügend kleine Scheine bzw. Münzen aushändigen lässt, braucht sich auf das Spiel gar nicht erst einzulassen.

Wer in **Hotels** der oberen Preisklasse wohnt, kann dort fast immer Reiseschecks und Bargeld zu einem nur minimal unter dem offiziellen Kurs liegenden Wechselkurs eintauschen.

Schwarztausch

Vor allem an beliebten Touristenorten wie dem Connaught Place in Delhi wird man häufig angesprochen: „You want to change money?" Bekanntermaßen war schwarztauschen immer **strafbar**, doch sollte man angesichts des nur äußerst geringen Gewinns und dem Risiko, übers Ohr gehauen zu werden, erst recht die Finger davon lassen. Der angebotene Kurs liegt nur maximal 5 % über dem offiziellen Bankkurs. Bedenken sollte man auch, dass man bei dieser Art des illegalen Geldwechsels selbstverständlich keinerlei Wechselquittung erhält, die bei vielen offiziellen Transaktionen wie etwa beim Bahn- oder Flugticket-Kauf vorzulegen sind, wenn man in einheimischer Währung bezahlen möchte.

Überweisungen

Am besten nimmt man von vornherein Geld von zu Hause mit, so dass man in Indien erst gar nicht in die Verlegenheit kommt, Bares nachordern zu müssen. Das kann sich nämlich zu einem äußerst zeitaufwendigen und frustrierenden Unternehmen entwickeln. Es gibt nicht wenige, die erst nach einer Woche frustrierenden Wartens ihr Geld in Empfang nehmen konnten. Nicht selten bleibt die von zu Hause georderte Barschaft auf Nimmerwiedersehen len hängen.

Wer in die Bredouille gerät und keine Kreditkarte besitzt, sollte die notwendige Über-

Preise und Kosten

Nach einer Untersuchung, in der die Preise von 100 verschiedenen Waren wie Kleidung, Transport und Ernährung weltweit verglichen wurden, ging Indien als eines der billigsten Länder der Erde hervor. Wem die Preise manchmal lächerlich gering vorkommen, der sollte sich das **indische Einkommensniveau** vor Augen führen. So verdient etwa ein Lehrer monatlich durchschnittlich 3.000 Rs, ein Busfahrer 3.500 Rs, ein Bankangestellter 5.000 Rs und ein Arzt 5.000 bis 10.000 Rs.

Feilschen

Preise, das ist weithin bekannt, sind fast überall in Asien Verhandlungssache, und da macht Indien keine Ausnahme. Das dem Europäer oftmals unangenehme, ja peinliche Feilschen ist Bestandteil einer solch kommunikativen Gesellschaft wie der indischen. So gehört Handeln hier eben nicht nur zum Geschäft, sondern ist selbstverständlicher Teil des Lebens, ob nun auf dem Basar, am Straßenrand oder in vielen Geschäften.

weisung möglichst von seiner **Heimatbank** auf deren **Verbindungsbank** in Indien überweisen lassen. Geldtransaktionen dieser Art sind auf jeden Fall verlässlicher und schneller als zwischen Geldinstituten, die nicht in direkter Geschäftsverbindung stehen. Für den Fall der Fälle empfiehlt es sich also, schon vor Reisebeginn bei seiner lokalen Bank die entsprechende Adresse in Indien zu erfragen, die man auch bei Freunden zu Hause hinterlegen sollte.

Über die **Western Union Money Transfer,** welche bisher allerdings nur in größeren Städten vertreten ist, ist es inzwischen möglich, innerhalb von wenigen Minuten Geld zu transferieren. Dies geht allerdings nur, wenn man vorher mit seiner Heimatbank einen entsprechenden Code vereinbart hat.

Als **Überweisungsmethode** empfiehlt es sich, das Geld per **Telex** oder **Swift** zu senden, normale Überweisungen dauern oft viel zu lange. Die zweite, über Computer getätigte Variante ist mit etwa 15 € pro Überweisung erheblich billiger als die andere (etwa 35 €), dafür ist das Verfahren in Indien wegen des antiquierten Zustandes der dortigen Geldinstitute wenig verbreitet.

Bei beiden Verfahren sollten Überweisungen nach spätestens 3 Tagen über die Bühne gegangen sein. Ist dies nicht der Fall, muss man bei der Bank nachfragen. Selbstinitiative ist nicht gerade eine hervorstechende Eigenschaft indischer Bankangestellter, und so ist ein wenig Anschub von außen in einer solchen Situation durchaus angebracht. Eventuell wurde der Eingang des Überweisungsauftrages verschlampt oder bewusst nicht weitergegeben, um an den Zinsen zu verdienen, was durchaus nicht unüblich ist. Auch sollte man die Namen der Überweisungsliste nachprüfen, da es häufiger vorkommt, dass Vor- und Nachname verwechselt werden. Eine sehr schnelle Methode ist die direkte Einzahlung durch eine Kontaktperson in der Heimat bei der Deutschen Verkehrsbank – das kostet allerdings eine gehörige Gebühr.

Durchschnittliche Preise

Die im Folgenden aufgeführten Durchschnittspreise für gängige Waren und Dienstleistungen beinhalten zur Veranschaulichung auch Preise wie Transportkosten, die nicht verhandelbar sind. Das Preisniveau in Mumbai liegt teilweise über 50 % über dem Landesdurchschnitt.

100 km Bahnfahrt (2. Klasse, Express)	27 Rs
1 kg Reis	10 Rs
Lungi (Wickelrock)	100-130 Rs
Glas Tee	3,50 Rs
Softdrink	15 Rs
Packung Zigaretten	20 Rs
Haarschnitt	20 Rs
Flasche Bier	50 Rs
Flug Mumbai – Delhi	5.800 Rs
Portion Reis und Curry	15-30 Rs
Fahrrad	1.000 Rs

Preise und Kosten

Bakschisch und Trinkgeld

Bakschisch hat in Indien eine wesentlich weitergehende Bedeutung als unser deutsches Trinkgeld. Mehr noch als gutes Servieren in einem Restaurant zu belohnen, hilft es, einen kurz zuvor noch angeblich total überfüllten Flug zu bekommen oder eine Genehmigung innerhalb weniger Tage, auf die man ansonsten Monate gewartet hätte. Bakschisch lässt die notorisch unterbezahlten und damit oftmals wenig einsatzfreudigen Beamten urplötzlich wahre Wunder vollbringen.

Während viele Reisende durchaus bereit sind, hierfür ab und zu in die Tasche zu greifen, sitzt bei ihnen die Rupie für Trinkgeld im europäischen Sinne wesentlich weniger locker. Dies mag mit daran liegen, dass bei vielen Restaurants ein in der Speisekarte als *service charge* vermerkter Aufschlag von vornherein erhoben wird.

Davon sehen die Kellner, für die es eigentlich gedacht war, herzlich wenig, und so sollte man trotzdem ein wenig *tip* zusätzlich geben. Dies gilt insbesondere für einfache Restaurants, wo die Ober meist ein lächerlich geringes (und oftmals so gut wie kein) Gehalt zwischen 300 und 600 Rupien erhalten und dementsprechend auf das Trinkgeld angewiesen sind. Man sollte auch bedenken, dass die Speisen gerade deshalb so extrem billig sind, weil der Kostenfaktor Bedienung praktisch wegfällt. So ist es also nur gerecht, ein Trinkgeld zu geben. Zwischen 5 und 10 % ist meist angebracht, mehr nur bei herausragendem Service. Taxifahrer hingegen erwarten kein Trinkgeld und freuen sich um so mehr, wenn sie welches bekommen.

Im Grunde steht der westliche Tourist sogar noch weit mehr unter dem Zwang, den Preis aushandeln zu müssen, sehen doch viele Verkäufer in ihm einen laufenden Dukatenesel auf zwei Beinen und verlangen oftmals astronomische Summen. Generell lässt es sich schwer sagen, wieviel man vom Ausgangspreis herunterhandeln kann, doch mit 30 bis 50 % liegt man meist ganz gut. Andererseits sollte man bedenken, dass in gewissen Bereichen, wie etwa bei öffentlichen Verkehrsmitteln und Restaurants, Festpreise gelten.

Im Übrigen gilt es zu akzeptieren, dass man als reicher Westler immer ein bisschen mehr zahlt als ein Einheimischer. Allein die Tatsache, dass man es sich leisten kann, vom fernen Europa nach Indien zu reisen, macht einen in den Augen der Inder reich, und das sicher nicht ganz zu Unrecht. So wirkt es auf mich auch immer wieder peinlich, zu erleben, wie manche Traveller um den Preis eines Kilos Bananen minutenlang feilschen, weil der Verkäufer sie partout nicht für 2 Rs verkaufen will. Je länger man sich im Lande aufhält, desto mehr bekommt man ein Gespür für das einheimische Preisniveau.

Reisekosten

Im Land der Extreme kann auch der westliche Tourist zwischen Bahnfahrt 3. Klasse oder Flugzeug 1. Klasse, einem Bett in einer moskitoverseuchten Absteige oder einer luxuriösen Schlafstätte in einem Maharaja-Palast, einem Teller *dhal* im Bahnhofslokal oder einem Festmahl in einem Nobelrestaurant wählen. Insofern ist es unmöglich, eine allgemeine Aussage über die Reisekosten zu machen, mit der Ausnahme, dass, egal auf wel-

REISEGEPÄCK

chem Niveau man reist, der Gegenwert fast immer extrem gut ist.

Einzelreisende können bei niedrigstem Ausgabenniveau mit täglichen Ausgaben von 3 bis 10 € für Unterkunft und 3 bis 5 € für Verpflegung rechnen, bei mittlerem Ausgabenniveau sind 10 bis 25 € für Unterkunft und 5 bis 15 € für Verpflegung anzusetzen. Bei hohen Ansprüchen kann man pro Tag aber auch 25 bis 75 € für die Unterkunft und 15 bis 50 € für das Essen ausgeben. Bei Doppelzimmerbenutzung liegt der Preis für die Unterkunft z.T. erheblich niedriger, da Doppelzimmer oft nur geringfügig teurer sind als Einzelzimmer.

Reisegepäck

Wer auf Reisen eine unbeschwerte Zeit verbringen will, sollte seine Reisetasche oder seinen Rucksack nicht unnötig überladen. Bei der Frage nach der mitzunehmenden Ausrüstung sollte man dementsprechend nach dem Prinzip „so viel wie nötig, so wenig wie möglich" verfahren. Selbst wenn man nach der Ankunft in Indien feststellt, dass man etwas vergessen hat, ist das kein Beinbruch, lässt sich das meiste doch auch im Lande selbst und zudem noch wesentlich billiger kaufen.

Kleidung

Die Auswahl der richtigen Kleidungsstücke hängt in erster Linie von der Reisezeit, der Reiseregion und der Reiseart ab und kann dementsprechend völlig unterschiedlich ausfallen. Generell sollte man bedenken, dass es in der Hauptreisezeit von Oktober bis Februar nachts auch in Mittelindien recht kühl werden kann. Speziell bei längeren Bus- und Zugfahrten ist zumindest ein **warmer Pullover** oder eine Jacke ratsam. Bei allen Kleidungsstücken sind schweißaufsaugende Naturmaterialien synthetischen Textilien vorzuziehen.

Auch ein Paar **feste Schuhe** sind bei den oftmals schmutzigen Straßen empfehlenswert. Wer des öfteren in Billigunterkünften mit Gemeinschaftsdusche übernachtet, sollte ein Paar **Badelatschen** dabeihaben. Gegen die pralle Sonne hilft eine **Kopfbedeckung** oder auch ein **Regenschirm.** Einem Mitteleuropäer mag der Gedanke, sich mit einem Regenschirm vor der Sonne zu schützen, recht albern vorkommen, doch viele Inder machen es genauso. Im übrigen ist ein Regenschirm während der Monsunzeit ein unverzichtbares Utensil.

Schludrige Kleidung sieht man in Indien generell nicht gern, bei vermeintlich reichen Westlern schon gar nicht. Man sollte also zumindest eine Garnitur gepflegter Kleidung mit sich führen, allein schon, um bei Behördengängen oder privaten Einladungen einen seriösen Eindruck zu hinterlassen. Lange Hosen und langärmelige Oberbekleidung sind nicht nur zum Besuch von Tempeln, Moscheen und anderen heiligen Stätten angebracht, sondern dienen auch als Schutz vor Moskitos (s. auch „Praktische Reisetipps: Verhaltenstipps/Kleidung").

> Viele westliche Besucher zeigen sich immer wieder überrascht, dass sie vor Betreten eines **Tempels die Schuhe ausziehen** müssen. Wer aus hygienischen oder gesundheitlichen Gründen nicht barfuß durch die weitläufigen Hallen, Flure, Höfe und Korridore gehen möchte, die oftmals vom Unrat der zahlreichen Pilger gekennzeichnet sind, sollte stets **„Tempelsocken"** griffbereit haben, mit denen man fast überall problemlos Einlass bekommt.

Toilettenartikel

- Übliche **Hygieneartikel** wie Shampoo, Zahnpasta, Deo und Rasierschaum sind problemlos und sehr preiswert in Indien zu bekommen.
- Indische **Seife** ist allerdings sehr alkalisch und wird von vielen nicht vertragen. Die vielfach erhältlichen, aus rein pflanzlichen Stoffen bestehenden ayurvedischen Präparate sind vorzuziehen.

- Auch **Toilettenpapier** ist inzwischen fast im ganzen Land zu bekommen, mit etwa 15 Rs pro Rolle jedoch relativ teuer. Wo es keines gibt, ist man auf die indische Methode angewiesen: einen Wasserkrug in die rechte Hand, säubern mit der linken. Händewaschen wird danach niemand vergessen …
- Auf jeden Fall sollte reichlich **Sonnenschutzcreme** schon von zu Hause mitgenommen werden, da sie selbst in Baderegionen wie Goa fast unbekannt ist. Bei der intensiven Sonneneinstrahlung ist ein hoher Schutzfaktor erforderlich.
- Während der trocken-heißen Jahreszeit von März bis Juli sind eine **Hautcreme** und ein **Lippenpflegestift** sehr nützlich, da Haut und Lippen sonst sehr schnell spröde werden.
- Zum **Schutz vor Mücken** empfiehlt sich die Mitnahme eines entsprechenden Präparates.
- **Tampons** sind in Indien relativ unbekannt und wenn vorhanden teuer. Deshalb empfiehlt es sich, genügend von zu Hause mitzunehmen.

Karten

Eine gute **Indienkarte** ist die Indien-Gesamtkarte des world papping project im Maßstab 1:2,9 Mio., die im Reise Know-How-Verlag erschienen ist. Eine Karte von **Südindien** im Maßstab 1:1,2 Mio. ist ebenfalls erhältlich.

In Indien selbst gibt es in vielen Buchhandlungen eine große Auswahl an Landkarten und Stadtplänen, diese sind jedoch meist veraltet und zudem oftmals recht ungenau. Nicht kaufen sollte man Pläne von Straßenhändlern, da diese speziell von Touristen meist den doppelten bis dreifachen Ladenpreis verlangen.

Sonstiges

- Wegen der immer wieder auftretenden Stromausfälle ist auf Zugfahrten und bei nächtlichen Spaziergängen eine **Taschenlampe** unverzichtbar.
- **Wasserflasche** und **Wasserentkeimungstabletten** (Mikropur) machen unabhängig

Gesundheitsvorsorge

Der Hauptgrund, warum viele Indienreisende krank werden, ist, dass sie Angst haben, krank zu werden. Dritte-Welt-Länder im Allgemeinen und Indien im Speziellen rufen im Westen immer noch Angst vor Ansteckung und Krankheiten hervor. Es besteht aber kein Grund zu meinen, dass nur deshalb, weil man auf dem Subkontinent Urlaub macht, die Krankheitsgefahr besonders hoch ist. Man sollte nämlich – wie bei jeder Reise – insbesondere in der ersten Woche nach dem Motto „weniger wäre mehr gewesen" nicht gleich von einer Sehenswürdigkeit zur nächsten reisen, sondern Geist, Körper und Seele **Zeit zur Eingewöhnung** lassen. Das ist viel wichtiger, als sich mit unzähligen Medikamenten vollzustopfen, die den Körper nur noch zusätzlich belasten.

Im Übrigen sind es nicht die klassischen Tropenkrankheiten, sondern ganz banale Unpässlichkeiten wie Erkältungen oder Magen-Darmerkrankungen, die einem das Reisen in Indien zuweilen erschweren. Man schützt sich am besten, indem man sich den Hals und das Gesicht vor dem Betreten eines klimatisierten Raumes oder Busses abtrocknet

vom teuren und im übrigen auch nicht ganz sicheren Mineralwasser. Zudem produziert man mit dem Kauf von Plastikwasserflaschen auch unnötig Müll.

- **Kondome** schützen nicht nur gegen ungewollte Schwangerschaft und Geschlechtskrankheiten, sondern auch gegen das sich in Indien rasant ausbreitende Aids.

> Indische Busse sind hart gefedert, die Sitze schlecht gepolstert und die Straßen holprig. Ein **aufblasbares Kissen** lässt einen die Schläge wesentlich besser ertragen.

- Nicht so sehr als Wärmeschutz, sondern vor allem, um unabhängig von der oftmals nicht gerade persilreinen Bettwäsche in Hotels zu sein, empfiehlt sich ein **Jugendherbergsschlafsack** – auch auf Nachtfahrten im Zug von großem Vorteil.
- In Hotels sollte man sein Zimmer mit einem eigenen **Vorhängeschloss** versperren. Auch ein kleineres Schloss für den Rucksack ist sinnvoll.
- Zum Schälen von Obst, Öffnen von Flaschen, Schneiden von Brot – das **Schweizermesser** ist immer noch die Allzweckwaffe eines jeden Travellers.
- Wer seine Wäsche selbst waschen möchte, sollte eine **Wäscheleine** nebst einigen Klammern mitnehmen. Hierzu gehört auch ein **Waschbeckenstopfen**, um nicht ständig bei laufendem Wasser waschen zu müssen.
- In Hotelzimmern, auf langen Zugfahrten und in vielen anderen Situationen sind im lauten Indien **Ohrenstöpsel** von unschätzbarem Wert.
- Zur sicheren Verwahrung von Papieren, Geld und Tickets: **Bauchgurt, Brustbeutel** und **Geldgürtel.**
- **Weiteres:** mehrere Passfotos, Sonnenbrille, Ersatzbrille für Brillenträger, Adressheftchen, Tagesrucksack, Sprachführer Englisch/Deutsch und Deutsch/Hindi, Nähzeug, Sicherheitsnadeln, Bindfaden, Ladegerät für Batterien, Wecker, Kopien von Pass, Reiseschecks und Tickets.

Warnung vor Tollwut

Eine häufig unterschätzte Gefahr stellt die Ansteckung durch Tollwut dar, denn Indien weist die **weltweit höchste Tollwutrate** auf. Dies ist umso alarmierender, als für jeden Indienreisenden der Anblick streunender, übel zugerichteter Hunde zum Alltag gehört. Dementsprechend hört man immer wieder von Reisenden, die von Hunden gebissen wurden. Nach einem Biss ist die Wunde sofort mit fließendem Wasser, Seife und – falls vorhanden – Wasserstoffsuperoxyd zu reinigen. Danach muss so schnell wie möglich ein Arzt aufgesucht werden. Da Tollwut häufig tödlich verläuft, empfiehlt es sich dringend, bereits vor Reiseantritt eine **Impfung** durchführen zu lassen!

GESUNDHEITSVORSORGE

und einen Pullover anzieht und sich bei allzu scharfen Gerichten zunächst zurückhält.

Weitergehende Informationen zum Thema Gesundheit finden sich im Kapitel „Reisetipps A–Z, Medizinische Versorgung" und im Anhang unter **„Reise-Gesundheits-Information Indien".**

Impfungen

Für Indien sind keine Impfungen vorgeschrieben, es sei denn, man reist aus einem Gelbfieber-Gebiet ein. In jedem Fall sollte man sich frühzeitig vor Reisebeginn (ca. zwei Monate) bei einem Arzt oder Tropeninstitut über empfohlene Impfungen und besonders auch Malariaschutz informieren.

Reiseapotheke

Neben den Medikamenten, die man sowieso regelmäßig einnehmen muss, sollten die folgenden Mittel auf jeden Fall im Gepäck sein:

- **Mückenschutz**
- **Mittel gegen** Schmerzen/Fieber, Durchfall, Übelkeit/Erbrechen, Allergie und Juckreiz, Insektenstiche
- **Antibiotika**
- **Antibiotische Salbe**
- **Wundsalbe**
- **Desinfektionsmittel**
- **Augentropfen**
- **Zur Wundversorgung:** Mullbinden, Heftpflaster, Wundpflaster, elastische Binden, Alkoholtupfer, steril verpackt, Sicherheitsnadeln und Pinzette, möglichst steril verpackt
- **Fieberthermometer**

Zeitvertreib für jung und alt – Schlangenbeschwörer

AIDS

Gemäß Berichten der WHO (Weltgesundheitsbehörde) steht Indien vor einer **AIDS-Epidemie,** die afrikanischen Verhältnissen in keiner Weise nachstehen wird. Derzeit, so schätzt man, sind 3 Mio. Personen HIV-infiziert. Bei Untersuchungen in Mumbais Billigbordellen wurde bei den Prostituierten eine Infektionsrate von ca. 50 % festgestellt – Tendenz rapide steigend. Den höchsten prozentualen Anteil an Infizierten gibt es im nordöstlichen Bundesstaat Manipur, wo bei Tests 14 % aller Blutproben den Virus enthielten. Der Nordosten Indiens weist aufgrund seiner Nähe zum „opiumreichen" Myanmar eine sehr hohe Zahl von Drogensüchtigen auf.

Die aus diesen Zahlen zu ziehenden Konsequenzen dürften auf der Hand liegen. Aufgrund der weit verbreiteten Furcht vor der Krankheit erlebt Indien derzeit einen wahren **Kondom-Boom.** Gab es früher nur die unbeliebten, billigen „Government-Gummis" namens *Nirodh,* so sind heute einige Dutzend Marken im Angebot. Eine nennt sich passenderweise *Kama Sutra,* nach dem alten indischen Liebeshandbuch.

Versicherungen

Am unkompliziertesten ist es, gleich mit der Reisebuchung eines der von den Reiseveranstaltern angebotenen **Versicherungspakete** abzuschließen. Ein solches umfasst Kranken-, Unfall-, Gepäck- und Haftpflicht-Versicherungen. Günstiger ist hingegen der gezielte Abschluss einzelner Policen, z.B. bei Banken oder freien Versicherungsmaklern. Für Leute, die viel reisen, lohnen sich Jahresversicherungen. Notieren sollte man sich die auf den Versicherungsscheinen oder -karten angegebenen Notfall-Rufnummern.

Inwieweit Versicherungen im Einzelfall tatsächlich sinnvoll sind, muss jeder selbst entscheiden. **Unfall und Haftpflicht** können beispielsweise bereits durch bestehende Versicherungen abgedeckt sein; die Deckungssummen sind jedoch zu überprüfen. Als Schadensnachweis ist der Versicherung ggf. ein Polizeiprotokoll vorzulegen.

Reisegepäckversicherung

Vor Reisebeginn eine Reisegepäckversicherung abzuschließen ist sicher sinnvoll, da man dann nicht nur gegen Raub und Diebstahl, sondern auch gegen Beschädigung versichert ist. Bei der oftmals recht „rauen" Art des Reisens in Indien ist das gerade für Individualtouristen ein wichtiger Punkt. Man sollte jedoch das Kleingedruckte unbedingt genauestens beachten, da es eine Vielzahl von Ein- und Beschränkungen für den Fall der Fälle zu beachten gilt.

Sehr wichtig ist es, sich im Fall eines Diebstahls von der örtlichen Polizei ein gut leserliches **Verlustprotokoll** ausstellen zu lassen, in dem alle wichtigen Angaben wie Ort, Zeit und Verlauf des Überfalls sowie die abhanden gekommenen Wertsachen genauestens vermerkt sind. Fehlerhaft oder ungenau verfasste Protokolle bieten den Versicherungen einen guten Vorwand, nicht zahlen zu müssen.

Vom Versicherungsschutz ausgenommen sind generell Geld, Wertpapiere, Urkunden und Dokumente jeglicher Art. **Schmuck und Fotoausrüstungen** sind nur zu einem Teil (meist zu 50 %) ihres Wertes gedeckt. Bei einer hochwertigen Kamera- bzw. Videoausrüstung ist der Abschluss einer Spezialversicherung sinnvoll.

Reiserücktrittskostenversicherung

Eine Reiserücktrittskostenversicherung kann extra vereinbart werden. In Anbetracht der relativ hohen Kosten sind die Bedingungen hierfür genau zu studieren. Nur in speziellen Fällen zahlt die Versicherung bei Nichtantritt einer Reise oder eines unfreiwilligen Abbruchs tatsächlich.

Reisekrankenversicherung

Als Tourist ist man zwar in Indien weit weniger krankheitsgefährdet als allgemein angenommen, der Abschluss einer privaten Reisekrankenversicherung ist aber allein deshalb schon ein Muss, weil die deutschen Krankenkassen in Indien anfallende medizinische Kosten nicht zurückerstatten. Ebenso wie die Reisegepäckversicherung kann sie oft im Paket mit dieser in jedem Reisebüro abgeschlossen werden. Reisekrankenversicherungen sind ein profitabler Zweig der Versicherungsindustrie und so tummeln sich viele Anbieter auf dem Markt. Da die Leistungen und Konditionen erheblich variieren, lohnt auf jeden Fall ein Vergleich.

Mehr noch als bei der Reisegepäckversicherung sollte man das Kleingedruckte vor Vertragsabschluss genauestens studieren. Dort findet sich z.B. bei fast allen Anbietern der Hinweis, dass **chronische Krankheiten,** die schon vor Reiseantritt bestanden, vom Versicherungsschutz ausgenommen sind. Personen über 70 Jahre können meist gar keine Reiseversicherung abschließen, da den Versicherern das Risiko bei dieser Altersgruppe zu hoch ist.

Bei Versicherungsabschluss sollte auf **Vollschutz ohne Summenbegrenzung** geachtet werden. Außerdem ist zu überprüfen, ob ein **Rücktransport** im Falle eines Unfalls oder einer schweren Krankheit übernommen wird, bzw. an welche Bedingungen (z.B. Krankenhausaufenthalt) dieser geknüpft ist. **Automatische Verlängerung** der Versicherung im Krankheitsfall ist ein weiterer wichtiger Punkt. Die Leistungspflicht sollte bei verhinderter Rückreise weiter gelten, andernfalls gehen die enormen Behandlungskosten sofort nach Ablauf zu Lasten des Patienten.

Im Krankheitsfalle müssen sämtliche **Belege und Quittungen** aufgehoben werden, da sie zu Hause der Versicherung zur Erstattung der entstandenen Kosten vorgelegt werden müssen. Genauso wichtig ist die Angabe der genauen **Diagnose.** Auch hier ist wieder auf Lesbarkeit und Vollständigkeit zu achten, da die Krankenkasse die Beweiskraft der Belege andernfalls anzweifeln und die Zahlung verweigern kann. Quittungen müssen neben der genauen Adresse des Krankenhauses oder des behandelnden Arztes auch die Namen, Mengen und Preise der verabreichten Medikamente aufführen. Die Klausel, wonach die Behandlungs- und Medikamentenkosten nur bis zu einem Betrag rückerstattet werden, der den zu Hause üblichen Satz nicht übersteigt, ist für Indien allerdings belanglos, da die Kosten dort nur einen Bruchteil der europäischen ausmachen.

Bei Eintreten eines Notfalles sollte die Versicherungsgesellschaft telefonisch verständigt werden. Gesunde Skepsis ist vor allem bei den von fast allen Versicherern groß hervorgehobenen **Rettungsflügen** angebracht, mit dem der Kranke im Notfall ins Heimatland zurückgeflogen werden soll. Das klingt zwar zunächst äußerst vertrauenerweckend, doch bei näherem Hinsehen stellt sich schnell heraus, dass an die Rettungsaktion derart viele Bedingungen geknüpft sind, dass der Schwerverletzte wohl schon längst verschieden ist, bevor das endgültige o.k. zum Flug kommt.

Praktische Reisetipps von A bis Z

Praktische Reisetipps von A bis Z

Indiens Märkte sind immer ein Augen- und Ohrenschmaus

Junge Inderinnen

Alltäglicher Anblick in den Städten – frei herumlaufende Kühe

Behinderte, Einkaufen und Souvenirs

Behinderte

Indien gilt zu Recht als eines der für Individualtouristen am schwierigsten zu bereisenden Länder der Erde. Um so problematischer (um nicht zu sagen unmöglich) gestaltet sich eine Reise für behinderte Personen. Das allgemeine Durcheinander auf Bahnhöfen und Straßen, die Mühen beim Besteigen eines Busses oder Zuges, ganz zu schweigen von den fast ständig hoffnungslos überfüllten öffentlichen Verkehrsmitteln – dies alles macht eine Indienreise für Behinderte zu einem kaum zu bewältigenden Unterfangen. Wie in fast allen Ländern Asiens sind in Indien behindertengerechte **Einrichtungen fast völlig unbekannt.** Herabgesenkte Bordsteinkanten, Rampen oder Aufzüge findet man äußerst selten. Dies ist umso problematischer, als viele Tempel und Pagoden auf Hügeln oder in unwegsamen ländlichen Gebieten errichtet wurden. Die Hilfsbereitschaft der Inder lässt zwar viele Hindernisse überwinden, doch ohne eine mitreisende Begleitperson, die sich ganz in den Dienst des Behinderten stellt, muss von einer Indienreise abgeraten werden.

Es gibt eine Firma, die sich auf die Reisebetreuung von Behinderten in Südostasien und auch in Indien/Kerala spezialisiert hat. Im Internet sind unter www.rollontravel.com Informationen einzuholen.

Einkaufen und Souvenirs

Während Hongkong und Singapur weltweit bekannt als Einkaufsparadiese speziell für elektronische Produkte sind, so gibt es wohl kaum ein anderes Land dieser Erde, welches eine derart **große Auswahl an Kunsthandwerk** zu bieten hat wie Indien. Jede einzelne der vielen Volksgruppen des Landes hat ihre eigene Handwerkstradition entwickelt, wobei die unterschiedlichsten Materialien Verwendung finden. Dem Lockruf von Gold, Silber, Juwelen, Seide und Marmor folgten schon vor Jahrtausenden die Kaufleute aus Übersee, die ganze Schiffsladungen mit nach Hause nahmen. Etwas bescheidener gibt sich da der neuzeitliche Tourist, doch wie die übervollen Koffer und Taschen beim Rückflug belegen, kann auch er dem reichen Angebot nur schwerlich widerstehen.

Allerdings steht der Neuankömmling ob dieser riesigen Auswahl zunächst einmal vor der Qual der Wahl. Den besten Ort, um sich einen Überblick zu verschaffen, bieten die sogenannten **Government Cottages** oder **Emporiums,** staatliche Läden, von denen sich die größten und schönsten in Mumbai befinden. Hier werden auf überschaubarem Raum hochwertige Produkte aus ganz Indien zu festgesetzten Preisen angeboten. Selbst für diejenigen, die nicht kaufen wollen, empfiehlt sich ein Besuch, bekommt man hier doch einen Anhaltspunkt zum Preisniveau und hat so später beim Handeln auf Basaren und in Geschäften eine bessere Ausgangsposition.

Selbstverständlich ist, dass derjenige, der sich von einem **Schlepper** in den Laden locken lässt, einen z.T. erheblichen Aufpreis zu zahlen hat. Dies ist vor allem in Touristenorten zu bedenken.

> Erübrigen sollte sich eigentlich der Hinweis, dass **Tierfelle, Elfenbeinarbeiten, Korallen** und Ähnliches als Souvenir absolut tabu sind. Die Einfuhr solcher Produkte ist in Deutschland strafbar.

Schmuck

Nicht nur viele indische Frauen, für die er eine Kapitalanlage für das Alter darstellt, sondern auch eine große Zahl westlicher Reisender kaufen gern und häufig Schmuck. Besonders beliebt sind dabei der schwere **Nomadenschmuck aus Rajasthan** und der filigranere **Silberschmuck der Tibeter.** Gerade wegen ihrer Beliebtheit bei westlichen Touristen sind diese Arten von Schmuck inzwischen über das ganze Land verteilt in Geschäften zu erhalten. Wie die oftmals extrem niedri-

EINKAUFEN UND SOUVENIRS

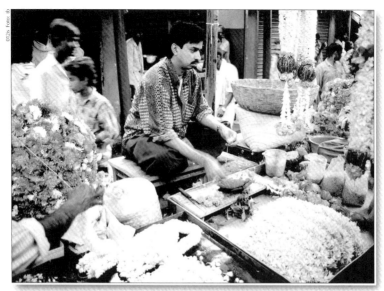

gen Preise vermuten lassen, ist dabei vieles, was als reines Silber angeboten wird, kaum mehr als billiges Metall. Wen das jedoch nicht stört, der findet eine große Auswahl.

Teppiche

Einen weltweit hervorragenden Ruf genießen **Kashmirteppiche**. Aufgrund des faktischen Zusammenbruchs des Tourismus in Kashmir finden sich viele kashmirische Händler über ganz Indien verteilt, so dass das Angebot sehr vielfältig ist. Bereichert wird die Palette noch durch die tibetanische Exilgemeinde in Indien, die auf eine lange Teppichknüpftradition zurückschauen kann. Viele westliche Touristen bevorzugen tibetanische Teppiche wegen der charakteristischen farblichen Gestaltung.

Entscheidende Qualitätsmerkmale und damit preisbestimmend sind neben den verwendeten Materialien (Wolle, Seide und eine Mischung aus beidem) die Knotendichte, Knotenart und die verwendeten Farben (natürlich oder synthetisch). Ärgerlich ist es jedoch, nach der Rückkehr im Heimatland festzustellen, dass der lokale Großhändler den gleichen Teppich, den man im Urlaubsland gekauft hat, 20 % billiger anbietet – gerade bei Teppichen eine nicht selten gemachte Erfahrung. Daher ist es ratsam, vor Abflug die Preise zu Hause zu checken.

Antiquitäten

Ein Land mit einer derart reichen Vergangenheit an Kunsthandwerk und pompösen Herrscherhäusern, die ihre Paläste bis unters

Verkäufer von Opfergaben finden sich vor dem Eingang fast jeden Tempels

Einkaufen und Souvenirs

Dach vollstopften mit antiken Kostbarkeiten, müsste eigentlich eine Fundgrube für Antiquitätenliebhaber sein. Ist es auch, doch hat die Sache zwei Haken: Zum einen ist die Ausfuhr von Gegenständen, die älter als 100 Jahre sind, nur mit einer **Sondergenehmigung** erlaubt und zum anderen ist der einstmals so reiche Markt inzwischen von ausländischen Händlern so gut wie abgegrast. Zwar sind die Antiquitätenläden in Mumbai noch immer gut bestückt, doch vieles von dem, was dort angeboten wird, ist nicht viel mehr als eine – allerdings z.T. hervorragende – Imitation. Altersschätzungen ebenso wie Ausfuhrgenehmigungen kann man beim **Archaeological Survey of India** in Mumbai einholen.

Malerei

Kaum eine andere Kunstform hat einen derartigen Aufschwung durch den Tourismus erfahren wie die **Miniaturmalerei**, die nach dem Untergang der alten Rajputenreiche lange Zeit in Vergessenheit geraten war. Zwar werden die Miniaturbilder inzwischen wegen ihrer Beliebtheit vielerorts angeboten, doch die größte Auswahl hat man nach wie vor in ihrem Heimatland Rajasthan. Auch hier variiert die Qualität erheblich, wobei neben der Detailgenauigkeit auch die verwendeten Farben und das Material eine Rolle spielen. Neben den auf Bürgersteigen in Mumbai oder Delhi angebotenen Massenprodukten aus reinem Papier, die für 30 bis 40 Rupien pro Stück zu haben sind, gibt es auch exquisite Einzelstücke aus Seide, die ein kleines Vermögen kosten. Vorsicht ist auch hier wieder bei angeblich antiken Bildern geboten.

Holz- und Metallarbeiten

Jeder staatliche Laden führt eine große Abteilung von Holzarbeiten, wobei es eine riesige Variationsbreite in Größe, Form und Material gibt. Von winzigen, hauptsächlich in Kashmir hergestellten, oftmals lackbemalten Schmuckkästchen über Paravents und Möbelgarnituren bis zu Elefanten im Maßstab eins zu eins reicht die Bandbreite des Angebots. Besonders beliebt sind die ausdrucksstarken indischen **Göttersulpturen** wie Kali, Krishna oder Vishnu, die es sowohl aus edlem Sandel- oder Rosenholz geschnitzt als auch in Metall gegossen gibt.

Vielfach werden einem von privater Hand alte **Tempelschnitzereien** angeboten. So schön diese auch manchmal sein mögen, man sollte von dem Kauf auf jeden Fall Abstand nehmen, unterstützt man doch andernfalls den ohnehin schon verheerenden Handel mit gestohlenen Tempelschätzen und trägt so aktiv zum Ausverkauf einer jahrhundertealten Kultur bei.

Kleidung und Lederwaren

Kaum ein anderes Land der Erde bietet ein derart breites Angebot an qualitativ hochwertigen Kleidungsstücken wie Indien. Auch hier profitiert das Land wieder von seiner territorialen Größe und ethnischen Vielfalt. Neben den lokalen Traditionen ist Indien jedoch auch Heimat der größten Textilindustrien der Erde mit einem hohen Exportanteil.

Moderne Kleidung in vorzüglicher Qualität findet sich in guten Geschäften der Metropolen, aber auch vieler mittelgroßer Städte zu einem Bruchteil des Preises in Europa – eine günstige Möglichkeit, sich vor dem Rückflug noch einmal rundum einzukleiden. Gleiches gilt übrigens auch für **Schuhe.** Für etwa 20 € bekommt man bereits erstklassige Qualität.

Extrem billig ist auch die **Maßanfertigung** bei einem Schneider – ein Luxus, den man sich bei uns kaum noch leisten kann. Allerdings scheinen viele Schneider mit der modischen Entwicklung nicht ganz mitgehalten zu haben und arbeiten nach einem etwas antiquierten Schnitt. Außerdem lässt die Verarbeitungsqualität manches Mal zu wünschen übrig. Ein Katalogfoto des gewünschten Anzuges und genügend zeitlicher Spielraum für Reklamationen sind also angebracht.

Die meisten der angebotenen Lederjacken und -taschen stammen aus Kashmir und variieren stark in Preis und Qualität. Wer sich Zeit nimmt, kann immer noch eine hübsche Lederjacke für etwa 35 € ergattern. Doch so etwas soll es ja auch im Winterschlussverkauf in Deutschland geben.

Elektrizität

Wie in Europa wird in Indien Wechselstrom von 230 bis 240 Volt und 50 Hz benutzt. Elektrogeräte wie Rasierapparat, Radio oder Akkuladegerät können also problemlos betrieben werden. Vielfach finden dreipolige Steckdosen Verwendung, mit denen jedoch nicht alle europäischen Zweipolstecker kompatibel sind. Will man ganz sicher gehen, empfiehlt sich die Mitnahme eines internationalen **Adapters,** der für wenig Geld in Elektrogeschäften erhältlich ist. Da **Stromausfälle** speziell am frühen Abend in Indien immer noch sehr häufig sind, gehört eine Taschenlampe zur Standardausrüstung jedes Indienreisenden.

Vielerorts wird in **Südkerala** (besonders in Kovalam und Varkala) wegen eines seit Jahren offenbar nicht zu behebenden Generatorschadens in einem Kraftwerk der Strom am Abend zwischen 18 und 21 Uhr für eine halbe Stunde ausgeschaltet, um ein wenig Strom einzusparen. Dies wird sich bis auf Weiteres auch nicht ändern.

Essen und Trinken

Neben der chinesischen und thailändischen hat sich die indische Küche hierzulande zur beliebtesten asiatischen Küche entwickelt. So wissen inzwischen viele, dass sich hinter dem Wort Curry nicht ein Gewürz, sondern eine höchst aufwendige Kräuter- und Gewürzmischung verbirgt.

Manche Vorurteile hingegen halten sich nach wie vor hartnäckig. So z.B. jenes, dass indisches Essen grundsätzlich scharf sei, Reis das Hauptnahrungsmittel darstelle und Tee das beliebteste Getränk sei. Richtig hingegen ist, dass im Norden eher würzig als scharf gegessen wird und Brot die eigentliche Nahrungsgrundlage bildet, während man im Süden tatsächlich **relativ scharf** und **viel Reis** isst, allerdings wesentlich mehr Kaffee als Tee trinkt.

Ursache für diese regionalen Unterschiede sind die verschiedenen historischen Prägungen und unterschiedlichen klimatischen Bedingungen der beiden Landesteile. Der klimatisch kühlere Norden ist auch heute noch stark beeinflusst durch die sechshundertjährige muslimische Fremdherrschaft, die bekanntlich im tropischen Süden nie so recht Fuß fassen konnte. Als Folge hiervon findet man in Nordindien auch die Küche der Moguln – verhältnismäßig schwere, fettreiche Kost mit viel Fleisch, während im Süden vegetarisches und leichteres, aber auch schärferes Essen bevorzugt wird.

Warum es trotz der Angebotsvielfalt immer wieder Touristen gibt, die sich während ihrer gesamten Indienreise ausschließlich von Spagetti, Fried Rice und Pommes Frites ernähren, ist mir wirklich schleierhaft. Überdies schmeckt westliches Essen in Indien fast immer langweilig bis scheußlich und ist zudem um ein Vielfaches teurer als das einheimische.

Gesundheitliche Gründe können bei der selbst auferlegten Abstinenz auch keine Rolle spielen. Hält man sich an einige einfache Grundregeln und meidet rohe Salate, rohes Gemüse und Schweinefleisch (wegen Trichinosegefahr), ebenso wie das in fast allen Restaurants bereitgestellte Trinkwasser, dann sind Gaumenfreuden in Indien genauso unbedenklich wie in Thailand, Hongkong oder Singapur.

Restaurants

Im Unterschied zu vielen anderen Ländern Südostasiens wie etwa Thailand, Malaysia oder Indonesien, in denen man an fast jeder Straßenecke über mobile Garküchen stolpert, kann es in kleineren Orten Indiens vorkommen, dass man längere Zeit suchen muss, um seinen Hunger stillen zu können. Zwar finden sich auch in Indien viele **Essensstände,** doch diese offerieren meist nur kleinere Snacks oder Süßigkeiten.

Als Helfer in der Not bieten sich die für den Süden so charakteristischen **„Meals"-Restaurants** an. Dabei handelt es sich um sehr einfache, meist zur Straße hin offene Lokale, die sich vor allem um Bahnhöfe und Basare gruppieren. Häufig sind die besonders bei Einheimischen beliebten Gaststätten

Essen und Trinken

in einen „veg-" und „non-veg"-Bereich (für Vegetarier und Nicht-Vegetarier) unterteilt. Serviert wird ebenso preiswerte wie leckere Hausmannskost, das Essen wird auf einem Bananen- oder Palmblatt serviert. Die Kellner, meist kleine Jungen, gehen mit Behältern von Tisch zu Tisch und füllen so lange nach, bis man satt ist.

Die nordindische Variante, die allerdings auch im Süden anzutreffen ist, sind die so genannten **Dhabas** bzw **Bhojanalayas** (wörtl.: „Ort der Speise"). Da sie hauptsächlich von LKW-Fahrern aufgesucht werden, stehen sie in erster Linie an Überlandstraßen und Straßenkreuzungen. Die einzelnen Gerichte befinden sich in großen Töpfen, unter denen ständig eine Gasflamme brennt. Zwar sind sie äußerst preisgünstig, doch wegen der ununterbrochenen Erhitzung oft auch etwas fad im Geschmack. Zudem hat man ihnen die meisten Vitamine regelrecht ausgebrannt.

Eine preiswerte Alternative bieten die **Bahnhofsrestaurants,** in denen man selten mehr als 20 Rs für ein sättigendes Mahl berappen muss. Englische Speisekarten sind in diesen Restaurants zwar nicht die Regel, kommen aber mehr und mehr in Gebrauch. Oftmals wird an der Kasse speziell für Besucher eine bereitgehalten. Diese Speisekarten haben jedoch zuweilen den Nachteil, dass dort nur solche Gerichte aufgeführt sind, die man des westlichen Gaumens würdig hält. Dabei fehlen oft gerade die so schmackhaften lokalen Spezialitäten. Auf manchen dieser Speisekarten fehlen jegliche Preisangaben. In diesem Fall sollte man vor der Bestellung den zu zahlenden Betrag abklären, um späteren Missverständnissen vorzubeugen.

Der **Service** ist bei all diesen Restaurants eher bescheiden, manchmal geradezu unfreundlich. Essen wird in Indien in erster Linie als notwendige Nahrungszufuhr verstanden und weit weniger als kulturelles Erlebnis. So strahlen viele Restaurants den Charme einer Bahnhofsvorhalle aus. Kaum hat man den letzten Bissen heruntergeschluckt, wird einem schon die Rechnung unter die Nase gehalten.

Auf einen anderen Planeten fühlt man sich versetzt, speist man in einem der überraschend vielen **Nobelrestaurants.** Vor allem in den First-Class-Hotels der Großstädte, aber auch in vielen mittelgroßen Orten bietet sich die Möglichkeit, für verhältnismäßig wenig Geld sehr gut zu speisen. So zahlt man in einem guten AC-Restaurant kaum mehr als 50 Rs für ein üppiges und exzellentes Mahl – ein Spottpreis, verglichen mit einem ähnlichen Restaurant in Europa. Das gleiche gilt für die üppigen Mittags- und Abendbüfetts, die viele Hotels in den Metropolen Mumbai und Chennai anbieten, wo man sich für selten mehr als 250 Rs schadlos halten kann.

Wie wird gegessen?

Einen Kulturschock besonderer Art erleben viele Europäer, wenn sie das erste Mal ein Restaurant betreten und sehen, dass in Indien traditionell **mit der Hand gegessen** wird. Das wirkt auf viele zunächst reichlich unappetitlich. Es sei jedoch daran erinnert, dass es umgekehrt den Indern nicht anders ergeht, wenn sie die „zivilisierten" Europäer mit solch martialischen Metallwerkzeugen wie Messer und Gabel im Essen herumstochern und -schneiden sehen.

Letztlich ist es Geschmackssache und so wird es in Indien auch praktiziert. In fast jedem Restaurant wird dem westlichen Touristen selbstverständlich **Besteck** ausgehändigt und so kann man an seinen Gewohnheiten festhalten.

Einige üben sich dennoch, zunächst aus Neugierde, in der indischen Art der Nahrungsaufnahme und stellen dabei überrascht fest, dass das Essen so viel besser schmeckt. Wer zum ersten Mal mit den Fingern isst, wird sich dabei zunächst wahrscheinlich recht ungeschickt anstellen und so nicht recht wissen, wie er die Speisen in den Mund bekommt, ohne zu kleckern; doch eigentlich ist es recht einfach: Man bildet mit den Fingern der rechten Hand eine Rinne, durch die man das Essen mit dem Daumen in den Mund schiebt (die linke Hand gilt als unrein, da sie in Indien traditionell als Ersatz für Toilettenpapier benutzt wird). Vor und nach dem Essen wäscht man seine Hände in dem in vielen Restaurants bereitstehenden Waschbecken.

Gewürze

Indiens Ruf als Heimat einer der besten Küchen der Welt beruht auf der unvergleichlichen Anzahl unterschiedlicher Gewürze. Dafür ist Indien im Westen schon seit langer Zeit berühmt. Namen wie Pfeffer, Kardamom, Zimt und Ingwer übten auf die europäischen Kaufleute eine ähnliche Faszination aus wie Gold, und so sandten sie ihre Schiffe rund um den Erdball, um die heißbegehrten Gewürze heranzuschaffen.

Curry, jener Begriff, der heute als Synonym für die indische Küche gilt, stand jedoch nicht auf ihren Fahndungslisten verzeichnet. Das konnte er auch gar nicht, gab es das Wort doch zu jener Zeit noch gar nicht. Erst die englischen Kolonialherren machten aus *karhi* – was lediglich Soße bedeutet – den Namen für jenes Einheitsgewürz, als welches es inzwischen weltweit bekannt ist. In Indien selbst ist unser „Curry" als **garam masala** bekannt. Man muss den Briten, deren Beitrag zur internationalen Küche bekanntlich ja recht unbedeutend ist, allerdings zugestehen, dass sie von Anfang an einfach überfordert waren, die überaus raffinierte und komplizierte Küche Indiens zu verstehen.

Die Mischung macht's

Im Grunde gibt es Hunderte verschiedener *karhis*. Die Mischung der verschiedenen Gewürze ist das große Geheimnis jeder indischen Hausfrau. Bei aller Unterschiedlichkeit beinhalten fast all die geheimnisvollen Mixturen die Zutaten **Koriander, Zimt, Kümmel, Nelken, Kardamom und Pfeffer.** Die gelbe Färbung erhält Curry durch den **Gelbwurz** *(haldi)*, eine medizinische Pflanze, die desinfizierend wirkt.

Chili – indischer Scharfmacher, der ursprünglich allerdings aus Südamerika stammt

ESSEN UND TRINKEN

Jedes indische Gericht hat sein spezielles **Masala,** denn es sind die Auswahl, die Menge und die Mischung der einzelnen Gewürze, die den individuellen Geschmack eines Gerichtes ausmachen. Eine kulinarische Entdeckungsreise in Indien ist schon deshalb mit einem „Risiko" verbunden, weil sich hinter jedem Masala oder Curry ein anderer Geschmack – und Schärfegrad – verbergen kann. Es kommt eben ganz auf die Mischung an.

Reis

Reis ist im Süden das Grundnahrungsmittel schlechthin. Es gibt ihn in den vielfältigsten Varianten vom **plain rice** über den besonders bei Travellern beliebten **fried rice** (gebraten) bis zu den **biriyanis**. Dies ist eine köstliche Reis-Gemüse-Mischung, die mit Nüssen und Trockenfrüchten wie z.B. Rosinen angereichert wird und häufig auch mit Fleisch, speziell Lamm, serviert wird. Die schlichtere Form des *biriyani*, gedünsteter Reis mit Erbsen, *pulau* oder *pilaw* genannt, wird in Indien gern mit Safran gekocht, was ihm seine charakteristisch gelbliche Farbe verleiht.

Eine seltene, aber sehr feine Variante ist **dahi rice.** Dabei handelt es sich um mit Joghurt versetzten, gekochten Reis. Der in Europa so beliebte, weil naturbelassene braune Reis ist in Indien weitgehend unbekannt. Nur die Nachfrage in größeren Touristenorten hat dort den für das indische Auge schmutzigen Reis salonfähig gemacht.

Brot

Diverse Fladenbrotsorten sind Hauptbestandteil der indischen Essgewohnheiten – im Norden des Landes kommt Brot gar eine noch wichtigere Stellung zu als Reis.

Fladenbrotsorten

●**Chapati** ist die einfachste, populärste und billigste Brotsorte. Im Grunde ist es nichts weiter als ein dünner, auf heißer Herdplatte gebackener Fladen aus Wasser und Mehl.

ESSEN UND TRINKEN

- **Paratha** sieht im Gegensatz zum dünnen, knusprigen Fladenbrot eher wie ein dicklicher Pflaumenkuchen aus. Der Vollkornfladen wird mit geklärter Butter (**ghi**) in der Pfanne gebacken und oft mit einer Kartoffelfüllung angeboten (**alu paratha**).
- **Puris** sind Fladen aus Mehl, Wasser und Salz, die in Öl schwimmend gebacken werden, wobei sie sich aufblähen wie Luftballons. Keine sehr weit verbreitete Variante, aber sehr schmackhaft.
- **Naan** ist dagegen wesentlich fettärmer, da es im Tonofen *(tandur)* bei offenem Feuer gebacken wird. Das große, dreieckige Fladenbrot gibt es in verschiedenen Varianten, z.B. mit Butter bestrichen (**butter naan**) oder mit Käse gefüllt (**cheese naan**).
- **Papad** (oder **papadam**) ist ein hauchdünner, oftmals scharf gewürzter Fladen, der meist als Appetitanreger vor der Hauptmahlzeit serviert wird.

Vegetarisches Essen

Kein anderes Land bietet eine derartige Vielfalt an vegetarischen Köstlichkeiten wie Indien. Hier kann sich das eigentliche Geheimnis der indischen Küche, die unvergleichliche Vielfalt an orientalischen Gewürzen, richtig entfalten. So zaubern indische Köche selbst aus den banalsten Nahrungsmitteln wie Linsen oder Kartoffeln himmlische Leckerbissen. Da verwundert es nicht, dass viele Reisende sich während ihrer mehrmonatigen Indienreisen zu Vegetariern wandeln. Der Umstieg auf fleischlose Kost wird einem außerdem noch dadurch versüßt, dass diese die Reisekasse weit weniger belastet als Fleischliches. Ein köstliches und magenfüllendes vegetarisches Gericht ist fast überall für weniger als umgerechnet eine Mark zu bekommen.

Das meistgegessene vegetarische Gericht der Inder ist **thali**. Hierbei handelt es sich um eine reichhaltige Mahlzeit, die auf einem Metallteller serviert wird. Um den in der Mitte angehäuften Reis sind kleine Metallschälchen platziert, die verschiedene Currys, Gemüse, scharfe Pickles und würzige Soßen enthalten.

Garküchen am Rande eines Busbahnhofs

Das alles wird mit der (rechten!) Hand zu einem äußerst schmackhaften Gemisch vermengt. Meist kosten diese magenfüllenden Gerichte nicht mehr als 20 Rs. In fast jeder Stadt gibt es ein Restaurant, welches ausschließlich *thali* serviert.

Die drei bedeutendsten südindischen vegetarischen Gerichte sind *dosas, idlis* und *vadas* – kein noch so abgelegenes Dorf, wo sie nicht serviert werden. **Dosas** sind knusprige, dünne Pfannkuchen aus Reis und fermentierten Bohnen, die sowohl mit Füllung *(masala)* als auch ohne *(sada)* serviert werden. Bei **idlis** handelt es sich um gedünstete Reis- und Linsenkuchen, die in Soßen und Gemüseeintöpfe getunkt werden. **Vadas** schließlich sind frittierte Linsenkuchen, die ebenfalls mit einer würzigen Soße verfeinert werden. Dabei handelt es sich meist um Linsen- und Gemüsecurry *(sambar)*, welches mit Asafoetida und Tamarinde gewürzt ist. Daneben gibt es eine so große Zahl an vegetarischen Gerichten, dass im Folgenden nur einige der bekanntesten genannt werden können.

Vegetarische Gerichte

- **Alu dum** – Kartoffel-Curry
- **Alu ghobi** – Kartoffeln und Blumenkohl
- **Matter paneer** – Erbsen und Käse
- **Palak paneer** – Spinat und Käse
- **Shahi paneer** – Rahmkäse in Sahnesoße, Rosinen und Mandeln
- **Dhal** – Linsenbrei (Allerweltsgericht)
- **Baigan pora** – gebratene Aubergine
- **Navratan korma** – Gemüse und Fruchtmischung mit würziger Soße
- **Malai kofta** – Gemüsebällchen in Sahnesoße
- **Shahi mirch** – gefüllte Paprikaschote in pikanter Soße

Fleisch

In einem Land, in dem täglich Millionen von Menschen nur mit Mühe ein karges Mahl auf den Teller bekommen, bedarf es keiner großen Phantasie, um sich auszumalen, wie es um die Gesundheit der meisten Tiere bestellt ist. Verwundern kann es da kaum, dass

Essen und Trinken

so manches vermeintliche Fleischgericht weniger aus Fleisch als aus Haut und Knochen besteht, die in einer fettigen, scharfen Soße herumschwimmen. Im Schatten der dominierenden vegetarischen Küche Indiens fristet die Fleisch enthaltende Kost ein eher kümmerliches Dasein. Hierzu haben auch die unterschiedlichen Essenstabus der verschiedenen Religionsgemeinschaften beigetragen. Allseits bekannt ist, dass die Hindus kein Rindfleisch essen und die Moslems kein Schweinefleisch (welches auch bei den Hindus selten verspeist wird und wegen der Trichinosegefahr ohnehin zu meiden ist).

Während einem als Vegetarier oft gerade in kleinen, bescheidenen Lokalen die schmackhaftesten Gerichte serviert werden, sollte man beim Fleischessen die **gehobenen Restaurants vorziehen.** Hier sind nicht nur die hygienischen Verhältnisse vertrauenserweckender, sondern die Köche verfügen auch über mehr Erfahrung im Zubereiten von Fleischgerichten, da sich diese der kleine Mann kaum leisten kann. Das gilt besonders für Restaurants, die sich auf die sogenannte **Mughlai-Tradition** berufen, eine Kochkunst, die mit den Mogeln vor über 800 Jahren nach Indien kam und die größte Erfahrung in der nicht-vegetarischen Küche Indiens aufweist. Die mit Abstand besten Restaurants in der Tradition der indisch-muslimischen Kochkunst bietet die hochgerühmte und ebenso aromatische wie scharfe **Küche von Andhra Pradesh** und hier besonders der Hauptstadt Hyderabad.

Fleischgerichte

- **Tandoori** – typisch für Mughlai-Gerichte, im Lehmofen *(tandur)* zubereitet. Das Fleisch wird vorher in Joghurt und Gewürzen mariniert; ein sehr würziges, fettarmes und nicht scharfes Gericht.
- **Vindaloo** – eine südindische Spezialität, die jedoch auch im Norden gern gegessen wird; ein scharfes, mit Essig zubereitetes, üppiges Gericht
- **Korma** – Curry-Gericht aus geschmortem Fleisch
- **Kofta** – Hackfleischspieß, meist in Curry zubereitet
- **Mutton** – Ziegenfleisch, auch wenn es meist als Hammelfleisch angegeben wird
- **Sizzler** – eine moderne Kreation: auf glühend heißer Steinplatte serviertes, kurz gebratenes Fleisch
- **Tikka** – geschnetzeltes Fleisch ohne Knochen
- **Murgh** – Huhn
- **Gosht** – eigentlich Lammfleisch, oft jedoch auch Ziegenfleisch
- **Kebab** – marinierte Fleischspießchen

Fisch

In den Küstenprovinzen und hier vor allem in Goa, Mumbai, Kerala und Bengalen ist Fisch für Nichtvegetarier die wichtigste Kost. Tunfisch, Garnelen, Krabben, Haifisch und Hummer sind hier ein selbstverständlicher Bestandteil der Speisekarte guter Restaurants – und für einen Bruchteil des hierzulande üblichen Preises zu haben. Ein besonders vielfältiges Angebot besteht in Touristenhochburgen. In vielen Touristenorten Keralas kann man vor den (Freiluft-)Restaurants den auf Tischen gelagerten frischen Fisch aussuchen.

Trotz seiner Lage inmitten eines noch immer fischreichen Ozeans wird in Indien der Flussfisch den Meeresfischen vorgezogen. Im Landesinneren allerdings sind frische Fische eine Rarität, weil dort traditionell wenig Fisch gegessen wird.

Fischgerichte

- **Pomfret** – eine Spezialität Mumbais. Dieser köstliche Plattfisch ähnelt einer Mischung aus Scholle und Butt.
- **Fish Curry** – die beliebteste Zubereitungsart an der Westküste. Eine Mischung von Chili und anderen Gewürzen sowie Kokosraspeln sind wichtiger Bestandteil.
- **Hilsha** – die Fischspezialität Bengalens, die den Geschmack von Lachs und Forelle auf einzigartige Weise verbindet – ein Leckerbissen. Der einzige Wermutstropfen sind die vielen Gräten.
- **Machhe jhol** – ebenfalls aus Bengalen, mit Senfkörnern gewürzt
- **Prawns** – große Krabben, satt in Curry schwimmend

ESSEN UND TRINKEN

Zwischenmahlzeiten

Ideal für kurze Pausen während langer Zug- und Busfahrten sind die von kleinen Garküchen auf dem Gehsteig oder vor Bahnhöfen angebotenen Snacks. Einige von ihnen ersetzen durchaus eine normale Mahlzeit.

Kleine Gerichte

- **Pakora** – gebackene Teigtaschen mit einer scharfen Gemüsefüllung aus Zwiebeln, Blumenkohl, Kartoffelstückchen, Aubergine
- **Samosa** – frittierte Teigtaschen mit einer Kartoffelfüllung
- **Cutlet** – mit Gemüse vermischtes und gebratenes Hackfleisch, ähnlich einer Frikadelle
- **Dosas** – vor allem in Südindien äußerst beliebte, hauchdünn gebackene, knusprige Teigrollen, gefüllt mit Gemüse
- **Sambar** – leicht säuerliche, mit Gemüse angereicherte Linsensuppe
- **Mumbai bhelpuri** – Puffreis, Linsen, Zwiebeln, Kartoffelpaste, Chili-Schoten und gehackte Kräuter, übergossen mit einer Minze- und Tamarindensoße – köstlich!

Süßspeisen

Die Inder lassen ihrer Vorliebe für Süßspeisen besonders beim Nachtisch freien Lauf. Die Auswahl an Nachspeisen und Süßigkeiten ist schier unerschöpflich, wobei Kuh- oder Büffelmilch vielfach die Basis bildet. Sie muss mit verschiedenen Ingredienzen langsam gekocht werden, bis sie eindickt. Zimt, Kardamom, Safran, zerlassene Butter, Nüsse, Rosinen und vor allem viel, viel Zucker sind die wichtigsten Zutaten. Die gängigsten Sorten der süßen Masse kann man auf dem Basar kaufen, umhüllt von hauchdünner Silberfolie und verpackt in bunte Kartons.

Typische indische Desserts

- **Gulab jamun** – kleine Bällchen aus eingedickter Milch, Zucker und Mehl, gewürzt mit Kardamom und Rosenwasser
- **Rosgulla** – Frischkäsebällchen in Sirup
- **Bebinca** – Mischung aus Mehl, Eiern, Kokosnussmilch, Butter und Zucker
- **Kulfi** – Eiscreme mit Pistaziengeschmack
- **Halwa** – Süßigkeit mit Nüssen
- **Shrikhand** – Joghurt mit Safran und Kardamom
- **Chaler payesh** – Reispudding
- **Barfi** – aus Kokosnuss, Mandeln und Pistazien zubereitet

Rezepte

Die Rezepte für eines der gängigsten indischen Gerichte sowie für ein typisches Fladenbrot sollen Einblick in die Zubereitung indischer Speisen geben. Es handelt sich um das einfache Linsen-Gericht *dhal*, für das es eine Vielzahl von Varianten gibt.

Dhal (Linsen)

Zutaten:
1¾ Tassen (350 g) rote und gelbe Linsen
2 TL Salz
1 TL *turmeric* (Kurkuma)
2–3 getrocknete Chilis
4 Tassen (1 l) Wasser
ein Stück frischer Ingwer
3–4 Knoblauchzehen
1 große Zwiebel
2 EL *ghee* (geklärte Butter)
2 mittelgroße Tomaten, feingehackt
1½ TL *garam masala* (Currygewürz) oder ein mildes, fertiges Currypulver
2–3 EL Doppelrahm

Zubereitung:
Die Linsen gut durchspülen, abtropfen lassen und mit Salz, *turmeric* und getrockneten Chilis in einen Topf geben. Das Wasser dazu gießen und zum Kochen bringen. Die Hitze reduzieren und zwölf Minuten köcheln lassen, bis die Linsen weich sind. Mehrmals abschäumen und dabei die zerbrochenen Linsenpartikel entfernen.

Ingwer, Knoblauch und Zwiebel schälen, fein hacken und in der geklärten Butter drei bis vier Minuten dünsten. Die gehackten Tomaten und das Currygewürz dazu geben und zwei bis drei Minuten schmoren. Überschüssiges Wasser vom *dhal* abgießen oder abschöpfen und zusammen mit der geschmorten Zwiebel-Tomaten-Mischung aufkochen.

ESSEN UND TRINKEN

Den Rahm einrühren, kurz erhitzen und anrichten. Mit Chili-Pulver bestreuen oder mit gehacktem Koriander oder Minze garnieren.

Naan (Fladenbrot)

Zutaten:
600 g Mehl
1 EL Zucker
1½ EL Backpulver
¼ TL Natron
½ TL Salz
2 Eier
¼ l Milch
4–6 TL Butterfett

Zubereitung:
Mehl, Zucker, Backpulver, Natron und Salz werden in einer tiefen Schüssel gut durchgemischt. Anschließend die Eier hineinschlagen und die Milch in dünnem Strahl hinzufügen und gleichfalls vermengen. Danach den Teig zu einem Ball formen, flach drücken und etwa zehn Minuten durchkneten. Von Zeit zu Zeit etwas Mehl dazugeben, damit der Teig nicht an den Händen klebt. Zum Schluss Teigkugel in eine Schüssel legen und an warmer Stelle drei Stunden ruhen lassen. Backofen auf 225° C vorheizen, zwei Backbleche einschieben. Den Teigballen in sechs Portionen teilen. Die Innenflächen der Hände mit Butter bestreichen, jede Teigportion flachdrücken und wie ein längliches Blatt formen. Das Teigblatt sollte etwa 15 cm lang, 10 cm breit und 1 cm dick sein. Die Teigblätter sechs Minuten lang backen. Wenn sie fest sind, noch eine Minute unter dem Grill die Oberseite bräunen. Warm servieren.

Getränke

In auffälligem Gegensatz zur raffinierten indischen Kochkunst sind die Trinksitten in Indien eher bescheiden. Im allgemeinen trinkt man, um den Durst zu stillen und nicht, um das Getränk zu genießen.

Die meisten Inder bevorzugen zum Essen schlicht **Wasser**, es wird daher immer als erstes ungefragt auf den Tisch gestellt. Da das Wasser jedoch selbst in besseren Hotels fast nie vorher abgekocht wurde, lasse man besser die Finger davon und trinke lieber das in Plastikflaschen abgefüllte Mineralwasser, welches inzwischen vielerorts erhältlich ist. Allerdings ist es mit gut 10 Rs nicht gerade billig, mitnichten „Mineral"wasser und, wie neueste Untersuchungen ergaben, auch nicht so keimfrei wie behauptet.

Den köstlichen indischen **Tee,** mit viel Zucker, Milch und Gewürzen wie Ingwer, Zimt, Kardamom und Nelken gekocht, bekommt man manchmal nur dann, wenn man ausdrücklich *masala chai* ordert, andernfalls wird einem normaler Tee serviert. Echte **Kaffeeliebhaber** kommen in Südindien auch auf ihre Kosten, es gibt vorzügliche Kaffeesorten.

Als hervorragender Durstlöscher bietet sich der vielfach an Straßenständen angebotene Saft der frischgeschlagenen **Kokosnuss** *(nariyel)* an. Sehr lecker, erfrischend und wirksam gegen Durst ist auch **lassi,** ein in vielfachen Varianten (z.B. mit Früchten) erhältliches Joghurtgetränk, das jedoch oft mit nicht abgekochtem Wasser versetzt ist.

Ähnlich erfrischend ist **lemon soda:** der prickelnde Geschmack des Mineralwassers zusammen mit dem Saft einer frisch gepressten Limone und einer Prise Salz wirkt nicht nur äußerst belebend, sondern ist auch hervorragend zum Durstlöschen geeignet. Allerdings ist das „Soda" oft nichts anderes als Leitungswasser, das mit Gas angereichert wurde. In kleinen Städten kann man oft „Fabriken" sehen, in denen ein rostiger alter Gaszylinder an die Wasserleitung angeschlossen ist. Man halte sich folglich an die bekannten Marken, wie z.B. Bisleri.

Sehr lecker sind auch die gepressten **Zuckerrohrsäfte,** wobei man auch hier wiederum darauf achten sollte, dass der Saft nicht mit Leitungswasser vermischt ist.

Alkoholische Getränke sind in Indien eher verpönt. Hierbei spielt der jahrhundertealte Einfluss des Islam ebenso eine Rolle wie *Mahatma Gandhi,* der während des Freiheitskampfes die Prohibition stark propagierte. So ist Gandhis Heimat Gujarat heute ein „trockenes Gebiet", in dem es bis auf die ehemals portugiesischen Enklaven Diu, Daman und Surat keinerlei Alkohol zu kaufen gibt.

Dementsprechend ist **Bier** mit bis zu 80 Rs pro Flasche sehr teuer. Eine Ausnahme bilden

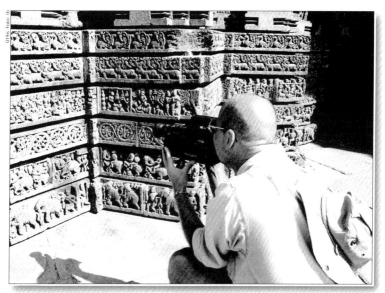

nur stark christlich geprägte Regionen wie Goa und auch Kerala. Wegen der sehr unterschiedlichen Alkoholsteuer in den einzelnen Bundesstaaten variieren die Preise von Region zu Region erheblich. Die bekanntesten einheimischen Biersorten sind Shivalik, Black Label und Kingfisher, die sogar recht gut sind.

Speziell in den Küstenregionen werden die hochprozentigen, aus Palmsaft hergestellten Destillate **toddy** und **arak** getrunken. Wem das immer noch nicht reicht, der sollte sich ein Schnapsglas **feni** (Kokos- oder Cashew-Schnaps, eine Spezialität aus Goa) hinter die Binde kippen – ein im wörtlichen Sinne umwerfender Erfolg ist garantiert!

Ob Landschaften, Menschen oder Tempel – Südindien bietet Fotografen wie Videofilmern einen einzigartigen Reichtum an Motiven

Fotografieren

Es gibt kaum ein Land der Erde, welches eine derartige Vielfalt an wunderschönen Motiven bietet wie Indien. Ob nun die abwechslungsreiche Landschaft der keralischen Küste, die Sakralbauten der Buddhisten, Jains, Hinduisten und Moslems, das bunte Völkergemisch mit seiner unvergleichlichen Vielfalt an Kleidern, Kopfbedeckungen und Schmuck oder die ständig wechselnden Szenen im abenteuerlichen indischen Alltagsleben – der Finger scheint geradezu am Auslöseknopf zu kleben und die veranschlagte Menge an Filmmaterial ist meist schon nach kurzer Zeit aufgebraucht.

> Das Fotografieren von **militärischen Anlagen** wie Flughäfen, Staudämmen, Brücken, Militärkolonnen und Kasernen ist verboten. Wo man sich sonst noch mit der Kamera zurückhalten sollte, erfährt man unter „Verhaltenstipps: Fotografieren".

FOTOGRAFIEREN

Wichtiges Zubehör

Kameratasche

Extrem wichtig bei einer Indienreise ist eine gut gepolsterte und staubdichte Kameratasche. Gerade hier wird oft am falschen Ende gespart. Was nützt der beste Fotoapparat, wenn er nach kurzer Zeit aufgrund der gerade in Indien enormen Belastung seinen Dienst aufgibt? Die nicht zu vermeidenden Erschütterungen auf den langen Bus- und Bahnfahrten sowie die Staubentwicklung während der Trockenzeit setzen den hochsensiblen Geräten enorm zu. Außerdem sollte man darauf achten, dass die Fototasche über genügend Unterteilungen verfügt und mit einem „Unterbodenschutz" ausgestattet ist. Während der Regenzeit benötigt man natürlich eine wasserfest ausgerüstete Kameratasche.

Filter

Zur Standardausrüstung sollte auch ein UV-Filter pro Objektiv gehören, da er die störenden UV-Strahlen eliminiert und gleichzeitig als zusätzlicher Schutz vor Kratzern auf der Linse dient. Sehr empfehlenswert ist die Mitnahme eines Polfilters, der Spiegelungen und Dunst „schluckt" und so Farben satter macht. Oftmals kann er aus einem laschen hellblauen Himmel eine satte Bilderbuchkulisse zaubern. Auch eine Gegenlichtblende kann sehr nützlich sein.

Batterien

Besonders bei der Verwendung von Kameras mit automatischem Filmtransport, Blitz und Autofocus sollte man sich mit genügend Ersatzbatterien eindecken – die ganz spezielle Knopfzelle wird man in einer indischen Kleinstadt wohl kaum finden.

Blitzgerät

Ein gutes Blitzgerät erweist sich nicht nur beim Fotografieren der vielen Wandmalereien in Tempeln oder bei nächtlichen Prozessionen und Festen als sehr nützlich. Hervorragende Effekte kann man z.b. dadurch erzielen, dass man bei einer Portraitaufnahme im Tageslicht einen Aufhellblitz verwendet. So vermeidet man, dass das Gesicht bei hellem Hintergrund unterbelichtet wird.

Filme

Es wurde bereits gesagt: besser zu viel als zu wenig Filmmaterial mitnehmen. Zwar darf man offiziell nur 30 Filme einführen, doch diese Regel wird selbst von den ansonsten so peniblen indischen Zollbeamten nicht ernst genommen. Sicherheitshalber sollte man aber die Originalverpackungen zu Hause lassen, da andernfalls der Verdacht entstehen könnte, man wolle die Filme verkaufen.

Erfreulicherweise sind in den meisten indischen Touristenorten Filme heute kaum teurer als in Mitteleuropa. Bei überraschend billigen Angeboten sollte man jedoch lieber zweimal hinschauen, ob es sich tatsächlich um 36 Bilder pro Rolle handelt, meist sind es dann nur 24 Aufnahmen – aufgepasst! Außerdem sollte man das Verfallsdatum überprüfen, da die Filme im feucht-warmen Tropenklima wesentlich anfälliger sind. Deshalb empfiehlt es sich auch, Filme in Geschäften mit Klimaanlage zu kaufen – es versteht sich, dass man dort etwas mehr zahlen muss.

Neigt sich das Kontingent dem Ende zu, sollte man bald in der nächsten größeren Stadt aufstocken, da in kleineren Orten manchmal nur eine begrenzte Auswahl zur Verfügung steht. Das gilt besonders für Diafilme.

Da die besten Aufnahmen bekanntlich morgens und abends entstehen, wenn die Farben weicher und intensiver sind, sollte man genügend **hochempfindliche Filme** mitnehmen. Auch in dichten Waldgebieten wie z.B. in Nationalparks oder bei der Verwendung von Teleobjektiven sind empfindliche Filme für verwacklungsfreie Aufnahmen unerlässlich.

Wer bei längerem Aufenthalt Filme schon in Indien **entwickeln** lassen muss, sollte auf Kodachrome-Diafilme verzichten. Sie müssen zur Entwicklung ins Ausland versandt werden – bei Indiens nicht gerade zuverlässigem Postsystem ein hohes Risiko. Überhaupt ist es ratsam, Filme erst zu Hause entwickeln zu lassen, da die Qualität in Indien oft zu wünschen übrig lässt. Wer es dennoch gar nicht erwarten kann, sollte zumindest die mit neuester Entwicklungstechnik ausgerüsteten Fotogeschäfte aufsuchen, von denen es immer mehr gibt.

Zwar sind inzwischen fast alle **Flughäfen** Indiens mit strahlensicheren Röntgengeräten ausgerüstet, doch kann es beim Einchecken nicht schaden, den Kontrollbeamten um einen *hand check* zu bitten – sicher ist sicher.

Filme müssen vor Feuchtigkeit, Staub und (vor allem bei bereits belichtetem Material) vor Hitze geschützt aufbewahrt werden.

●**Buchtipp:** *Helmut Hermann*, „Praxis: Reisefotografie", und *Volker Heinrich*, „Praxis: Reisefotografie digital", Reise Know-How Verlag, Bielefeld.

Frauen unterwegs

Für Frauen, ob alleine oder zu zweit, ist Indien kein leichtes Reiseland. Der Anblick westlicher Frauen kehrt bei vielen indischen Männern den Don Juan hervor. Selbst Frauen, die mit einem männlichen Partner reisen, bleiben nicht unbehelligt. Meist begnügt „mann" sich mit Rufen oder Schnalzen, um auf seine offensichtlich nicht sehr attraktive Persönlichkeit aufmerksam zu machen, oder macht einige anzügliche Bemerkungen. Gelegentlich kommt es aber auch zu Grabschereien, ein Problem, mit dem auch die indischen Frauen leben müssen. Nicht umsonst gibt es z.B. in den Vorortzügen in Mumbai **spezielle Waggons nur für Frauen.**

Derzeit erlebt Indien den Ansatz einer bescheidenen „sexuellen Revolution", ausgelöst durch das ausländische Satelliten-Fernsehen wie auch durch das immense AIDS-Problem, das eine offene Diskussion des Themas Sex nötig macht. An der Spitze der Liberalisierung stehen die Städte Mumbai, Delhi und Bangalore. Der Kurzzeiteffekt der wachsenden Freizügigkeit scheint aber nicht unbedingt positiv, denn der Sprung von einer stark traditionsgebundenen zu einer freiheitlicheren Gesellschaft lässt manchen die Maßstäbe verlieren. Derzeit scheint es, dass die Belästigungen in der jüngsten Vergangenheit eher etwas zu- als abgenommen haben.

Frauen können ihren Teil dazu beitragen, möglichst wenig behelligt zu werden. Dass keine provozierende Kleidung getragen werden sollte – dazu zählen in Indien eben auch Shorts, kurze Röcke oder ärmellose Hemden – versteht sich von selbst. Zudem sollte „frau" den Blickkontakt mit fremden Männern meiden. Einem fremden Mann in die Augen schauen, das tun, so meint „mann", nur Prostituierte, der offene Blick wird als Einladung zur Kontaktaufnahme verstanden. Außerdem ist auf allzu große Freundlichkeit gegenüber Kellnern, Hotelangestellten und Verkäufern zu verzichten – die indische Frau aus guter Familie (auch der Mann) sollte mit solch „niedrigstehenden" Personen nicht mehr reden als unbedingt nötig. Tut „frau" es doch, fordert sie dadurch Annäherungsversuche heraus. Als Frau heißt es **Distanz zu fremden Männern wahren,** alles andere kann leicht falsch ausgelegt werden.

> Wer sich schon zu Hause in großen Städten nicht wohl fühlt, sollte sie in Indien erst recht meiden. Menschenmassen, Luftverschmutzung, Dreck, Elend, Hektik, Lärm – all die negativen Begleiterscheinungen urbaner Entwicklung sind in Indien, wo so etwas wie Stadtplanung kaum existiert, besonders ausgeprägt. Vor allem zu Beginn einer Reise, wenn Klima-, Zeit- und Essensumstellung schon genug Anpassungsschwierigkeiten bereiten, empfiehlt es sich nur so kurz wie irgend möglich in Städten wie Mumbai oder Chennai zu bleiben. Hat man die ersten Wochen der Eingewöhnung hinter sich, sind Geist und Seele besser auf die Negativaspekte vorbereitet.

Mit Kindern reisen

Während es in vielen Ländern Südostasiens wie Thailand, Malaysia und Indonesien nicht mehr außergewöhnlich ist, dass Eltern mit ihren **Kleinkindern** individuell durchs Land reisen, stellt dies in Indien immer noch eine Ausnahme dar. Und so wird es wohl auch noch eine Weile bleiben, gilt doch Indien zu Recht als eines der am schwersten zu bereisenden Länder. Die weiten Entfernungen auf verstaubten, von Schlaglöchern übersäten Straßen in kaum gefederten und überfüllten Bussen sind kleinen Kindern sicherlich ebensowenig zuzumuten wie die oftmals wenig einladenden sanitären Einrichtungen. Die Hitze und das alltägliche Elend auf den Straßen kommen zu den täglichen Belastungen hinzu.

Anders sieht es da schon bei Kindern **über zwölf Jahren** aus. Für sie bietet das bunte Alltagsleben mit den faszinierenden Märkten, durch die Straßen stolzierenden Elefanten, Schlangenbeschwörern und bunten Festen eine exotische Welt, die sie wohl nur aus Märchenbüchern kennen.

Allerdings sollte man gerade wegen der Vielzahl der Eindrücke immer wieder einige Ruhetage einlegen und in höherklassigen **Hotels** übernachten, um so Zeit zum Verarbeiten und zur Erholung einzuräumen. Fast alle besseren Hotels bieten die Möglichkeit, für einen geringfügigen Aufpreis das Kind im Zimmer der Eltern übernachten zu lassen.

Geradezu ideal ist ein Aufenthalt an den **Stränden von Kerala,** wo man seit Jahrzehnten auf die Wünsche westlicher Touristen eingestellt ist. **Ermäßigungen** für Kinder im Alter von bis zu zwölf Jahren geben nicht nur die indische Eisenbahn, sondern auch die inländischen Fluggesellschaften. Ist man mit Kindern unterwegs, bietet sich als bestes Fortbewegungsmittel der **Mietwagen** an, da man so die fast ständig überfüllten öffentlichen Verkehrsmittel vermeidet und zudem besser auf die individuellen Wünsche der Kinder eingehen kann.

Auch bei der Wahl des **Restaurants** lohnt es sich, etwas tiefer in die Tasche zu greifen. Nur bessere Restaurants verfügen über eine

Auswahl an europäischen Gerichten, falls die in der Regel recht scharfen indischen Speisen nicht nach dem Geschmack des Kindes sind. Sollte ein Kind **erkranken,** besteht zunächst kein Grund zur Panik, gibt es doch in jedem größeren Ort einen Englisch sprechenden Arzt. Fast immer handelt es sich um leichtere Erkrankungen, für die auch die eventuell notwendigen Medikamente problemlos zu besorgen sind. Dennoch kann es nicht schaden, wenn man eine bereits zu Hause besorgte Auswahl der gängigsten Medikamente in der Reiseapotheke mitführt. Im Falle einer ernsthafteren Erkrankung gilt bei Kindern das gleiche wie bei Erwachsenen: auf keinen Fall in ein Provinzkrankenhaus gehen, sondern in eines der hervorragenden Krankenhäuser von Mumbai oder Chennai – oder gleich abreisen.

Medizinische Versorgung

Einige große Städte wie z.B. Mumbai verfügen über hervorragende **Krankenhäuser mit internationalem Standard.** Das kann jedoch nicht darüber hinwegtäuschen, dass die meisten Städte und erst recht die kleineren Orte bei weitem nicht über die medizinischen Versorgungsmöglichkeiten verfügen, wie man sie im Westen gewohnt ist. Die **hygienischen Zustände** in vielen Krankenhäusern spotten jeder Beschreibung. Das mag bei kleineren Untersuchungen noch zu ertragen sein; wem jedoch seine Gesundheit lieb und teuer ist, der sollte sich bei ernsthafteren Erkrankungen so schnell wie möglich zur Behandlung in eines der wenigen guten Krankenhäuser des Landes begeben. Deren Anschriften sind in den jeweiligen Städtekapiteln genannt. Im übrigen verfügen die Botschaften bzw. Konsulate über Listen von empfehlenswerten **Privatärzten,** bei denen die Honorare dann allerdings auch dementsprechend hoch sind.

Nachtleben

Zu behaupten, Indien sei kein idealer Ort für Nachtschwärmer, käme einer gewaltigen Untertreibung gleich. Anders als in anderen asiatischen Ländern wie Thailand, Vietnam oder den Philippinen ist Nightlife in Indien so gut wie nicht vorhanden. Abgesehen von den First-Class-Hotels in großen Städten sind im Westen selbstverständliche Einrichtungen wie Cafés, Kneipen und Diskotheken sowie kulturelle Abendveranstaltungen praktisch unbekannt. Die einzige Ausnahme bilden **Mumbai** und Bangalore, die beiden „westlichsten" Städte Indiens. Hier hat sich in den letzten fünf bis zehn Jahren eine Freizeit- und Unterhaltungskultur entwickelt.

Andernorts ist spätestens um 22 Uhr Zapfenstreich – außerhalb der großen Städte meist noch eher. Lediglich **Kinos** sind selbst im kleinsten Dorf anzutreffen. Häufig bleibt einem nur ein mit der Zeit zunehmend frustrierendes „Abhängen" an den meist wenig einladenden **Hotelbars.**

Öffnungszeiten

Banken

Banken sind in der Regel wochentags durchgehend von 10 bis 14 Uhr geöffnet. Da Bankangestellte in Indien nicht gerade einsatzfreudig sind, öffnen sie ihre Schalter gerne 15 Minuten später bzw. schließen etwas früher. Manche internationalen Banken in Großstädten haben verlängerte Öffnungszeiten (Adressen siehe Städtekapitel). Alle Banken sind am 31. März und am 30. September geschlossen.

Behörden

Behörden sind in der Regel zwischen 10 und 16 Uhr geöffnet, mit einer Mittagspause zwischen 13 und 14 Uhr. Ebenso wie die Bankangestellten schlafen indische Beamte lange und gehen gerne früh ins Bett, d.h. es kann sich auch alles um eine halbe Stunde nach hinten oder vorne verschieben.

Post

Werktags meist durchgehend von 10 bis 17 Uhr geöffnet, samstags 10 bis 12 Uhr. Telefonzentralen (Telecommunication Centers) sind meist 24 Stunden am Tag geöffnet.

Geschäfte

Geschäfte haben keine geregelten Öffnungszeiten. Vor 10 Uhr morgens wird man jedoch auch hier fast immer vor verschlossenen Türen stehen. Zwischen 19 und 20 Uhr werden dann die Rolläden wieder heruntergelassen. Auch die Mittagspausen werden variabel gehandhabt, meist schließt man zwischen 12 und 14 Uhr, manchmal jedoch auch gar nicht. Zwar gilt der Sonntag als offizieller Ruhetag, doch viele Läden haben auch dann geöffnet und in manchen Basarvierteln ist der Sonntag sogar der lebhafteste Tag.

Post und Telekommunikation

Briefe und Postkarten

Die wichtigste Regel beim Verschicken von Briefen bzw. Postkarten lautet: **Niemals in den Briefkasten werfen,** sondern immer persönlich beim Postamt abgeben und dort vor den eigenen Augen abstempeln lassen. Erstens weiß man nie, wann und ob der Briefkasten überhaupt geleert wird, und zweitens kommt es auch in Indien wie in anderen Ländern Asiens vor, dass die Postler nicht abgestempelte Briefmarken ablösen, um sie wieder zu verkaufen.

In den meisten Postämtern gibt es mit dem **stamps counter** für den Briefmarkenverkauf und dem **cancellation counter** für das Abstempeln zwei unterschiedliche Schalter. Speziell vor dem *stamps counter* bilden sich oft lange Warteschlangen. Es empfiehlt sich deshalb Briefmarken auf Vorrat zu kaufen.

Die Beförderungsdauer von Indien nach Europa beträgt etwa 7 bis 10 Tage, von Mumbai aus kann es auch mal schneller gehen. Inlandsbriefe sind mit 1 Rs, Postkarten mit 0,75 Rs zu frankieren.

Porto für Luftpostbriefe

bis 20 g	11 Rs
20–50 g	16 Rs
50–100 g	25 Rs
100–250 g	63 Rs
250–500 g	127 Rs
500–1000 g	254 Rs
1000–2000 g	508 Rs

Pakete

Das Versenden von Paketen ist in Indien eine sehr **aufwändige Prozedur,** die unter Umständen mehrere Stunden in Anspruch nehmen kann. Das beginnt bereits mit der Verpackung. In Indien geht man mit Paketen äußerst unsanft um und so gilt es, die verschiedenen Gegenstände so stabil wie möglich zu verpacken. Hierzu bieten sich entweder Holzkisten an, die man z.B. in Obstläden für wenige Rupien erhält, oder, noch besser, Metallkoffer, die es auf vielen Basaren in unterschiedlichen Größen zu kaufen gibt. Danach muss das Paket **in Stoff eingenäht und versiegelt** werden, ansonsten wird es von der Post nicht angenommen. Am besten lässt man dies von einem Schneider oder einem Packing Service, der häufig vor den Postämtern anzutreffen ist, erledigen. Je nach Paket zahlt man **zwischen 15 und 50 Rs.**

Danach begibt man sich mit dem versiegelten Paket zum **Paketschalter,** wo einem

---

Die großflächige Internetwerbung vor dem Tempel ist ein Bild mit Symbolcharakter – die neuen Kommunikationstechniken werden auch im „ewigen Indien" in Zukunft tiefe Spuren hinterlassen

Post und Telekommunikation

eine Paketkarte und mehrere **Zolldeklarationsformulare** ausgehändigt werden, auf denen u.a. der Inhalt näher spezifiziert werden muss. All dies ist gut lesbar, am besten in Druckbuchstaben, auszufüllen. Bei der zu beantwortenden Frage nach dem Inhalt am besten *gift* bzw. *cadeau*, d.h. Geschenk, ankreuzen. Außerdem sollte der **Wert des Pakets** mit nicht mehr als 1.000 Rs angegeben werden, da sonst ein spezielles *bank clearance certificate* verlangt wird. Man kann die Sendung zwar für ein paar Rupien versichern lassen, doch in der Praxis ist das nicht mehr wert, als das Papier, auf dem es geschrieben steht.

Seefrachtpakete sind nach Europa gewöhnlich zwischen zwei und drei Monaten unterwegs, es kann jedoch auch bedeutend länger dauern. **Luftpostpakete** sollten innerhalb von 14 Tagen ihr Ziel erreichen.

Buchsendungen kosten bis 500 g 42 Rs auf dem Seeweg und 142 Rs auf dem Luftweg. Jeweils 500 g zusätzlich kosten auf dem Seeweg 18 Rs und auf dem Luftweg 118 Rs mehr.

Paketporto

	Luftpost	per Schiff
250 g	450 Rs	410 Rs
500 g	515 Rs	440 Rs
1 kg	645 Rs	500 Rs
2 kg	1035 Rs	680 Rs
5 kg	1685 Rs	980 Rs
10 kg	2985 Rs	1580 Rs
15 kg	4285 Rs	2180 Rs
20 kg	5585 Rs	2780 Rs

Postlagernde Sendungen

Postlagernde Sendungen (*Poste Restante*) werden nur gegen Vorlage des Reisepasses herausgegeben. Wer nicht gerade Müller, Meier oder Schmidt heißt, sollte sich Post von Freunden und Verwandten von zu Hause nur unter Angabe seines **Nachnamens** nach Indien schicken lassen. Bei sehr häufigen Nachnamen reicht der Zusatz des Anfangsbuchstabens des Vornamens, wobei man zur Sicherheit den Nachnamen noch unterstrei-

Post und Telekommunikation

chen sollte. Die richtige Adresse würde z.B. lauten:

B. <u>B</u>arkegeier
Poste Restante
G.P.O.
Nagarpur 12345
India

Damit löst man das häufige Problem, dass Briefe statt unter dem Anfangsbuchstaben des Nachnamens fälschlicherweise unter dem des Vornamens einsortiert werden und damit unauffindbar bleiben. Woher soll der indische Postbeamte auch wissen, dass *Reinhold* der Vorname und *Messner* der Nachname ist? Sicherheitshalber sollte man beim Abholen der Sendung unter dem Anfangsbuchstaben des Vor- und des Nachnamens suchen.

Einschreibesendungen und **Päckchen** bzw. **Pakete** sind stets auf einer Extraliste vermerkt. Allerdings sollte man sich keine wertvollen Dinge zuschicken lassen, da sie so gut wie nie ihren Adressaten erreichen. Die Laufzeit der Briefe beträgt, je nach Lage des Ortes, zwischen vier und zehn Tagen.

Kunden von American Express (Kreditkarten- oder Reisescheckbesitzer) können sich ihre Post auch in eine indische Filiale des Unternehmens schicken lassen, z.B.:

H. <u>W</u>eissner
American Express
Client's Mail Service
Connaught Place (A-Block)
New Delhi
India

Schließlich gibt es noch die Möglichkeit eine Hoteladresse anzugeben, an die man sich Post schicken lassen kann. Diese wird dann dort meist ans schwarze Brett gehängt, wo man sie sich abholt:

W. <u>R</u>adl
c/o Hotel Taj Mahal
Client's Mail/will be collected
14 Vasant Marg
Nagarpur 12345
India

Telefonieren

Auslandsgespräche

Verglichen mit noch vor ein paar Jahren, als der Versuch internationale Telefongespräche zu führen oftmals eine äußerst langwierige und frustrierende Angelegenheit war, geht dies heute fast schon paradiesisch einfach über die Bühne. Am besten, man sucht einen der fast in jeder Stadt vorhandenen **ISD-STD-Läden** auf. Dort bekommt man normalerweise innerhalb kürzester Zeit eine Verbindung. Meist befindet sich in der Telefonzelle eine Leuchtanzeige, auf der der bereits vertelefonierte Betrag fortlaufend angezeigt wird.

Eine Minute nach Mitteleuropa kostet etwa 65 Rs, man kann jedoch meist auch kürzer telefonieren, da nach Sekunden abgerechnet wird. Manche Telefonläden verfahren aber noch nach dem alten System, wonach man mindestens drei Minuten telefonieren und bezahlen muss. Ab 23 Uhr ist es etwas billiger.

Es ist möglich, über den Telefon-Direkt-Service **R-Gespräche** von Indien nach Deutschland und in die Schweiz zu führen. Dazu muss man die Direkt-Nummer für Deutschland (000-49-17) oder die Schweiz (155-4549) wählen und wird dann mit einem Operator verbunden, der die Angerufenen in Deutschland fragt, ob sie die Gebühren für die Verbindung übernehmen wollen. Der Anrufer zahlt dann die Gebühren für ein indisches Ortsgespräch in Rupien, den Rest zahlt der Angerufene. Der Spaß ist aber nicht gerade billig, da allein der Tarif für den Operator pro Gespräch bei ca. 6 € liegt. Hinzurechnen muss man noch 0,59 € für jede Minute.

Wer diese Kosten nicht den Angerufenen, sondern der eigenen Telefonrechnung in Deutschland aufbürden will, kann sich bei

Vorwahlnummern

• Indien:	0091
Von Indien nach:	
• Deutschland	0049
• Österreich	0043
• Schweiz	0041

POST UND TELEKOMMUNIKATION

der Telekom eine **Telekarte** mit persönlichem Kennwort kaufen. Dem Operator wird dann bei jedem Anruf das Kennwort mitgeteilt. Bei längeren Gesprächen spart man mit dieser Methode Geld. Die Minutengebühr ist mit 0,59 € günstiger als die in Indien berechneten 62 Rs (1,22 €).

Gespräche innerhalb Indiens

Telefongespräche innerhalb Indiens sind immer noch äußerst problematisch und kommen, wenn überhaupt, oft erst nach unzähligen Versuchen zustande. Obendrein ist die Verbindung meist noch schlecht. Hinzu kommt, dass noch lange nicht alle Orte in Indien per Direktwahl zu erreichen sind. In diesen Fällen muss man sich mittels eines Operators verbinden lassen. Ortsgespräche kosten 1 Rs für 2 Minuten.

Handy in Indien

Noch vor wenigen Jahren kein Thema, so ist es für viele Indien-Reisende inzwischen eine Frage von vorrangiger Bedeutung vor der Abfahrt, ob man auch im altehrwürdigen Indien mobil telefonieren kann. Die Antwort fällt – wie sollte es in Indien auch anders sein – differenziert aus.

Wer mit dem Handy experimentieren möchte, sollte ein D1- oder D2-Handy (oder kompatibel) mit **Vertrag** mitnehmen – die Handys mit Prepaid-Karten wie Xtra oder CallYa funktionieren nicht mit indischen Karten, E-Netz von VIAG-intercom nur bedingt. Es gibt natürlich noch andere Kartendienste, die Preisunterschiede sind jedoch groß.

Ganz wichtig: Es fallen auch Gebühren bei ankommenden Gesprächen an.

Zu viel sollte man sich allerdings von den indischen Netzen nicht erwarten – meistens gehen sie kaum weiter als bis zur Stadtgrenze größerer Städte. Das Roaming mit der deutschen Originalkarte ist in Mumbai und Delhi möglich. Mit den indischen Prepaid-SIM-Karten gibt es hingegen immer wieder Probleme. Die größeren indischen Anbieter und die Karte ihrer Netzabdeckung kann man im Internet unter folgender Adresse einsehen: www.cellular-news.com/coverage/ie/india.htm. Für die Webrecherche bei google „cellphone india" oder „cellular phone india" eingeben. Wer sein eigenes Handy mit der heimischen Karte im Ausland benutzt, sollte unbedingt die ausführlichen Informationen bei Billiger-Telefonieren.de lesen: www.billiger-telefonieren.de/news/hintergrund/4485.php3.

Wer in der Fremde mobil erreichbar sein möchte, ist gut beraten, sich vorher über die Kosten zu informieren, sonst drohen böse Überraschungen. Teuer kann es auch werden, wenn die **Mailbox** während des Auslandsurlaub aktiviert bleibt. Stellt der Computer des Mobilfunkanbieters fest, dass sich der Angerufene im Ausland befindet, wird zu-

Nicht nur verbeult, sondern auch unzuverlässig – Briefe sollte man immer zum Postamt bringen

Post und Telekommunikation

Post und Telekommunikation

nächst eine Gebühr für die Weiterleitung ins Ausland berechnet. Wer seine Mailbox vor dem Urlaub komplett abschaltet, kann sich wichtige Nachrichten immer noch per **SMS** schicken lassen. Der Empfang von SMS ist in den meisten Ländern kostenlos. Für das Versenden der Kurznachrichten gibt es unterschiedliche Tarife. Meistens fallen diese allerdings deutlich höher aus als in Deutschland.

Tröstlich ist, dass dem Anrufer in der Regel keine Kosten für die Weiterleitung ins Ausland entstehen. Eine weitere Möglichkeit ist, **sämtliche Anrufe** schon vor der Abreise in Deutschland **umzuleiten**. Auf diese Weise ist das Handy zwar nicht mehr erreichbar, es kann aber weiterhin für eigene Anrufe genutzt werden. Zudem gehen keine Anrufe verloren, denn zurück in der Heimat lassen sich die eingegangenen Anrufe zum normalen Tarif abhören.

Wer mit **Prepaid-Karte** im Ausland telefoniert, zahlt meist deutlich mehr als mit dem Vertrags-Handy. Hier gilt um so mehr der Ratschlag, sich vor der Reise beim heimischen Provider über die am Urlaubsort anfallenden Handygebühren zu erkundigen – zumal die Kosten von Land zu Land stark schwanken können. Hinzu kommt, dass es teilweise nicht oder nur mit verstärktem Aufwand möglich ist, den Gebührenstand der Prepaid-Karte abzurufen.

An den Flughäfen in Delhi und Mumbai werden **Mobiltelefone vermietet**. Bei einem Preis von etwa 6 Euro pro Tag macht das aber wenig Sinn.

Faxe

Viele der ISD-STD-Läden verfügen auch über ein Faxgerät. Gerade angesichts der nach wie vor katastrophal schlechten Telefonverbindungen innerhalb Indiens bietet sich diese Art der Kommunikation besonders bei **Hotelreservierungen und Rückbestätigungen** für Flugtickets an. So hat man im Zweifelsfall einen Beleg in der Hand, mit dem man seine Reservierung bzw. Rückbestätigung beweisen kann. Die Kosten für eine DIN-A-4-Seite nach Europa sind mit etwa 150 Rs etwas geringer als ein dreiminütiges Telefonat.

Internet

In dem Maße, in dem auch in Indien das Internet- und E-mail-Zeitalter Einzug hält, werden die traditionellen Kommunikationswege wie Post und Telefon in den Hintergrund gedrängt. Für die meisten Traveller ist es zweifelsohne wesentlich einfacher, schneller und in den allermeisten Fällen auch billiger, über die jeweilige E-mail-Adresse mit Freunden und Verwandten zu kommunizieren. **Internet-Cafés** sind in den letzten zwei Jahren wie Pilze aus dem Boden geschossen. Das gilt nicht nur für Metropolen wie Mumbai, sondern auch für fast alle Touristenorte. Allerdings kann es in kleineren Orten häufiger zu Überlastungen des Netzes kommen. Manchmal muss man eine Viertelstunde warten, aber das ist eher die Ausnahme. Allerdings gibt es oft einen recht langsamen Seitenaufbau, wenn zuviele PCs an ein Modem angeschlossen sind.

Durchschnittlich liegen die Preise für Internet-Surfen bei 25–60 Rs/Std. E-mail-check ist meist für 10 Rs zu haben. Hotels in höheren Preiskategorien sind mit um die 100 Rs/Std. deutlich teurer.

● **Buchtipp:** „Kommunikation von unterwegs", erschienen in der Praxis-Reihe, Reise Know-How Verlag, Bielefeld.

Sicherheit

Indien ist, auch wenn es bei Betrachtung der ausländischen Berichterstattung nicht immer so scheint, ein **relativ sicheres Reiseland**. Bedenkt man, welche ungeheuren sozialen Spannungen im Lande herrschen und dass 40 % der Bevölkerung unter der sogenannten Armutsgrenze leben, kann man sich nur wundern, dass alles im Grunde so friedlich ist. Die Religion übt sicher einen die Kriminalität dämpfenden Einfluss aus: Man fügt sich lieber in sein Karma, als sich mit Brachialgewalt in eine bessere finanzielle Position zu bugsieren. Herrschten dieselben sozialen Verhältnisse in Europa, könnte wohl niemand mehr vor die Haustür gehen.

Verständlicherweise gibt es in punkto Sicherheit **regionale Unterschiede**. Besonders in Touristenhochburgen haben sich zwielichtige Gestalten angesiedelt, die sich an den westlichen Touristen auf die eine oder andere Art bereichern möchten. Besonders an den von Travellern besonders frequentierten Stränden in Goa kommt es häufig zu Diebstählen und Betrügereien.

Mumbai hat seit den Bombenanschlägen von 1993 die wahrscheinlich größte Polizeipräsenz des Landes – ist irgendetwas los, taucht in Kürze aus dem nichts eine Patrouille auf, oft in Zivil. Nachts werden an Straßensperren Fahrzeugkontrollen durchgeführt; dabei geht es weniger um die Bremsbeläge als um Schmuggelware, Waffen u.ä.

Trotzdem beherbergt die Stadt eine ganze Reihe von mafiaähnlichen Banden, die ihre relative „Unantastbarkeit" der Protektion durch Lokalpolitiker verdanken. Die Banden scheinen sich allerdings gegenseitig ausrotten zu wollen. **Bandenkriege,** oft spektakulär wie in einem Hollywood-Thriller, gehören fast zum Alltag. Reisende sind davon allerdings nicht betroffen, es geht einzig und allein um unterweltinterne Querelen. Mit Ausnahme von einigen Slum- und Rotlichtvierteln kann man Mumbai als recht sicher bezeichnen.

Betrug

Vorsicht ist bei der **Bezahlung mit Kreditkarten** geboten. Abgesehen von staatlichen Geschäften, seriösen Läden und First-Class-Hotels, kommt es immer wieder zu Trickbetrügereien, die man oftmals erst bemerkt, wenn man wieder im Heimatland ist – und dann ist es zu spät.

Eine ähnlich unliebsame wie häufige Überraschung mussten Touristen erleben, die sich auf das Versprechen von Verkäufern verließen, die als besonderen Service die erstandene Ware **per Post** nach Hause zu schicken vorgaben. Für viele entwickelte sich das sehnsüchtige Warten auf die vielen schönen Souvenirs zum Warten auf Godot. Am besten ist es immer noch, man gibt die Pakete persönlich bei der Post auf oder nimmt sie selbst mit nach Hause.

Damit kein Missverständnis entsteht: Hier soll nicht allgemeinem Misstrauen gegenüber indischen Geschäftsleuten Vorschub geleistet werden – aber Geld ist nun mal verführerisch, vor allem in einem Land, in dem die Armut groß ist. Die Tricks der Betrüger, ihre Opfer in Sicherheit zu wiegen, sind vielfältig. Generelle Vorsicht ist bei allzu verlockenden Geschäften geboten, besonders solchen am Rande der Legalität oder gar Gesetzesverstößen (z.B. Schwarztausch oder Schmuggel). Hier wird besonders gern betrogen, da sich das Opfer nicht an die Polizei wenden kann.

Diebstahl

Das Delikt, das am ehesten zu erwarten ist, sind Diebstähle in **Hotelzimmern** oder Taschendiebstähle. Verlässt man sein Zimmer, sollten alle wertvollen Gegenstände verschlossen werden. Zu „wertvollen Gegenständen" können auch Kugelschreiber, Feuerzeuge, Taschenrechner u.ä. gerechnet werden. Wer ganz sicher gehen will, sollte auch seine Kleidung nicht im Zimmerschrank ablegen, sondern im Gepäck belassen: Ein schönes T-Shirt oder ein teurer BH kann auf manche(n) Hotelangestellte(n) eine unwiderstehliche Anziehungskraft ausüben. Dabei geht es den Dieben weniger um den materiellen Wert des Objektes, als darum, ein ausländisches (bzw. im Ausland hergestelltes) Kleidungsstück zu besitzen. *Foreign* ist „in".

Wer Parterre wohnt, sollte dafür sorgen, dass keine Gegenstände durchs Fenster „er-

SICHERHEIT

angelt" werden können. Zimmertüren sollten nachts gut verschlossen sein. Zur doppelten Sicherheit kann man von innen ein batteriebetriebenes **Alarmgerät** an die Türklinke hängen. Fasst jemand von außen an die Klinke, geht ein lauter, schriller Alarmton los. Das Gerät lässt sich mit dem gleichen Effekt auch in verschlossenen Gepäckstücken unterbringen.

Gegen **Taschendiebstähle** ist das allerbeste Mittel, gar nichts Wichtiges in den Hosentaschen herumzutragen. Geld, Schecks und Pass sollten in einem **Bauchgurt** untergebracht werden, den man unter der Kleidung tragen kann. Da der fast permanent auftretende Schweiß oft durchdringt, empfiehlt es sich, den Inhalt noch einmal in eine Plastikhülle zu packen. Brustbeutel sind zum einen deutlich sichtbar, lassen sich zum anderen auch zu leicht abnehmen – am liebsten vom Besitzer, wenn er in der indischen Hitze schwitzt. **Geldgürtel** sind auch nicht schlecht, für Pässe allerdings zu schmal. Außerdem sollten sie diskret genug sein, um nicht als solche erkannt zu werden.

Vor der Reise sollten von allen Dokumenten (Pass, Visum, Scheckquittungen, Tickets) mehrere **Fotokopien** angelegt und an verschiedenen Stellen verstaut werden. Auch Geld und Schecks sollte man nicht an einer Stelle unterbringen.

Überfälle

Weitaus seltener als Diebstähle sind Überfälle. Gelegentlich – sehr selten – kommt es zu Überfällen auf Busse oder Züge. Sich dagegen zu schützen ist fast unmöglich; im unwahrscheinlichen Falle einer solchen Attacke gilt es aber, nicht den indischen Filmhelden spielen zu wollen. Inder, auch Kriminelle, haben Respekt vor westlichen Ausländern, und wahrscheinlich wird man behutsamer behandelt als die Einheimischen.

Bahn

Bahnhöfe und Züge sind ein ideales Jagdrevier für Diebe, weil dort oftmals chaotische Zustände herrschen. Zudem führt der Tourist während des Reisens meist seine gesamten Wertsachen mit sich. Besonders beliebt bei Gaunern sind häufig bereiste Strecken wie z.B. Goa – Mumbai oder Chennai – Madurai. Vorsicht ist vor allem in den Minuten vor der Abfahrt des Zuges und während der oft langen Zwischenstopps geboten, da dann ein ständiges Kommen und Gehen herrscht. Wer jedoch einige Grundregeln konsequent befolgt, ist vor Diebstahl so gut wie sicher. Mir selbst ist während zehn Jahren in Indien absolut nichts abhanden gekommen.

Die wichtigste Regel ist: Nie die **Wertsachen**, d.h. Flugticket, Reiseschecks, Bargeld, Pass, Kreditkarte und Kamera, aus den Augen lassen. Am besten macht man es sich zum Prinzip, den Geldgurt während einer Zugfahrt nie abzulegen. Die **Kameratasche** sollte man nachts am besten im Kopfbereich abstellen oder sogar als Kopfkissen benutzen. Viele Traveller in Indien schließen ihre Rucksäcke oder Koffer mit einer **Metallkette** ans Bett an. Das ist sicher sinnvoll, doch die Diebe haben es mittlerweile meist sowieso auf die wertvollen kleinen Gegenstände abgesehen.

Besonders gefährdet sind naturgemäß **Einzelreisende.** Schließlich ist es gerade während der oftmals langen Zugfahrten unmöglich, ständig hellwach zu bleiben. In einem Notfall sollte man vorher eine vertrauenerweckende Person (Frauen, Familienväter) darum bitten, für die Zeit der Abwesenheit auf das Gepäck zu achten.

Achtgeben sollte man auch, wenn sich eine Gruppe junger, auffällig modisch gekleideter Männer um einen versammelt, besonders, wenn sie mit einem großen Gegenstand, etwa einer Holzplatte oder einem Bild, hantieren. Oft schon wurden solche Objekte nur zur Tarnung eines Diebstahls zwischen den Besitzer und seinen Rucksack geschoben.

Bus

Bei den staatlichen Bussen stellt die übliche Gepäckaufbewahrung **auf dem Dach** ein echtes Sicherheitsrisiko dar. Man sollte auf jeden Fall darauf achten, das Gepäck gut festzuzurren und es möglichst mit einer eigenen Kette sichern. Gerade während der vie-

SICHERHEIT

len Teepausen sollte man immer mal wieder einen prüfenden Blick auf sein Gepäck werfen. Besser ist es jedoch seine Habseligkeiten im **Businneren** zu deponieren. Platz findet sich eigentlich immer, ob nun unter den Sitzbänken, im Gang oder neben der Fahrerzelle. Gern gesehen wird das zwar meist nicht, doch nach einigem Insistieren stört sich dann meist keiner mehr daran. Bei privaten Busgesellschaften kann man sein Gepäck in der Regel sicher verstauen.

Demonstrationen, Menschenansammlungen und Feste

Inder sind die meiste Zeit zwar sehr umgängliche und freundliche Zeitgenossen, diese Regel kann sich gelegentlich aber auch in Sekundenschnelle umkehren. Das gilt vor allem bei großen Menschenansammlungen, Demonstrationen u.Ä. Sind die Gemüter erhitzt, kann eine friedliche Versammlung in Windeseile in eine Massenkeilerei, einen „Religionskrieg" oder sonstiges Chaos ausarten, bei dem die Polizei manchmal sehr brutal eingreift. Bei politischen Versammlungen oder ähnlichen Menschenansammlungen hält man sich am besten am Rande des Geschehens auf, um notfalls schnell aus der Gefahrenzone verschwinden zu können.

In Kerala wird zwar gern und viel (in Trivandrum fast täglich) demonstriert, aber die Menschen sind hier eben auch geübter im Demonstrieren und damit zivilisierter als in anderen Teilen Indiens. Deshalb sind in der Regel keine Ausschreitungen zu erwarten.

Ähnliches gilt auch bei den ausgelassenen Festen, allen voran das **Frühlingsfest Holi**. Zu Holi berauschen sich viele Inder mit Alkohol oder Bhang, einem Getränk aus Milch, Zucker, Gewürzen und Marihuana. Traditionell bewerfen die Feiernden ihre Mitmenschen mit bunten Farbpulvern, wobei Ausländer bevorzugte Zielscheiben darstellen. Farbpulver wäre ja nicht schlimm, leider wird das Fest aber von Jahr zu Jahr rowdyhafter – im Vollrausch wird gelegentlich schon mal mit Lackfarbe und Exkrementen geworfen. Zu Festen wie Holi gilt es, die Atmosphäre des Ortes auszuloten. Machen zu viele rabaukenhafte Jugendliche die Straßen unsi-

Notfall-Tipps

Vorsorgemaßnahmen vor Reiseantritt

● Vor der Reise ist es unbedingt ratsam, eine **Auslandsreise-Krankenversicherung** abzuschließen (siehe „Vor der Reise: Versicherungen"). Bei erhöhtem Sicherheitsbedarf kann auch eine Reise-Notfall-Versicherung bzw. ein Schutzbrief nützlich sein.

● Ein **Impfpass** und evtl. ein **Gesundheitspass** mit Blutgruppe, Allergien, benötigten Medikamenten u.ä. sollte auf die Reise genommen werden, ebenso natürlich die Medikamente selbst.

● Bei der Hausbank sollte man sich über die Möglichkeiten der **Geldüberweisung** informieren, außerdem sollte man ggf. rechtzeitig eine Kreditkarte beantragen und sich über Notfallhilfen und Sperrmodalitäten des **Kreditkarteninstituts** kundig machen.

● Für Postempfang und Kontoverfügung sollten bei der Post bzw. Bank an vertrauenswürdige Personen **Vollmachten** ausgestellt werden. Gegebenenfalls sollte man seinem Rechtsanwalt eine Vertretungsvollmacht für Notfälle geben.

● **Zu Hause** ist zu klären, wer im Notfall telefonisch erreichbar ist, R-Gespräche übernimmt (siehe „Post und Telekommunikation") und einem Geld überweisen kann. Dort sollten auch die eigene Bankverbindung und die Versicherungsadressen hinterlassen werden.

● **Dokumente** sollten wassergeschützt am Körper (Bauchtasche, Geldgürtel u.Ä.) aufbewahrt oder im Hotelsafe gegen ausführliche Quittung hinterlegt werden.

● Auf alle Fälle sollte man sich **Kopien** von Pass (incl. Visumseite), Flugticket, Kredit- und Scheckkarten, Reiseschecks und sonstigen Dokumenten anfertigen, einen Satz wasserdicht verpacken und getrennt von den Originalen mitnehmen, einen zwei-

SICHERHEIT

ten Satz zu Hause hinterlegen. Ein ausreichend hoher **Sicherheitsgeldbetrag** sollte getrennt von der Reisekasse aufbewahrt werden.
- Sinnvoll ist es, sich einen **persönlichen Notfall-Pass** zu erstellen und ihn wasserdicht und sicher am Körper aufzubewahren. Eingetragen werden sollten: eigene persönliche Daten, die eigene Adresse und die von Kontaktpersonen zu Hause incl. Tel. und Fax, die eigene Bankverbindung, Notruf-Telefonnummern der Kranken- und/oder Reise-Notfall-Versicherung oder der Schutzbrieforganisation, Adresse und Telefonnummer der Botschaft (siehe „Vor der Reise: Diplomatische Vertretungen"), Deutschland-Direkt-Nummer für R-Gespräche, Nummern des Passes, des Flugtickets, der Reiseschecks, der Kreditkarten usw.

Im Krankheitsfall

- Wenn ein Auslandskrankenschein nicht akzeptiert wird und man die Kosten selber zu tragen hat, muss man sich vom Arzt eine **ausführliche Bescheinigung** über Diagnose und Behandlungsmaßnahmen, einschließlich verordneter Medikamente, sowie eine **Quittung** über die bezahlte Behandlung ausstellen lassen. Auch von Apotheken sollte man sich Quittungen ausstellen lassen.
- Bei **schweren Fällen** sollte außer dem Notfallservice der Versicherung auch die Botschaft bzw. das Konsulat informiert werden.

Verlust von Dokumenten/Geld

- Von der **Polizei** bei Verlusten ein ausführliches Protokoll ausstellen lassen.
- Den betroffenen Stellen sollte der **Verlust zügig gemeldet** werden, möglichst zusammen mit Nummern bzw. Kopien der verlorenen Dokumente (Pass: Botschaft bzw. Konsulat; Tickets: Fluggesellschaft; Schecks, Kreditkarten: Bank).
- Botschaften bzw. Konsulate (siehe „Vor der Reise") stellen bei Passverlust einen **Ersatzpass** aus, nachdem die Identität geklärt ist. Beste Voraussetzung dafür ist eine Kopie des Originals. Sonst wird beim Einwohnermeldeamt der Heimatstadt angefragt, was Zeit und Geld kostet.

Beschaffung von Geld

- **Überweisung** von der **Hausbank.** Dazu sollte man schon vor der Reise die jeweiligen Bedingungen, insbesondere die Korrespondenzbank im Reiseland, klären.
- **Blitzüberweisung** durch eine **Vertrauensperson.** Spezialisiert auf schnellste Verbindungen ist die Deutsche Verkehrsbank. Sie arbeitet mit Western Union zusammen, die wiederum weltweit „Filialen" unterhält (das kann auch mal eine Apotheke sein). Der Betrag wird zusammen mit einer Gebühr (rund 5 %) eingezahlt, der Überweisungsvorgang erhält in Deutschland innerhalb weniger Minuten eine zehnstellige Nummer, diese kann telefonisch ins Reiseland übermittelt werden und dient neben dem Ausweis als Identifikation des Abholers.
- Vertreter des **Kreditkarteninstituts** zahlen nach Klärung der Identität ein Notfallgeld. Auf eine rasche Ausstellung der Ersatzkarte sollte man nicht in jedem Fall vertrauen.
- **Reise-Notfall-Versicherungen** zahlen je nach Vertragsklauseln bis zu 1.500 Euro Notfalldarlehen, direkt über Vertreter im Reiseland, falls vorhanden.
- Die **Botschaften bzw. Konsulate** leihen nur in absoluten Ausnahmefällen Geld, zumeist auch nur in Form von Rückflugticket oder Zugfahrkarte. Allerdings kann in Notfällen eine Information an Verwandte in Deutschland erfolgen, die das benötigte Geld dann auf ein Konto des Auswärtigen Amtes einzahlen.

SICHERHEIT

cher, zieht man sich lieber in sein Hotelzimmer zurück. Diese Vorsichtsmaßnahme gilt im erhöhten Maße für Frauen.

Anzeige erstatten

Ist es zu einer Straftat gekommen, sollte auf der nächsten Polizeiwache *(thana)* Anzeige erstattet werden *(darj karana)*. Das kann jedoch zu einem Hindernislauf ausarten. Indische Polizisten können sehr hilfreich, oft aber auch völlig unkooperativ sein. Ihre Landsleute müssen nicht selten erst einen Obulus entrichten, ehe der Fall bearbeitet wird.

Ausländer werden in der Regel zuvorkommender behandelt. Falls man bei den niederen Polizeirängen auf Probleme stößt, sollte man darauf bestehen, mit einem höheren Polizeioffizier zu sprechen. Das kann der *Inspector (thanedar)* sein oder der *Sub Inspector (daroga)*. Bei sexuellen Vergehen können Frauen bitten, mit einer Polizistin *(pulis ki mahila sipahi)* zu sprechen. Ob es auf der Wache eine gibt, und falls ja, ob sie Englisch spricht, ist wiederum eine andere Sache. Bei Erstattung einer Anzeige ist am Ende ein **Protokoll** *(vigyapti)* zu unterschreiben. Das ist je nach Ort des Geschehens wahrscheinlich in Hindi, Marathi, Tamil oder einer sonstigen Regionalsprache verfasst, seltener in Englisch. Man hat also im Normalfall keine Ahnung, was man unterschreibt. Danach gibt es einen Zettel mit der **Registriernummer** *(panjikaran sankhya)* des Falles, auch dieser wahrscheinlich in der Regionalsprache. Im Falle von Diebstählen muss der Versicherung *(chori bima)* daheim eine Kopie des Verlustprotokolls und eventuell die Registriernumer des Falles vorgelegt werden. Für eine **amtliche Übersetzung** hat der Geschädigte selbst zu sorgen. Normalerweise erstellen die Heimatbotschaften solche Übersetzungen, allerdings nicht umsonst.

Falls der Missetäter auf frischer Tat ertappt worden ist, sollte man sich nicht wundern, wenn er auf der Wache gleich mit ein paar saftigen Ohrfeigen bedacht wird – das ist normale Polizeipraxis. Was weiter in der Zelle passiert, lässt sich nur erahnen.

Unterkunft

Kategorien

Wer die Wahl hat, hat die Qual. Diese alte Weisheit gilt bei der Wahl der Unterkunft in Indien wohl noch mehr als anderswo. Die Zahl der Möglichkeiten ist schier unbegrenzt und reicht vom stickigen, moskitodurchsetzten Schlafsaal bis zum fürstlichen Schlafgemach in einem ehemaligen Rajputenpalast.

Die in diesem Buch beschriebenen Unterkünfte sind in **fünf Preiskategorien** unterteilt und werden durch hochgestellte Eurozeichen (€€€€) symbolisiert.

Low Budget € (bis 350 Rs)

Naturgemäß kann man bei einem Maximalpreis von etwa 5 € keine allzu hohen Ansprüche stellen, doch selbst in dieser Kategorie wird oft schon Erstaunliches geboten. Besonders in Orten, die sich bei Rucksackreisenden großer Beliebtheit erfreuen gibt es eine Vielzahl hervorragender billiger Unterkünfte. Ventilator, Moskitonetz, geräumige, helle Zimmer, saubere Betten und oft auch ein eigenes Bad sind dort fast selbstverständlich.

Besonders empfehlenswert sind die so genannten **Guest Houses**, meist relativ kleine, wie Privatpensionen geführte Unterkünfte. Da hier der Besitzer meist noch selber Hand anlegt, wirkt alles gepflegt und sauber, die Atmosphäre ist freundlich und man kann leicht Kontakt zu Gleichgesinnten knüpfen. Es gibt natürlich Ausnahmen, speziell da, wo sich die ehemals intimen Guest Houses wegen ihres Erfolges über die Jahre zu kleinen Hotelburgen entwickelt haben.

Eine speziell indische Einrichtung sind die sogenannten **Railway Retiring Rooms**. Wie der Name schon sagt, befinden sich die Unterkünfte auf dem Bahnhofsgelände, meist im Bahnhof selbst. Wegen ihres günstigen Preises (oft nicht mehr als 60 Rs für ein DZ, EZ gibt es nicht) sind sie auch bei Indern sehr beliebt und deshalb oft ausgebucht. Meistens sind die Zimmer recht gepflegt und bieten besonders für diejenigen eine echte Alternative, die nur auf eine kurze Stippvisite in dem Ort eintreffen und danach mit dem Zug weiterfahren. Ohropax ist jedoch gerade auf stark befahrenen Bahnhöfen für die Nachtruhe unbedingt erforderlich.

Jugendherbergen bilden eine weitere Möglichkeit des billigen Wohnens. Hierzu muss man nicht unbedingt im Besitz eines Mitgliedsausweises sein, allerdings werden von Nichtmitgliedern höhere Preise verlangt. Meist sind es jedoch auch dann nicht mehr als 60 Rs. Als beträchtlichen Nachteil empfinden viele Reisende jedoch die in Jugendherbergen herrschende Lautstärke. Zudem zeichnen sich die Schlafsäle nicht immer durch ein Höchstmaß an Sauberkeit aus.

Dharamsalas sind Unterkünfte für Pilger. Nur gelegentlich sind sie auch für Nicht-Hindus zugänglich. Besondere Rücksichtnahme auf den religiösen Charakter dieser Unterkünfte sollte selbstverständlich sein.

Schließlich sei auf die sogenannten **Salvation Army Hotels** hingewiesen, die speziell in Mumbai und Chennai die besten Low-Budget-Unterkünfte darstellen. Diese von der Heilsarmee geleiteten Unterkünfte sind nicht nur billig und sauber, sondern liegen auch sehr zentral, was gerade in den großen Metropolen ein gewichtiger Pluspunkt ist.

Budget €€ (350–600 Rs)

In dieser Kategorie sind ein eigenes Bad, große, bequeme Betten, Farbfernseher und Teppichboden üblich. Im oberen Bereich gehört auch eine Klimaanlage dazu – also fast schon ein bisschen Luxus. Gerade in dieser Preisklasse ist das Angebot in den meisten Städten besonders umfangreich. Wenn im Low-Budget-Bereich die Auswahl eher bescheiden ist, sollte man ein paar Rupien drauflegen, denn oftmals ist der Unterschied zwischen einer 250- und einer 400-Rupien-Unterkunft gravierend. Andererseits fehlt den

Menschenmassen unterwegs – hier muss man mit Taschendieben rechnen

UNTERKUNFT

etwas besseren Quartieren oftmals das Flair der Billigunterkünfte.

Dies gilt auch für die sehr beliebten, von den staatlichen Touristenorganisationen geleiteten **Tourist Bungalows**. Meist kann man aus einer großen Anzahl unterschiedlicher Zimmer auswählen. Oft verfügen sie über ein Restaurant. Außerdem ist ihnen vielfach das lokale Touristenbüro angeschlossen, so dass man nicht nur hilfreiche Informationen erhält, sondern z.B. auch Stadtrundfahrten vor der Haustür starten. Leider werden diese Vorteile nur allzu oft durch den miserablen Service, der die *tourist bungalows* „auszeichnet", zunichte gemacht. Dennoch bieten sie in vielen Städten das beste Preis-Leistungs-Verhältnis.

Tourist Class €€€ (600–1.500 Rs)

Ab 1.000 Rs sind großzügig möblierte Zimmer mit heißer Dusche, Klimaanlage, Farbfernseher mit Satellitenprogramm, Telefon und Zimmerservice selbstverständlich. Allerdings finden sich oftmals auch im obe-

---

Zimmersuche – worauf ist zu achten?

- **Sanitäre Anlagen:** In diesem Bereich gibt es am meisten zu beanstanden. Toilettenspülungen funktionieren so gut wie nie, aus der Dusche rinnen nur ein paar Tropfen, und das heiße Wasser entpuppt sich nur allzu oft als laue Brühe. Alles checken und, falls etwas fehlt, reklamieren. Für viele wichtig: Gibt es ein „europäisches" WC oder ein indisches „Hock-Klo"?
- **Betten:** Sie sind so etwas wie eine Visitenkarte. Ist die Bettwäsche schmutzig bzw. die Matratze mit Flöhen durchsetzt oder durchgelegen, braucht man gar nicht weiter zu verweilen. Eine Liegeprobe zeigt auch, ob das Bett lang genug für europäische Lulatsche ist. Vielfach ist es das nicht. Der häufig vorkommende Grauschleier lässt jedoch eher auf die vorsintflutlichen Waschmethoden schließen als auf nicht gewaschene Bettwäsche.
- **Moskitonetze:** Selbst im angenehmsten Bett kann die Nacht zur Qual werden, wenn man ständig von Blutsaugern heimgesucht wird. Wer also kein eigenes Moskitonetz dabeihat, sollte darauf achten, dass eines vorhanden ist. Ebenso wichtig ist, dass es keine Löcher aufweist. Viele Moskitonetze versprühen eine derart unangenehme Duftnote, dass man darunter kaum Luft bekommt. In diesem Falle sollte man sie auswechseln lassen.
- **Klimatisierung:** Einen **Ventilator** gibt es in Indien in fast jedem Hotelzimmer. Funktioniert er auch? Und wenn ja, wie? Manche sind so träge, dass sich kein Lüftchen bewegt, andere lösen einen mittleren Wirbelsturm aus und donnern wie ein Hubschrauber im Tiefflug. Funktioniert die Stufenschaltung?

  Die nächste Stufe wäre ein **cooler** – eine direkt im Zimmer untergebrachte kleine Klimaanlage, die teilweise gegen einen Aufpreis extra angeboten wird. Nichts für Geräuschempfindliche!

  Eine Klimaanlage (**air conditon, AC**) ist dagegen wesentlich ruhiger – es sei denn, man hat sein Zimmer direkt in der Nähe ihres Gebläses.
- **Lautstärke/Lage:** Inder sind wesentlich lärmunempfindlicher als Europäer. Oft liegen die Zimmer direkt an einer ununterbrochen von Brummis befahrenen Hauptverkehrsstraße. Auch sollte man darauf achten, dass der Nachbar kein Fernsehnarr ist. Inder lieben es, bei voller Lautstärke in die Röhre zu glotzen. Oft befinden sich im Erdgeschoss von Hotels Restaurants, deren Lärm und Gerüche einen am Einschlafen hindern. Also empfiehlt es sich, sein Zimmer möglichst weit weg von Straße und Restaurant zu wählen. Im Notfall helfen Ohrenstöpsel.
- **Schließfach-Service:** Es ist sehr angenehm, einmal ausgehen zu können, ohne

ren Bereich der Budget-Klasse ähnliche Annehmlichkeiten und so sollte man sich überlegen, ob die Mehrausgabe wirklich notwendig ist. Viele Hotels der Tourist Class sind speziell auf die Bedürfnisse indischer Geschäftsleute der mittleren Ebene zugeschnitten. Dementsprechend besitzen fast alle ein hauseigenes Restaurant, in dem einheimische Gerichte angeboten werden.

Empfehlenswert sind in dieser Preiskategorie die zu Hotels umfunktionierten ehemaligen Privatunterkünfte oder **Paläste fürstlicher Familien,** von denen sich einige in dieser Preiskategorie befinden. Hier durchweht noch ein Hauch der guten alten Zeit die Räumlichkeiten, wozu auch die stilvolle Originalmöblierung beiträgt.

First Class €€€€ (1.500–2.500 Rs)

First-Class-Hotels finden sich in Indien durchaus nicht nur in den großen Metropolen, sondern in allen Millionenstädten, von denen es 20 gibt. Darüber hinaus gibt es eine Reihe von First Class Hotels in Touristenhochburgen wie etwa Kochi, Trivandrum und Kovalam Beach. Von den größeren Hotelketten hat sich in dieser Kategorie besonders die Casino-Gruppe mit einer Reihe von Neubauten im landestypischen Stil einen guten Ruf erworben. Ihre Hotels stehen ausschließlich im Süden Indiens und zeichnen sich durch hervorragenden Service, attraktive Lage und ausgezeichnete Restaurants aus.

ständig auf seine Wertsachen achtgeben zu müssen. Viele Hotels bieten einen so genannten *deposit service* an, bei dem man seine Wertsachen an der Rezeption deponieren kann. Allerdings sollte man sich immer eine Quittung über die abgegebenen Wertsachen ausstellen lassen.
- **Fernseher:** Kabelfernsehen ist seit einigen Jahren der große Renner in Indien. Viele Hotels werben mit dem Empfang internationaler Programme wie BBC und CNN. Da man in indischen Zeitungen nicht gerade mit internationalen News verwöhnt wird, checken einige Traveller zwischendurch ganz bewusst in solche Hotels ein, um auf dem Laufenden zu bleiben. Doch oft ist nur ein verschwommenes Bild zu empfangen.
- **Check-Out-Zeit:** Viele Hotels in Indien verfahren nach dem sogenannten 24-Stunden-System, d.h. man muss den Raum genau einen Tag nach dem Einchecken wieder verlassen. Das ist von Vorteil, wenn man erst abends eincheckt, weil man dann noch den ganzen nächsten Tag zur Verfügung hat. Umgekehrt ist das unangenehmer: Wer ganz früh morgens ankommt, muss am nächsten Tag auch wieder früh aus den Federn. Andere Hotels verfahren nach der in Europa üblichen 9- bzw. 12-Uhr-Regel. Man sollte gleich zu Beginn fragen, welches System angewandt wird.

Luxus €€€€€ (über 2.500 Rs)

In dieser Preiskategorie wird der **international übliche Standard** geboten, d.h. Swimmingpool, spezielle Einrichtungen für Geschäftsleute, mehrere Restaurants, Sportmöglichkeiten etc. Die renommierten Hotelketten wie Sheraton und Meridien sind in den großen Metropolen Indiens selbstverständlich vertreten. Das Flaggschiff der Taj Hotels ist das altehrwürdige Taj Hotel in Mumbai, welches immer wieder bei der Wahl der besten Hotels der Welt genannt wird.

Auch hier sei wieder auf die in Hotels umgewandelten ehemaligen **Maharaja-Paläste** und Repräsentationshotels der britischen Ära hingewiesen, die auf einmalige Weise den Charme der alten Zeit mit den Errungenschaften des 21. Jh. verbinden. Herausragendes Beispiel in Kerala ist das Taj Malabar in Kochi.

Allerdings stehen viele First-Class-Hotels denen der Luxuskategorie kaum noch nach, so dass der zum Teil erhebliche Aufpreis nicht immer gerechtfertigt erscheint. Bei den meisten Hotels dieser Preiskategorie werden die Preise in Dollar angegeben.

Preise

Das Preissystem indischer Hotels ist oftmals sehr verwirrend. In vielen, selbst kleineren Hotels hat man oft die Auswahl zwischen bis zu zehn verschiedenen Preiskategorien. So kostet das billigste Zimmer z.B. 150 Rs und das teuerste 1.400 Rs. Die Gründe für diese Abstufungen sind dabei oft nur minimal. Ein wenig mehr Holz an der Wandverkleidung begründet ebenso eine veränderte Preisstufe wie die Größe des Fernsehers oder die Höhe des Stockwerkes.

Mindestens ebenso verwirrend ist die allseits beliebte Praxis, auf den Zimmerpreis noch unzählige **Steuern und Zuschläge** aufzuschlagen. *Service charge, government tax* und *luxury tax* heben die Preise oft um bis zu 50 %. Speziell die **service charge** ist nichts weiter als ein Versuch des Managements zusätzlich abzukassieren, da das Personal, dem das Geld eigentlich zugute kommen sollte, meist kaum etwas davon sieht. Vielfach leiden die Angestellten sogar darunter, da viele Urlauber wegen der *service charge* kein zusätzliches Trinkgeld mehr zahlen. Man sollte immer nach dem Endpreis fragen, da einem andernfalls oft zunächst ein wesentlich geringerer Preis genannt wird. Die unangenehme Überraschung kommt bei der Bezahlung der Rechnung am Ende. Die in diesem Reiseführer genannten Preise beinhalten bereits eventuelle Zuschläge.

Schlepper

Sie sind meist auffällig chic gekleidet, sprechen sehr gut Englisch, oft mit amerikanischem Akzent, scheinen magnetisch von westlichen Touristen angezogen zu werden, halten sich vorwiegend an Bahnhöfen oder in Hotelgegenden auf und geben als Berufsbezeichnung gern *tourist guide* an. Das ist im Grunde sogar zutreffend, verdienen sie ihr Geld doch damit, Touristen zu den Hotels zu führen, von denen sie für ihre Dienste eine Kommission von ca. 30 % bekommen. Wer den Mehrpreis am Ende bezahlt, ist klar – der Tourist. Schlepper führen einen entgegen ihren Beteuerungen also durchaus nicht zu den preiswertesten und schönsten, sondern zu den am besten zahlenden Unterkünften. Will man zu einem Hotel, welches nicht mit ihnen zusammenarbeitet, heißt es meist, es sei voll oder geschlossen oder abgebrannt. Am besten ignoriert man sie also und lässt sich gar nicht erst auf ein Gespräch ein, andernfalls können sie sehr „anhänglich" sein.

Nur für den Fall, dass man spät abends in einer Stadt angekommen ist und nach nervenaufreibender Suche keine Schlafstätte finden konnte, sollte man den grundsätzlich sehr zweifelhaften Service in Anspruch nehmen. Irgendwo werden sie schon noch ein Plätzchen auftreiben, schließlich liegt es ja in ihrem eigenen Interesse.

Preiswert: Guesthouses auf dem Lande

Verhaltenstipps

Dass die Inder zumeist wenig dramatisch auf falsches oder sogar verletzendes Verhalten von Touristen reagieren, liegt durchaus nicht daran, dass sie diesbezüglich unempfindlich sind, sondern an ihrer ausgeprägten **Toleranz**. Hinzu kommt, dass man von dem Gast aus dem Ausland gar nicht erwartet, dass er sich in dem ritualisierten Verhaltenskodex der indischen Gesellschaft bis ins Kleinste auskennt. So billigt man ihm schon von vornherein ein Vorrecht auf Irrtum zu, vorausgesetzt, er beansprucht es nicht fortlaufend.

Lächeln

Der erste Eindruck ist bekanntlich immer der wichtigste, und da wirkt nichts erfrischender und einnehmender als ein freundliches Lächeln. Gerade in so einem kommunikativen Land wie Indien ist es von unschätzbarem Wert, eine angenehme Atmosphäre zu verbreiten. Wer erst einmal die Herzen der Menschen durch ein fröhliches Auftreten geöffnet hat, dem öffnen sich auch viele sonst verschlossene Türen.

Gute Miene zum manchmal gerade in **Amtsstuben** frustrierend langsamen Fortkommen zu machen führt letztlich auch immer weiter als die Faust auf dem Tisch.

Gesicht wahren

Ein altes asiatisches Sprichwort sagt „Gesicht geben, niemals Gesicht nehmen, selbst Gesicht wahren". Wer sich dementsprechend verhält, der hat die wichtigste Grundregel im zwischenmenschlichen Umgang erfüllt. Fast jeder Inder ist auf seine in der Kastengesellschaft genau definierte Lebensgemeinschaft fundamental angewiesen, sowohl im Berufsleben als auch im Privatleben. Dementsprechend wichtig ist es für ihn, was die anderen über ihn denken. Deshalb sollten **Konflikte** möglichst nur unter vier Augen und in ruhiger und zurückhaltender Atmosphäre ausgetragen werden.

Überhaupt wird man in Indien mit den bei uns so oft geführten und beliebten offenen und ehrlichen Gesprächen über **persönliche Probleme,** Sorgen und Intimitäten auf wenig Gegenliebe stoßen. Über diese Dinge redet man im reservierten Indien nicht. Neben der Angst um Gesichtsverlust spielt hierbei auch die Befürchtung eine Rolle, den anderen damit zu belasten.

Ähnliches gilt für **politische Diskussionen.** Zwar sind die Inder wesentlich offener als andere Asiaten und interessierter daran, auch mit Ausländern über die vielfältigen Probleme ihres Landes zu diskutieren, doch während sie einerseits äußerst heftig über Korruption, Terrorismus und Armut klagen, sind sie doch letztlich immer sehr stolz auf ihr Land. Zuhören und sich dabei eine eigene Meinung zu bilden anstatt mit eigenen Lösungsvorschlägen glänzen zu wollen, ist nicht nur höflicher, sondern auch für einen selbst lohnender, lernt man doch wesentlich mehr aus erster Hand über das Land.

Gestik und Körpersprache

Sexualität und Körperlichkeit sind in Indien immer noch ein Tabuthema, und dementsprechend sollte man sich mit **Zärtlichkeiten in der Öffentlichkeit** so weit wie möglich zurückhalten. Zwar gehören die Zeiten, da ein eng umschlungenes westliches Pärchen einen mittleren Volksauflauf hervorrief, der Vergangenheit an, gern gesehen wird es dennoch auch heute noch nicht.

Küsse oder weitergehende Berührungen vor fremden Blicken sollten im prüden Indien gänzlich unterlassen werden. Dies wird zwar von vielen Touristen anders gesehen und gehandhabt, doch zum Reisen in anderen Kulturen gehört eben auch, dass man die dort herrschenden Moralvorstellungen gerade dann akzeptiert, wenn man sie nicht teilt. Andernfalls sollte man lieber zu Hause bleiben.

Ganz unverfänglich und dementsprechend selbstverständlich ist dagegen das **Händchenhalten** zwischen Personen gleichen Geschlechts, bekundet man dadurch doch nur die gegenseitige Freundschaft.

Zur traditionellen indischen **Begrüßung** legt man die Hände etwa in Brusthöhe senkrecht aneinander und sagt dabei in Verbindung mit einem leichten Kopfneigen **„Namasté",** eine sehr schöne und anmutige Geste, die ähnlich auch in vielen anderen asiatischen Ländern praktiziert wird. Nur in den großen indischen Städten bürgert sich im Zuge der Verwestlichung die Sitte des Händeschüttelns ein.

Streng verpönt ist es dabei, einem **die Linke** entgegenzustrecken. Da in Indien traditionell kein Toilettenpapier benutzt wird, sondern zu diesem Zweck die unbewaffnete linke Hand und ein Krug Wasser dienen, gilt links als unrein. So sollte man nie Gegenstände wie etwa Geschenke mit der Linken überreichen bzw. entgegennehmen. Verstärkt gilt das Gebot „Right Hand Only" selbstverständlich beim Essen. Die Linke bleibt während des gesamten Essens möglichst unter der Tischkante.

Ebenso wie die linke Hand gelten auch die **Füße und Schuhe** als unrein. Fußsohlen sollte man nicht auf Menschen oder heilige Stätten richten, Schuhe vor dem Betreten eines Raumes ausziehen.

Selbst Langzeitreisende in Indien ertappen sich immer wieder dabei, dass sie die indischen Gesten für **Ja und Nein** mißdeuten. Die Geste für Ja sieht unserem Nein sehr ähnlich, allerdings wird der Kopf dabei eher locker von einer Schulter zur anderen geschlenkert. Das recht ähnliche Nein wird durch ein seitliches Zucken des Kopfes nach links und rechts ausgedrückt, häufig unterstützt durch abfälliges Schnalzen oder eine abfällige Handbewegung.

Kleidung

Niemand wird erwarten, dass man in einem Land wie Indien, in dem viele Menschen kaum mehr als einen Fetzen Stoff am Leibe tragen, mit Schlips und Kragen herumlaufen sollte. Andererseits ist jeder Inder, der es sich leisten kann, bemüht, **gepflegte und saubere Kleidung** zu tragen. Der besonders von Rucksacktouristen geliebte Schmuddellook ist den Indern ein Greuel.

Gleiches gilt für das Zurschaustellen von zuviel **nackter Haut.** Während man sich über Männer in Shorts noch eher amüsiert, gelten Frauen in kurzer Hose bzw. Rock und dazu vielleicht noch mit einem ärmellosen Hemd in den Augen der Inder als leichte Mädchen. Wer einmal gesehen hat, dass indische Frauen nach wie vor in voller Montur, d.h. mit Sari, zum Baden ins Meer gehen, der kann sich vorstellen, welchem Kulturschock die jungen Inder vor allen Dingen in Goa ausgesetzt sind, wo es an manchen Stränden immer noch "in" gilt, hüllenlos zu baden. So ist es als Beitrag zur Beachtung einheimischer Moralvorstellungen kaum zuviel verlangt, zumindest die Badehose anzulassen.

Vor dem **Betreten von Heiligtümern**, egal welcher Religion, sind grundsätzlich die Schuhe auszuziehen. Zudem dürfen in Jain-Heiligtümer keine Gegenstände aus Leder mitgenommen werden, und in Sikh-Tempeln und vielen Moscheen ist eine Kopfbedeckung obligatorisch. Im Tempel selbst sollten keinerlei heilige Gegenstände berührt werden. Gleiches gilt auch für Hausaltäre. Dezentes Auftreten und vor allem zurückhaltende Kleidung, d.h. zum Beispiel lange Hosen und bedeckte Schultern, sollten selbstverständlich sein.

Bettler

Das Bild vom Lumpen tragenden und verkrüppelten Bettler gehört ebenso zum klassischen Indienbild wie der märchenhafte Zauber des Taj Mahal. Jeder Indienreisende ist innerlich darauf vorbereitet, und doch packt ihn, wenn er das Elend an fast jeder Straßenecke vor sich sieht, wieder das schlechte Gewissen. Vor lauter Mitleid greift er dann tief in die Tasche, um zumindest seinen kleinen Teil zur Linderung der Armut zu leisten. Psychologisch ist das nur allzu verständlich, doch schafft er damit oftmals mehr Probleme, als er löst.

In Kerala ist die Zahl der Bettler allerdings wesentlich geringer als überall sonst in Indien. Außerdem sind sie in keiner Weise so aufdringlich und teils aggressiv wie andernorts.

Jeder muss für sich selbst entscheiden, ob und wieviel er geben soll. In dem Dilemma stecken nicht nur die Westler, sondern auch die Inder selbst. Es kann nicht sinnvoll sein, dass Kinder vom Schulbesuch ferngehalten werden, weil sie beim Betteln mehr verdienen als ihre Eltern mit täglicher, schwerer Arbeit. Am sinnvollsten scheint es, nur solchen Personen etwas zu geben, die offensichtlich nicht arbeitsfähig sind, d.h. Kranken, Älteren und Krüppeln.

Fotografieren

Wenn an den Leichenverbrennungsstätten in Varanasi die Toten auf den Scheiterhaufen gelegt werden, an den Türmen des Schweigens in Mumbai, dem Bestattungsort der Parsen, die Geier einfliegen oder stimmungsvolle Tempelfeste gefeiert werden, dann ist mit Sicherheit ein kamerabewehrter Tourist nicht weit. Das exotische Geschehen soll so hautnah wie irgend möglich auf Film gebannt werden. Dazu wird geblitzt, geknipst und gezoomt, was das Zeug hält, und falls sich einmal ein unaufmerksamer Inder versehentlich vor das Objektiv stellt, wird er mit grimmiger Miene zum Weitergehen aufgefordert. Immer diese störenden Einheimischen!

Man stelle sich das ganze einmal in Deutschland vor: Ein Inder mischt sich ungefragt unter eine Trauergemeinde, um ein Foto vom blumenbekränzten Sarg zu schießen, oder ein Blitzgewitter geht bei der Weihnachtsmesse über Altar und Krippe nieder. Recht unchristliche Zurechtweisungen wären wohl noch die harmlosesten Konsequenzen, die der Mann zu erwarten hätte.

In jedem Fall sollte man Fotografierverbote und den Wunsch mancher Personen, nicht fotografiert zu werden, respektieren. Zumindest durch einen Blick sollte man sich der Zustimmung vergewissern, bevor man mit der Kamera „draufhält".

Psychologische Einstellung

Indien ist ein Land, das schon manchen Reisenden aus der Balance geworfen hat. Geschichten von Travellern, die Monate bleiben wollten und das Land nach zwei Wochen „nicht mehr ertragen" konnten, hört man immer wieder. Mehr als die weit verbreitete Armut oder die überwältigend fremde Kultur sind es oft die dubiosen Charaktere (Schlepper, Schnorrer, raffgierige Händler,

Mitleid fehl am Platz – das alltägliche Elend in den Augen der Inder

In seinem Buch „Die Krise Indiens" erregt sich der britische Autor *Ronald Segal* über die Gleichgültigkeit, mit der die Slumbewohner indischer Großstädte ihre Wohnbedingungen akzeptieren – und das, obwohl viele von ihnen „in einem knietiefen Morast von Kot und Kehricht leben, über dem eine einzige Wolke von Fliegen schwebt. Nichts ist so erniedrigend wie diese Indifferenz, diese zum Himmel schreiende ruhige Mattigkeit von Körper und Geist ... Hass ist menschlich, Indifferenz aber ist im Grunde das Gegenteil der Menschlichkeit."

Mehr noch als über diesen Fatalismus der Slumbewohner empören sich viele Indienreisende jedoch darüber, mit welch scheinbarem Desinteresse die besser gestellten Inder auf das alltägliche Elend ihrer Landsleute reagieren. Tatsächlich werden die Armen von vielen Reichen und Teilen der aufstrebenden Mittelschicht eher verachtet. Der Anblick der aus Pappe und Stoffresten zusammengeschusterten Hütten, der Schmutz und Gestank der Slums und die auf den Bürgersteigen dahinvegetierenden Bettler passen nicht in ihr westlich geprägtes Bild eines modernen Indiens. Ihr Indien ist die wirtschaftlich und technologisch aufstrebende südasiatische Supermacht, die Atomkraftwerke und Mittelstreckenraketen baut und deren Söhne und Töchter in England oder den USA studieren. Die Armen sind da nichts anderes als ein Schandfleck.

Für die grosse Masse der Inder ist diese Einstellung jedoch nicht repräsentativ. Sie steht dem Elend genauso fatalistisch gegenüber wie die im Elend Lebenden selbst. Dreck, Armut und soziale Ungleichheit sind für sie nicht nur eine alltägliche Lebenserfahrung, sondern auch selbstverständlicher Bestandteil ihrer Weltanschauung. Der eine wird niedrig, der andere hoch geboren, der eine ist bitterarm, der andere märchenhaft reich, der eine krank und gebrechlich, der andere erfreut sich bester Gesundheit. Ausgleich und Auf- bzw. Abstieg bleiben der Kette der Wiedergeburten überlassen. Dementsprechend besteht eines jeden Aufgabe darin, sein Schicksal, welches das Resultat seiner Taten im vorherigen Leben ist, geduldig und klaglos anzunehmen. Jeder erwartet vom anderen, dass er seine Rolle, in die er hineingeboren wurde, so gewissenhaft wie möglich ausfüllt. Lamentieren oder Äußerungen von Mitleid bzw. Selbstmitleid passen nicht in diese Vorstellungswelt.

Hinter dieser Tabuisierung offen zur Schau gestellter Empfindungen stehen jedoch noch zwei weitere, nicht nur für Indien, sondern den gesamten asiatischen Kulturkreis signifikante Motive – der Wille, den Schmerz nie Oberhand gewinnen zu lassen, weil dies am Ende auf einen Gesichtsverlust hinausliefe, und die mit Schmerzäußerungen verbundene Befürchtung einer Harmoniestörung. Gesichtsverlust und Harmoniestörung gelten im ganzheitlich denkenden und fühlenden Asien als zwei der unverzeihlichsten Fehlverhalten. Wann immer möglich, wird Leid deshalb lächelnd ertragen – und von anderen nicht zur Kenntnis genommen.

Auch Sozialpolitik kuriert nach dieser Auffassung nur an den Symptomen herum, beseitigt aber nicht deren Ursachen. Wer im Slum lebt, war schließlich seines eigenen Unglückes Schmied; nicht Ausbeuter oder menschliche Bösartigkeit sind für das Missgeschick verantwortlich, sondern das

MITLEID FEHL AM PLATZ

eigene Karma. So erklärt sich auch, dass selbst die Ärmsten der Armen die prunkvolle Zurschaustellung von Macht und Reichtum bei jenen, die es sich leisten können, nicht verdammen, sondern geradezu erwarten.

Viel mehr als Nächstenliebe, Mildtätigkeit oder der Abschluss einer Sozialversicherung ist es die Erlangung eines rechten Bewusstseins, die nach dieser Auffassung eine korrekte Sozialordnung und eine angemessene Politik nach sich zieht. Die Grundprämissen dieses sozialphilosophischen Denkens lassen sich etwa wie folgt zusammenfassen: Willst du die Welt verbessern, dann verbessere zuerst den Staat, willst du den Staat verbessern, dann verbessere zuerst die Familie, willst du die Familie verbessern, dann verbessere zuerst dich selbst, willst du dich selbst verbessern, dann verbessere dein Herz, kläre deine Gedanken und erforsche die Dinge, d.h. erkenne und lebe entsprechend den Prinzipien des Hinduismus. Hast du die Dinge erforscht, werden deine Gedanken klar, wird dein Herz aufrecht, kommst du mit dir selbst ins Reine, kannst du die Familie verbessern, kannst du den Staat verbessern und kannst du die Welt verbessern.

Während der westliche Mensch die Welt mit äußeren Mitteln (d.h. die Gesellschaft mit politischen Maßnahmen und die Natur mit Wissenschaft und Technik) beeinflussen will, lautet die hinduistische Devise: „Ich zwinge die Welt mit inneren Mitteln, indem ich mich moralisch vervollkomme und mir damit meine Umgebung gefügig mache." Armut, Schmerz, Leid und Tod werden also im Westen wie im Osten kulturspezifisch erlebt und verarbeitet; dementsprechend anders als die Europäer reagieren die Inder auf das alltägliche Elend in ihrem Land.

Neugierige, Aufdringliche etc.), die die Besucher zur Weißglut bringen. Durch derlei Negativkontakte, die auf die Dauer natürlich zermürben können, vergeht manchem die Lust auf jegliche Bekanntschaft im Land.

Es gilt, die Negativerfahrungen zu relativieren und sie nicht wichtiger zu nehmen, als sie sind. Wer sich den ganzen Tag aufregt, weil er um zwei Rupien betrogen wurde, wer aus der Haut fährt, nur weil er schon wieder angestarrt wird, macht sich selber das Leben schwer. **Positives Denken** und **innere Gelassenheit** sind beim Reisen in Indien vielleicht wichtiger als anderswo.

Verkehrsmittel

Inlandsflüge

Die riesigen Entfernungen innerhalb des Landes sowie die äußerst zeitaufwändigen und ermüdenden Reisen in Bussen und Bahnen machen das Fliegen in Indien zuweilen selbst für diejenigen zu einer echten Alternative, die normalerweise nur on the road reisen. Selbst wer sehr aufs Geld achten muss, sollte sich fragen, ob es nicht sinnvoller ist, einmal 50 Euro zu investieren, statt lustlos und erschöpft auf dem Landweg weiterzureisen. Fliegen ist in Indien immer noch verhältnismäßig billig und zudem in den letzten Jahren wesentlich unkomplizierter geworden.

- **Flughafengebühr** in Indien – darüber könnte man ganze Bücher schreiben. Zu klären bliebe nur, ob sie unter die Kategorie Drama oder Satire einzuordnen ist. Drama, weil es auf diesem Gebiet ähnlich wie bei den Eintrittsgebühren zu exorbitanten Preiserhöhungen gekommen ist. Satire, weil alles derart chaotisch und typisch indisch gehandhabt wird, dass niemand so recht bescheid zu wissen scheint. Gab es bis vor zwei Jahren überhaupt keine Inlandsflughafengebühr, so werden inzwischen 145 Rs verlangt. Allerdings gilt dies für den Moment der Drucklegung und kann am nächsten Tag schon wieder ganz anders aussehen.

Völlig unübersichtlich ist die Lage bei Gebühren für internationale Flüge. Abhängig von Fluggesellschaft, Strecke und Abflughafen zahlt man zwischen 0 und 1.100 Rs. Die meisten Gesellschaften wie die Lufthansa haben die Gebühr bereits in ihre Preise einbezogen, andere nicht. Einziger Rat ob des Wirrwars kann an dieser Stelle nur sein, sich vor Ort bei der jeweiligen Fluggesellschaft nach dem Stand der Dinge zu erkundigen (s. auch „Vor der Reise: Anreise aus Europa").

- **Kinder** unter 2 Jahren zahlen 10 % des Erwachsenenpreises, Kinder von 2 bis 12 Jahren 50 %.
- **Stornierungsgebühren:** mehr als 48 Std. vor Abflug: 10 %; zwischen 48 und 24 Std. vorher: 20 %; 24 bis 1 Std. vor Abflug: 25 %.
- **Rückbestätigung** für Inlandsflüge ist nicht erforderlich, kann dennoch nicht schaden (72 Stunden vor Abflug). Bei Flügen ins Ausland ist sie jedoch unbedingt erforderlich!
- Auf allen Inlandsflügen herrscht generelles **Rauchverbot**.
- **Check-In-Zeit** bei Inlandsflügen: 1 Stunde.

> Auf verschiedenen Inlands-Flughäfen wird nach Einchecken und Security-Check vor dem Betreten des Flugzeugs noch eine so genannte **Baggage Identification** verlangt. Dafür muss man sein bereits auf einem speziellen Wagen mit den anderen Gepäckstücken verstautes Gepäckstück noch einmal persönlich identifizieren. Versäumt man dies, wird es nicht befördert.

Fluggesellschaften

Neben der staatlichen Gesellschaft **Indian Airlines** gibt es viele private Fluggesellschaften. Da Indian Airlines als staatliche Gesellschaft flächendeckend operieren muss, verfügt sie immer noch über das mit Abstand dichteste Streckennetz. Der Markt ist aber sehr in Bewegung, Abweichungen von den Preisen und in den Verbindungen oder gar die Einstellung einer Linie sind immer möglich. Eine Übersicht über alle Flugverbindungen innerhalb Indiens inkl. der Preise bieten die **Broschüren „Excels" und „Perfect Media"**, die in Indien erhältlich sind.

Wer sich im **Internet** über die aktuellen Flugpläne der wichtigsten Fluggesellschaften erkundigen möchte, sollte auf die Website des Government Of India Tourist Office gehen und dort die angebotenen Links zu den einzelnen Fluggesellschaften wählen: www.india-tourism.com

Ausgebuchter Flug?

Auch heute kommt es noch oft vor, dass Strecken ausgebucht sind und man sich zunächst auf die **Warteliste** setzen lassen muss. Dabei sollte man selbst dann nicht den Mut verlieren, wenn einem gesagt wird, dass die Chancen gleich Null sind, da schon zig andere vorgemerkt sind. Nicht selten passiert es, dass sich Flüge, die noch am Tage zuvor als hoffnungslos überfüllt galten, schließlich als halb leer erweisen. Vielfach reservieren ausländische Reisegruppen zur Sicherheit halbe Flugzeuge im Voraus, die sie schließlich nur zum Teil belegen. Manchmal werden auch kurzfristig Sondermaschinen eingesetzt.

Besondere Angebote

● Indian Airlines offeriert das Ticket **Discover India,** welches zu unbeschränktem Fliegen auf allen Strecken berechtigt. Ein verlockendes Angebot für Reisende mit begrenzter Zeit, um so viel wie möglich vom Land zu sehen. Allerdings ist der Preis mit 500/750 US-$ für 15/21 Tage recht happig und lohnt sich nur für absolute Vielflieger. Zudem hat das Angebot auch einen Haken: Für Kunden mit Billig-Tickets ist es oft schwieriger, eine Reservierung zu bekommen. Wegen der Ausbuchung vieler Flüge ist es daher sehr zu empfehlen, möglichst alle Flugtermine gleich beim Kauf des Tickets zu reservieren.
● Weniger sinnvoll ist der Kauf des Tickets **India Wonder Fares** (300 US-$), mit dem man innerhalb von 7 Tagen entweder zwischen 17 Stationen im Westen, 11 Stationen im Süden, 14 im Osten oder 19 im Norden unbegrenzt fliegen kann. Das Ticket ist einfach geografisch wie zeitlich zu eng begrenzt, als dass es sich wirklich auszahlen könnte.
● Reisende, die mit Indian Airlines von Sri Lanka oder den Malediven nach Indien fliegen, erhalten auf allen Strecken innerhalb Indiens in den ersten 21 Tagen nach der Ankunft eine **30-prozentige Ermäßigung.**
● Schließlich gewährt Indian Airlines allen **Personen unter 30 Jahren** 25 % Rabatt.

Bahn

Sie wollen ihren Urlaub in vollen Zügen genießen? Na dann nichts wie auf nach Indien! Indiens Züge sind immer voll. 11 Mio. Reisende sind täglich auf Achse. 8.000 Lokomotiven fahren entlang dem 66.366 km langen Streckennetz und nehmen an den über 7.000 Bahnhöfen des Landes neue Passagiere auf. Mit 1,6 Mio. Angestellten ist die indische Bahn der größte Arbeitgeber der Erde.

Die Bahn ist nicht nur das wichtigste und **meistbenutzte Transportmittel** Indiens, sondern auch ein Stück Kultur des Landes. Die Bilder der den Karawansereien früherer Tage ähnelnden, menschenüberfüllten Bahnhöfe und die Rufe der Teeverkäufer in den Abteilen hinterlassen genauso unvergessliche Indien-Erinnerungen wie das Taj Mahal oder die Strände von Goa. Bahnfahren ist das indischste aller indischen Fortbewegungsmittel. Nirgendwo sonst ist man dem Alltagsleben so nah, kann die Ess-, Schlaf- und Schnarchgewohnheiten so hautnah miterleben wie in den engen, stets überfüllten Waggons. Wie in einem Mikrokosmos breitet sich das indische Leben vor einem aus.

Dabei liegen Lust und Frust oftmals so nahe beieinander wie die Passagiere selbst. Lärm, Dreck, Hitze und die oft katastrophalen hygienischen Verhältnisse stellen die Geduld der Reisenden ebenso auf eine harte Probe wie das fast gänzlich fehlende Privatsphäre. Auch die teilweise ewig langen Aufenthalte auf Provinzbahnhöfen und die chronischen Verspätungen tragen nicht gerade zum Fahrvergnügen bei – umso mehr, als Bahnfahrten in dem riesigen Land meist viele Stunden, nicht selten sogar Tage und Nächte dauern. Doch wer mit der in Indien stets hilfreichen Reisephilosophie „Man reist doch nicht, um anzukommen" unterwegs ist, dem kann all dies eigentlich nichts anhaben.

Bahnfahren in Indien will gelernt sein (es gibt sogar einen eigenen, englischen Reiseführer darüber). Fahrpläne, Zugklassen, Reservierungen, Ticketkauf – all das scheint auf den ersten Blick ein Buch mit sieben Siegeln. Im Folgenden kann aus Platzgründen nur eine kleine Hilfe zum „Einstieg" gegeben werden. Doch keine Angst, hat man erst einmal die erste Fahrt erfolgreich hinter sich gebracht, wird man Indien in vollen Zügen genießen.

Fahrplan

Obwohl mit 20 Rs äußerst preiswert, ist das kleine Heftchen **„Trains at a Glance"** für jeden Bahnreisenden in Indien von unschätzbarem Wert. Auf etwa 100 Seiten findet sich hier alles Wissenswerte. Der Großteil wird von der Auflistung der 80 wichtigsten Zugverbindungen eingenommen. Es bedarf zunächst tatsächlich ein wenig Trainings, um sich in all den Zahlen und Tabellen zurechtzufinden. Erhältlich ist die monatlich erscheinende „Bibel" des Bahnfahrens normalerweise an Erste-Klasse-Schaltern und in den Bahnhofsbuchhandlungen.

Außer dem „Trains at a Glance", das nicht ganz einfach zu bekommen ist, gibt es noch ein Heftchen mit dem Namen **„Time Table"**, welches ausschließlich Zugverbindungen und Abfahrtszeiten für Südindien auflistet (25 Rs). Man bekommt es an einigen Kiosken, vor allem Bahnhofskiosken.

Bedienungsanleitung „Trains at a Glance":

Um die jeweils gesuchte beste Verbindung herauszufinden, muss man zunächst unter dem Station Index am Anfang des Büchleins nachschauen, d.h. den gewünschten **Zielort** heraussuchen.

Nummer und **Name** des jeweiligen Zuges sollte man sich merken, weil sie auf den **Reservierungsformularen** eingetragen werden müssen. Der Doppelname der ersten Zugverbindung bedeutet, dass nur ein Teil des Zuges zum Endziel fährt. Am linken Rand der Tabelle sind die jeweiligen **Entfernungen** zwischen den einzelnen Bahnhöfen angegeben.

Leider gibt es im Einzelfall unzählige Zusatzbestimmungen, die es zu beachten gilt. So z.B., wenn hinter dem Zugnamen noch eine oder mehrere Zahlen zwischen 1 und 7 verzeichnet sind. Dies bedeutet, dass der jeweilige Zug nur an bestimmten Tagen zum Einsatz kommt, wobei die Zahlen für die jeweiligen Wochentage stehen, 1 für Montag und weiter fortlaufend bis 7 für Sonntag.

> Schnell und umfassend wird man im **Internet** über Zugverbindungen informiert. Bei der folgenden Adresse sind alle im „Trains at a Glance" aufgeführten sowie eine Vielzahl weiterer Verbindungen einzusehen: **www.indianrail.gov.in**

Zugtypen und Geschwindigkeit

Die Geschwindigkeit indischer Züge ist abhängig von der jeweiligen **Spurbreite**, wovon es insgesamt drei gibt: Breitspur (1,676 m), Meterspur (1 m) und Schmalspur (0,762 und 0,610 m). Der Spurbreite entsprechend unterscheidet man drei verschiedene Zugtypen: **Express, Mail** und **Passenger.** Wie sich unschwer denken lässt, kommt man mit dem Express am schnellsten voran, während der Passenger Train mehr als gemächlich vor sich hintuckert.

Wer Glück hat, kann sogar mit **Dampflokomotiven** fahren, von denen noch etwa 300 im Einsatz sind. Das Reisen mit diesen alten Dampfrossen ist sicher nicht nur für Eisenbahnfreaks ein Erlebnis besonderer Art. Hat man es jedoch eilig, sollte man in Regionen, wo vornehmlich Passenger-Züge verkehren, auf Busse umsteigen.

Geschwindigkeit ist bei indischen Zügen ein sehr relativer Begriff. Mehr als 30 bis 40 km/h durchschnittlich legen die allermeisten nicht zurück. Rühmliche Ausnahme und Star unter den indischen Zügen sind die vollklimatisierten Züge entlang der neueröffneten **Konkan Railway** zwischen Mumbai und Mangalore. Nur Fliegen ist schöner.

Wenn es eng wird, bleiben die Türen eben offen

VERKEHRSMITTEL

Klassen und Preise

Zunächst scheint alles ganz simpel, gibt es doch offiziell nur zwei Beförderungsklassen: 1. und 2. Klasse. Doch Indien wäre nicht Indien, wenn es das Einfache nicht verkomplizieren würde.

In der **1. Klasse** gibt es die Unterscheidung zwischen klimatisierten (AC) und nicht klimatisierten Zügen. AC-Züge werden jedoch nur auf Hauptstrecken eingesetzt und sind mehr als doppelt so teuer wie die normale 1. Klasse – zu teuer, wenn man überlegt, dass eine Fahrt von Delhi nach Mumbai in der 1. Klasse gerade mal 30 % billiger ist als Fliegen. Da sollte man sich besser gleich ins Flugzeug setzen.

Des Weiteren gibt es die **AC Chair Car**, die unseren IC-Großraumwagen ähnelt und etwa 60 % der normalen 1. Klasse und etwa 40 % der AC 1. Klasse kostet. Auch diese Waggons werden nur auf wenigen Strecken eingesetzt, bieten jedoch wegen ihres hervorragenden Preis-Leistungs-Verhältnisses eine exzellente Alternative zur 1. Klasse.

Am billigsten und dementsprechend immer hoffnungslos überfüllt ist die **2. Klasse.** In Express- bzw. Mail-Zügen fährt man hier zu einem Drittel des Fahrpreises der 1. Klasse, in einem Passenger-Zug ist es noch billiger.

Schließlich gibt es noch bei all den Klassen außer der AC-Chair-Variante die **Schlafwagenklasse.** Schlafwagen der 1. Klasse bestehen meist aus gepolsterten Betten in geräumigen, zum Gang abgeschlossenen Abteilen, die tagsüber in der Regel sechs, nachts vier Personen Platz bieten. Bei den Schlafwagen der 2. Klasse unterscheidet man noch zwischen den Unterklassen **2-tier** und **3-tier,** was bedeutet, dass, ähnlich wie im europäischen Liegewagen, zwei oder drei Personen auf Pritschen übereinander schlafen können. Tagsüber dienen diese Schlafwagen wieder als normale Abteile, beim 3-tier wird lediglich die mittlere Pritsche heruntergeklappt. Selbst wenn man eine reservierte Sitznummer hat, kann man das Bett nur nachts exklusiv für sich reklamieren. Tags-

VERKEHRSMITTEL

über okkupieren z.T. bis zu 8 Personen die untere Pritsche. Schlafwagen kosten etwa 20 % mehr als normale Sitze. **Bettwäsche** kann man in der 1. und 2. Klasse nur in einigen wenigen Zügen beim Schaffner ausleihen. Ein eigener Schlafsack sollte also in jedem Fall zur Grundausrüstung gehören.

Ticketkauf und Reservierungen

Ob man nun ein normales Ticket für den gleichen Tag kaufen oder eine Reservierung vornehmen will, beides ist in Indien zeitaufwendig und nervenstrapazierend. Oftmals kann die Prozedur mehrere Stunden in Anspruch nehmen. Zunächst einmal gilt es den richtigen **Schalter** für die verschiedenen Klassen und Züge (Mail, Express oder Passenger) zu finden. Um zu vermeiden, dass man am Ende einer langen Ansteherei schließlich beim falschen Fahrscheinverkäufer landet, sollte man also unbedingt vorher durch beharrliches Nachfragen den richtigen ausmachen. Auf jedem Bahnhof gibt es einen Stationmaster, der fast immer freundlich und hilfsbereit Auskunft gibt. Für Frauen gibt es manchmal spezielle **ladies counter,** die meist weit weniger frequentiert sind als die normalen Schalter. Die Fahrkarten für männliche Mitreisende können hier mitbesorgt werden.

In vielen Touristenorten gibt es **Ticket Service** oder Reisebüros, die einem schon für einen Aufpreis ab 25 Rs (teils aber auch 50 Rs) pro Ticket die lästige Prozedur der Anfahrt zum Bahnhof, des Anstehens am Schalter und der Rückfahrt abnehmen, meist eine lohnende Investition.

Für Fahrten im **Schlafwagen** ist eine Reservierung unbedingt erforderlich, speziell in der 2. Klasse, da hier die Nachfrage am größten ist. Oftmals sind die Züge in dieser Klasse auf Hauptstrecken für Wochen, ja Monate im Voraus ausgebucht, d.h. man sollte so früh wie möglich reservieren! Reservierungen müssen meist in sogenannten **railway reservation offices** oder **-buildings** durchgeführt werden, die oftmals neben dem eigentlichen Bahnhof in einem Extragebäude untergebracht sind. Für eine Reservierung muss ein Antragsformular, das sogenannte *sleeper reservation form*, ausgefüllt werden. Hierin werden neben einigen persönlichen Angaben wie Name, Alter, Geschlecht und Passnummer auch der Zugname, die Nummer des Zuges sowie Abfahrts- und Zielort und Reisedatum eingetragen.

Mit dem entsprechend ausgefüllten Formular stellt man sich dann erneut an, wobei man unbedingt darauf achten sollte, ob es eventuell einen speziellen **Touristenschalter** gibt. Da dort nur ausländische Touristen abgefertigt werden, geht alles viel schneller über die Bühne. Es empfiehlt sich, dort möglichst viele Tickets auf einmal zu kaufen, um die langwierige Prozedur nicht immer wieder neu durchlaufen zu müssen.

Die **Reservierungsgebühr** beträgt 15 Rs für die Erste Klasse und 10 Rs für die Zweite. Auf dem Ticket sind die Wagen-, Sitz- und Bettnummer vermerkt. Beim Betreten des Waggons hängt neben der Eingangstür noch einmal eine provisorisch angebrachte Reservierungsliste, auf der man seinen Namen unter der jeweiligen Platznummer finden sollte. Der eigene Name ist zwar oft leicht entstellt wiedergegeben (*Barkegeier, Harketeur*), doch normalerweise funktioniert das System gut.

Falls der gewünschte Zug ausgebucht ist, kann man sich auf eine **Warteliste** setzen lassen oder, besser noch, ein sogenanntes RMC-Ticket erwerben, welches einem auf jeden Fall einen Platz garantiert.

Rückerstattung

Die Rückerstattung von nicht genutzten reservierten Tickets ist möglich, jedoch mit Kosten verbunden, deren Höhe von der Beförderungsklasse und dem Zeitpunkt der Stornierung abhängt. Wer sein Ticket länger als einen Tag vor dem Abfahrtstermin storniert, muss zwischen 30 % (1. Klasse) und 10 % (2. Klasse) zahlen. Bis zu vier Stunden vor dem geplanten Abfahrtszeitpunkt zahlt man 25 %, danach, bis drei Stunden nach Abfahrt, 50 % Stornogebühr. Wer später kommt, hat Pech gehabt.

Nicht reservierte Fahrscheine können bis drei Stunden nach Abfahrt des Zuges für eine Gebühr von 5 Rs in Zahlung gegeben werden.

VERKEHRSMITTEL

Hat man sein **Ticket verloren,** besteht generell zunächst kein Recht auf Rückerstattung. Doch natürlich gibt es hierbei Ausnahmen: Wem ein reserviertes Ticket für eine Fahrtstrecke von unter 500 km abhanden gekommen ist, kann unter Vorlage seines Personalausweises für einen Aufpreis von 25 % des ursprünglichen Fahrpreises die Fahrt wahrnehmen.

Indrail Pass

Auch die indische Eisenbahn sieht die Möglichkeit des Kaufes von **Netzkarten** vor, die es ausländischen Touristen erlauben, für einen bestimmten Zeitraum unbegrenzt viele Kilometer auf Achse zu sein.

Rein finanziell macht der Indrail Pass keinen Sinn, dazu ist Bahnfahren in Indien einfach zu billig. Für den Kaufpreis von 80 US-$ für den 7 Tage gültigen Pass (2. Klasse) müsste man ziemlich genau 25.000 km zurücklegen, damit sich die Karte auszahlt. Bei einer Durchschnittsgeschwindigkeit der indischen Eisenbahnen von 40 km/h ein ziemlich aussichtsloses Unterfangen. Auch der oft angeführte Vorteil, dass man mit dem Indrail Pass das unangenehme Warten beim Ticketkauf umgehen könne, trifft nur teilweise zu, weil es ja zumindest für Nachtfahrten immer noch einer Reservierung bedarf.

Preise Indrail Pass

(in US-$, Kinder zahlen die Hälfte):

Gültigkeit	AC	1. Kl.	2. Kl.
7 Tage	270	135	80
15 Tage	370	185	90
21 Tage	396	198	100
30 Tage	495	248	125
60 Tage	800	400	185
90 Tage	1.060	530	235

Wirklich von Vorteil ist der Pass aber in dem Fall, dass alle Züge ausgebucht sind. Inhaber des Passes finden selbst dann einen Platz, wenn normalerweise gar nichts mehr geht. Gerade in Zeiten der großen indischen Familienfeste, wenn das ganze Land unterwegs zu sein scheint, ist dies ein enormer Vorteil. Es bleibt zu fragen, ob das den enormen Aufpreis wert ist.

Die Karte kann an verschiedenen Bahnhöfen Indiens gekauft werden, muss jedoch in ausländischer Währung bezahlt werden. Außerdem besteht die Möglichkeit, sie schon vor dem Abflug in Deutschland unter folgender Adresse zu erwerben:
- **Asra-Orient Reisedienst,** Kaiserstraße 50, 60329 Frankfurt/M., Tel.: 069/253098, Fax: 069/232045.

Bahnhofs-Service

Die meisten Bahnhöfe in Indien verfügen über sogenannte **cloak rooms,** in denen man sein Gepäck für bis zu 24 Stunden deponieren kann. Eine gute Möglichkeit, um sich nach Ankunft in einer Stadt ohne den lästigen Rucksack auf Zimmersuche zu begeben. Wichtig ist es, das Gepäckstück mit einem kleinen, von außen sichtbar angebrachten Schloss abzugeben, da es sonst nicht angenommen wird. Die Aufbewahrungsgebühr pro Stück beträgt maximal 2 Rs pro Tag.

Während der oftmals langen **Wartezeiten** auf verspätete Züge bietet sich die Möglichkeit den Warteraum aufzusuchen, den es auf fast jedem Bahnhof für die 1. und 2. Klasse gibt. Manchmal muss man hierzu am Eingang sein Ticket vorzeigen. Meist sind die angeschlossenen **Toiletten** in wesentlich besserem Zustand als die öffentlichen.

Viele Bahnhöfe verfügen über die sogenannten **railway retiring rooms,** einfache, doch meist sehr saubere und günstige Unterkunftsmöglichkeiten. Die Zimmer sind vor allem wegen ihres sehr günstigen Preises (oft nicht mehr als 70 Rs pro DZ, EZ stehen nicht zur Verfügung) bei Indern sehr beliebt und deshalb oft ausgebucht. Eine besonders ruhige Lage kann man am Bahnhof allerdings nicht erwarten.

Verkehrsmittel

Busse

Kaum eines der insgesamt 700.000 indischen Dörfer wird nicht von irgendeinem Bus angefahren. Für viele in entlegenen Grenzgebieten wohnende Inder ist es überhaupt das einzige öffentliche Verkehrsmittel, so z.B. im nepalesischen Grenzgebiet, in Himachal Pradesh und Sikkim.

Darüber hinaus kommt man in Gebieten, wo die Bahn nur auf Schmalspurbreite operiert, wie z.B. in weiten Teilen Rajasthans und Bihars, mit dem Bus **wesentlich schneller** voran. Gleiches gilt auch für besonders von Touristen stark frequentierte Strecken wie Mumbai – Goa, Chennai – Madurai und Mumbai – Pune. Überhaupt ist Busfahren auf kürzeren Strecken der Fahrt mit dem Zug vorzuziehen, da vor allem Langstreckenzüge oft stundenlange Verspätungen haben.

Andererseits gibt es gute Gründe, warum die meisten Reisenden den Zug dem Bus vorziehen. Neben allgemeinen Erwägungen wie größerer Bewegungsfreiheit und mehr Kontaktmöglichkeiten ist vor allem die **mangelnde Verkehrssicherheit** zu nennen. Indien ist das Land mit der höchsten Rate an Verkehrstoten der Erde im Verhältnis zur Verkehrsdichte. Dass das keine abstrakten Zahlen sind, kann man tagtäglich auf Indiens Straßen auf anschauliche Weise erleben. Bei fast jeder längeren Busfahrt sieht man min-

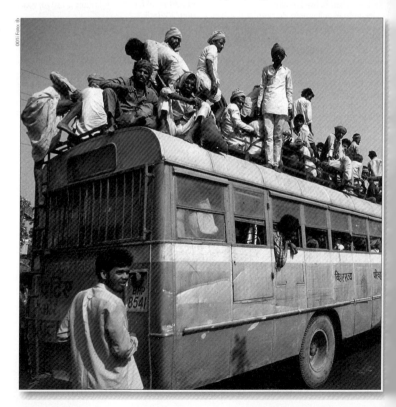

destens ein Autowrack im Straßengraben liegen. Verwundern kann das bei dem oft schrottreifen Zustand der Fahrzeuge und dem Kamikaze-Stil der Fahrer nicht. Wer die Frage nach dem Leben nach dem Tod noch nicht unbedingt in allernächster Zukunft konkret beantwortet haben möchte, sollte für den Fall eines Frontalzusammenstoßes die mittleren Reihen denen ganz vorne vorziehen. Die hinteren Reihen sind dagegen nicht so zu empfehlen, da man dort wegen der Kombination von harten Federn und schlechten Straßen zu viele Luftsprünge macht.

> Wer nachts mit Bus oder Zug unterwegs ist, sollte immer einen **Pullover** und vielleicht auch ein Tuch für Hals und Kopf griffbereit haben, da es in Indien selbst nach einem heißen Tag nach Sonnenuntergang **empfindlich kühl** werden kann. Im übrigen ist es meist nicht möglich, die Fenster richtig zu schließen, so dass häufig ein unangenehmer Durchzug herrscht. Sollte der zusätzliche Schutz nicht nötig sein, kann man den Pullover immer noch als Kopfstütze verwenden.

Staatliche Busgesellschaften

Etwas weniger Todesverachtung scheinen die Fahrer der staatlichen Busgesellschaften zu verspüren. Auch der technische Zustand ist hier im allgemeinen besser als bei privaten Gesellschaften, welche aufgrund des enormen Konkurrenzdrucks zuerst an neuen Bremsen und profilbereiften Rädern zu sparen scheinen. Jeder Bundesstaat betreibt seine eigene Busgesellschaft, wobei deren Qualitäten sehr unterschiedlich sind.

Dabei macht es auch kaum einen Unterschied, ob man nun **Ordinary, Express, Semi Deluxe** oder **Deluxe** fährt. Das einzige, allerdings wichtige Unterscheidungsmerkmal ist, dass die Semi-Deluxe- und Deluxe-Busse wesentlich seltener anhalten als die Ordinary-Busse, die jedes noch so kleine Dorf anfahren. Von innen sehen sie alle gleich einfach aus: drei Sitzbänke pro Reihe, auf deren äußerst mäßiger Polsterung sich neben bis zu zehn Personen auch noch Hühner, Kartoffeln und Chilis zusammenpferchen. An dieser Lebensfülle ändert sich auch dann nicht viel, wenn man eine (nur recht selten mögliche) Reservierung vornimmt. Meistens muss man sich den Platz bei der Einfahrt des Busses in den Busbahnhof eh schon durch einen Sprint und Muskelkraft erkämpfen. Beim Ansturm auf die heißbegehrten Sitzplätze werden die Inder wohl nur noch von den kampferprobteren Chinesen geschlagen. Hie wie dort scheint es jedoch als geheiligte Grundregel anerkannt zu sein, dass derjenige einen Sitzplatz erhält, der ihn zuvor mit einer Zeitung oder einem Taschentuch schon von außen durch eine offene Fensterscheibe reklamiert hat.

Leider ein fast alltäglicher Anblick auf Indiens Überlandstraßen

VERKEHRSMITTEL

Private Busgesellschaften

Für denjenigen, der sich an der Schlacht nicht beteiligen möchte, scheinen wiederum die meist um die Bahnhöfe angesiedelten Privatgesellschaften eine Alternative zu sein. Hier ist **Reservierung** üblich und jeder bekommt garantiert seinen ihm versprochenen Platz. Das ist den Aufpreis von ca. 30 % gegenüber den staatlichen Bussen durchaus wert. Ein weiterer Vorteil von Privatgesellschaften, die oft mit Minibussen operieren, ist die Möglichkeit, das Gepäck sicher zu verstauen.

Preise

Busfahren in Indien ist **spottbillig.** So zahlt man beispielsweise für die zehnstündige Fahrt mit dem Express-Bus von Chennai nach Madurai 180 Rs. Ein Ordinary-Bus kostet noch einmal 30 % weniger als ein Express. Preise werden daher in den Ortsbeschreibungen unter „An- und Weiterreise" auch nur in Ausnahmefällen genannt.

Touristenbusse

Zum Schluss sei noch auf die von den Touristenämtern einiger Bundesstaaten auf für Touristen interessanten Strecken eingesetzten **Luxusbusse** verwiesen, die bei den einzelnen Ortskapiteln erwähnt werden. Vor allem die Strecken Goa – Mumbai, Goa – Hampi und Chennai – Madurai sind hier zu empfehlen.

Mietwagen

Fast alle Mietwagen in Indien werden **mit Fahrer** angemietet und das ist wohl auch gut so: Die mehr als rustikale Fahrweise der Inder, von denen so gut wie niemand eine Fahrschule besucht hat, ist mehr als gewöhnungsbedürftig. Die erschreckend hohe Zahl an Verkehrstoten sollte auch die Wagemutigsten zu der Einsicht gelangen lassen, dass Indien absolut **kein Land für Selbstfahrer** ist. Hinzu kommt, dass der Preis für Mietwagen mit Fahrer kaum höher ist als der ohne.

Mietwagen lassen sich in allen größeren Städten anmieten. Vermittelt werden sie von Hotels oder Reisebüros, oft findet sich in der Stadt auch ein spezieller Haltepunkt für die Wagen. Die Preise sind erschwinglich, so dass ein Mittelklasse-Tourist problemlos eine längere Indien-Tour im Mietwagen absolvieren kann. Budget-Reisende könnten sich einfach mit ein paar Leuten zusammentun.

Die **Tarife,** allesamt mit Fahrer, sind von Ort zu Ort unterschiedlich. Zudem differenzieren sie sich noch, je nachdem ob der Wagen Klimatisierung hat oder nicht und ob er mit Diesel oder Benzin fährt. Dieselwagen sind etwas billiger, machen dafür aber auch mehr Lärm.

In Städten wie Mumbai ist mit ca. 7 bis 8 Rs pro Kilometer zu rechnen, in kleineren Orten kann der Preis für 4 bis 5 Rs sinken. Einige Unternehmer beharren auf einer täglichen Mindestkilometerzahl (meist 150 oder 200 km), deren Kosten man zu tragen hat, auch wenn man weniger fährt.

Unternimmt man längere Touren, kommen noch **Extragebühren** hinzu. Für jede Übernachtung muss eine *overnight charge* von ca. 150 Rs bezahlt werden, zuzüglich einer Fahrergebühr, der *driver batta,* von ca. 100 Rs. Bei einer täglichen Fahrtzeit von ca. sechs bis acht Stunden sollte man mit etwa 30 bis 35 € pro Tag hinkommen.

Um spätere Schwierigkeiten zu vermeiden, sollte man seine **Rechnung** jeweils am Ende eines Fahrttages begleichen, gegen Quittung versteht sich, auf der der Kilometerstand zu Anbeginn und am Ende der Tagesfahrt vermerkt ist sowie alle o.g. Zusatzausgaben. Am nächsten Morgen ist dann zu überprüfen, ob der Kilometerstand mit dem des Vorabends übereinstimmt – mancher Fahrer übernimmt nächtens private Spritztouren.

Ohnehin ist bei der **Auswahl des Fahrers** eine gewisse Sorgfalt an den Tag zu legen. Für eine längere Tour sollte man nicht den erstbesten anheuern, sondern einen, mit dem man mindestens schon einen Tagesausflug unternommen hat. Sonst entpuppt sich der Fahrer womöglich als verhinderter Indian-Airlines-Pilot.

VERKEHRSMITTEL

Taxis

Abgesehen von den größten Metropolen wie Chennai, Mumbai oder Bangalore sind Taxis eher selten, ganz einfach, weil sie für die allermeisten Inder viel zu teuer sind. Für an europäische Preise gewöhnte Touristen ist Taxifahren in Indien hingegen immer noch spottbillig.

Im innerstädtischen Verkehr kann man mit ca. **4 Rs pro Kilometer** rechnen (in Mumbai allerdings 9 Rs). Je länger die Strecke, desto besser lässt sich handeln. Zwischen 22 und 6 Uhr muss man jedoch noch einen **Nachtzuschlag** von 50 % hinzurechnen.

Zwar verfügen die meisten Taxis über einen **Taxameter,** doch scheinen nur die wenigsten Fahrer gewillt zu sein, diesen auch einzuschalten. Meist helfen sie sich mit dem Argument, das Gerät sei *broken,* also defekt. Eine wundersame Heilung tritt oft dann ein, wenn man damit droht, ein anderes Taxi zu nehmen. Sehr oft zeigen jedoch selbst funktionierende Taxameter nicht den richtigen Fahrpreis an, weil sie noch nicht der letzten oder vorletzten Fahrpreisänderung angeglichen worden sind. In Mumbai zum Beispiel ist der tatsächliche Tarif elfmal so hoch wie der angezeigte. Für diesen Fall muss jeder Taxifahrer eine Umrechnungstabelle mit sich führen, die er auf Verlangen vorzuzeigen hat.

Die in diesem Buch genannten Preise sind nur als Orientierungshilfe gedacht. Letztlich hängt es vom jeweiligen Verhandlungsgeschick ab, wieviel man im konkreten Fall zu zahlen hat. Da viele Taxifahrer, wenn überhaupt, nur sehr wenig Englisch sprechen, sollte man sich vor Fahrtbeginn vergewissern, ob das gewünschte Fahrtziel auch wirklich verstanden wurde. Andernfalls kann es vorkommen, dass die eigentlich kurze Fahrt zum nächsten Hotel zu einer halben Stadtbesichtigung ausartet. Wer am Ende die Zeche hierfür zahlt, dürfte klar sein.

Autorikshas (Scooter)

Eine Art „Taxi des kleinen Mannes" sind jene dreirädrigen, luftverpestenden Vehikel, die wegen ihres tuckernden Geräuschs in Thailand den Namen **Tuk Tuk** tragen, in Indien aber allgemein Scooter genannt werden. Ähnlich wie ihre thailändischen Kollegen sind auch die indischen Fahrer wahre Hasardeure, die sich einen Spaß daraus machen, auch die kleinste sich bietende Lücke mit Vollgas zu durchrasen. Tatsächlich sind Autorikshas wegen ihrer Wendigkeit, gerade während der Stoßzeiten in größeren Städten, **wesentlich schneller als Taxis** und zudem auch ca. 30 % billiger. Dafür zahlt man jedoch auch mit Blei in der Lunge und einem ramponierten Rückgrat. Wie beim Taxi sollte man Fahrpreis und Ziel vor der Fahrt genau abklären, um späteren Missverständnissen vorzubeugen.

Tempos

Tempos sind eine Art überdimensionale Autorikshas mit Platz für bis zu **acht Personen,** d.h. in Indien kann es auch schon mal ein gutes Dutzend werden. In mittleren und größeren Städten fahren sie entlang **festgelegter Routen,** z.B. vom Bahnhof ins Stadtzentrum. Auf der Strecke halten sie überall dort an, wo Passagiere ein- oder aussteigen möchten. Tempos sind neben Bussen die billigste Fortbewegungsart im innerstädtischen Verkehr. Die Preise variieren je nach Streckenlänge von 1 bis 5 Rs. Sie kommen allerdings nur für Reisende mit ganz wenig oder am besten gar keinem Gepäck in Frage, da der zur Verfügung stehende Platz pro Person minimal ist. Im übrigen ist die Preisersparnis gegenüber den Autorikshas, besonders wenn man zu zweit reist, derart gering, dass diese Transportart nur von wenigen Touristen genutzt wird.

Fahrradrikshas

Fahrradrikshas, **dreirädrige Fahrräder** mit dem Fahrer vorn und einer kleinen Sitzbank für zwei Personen dahinter, wurden in den letzten Jahren aus den Zentren mehrerer Großstädte verbannt, doch in den meisten Orten sind sie das meistbenutzte Transportmittel. Hier gibt es selbstverständlich keinen Taxameter und gerade in großen Touristenorten gilt es besonders hartnäckig zu handeln, da man ansonsten oft ein Mehrfaches des ortsüblichen Preises bezahlt – mehr als mit der Autoriksha.

Hinzu kommt, dass viele Rikshafahrer im Kommissionsgeschäft engagiert sind und versuchen den Neuankömmling in jenes Hotel zu bringen, wo sie am meisten Prozente bekommen. Oft ist das die Hälfte des Übernachtungspreises. Besondere Vorsicht ist bei Fahrern geboten, die einen bei der Frage nach dem Fahrpreis mit der Antwort „As you like" zu locken versuchen. Es ist immer unkomplizierter (und billiger) vor Fahrtantritt den exakten Tarif festzulegen. Auch hier können die im Buch gegebenen Preise nur als Anhaltspunkt dienen.

> Einige Rikshafahrer verstehen grundsätzlich jede Fahranweisung falsch und fahren schnurstracks zu einem bestimmten Geschäft. Dessen Besitzer zahlt für jedes angekarrte „Opfer" ein paar Rupien Provision, in der Hoffung, es werde schon etwas kaufen. Der Laden sollte natürlich gleich links liegengelassen und der Rikshafahrer auch nicht bezahlt werden.

Tongas

Mit Tonga werden einfache **Pferdegespanne** bezeichnet, die sich gelegentlich, vor allem in kleineren Orten, noch finden.

Weiterreise

Die meisten Kerala-Touristen reisen bereits mit einem Rückflugticket bzw. einem Weiterflugticket in die asiatischen Nachbarländer an. Dies ist fast immer günstiger als sich in Indien selbst einen Flug zur Weiterreise zu kaufen, da Indien, anders als z.B. Thailand oder Hongkong, über keinen vergleichbaren Markt für Billigflüge verfügt. Ausnahmen bilden die unmittelbar vor der Süd- bzw. Südostküste liegenden Inselstaaten Sri Lanka und Malediven.

Nach Malaysia

Nur wenige fliegen von **Chennai** nach Malaysia, da die Flugverbindungen von Kalkutta wesentlich günstiger sind. Die preiswertesten Flüge von Chennai nach Kuala Lumpur sind mit ca. 250 € für ein One-Way-Ticket vergleichsweise teuer.

Auf die Malediven

Tgl. mit Indian Airlines von **Trivandrum** nach Malé, der Hauptstadt der Malediven; Preis ca. 90 €.

Nach Singapur

Auch hier gilt, was schon für den Weiterflug nach Kuala Lumpur gesagt wurde. Verglichen mit einem in Deutschland zu kaufenden Stop-Over-Ticket ist das Einzelticket von **Chennai** nach Singapur mit etwa 300 € recht teuer.

Nach Sri Lanka

Seit die Fährverbindungen zwischen Sri Lanka und Rameshwaram wegen der politischen Unruhen seit Jahren eingestellt sind, gibt es nur die Möglichkeit zu fliegen. Die billigste Verbindung besteht nach Colombo: Tgl. mit Indian Airlines oder Sri Lankan von **Trivandrum** für ca. 75 €, Do und So von **Tiruchirapulli** (Trichy) an der Südostküste für ca. 65 €, von **Mumbai** Mo und Do für etwa 200 €.

Nach Nordindien

Wer vom Süden weiter in den Norden Indiens reisen möchte, tut dies am einfachsten von **Mumbai** aus. Von dort gelangt man innerhalb weniger Stunden per Bus oder Zug ins angrenzende Bundesland **Gujarat,** welches wiederum an **Rajasthan,** die meistbesuchte Region Indiens, angrenzt.

Die östliche Variante über **Chennai** ist insofern wesentlich zeitaufwändiger, als das nächste interessante Ziel im Norden, der Bundesstaat **Orissa** mit seinen berühmten Tempelanlagen und dem Bade- und Pilgerort **Puri,** bereits eine fast ganztägige Zug- bzw. Busreise von Chennai entfernt liegt.

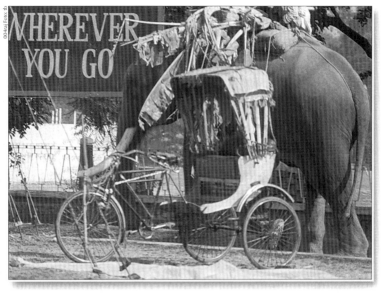

Zeitverschiebung

Nach der im ganzen Land geltenden **Indian Standard Time** (IST) gehen die indischen Uhren der Mitteleuropäischen Zeit in der Sommerzeit (Ende März bis Ende Oktober) um 3½ Stunden voraus, zur Winterzeit um 4½ Stunden. 12 Uhr in Indien entspricht also 8.30 bzw. 7.30 Uhr in Mitteleuropa.

Zeitdifferenzen zu asiatischen Nachbarländern (Indien 12 Uhr):
- **Pakistan:** 11.30 Uhr
- **Nepal:** 12.15 Uhr
- **Bangladesch:** 12.30 Uhr
- **Thailand:** 13.30 Uhr
- **Malaysia, Singapur, Indonesien:** 14.30 Uhr

LAND UND LEUTE

Land und Leute

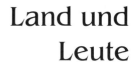

Fischer beim Einholen der Netze in den Backwaters im Westen Keralas

„Jedes Reiskorn ein Schweißtropfen" – die mühsame Arbeit des Reispflanzens

Kormorane im Periyar-Nationalpark

Landschaft und Natur

Geografie

Die Geografie eines Landes ist weit mehr als die Auflistung von durch die natürlichen Gegebenheiten sowie die Geschichte und Politik geprägten Grenzen und topografischen Fakten. Sie prägt gleichzeitig in erheblichem Ausmaß die Geschichte eines Staates und seiner Einwohner. Kerala, mit 38.863 km² der nach Goa flächenmäßig kleinste Bundesstaat Indiens, ist geradezu ein Musterbeispiel hierfür.

Durch die natürliche Barriere der bis zu 2.000 m ansteigenden West-Ghats weitgehend vom Hinterland abgeschlossen, richtete sich der Blickwinkel der Keraliten schon vor über 2.000 Jahren zum Meer und nach Übersee. Gleichzeitig hielten die Bewohner des 550 km langen und maximal 150 km breiten Landstreifens im äußersten Südwesten des indischen Subkontinents steten Kontakt zum Mutterland. Flankiert von den immergrünen Bergen der **West-Ghats** und dem azurblauen **Arabischen Meer,** bildete sich so im Laufe der Jahrhunderte eine außergewöhnliche Kultur und Mentalität heraus, deren spezifische Eigenheit auf der Mischung indischer und überseeischer Einfüsse beruht. Die für die Keraliten so charakteristische Fähigkeit, vielfältige Einflüsse aufzunehmen und zu einer eigenen Identität zu formen, spiegelt sich in der enormen **Vielfalt an Landschaftsformen** des doch recht kleinen Landstreifens.

Der heutige Bundesstaat Kerala entstand am 1. November 1956 aus dem

Zusammenschluss der ehemaligen Fürstentümer Travancore und Cochin und dem Distrikt Malabar. Er nimmt nur 1,18 % des indischen Staatsgebiets ein und liegt mit seiner **Hauptstadt Thiruvananthapuram** (früher Trivandrum) im Südwesten des Landes.

Mit dem Küstenland, dem mittleren Hochland und dem Bergland lässt sich Kerala in drei geografische Regionen unterteilen. Das schmale, ebene **Küstenland** an der Arabischen See ist äußerst fruchtbar und bildet somit seit Jahrhunderten das Hauptsiedlungsgebiet der Keraliten. Langgezogene Buchten mit überhängenden Kokospalmen vor dem azurblauen Meer, sattgrüne Reisfelder, Lagunen, Seen und Inseln prägen diese Bilderbuchlandschaft. Am bekanntesten sind die so genanntesten **Backwaters,** ein weit verzweigtes Netz aus Flüssen und Kanälen, Lagunen und Seen, welches sich zwischen Kollam (Quilon) im Süden, Kochi (Cochin) im Norden und Kottayam im Osten erstreckt. Teil dieses ebenso pittoresken wie sensiblen Ökosystems ist der zwischen Alappuzha (Allepey) und Kochi gelegene **Vembanad-See,** mit einer Länge von 32 km und einer Fläche von 202 km^2 der größte See Keralas. Mit 59 km^2 ist der flache Kanyamkulam-See der zweitgrößte See Keralas. Der knapp 4 km^2 große und von drei Hügeln umgebene Sasthamootta ist der einzige Frischwassersee des Bundesstaats. Ein weiteres signifantes, die Backwaters prägendes Merkmal sind die zahlreichen Inseln, von denen allerdings keine größer als 10 km^2 ist.

Im mittleren **Hügelland,** welches das Bindeglied zwischen dem Küstenland und dem Bergland bildet, besteht ein intensiver Anbau von Kokos, Reis, Bananen, Tapioka, Yam, Cashew, Mango, Jackfruit, Gewürzen und Kautschuk.

Das **Bergland,** mit einer durchschnittlichen Höhe von 900 m, grenzt mit den West-Ghats an die Bundesstaaten Tamil Nadu und Karnataka. Während die höheren Lagen von tropischem Regenwald beherrscht werden, sind die darunter liegenden Regionen durch ausgeprägte Plantagenwirtschaft gekennzeichnet: Tee, Kaffee und Gewürze wie Kardamom, Nelken, Kurkuma und Zimt werden hier vornehmlich angebaut.

Die Berge der **West-Ghats** gehören zu den höchsten ganz Indiens und bilden seit Jahrtausenden die natürliche Barriere zwischen Kerala und dem Hinterland. Mit 2.817 m ist der **Anamudi** im Idukki-Distrikt die höchste Erhebung Indiens südlich des Himalaya. Zahlreiche weitere Berge im Umkreis des Anamudi erreichen eine Höhe zwischen 1.981 und 2.698 m. Während der erstmals 1944 von dem englischen General *Bruce* erstiegene Anamudi, wenn überhaupt, nur von bergsteigerischem Interesse ist, sind andere Bergorte wie Thekkady mit dem **Periyar-Nationalpark,** das koloniale **Munnar** als Zentrum des Teeanbaus und das malerisch gelegene **Ponmudi** auch für westliche Touristen von großer Attraktivität.

So prägend die Berge der West-Ghats bei der Orientierung der Keraliten zum Meer waren, so wichtig waren die verschiedenen den Gebirgszug durchschneidenden **Pässe** dafür, dass sie nie den Bezug zum Hinterland, das heißt zum Mutterland Indien, verloren. Besonders hervorzuheben ist hierbei das **Palghat-Tal.** An seiner schmalsten Stelle 24 km breit und auf einer Höhe von 144 m gelegen, bietet es einen beeindruckenden Anblick, da

Geografische Begriffe

Bag / Bagh	Park
Bagicha	(Kleiner) Park
Ban / Van	Wald
Bandar / Bunder	Hafen
Bandh	Damm
Basar / Bazar	Markt (-platz)
Basti	Siedlung, Dorf
Chowk / Chauk	Platz
Chowrasta /Chaurasta/	Kreuzung
Chauraha	(vier Straßen)
Dariya	Bach, Fluss
Dek(k)han	Das südliche Hochplateau
Desh	Land (Nation)
Galli	Gasse
Ganj / Gunj	Markt (-platz)
Gao / Gaon / Gau / Gaum /	Dorf
Garh / Gadh	Fort, Festung
Ghat	Uferanlagen; Hügelgebiet zwischen Flachland und Hochplateau
Ghati	Tal
Gir / Giri	Berg
Gram / Grama	Dorf
Jangal	Wald
Jheel / Jhil	(Binnen-) See
Jheelka / Jhilka	Teich
Kot / Kota	Fort, Festung
Kund / Kunda	(Binnen-) See
Mahasagar	Ozean
Mahanagar	Großstadt, Metropole
Maidan	Rasenplatz
Marg	Weg, Straße
Masijd	Moschee
Minar	Turm
Nadi	Fluss
Nagar	Stadt
Nagar Palika	Stadtverwaltung
Nalla	Bach
Pahar	Berg, Hügel
Parbat / Parvat	Berg
Path	Weg, Pfad, Straße
Pradesh	Bundesstaat, Provinz
Pul	Brücke
Pur / Pura / Puri / Pore	Stadt
Qila	Fort, Festung
Rasta	Weg, Pfad
Sagar	Meer / See
Samudra / Samundar	Meer
Sangam	Zusammenfluss mehrerer Flüsse
Sarak / Sadak	Straße
Sarovar / Sarowar	(Binnen-) See
Shahar	Stadt
Smarak	Denkmal
Tal	(Binnen-) See
Talab	Teich, Weiher
Taluk / Taluka	Distrikt
Tinrasta	Kreuzung (drei Straßen)
Udyan	Garten, Park
Zilla	Bezirk

Die aufgeführten Begriffe machen viele Ortsnamen transparenter. *Ramnagar* ist somit die „Stadt des Ram", *Shivpur* die „Stadt des Shiva". Der *Nanga Parbat* ist der „nackte Berg" und *Bansgaon* das „Bambusdorf". *Uttar Pradesh* heißt nichts weiter als „Nordprovinz", *Madhya Pradesh* die umgebenden Berge bis zu 2.000 m aufsteigen. Ähnlich dem Kyberpass, der im Nordwesten des indischen Subkontinents über Jahrtausende zahlreichen Eroberern aus Zentralasien als natürliche Einfallschneise nach Indien diente, war der Palghat die Schneise, durch welche diverse Herrscher aus Zentral- und Südindien nach Kerala eindrangen. Dies gilt für die Chola- und Chera-Reiche im 11. Jh. wie auch für die Mysore-Herrscher *Haider Ali* und *Tipu Sultan* im 19. Jh. Gleichzeitig jedoch diente der Palghat als eine Art „Autobahn", auf der die aus Übersee ankommenden Waren ins Hinterland transportiert wurden bzw. die im Westen so heiß begehrten Güter wie Gewürze, Edelhölzer und Textilien zu den Überseehäfen von Cochin und Calicut gelangten.

Klima

Bedingt durch seine geografische Lage zwischen dem Äquator und dem Wendekreis des Krebses, ist Kerala Teil der **tropischen Klimazone.** Temperaturen und Luftfeuchtigkeit sind über das gesamte Jahr gleichermaßen hoch. Die durchschnittliche Jahrestemperatur im Küstenbereich liegt bei 26,7°C, wobei die Unterschiede zwischen den Jahreszeiten relativ gering sind. So sinken sie im Tiefland selbst in den beiden „kältesten" Monaten Januar und Februar so gut wie **nie unter 20°C,** während sie im heißesten Monat Mai, kurz vor dem Einfall des Südwestmonsuns, bis auf 35°C ansteigen. Dies ist auch die Zeit, wenn die Luftfeuchtigkeit auf über 90 % ansteigt, während sie in den „Wintermonaten" Dezember bis Februar auf – für europäische Verhältnisse immer noch drückende – 60 % sinkt.

Je weiter man sich von der Küste Richtung **Bergland** begibt, desto mehr sinken sowohl die Temperaturen als auch die Luftfeuchtigkeit. Wer zum Beispiel mittags vom Küstenort Kochi in fünf Stunden ins 1.524 m hoch gelegene Bergdorf Munnar fährt, kann bei einem Temperaturunterschied von bis zu 20°C arg ins Frieren geraten.

So gering die Temperaturunterschiede über das Jahr sind, so unterschiedlich sind die Niederschlagsmengen. Keralas Klima ist geprägt von **zwei Regenzeiten,** dem Südwestmonsun von Juni bis August und dem Nordostmonsun im Oktober/November. Kerala ist die erste Gegend ganz Indiens, die

KLIMATABELLE

Maximale Tagestemperaturen in °C

Minimale Nachttemperaturen in °C

Mittlere Niederschlagsmenge in mm

☐ Mumbai
■ nördl. Kerala

vom Südwestmonsum heimgesucht wird. Die Regenschauer beginnen gewöhnlich Anfang Juni und dauern bis in den September an. Die höchsten Niederschläge verzeichnet der Juni. Während der viermonatigen Zeit des Südwestmonsuns ergießen sich bis zu 250 cm Regen auf die sattgrünen Reisfelder des Tieflands – ein Segen für die Bauern und seit Jahrtausenden Quelle des Reichtums von Kerala. Doch selbst in den Trockenzeiten kann es gelegentlich zu Niederschlägen kommen.

Die beste Reisezeit

Wegen der vergleichsweise geringen Niederschläge und der niedrigen Luftfeuchtigkeit sind der Dezember und speziell der **Januar und Februar die besten Reisemonate.** Während der Monate März bis Mai steigen sowohl die Temperaturen als auch die Luftfeuchtigkeit zunehmend an. Der **Juni als regenreichster Monat** sollte möglichst gemieden werden. Als Alternative zu den Hauptreisemonaten Dezember bis Februar können durchaus die Monsunmonate **Juli bis September** in Frage kommen. Meist regnet es nur für einige Stunden am Nachmittag und wegen der dann wesentlich geringeren Touristenzahl liegen die Preise deutlich unter denen der Hauptreisezeit.

Flora und Fauna

Pflanzenwelt

Nur auf eine sprachliche Kuriosität ist es zurückzuführen, dass knapp 10 % der indischen Landesfläche offiziell als **Dschungel** klassifiziert werden. Das Wort Dschungel leitet sich von dem Hindiwort *jangal* ab und bedeutet auch in anderen indischen Sprachen ganz allgemein Wald. In Indien ist also jeder Wald ein *jangal*. Dschungel, wie man ihn aus historischen Reiseberichten oder den literarischen Werken *Rudyard Kiplings* kennt, mit Baumriesen, Schlingpflanzen, dichtem Unterholz und Wegelosigkeit gehört jedoch in Indien inzwischen fast der Vergangenheit an. Nur in den feuchten **Regenwaldzonen** der West-Ghats und den Grenzgebieten des Nordostens, vor allem in Assam, gibt es noch Überreste. Dichter Wald ist in den Mittelgebirgszügen der Vindhyas bis hin nach Orissa erhalten geblieben.

Baumarten

Insgesamt knapp 1.200 Baumarten kommen in Indien vor. Der für westliche Touristen klassische Tropenbaum, die Palme, findet sich vor allem im Süden. Besondere Bedeutung kommt der **Kokospalme** zu, weil die Kokosnuss äußerst vielseitig verwendbar ist. So ist Kokosmilch als guter Durstlöscher sehr beliebt, das Fruchtfleisch wird in Süßspeisen und Currys verarbeitet. Hochwertiges Kokosöl wird zum Kochen und Backen ebenso verwendet wie zur natürlichen Körperpflege, das minderwertige Öl verarbeitet man in Seifen und Kerzen. Doch mit der Verarbeitung des Inhalts ist der Nutzen der Frucht noch lange nicht erschöpft. So werden aus den Holzfasern Seile gesponnen, die man wiederum zu Säcken, Matten, Teppichen, Netzen und Bürsten verarbeitet. Die Schalen dienen zur Herstellung von Besteck und Souvenirs oder als Brennmaterial. Aus dem Palmholz schließlich lassen sich Möbel fertigen, und die Palmwedel dienen oftmals als Hausabdeckungen.

Besonders im Südosten bestimmt die **Palmyra**, eine von insgesamt über 2.600 Palmenarten, das Landschaftsbild. Das zur Reifezeit orangefarbene, im Geruch an Melonen, Quitten und Ananas erinnernde Fruchtfleisch wird ausgesogen und nach dem Entfernen der Fasern zu Mus verarbeitet, zu Limonade verdünnt oder mit Mehl verbacken. Vergorene Früchte liefern ein käseähnliches Nahrungsmittel. Schließlich gilt der meterlange, an der Spitze verdickte Keimling als Delikatesse. Wie bei der Zuckerpalme nutzt man den Blutungssaft aus jungen, männlichen Blütenständen, die zur Anregung der Sekretion zunächst gequetscht und einige Tage später abgeschnitten werden. Der Blutungssaft wird aus den Blütenständen gezapft, zu **Palmwein** (toddy) vergoren, zu **arrak** destilliert und zu **Palmzucker** (joggery) eingedickt.

An der Malabar-Küste wachsen die bei Indern so beliebten **Arecanüsse** (Areca catechu), wichtigster Bestandteil des Betelbissens. Der Begriff Nuss ist allerdings irreführend, handelt es sich bei den Früchten der **Betelpalme** doch um hühnereigroße Beeren mit glatter, gelber bis orangeroter Haut und großem, fettreichem Samen, der fälschlich als „Betelnuss" bezeichnet wird. Die gerösteten oder auch gekochten Samen werden in Scheiben geschnitten und mit Kalk sowie Zimt und anderen Gewürzen gemischt, in die Blätter des Betelpfeffers gewickelt und gekaut. Als verbreitetes Genussmittel hinterlassen sie überall unübersehbare rötliche Flecken.

Zu den wertvollsten Edelhölzern gehören **Sandel- und Rosenholz**, die wegen ihres Wohlgeruchs auch als Räucherstäbchen Verwendung finden.

Wegen seiner tiefroten Blüten ist der **Flammenbaum** oder **Flamboyant** einer der fotogensten und bei Westlern beliebtesten Bäume. Weiteres Charakteristikum des ursprünglich aus Madagaskar stammenden Baumes sind die von den Ästen herabhängenden, bis zu 60 cm langen, abgeplatteten, braunen Fruchthülsen. Wegen seiner auffallend breiten, schirmförmigen Krone wird der Flamboyant besonders gern als Schattenspender an Straßen und in Parks angepflanzt. Der Flammenbaum weiß jedoch nicht nur durch sein „hübsches Äußeres" zu gefallen, sondern ist auch von großem Nutzen. Aus dem Holz gewinnt man sehr haltbares Baumaterial, die Rinde liefert Farbstoff und Harz und auch die Blüten geben Farbstoff.

Ein Blickfang ist der weit ausladende, dicht belaubte und bis zu 30 m hohe **Regenbaum.** Wegen seines riesi-

FLORA UND FAUNA

Arbeit auf dem Reisfeld

gen Wuchses und der jährlich zweimal erscheinenden Blüten gehört er zu den beliebtesten Zierbäumen an Straßen, Märkten und Plätzen. Gern wird er auch als Schattenspender für Kakao-, Pfeffer- und Vanille-Kulturen genutzt. Ebenso amüsant wie interessant ist die Herleitung seines Namens. Der vermeintliche Regen wird durch eine sich bevorzugt in der Baumkrone niederlassende Zikade verursacht. Zum Schutz gegen die Sonne umgibt sich das Insekt mit einer schaumartigen Substanz. Die Insekten stechen Pflanzenzellen an, nehmen Pflanzensaft auf und scheiden große Mengen an Wasser aus. Dieses kann so heftig von den Bäumen tropfen, dass sich am Boden Wasserpfützen bilden.

Einer der wohl bekanntesten Bäume Indiens ist der **Bodhi** (Pipal-Baum, Ficus religiosus). Unter einem Exemplar dieser Art soll der Prinzensohn *Siddharta Gautama* nach siebentägiger Meditation zum Buddha, d.h. zum Erleuchteten, gereift sein. Seither gilt der Baum allen Buddhisten als heilig.

Ebenso wie der Bodhi gehört auch der wegen seines spektakulären Aussehens berühmte **Banyan** (Würgfeige,

Kerals Nationalbaum – die Kokospalme

Die Keraliten behaupten, in ihrem Land wüchsen ebensoviele Kokospalmen wie am Himmel Sterne stehen – angesichts der fast das gesamte Land wie einen grünen Teppich überziehenden Palmenhaine scheint das fast noch untertrieben. Mehr als fünf Milliarden Kokosnüsse werden jedes Jahr in diesem wunderschönen Streifen Land im äußersten Südwesten des indischen Subkontinents gepflückt. Von den rund 160 indischen Firmen, die Kokos und Kokosprodukte exportieren, sitzen 130 in Kerala und produzieren 96 % des Exportanteils, über fünf Millionen Keraliten finden in der Kokosindustrie ihr Auskommen. Exportiert werden 38.000 Tonnen, was einem Wert von etwa 35 Millionen Euro entspricht. Der wichtigste Markt für indischen Kokos ist Europa. Weit über die Hälfte der Ausfuhr geht in die Länder der EU. Einzeln erfasst, sind die USA der bedeutendste Abnehmer, Deutschland liegt an dritter Stelle.

Kerala und die Kokosnuss sind eine Einheit. Der hohe Lebensstandard der Keraliten beruht ganz entscheidend auf den vielfältigen Verwendungsformen dieses Lebensbaumes. Die Keraliten wissen um den Segen und gaben ihrem Land den Namen „Kokospalmenplantage" – das bedeutet *Kerala* in der Landessprache Malayalam.

Die Kokospalme wächst in allen tropischen und subtropischen Gegenden Amerikas, Afrikas und Asiens. Die hochstämmige Kokospalme (25–30 m) produziert ab dem 8.–9. Lebensjahr Früchte und wird ca. 60–65 Jahre alt. Der Anbau von Niedrigstämmen, auch Zwergpalmen genannt, ermöglicht die ersten Ernten schon von 4–5-jährigen Pflanzen. Diese werden aber nur 30–35 Jahre alt. Das Hauptargument für den Anbau von Niedrigstämmen ist die „einfachere" Ernte. Von der Befruchtung bis zur Fruchtreife dauert es 12–14 Monate. Je nach Verwendungszweck werden die Nüsse bereits ab dem 6. Monat geerntet. Die Kokosnüsse wachsen an bananenähnlichen Stauden.

Ein vielseitiges Produkt

Die Kokospalme ist eine wertvolle Nutzpflanze, die sich wie kaum eine andere komplett verwerten lässt: Die **Blätter** dienen zum Dachdecken, werden zu Körben und Matten verflochten, der **Stamm** wird als Bauholz eingesetzt. Die Endknospen des Stammes isst man als **Palmkohl,** der zuckerhaltige Saft aus abgeschnittenen Blütenständen wird zu **Palmzucker** eingekocht oder zu **Palmwein** vergoren, die **Milch** aus der Frucht als Getränk genossen. Die Fruchtfasern aus der Umhüllung der Nuss werden zu **Fasern** verarbeitet, die Rückstände daraus ergeben besten Humus, aus der **Nussschale** werden Gefäße, Löffel oder Schmuck. Das **Fruchtfleisch** ist wiederum ein Nahrungsmittel. Wer eine oder mehrere Kokospalmen besitzt – und das gilt praktisch für jeden Bewohner Keralas – hat praktisch alles, was er zum Überleben benötigt.

Die Verarbeitung der Fasern

Die Fasern füllen den Bereich zwischen der eigentlichen Nuss und der grünen Schale. Sie machen ca. 35 % des Gesamtgewichts der Kokosnuss aus. Vor dem Verkauf schneidet man die Nüsse auf und nimmt die Frucht heraus – so finden wir sie dann in unseren Supermärkten. Die mit Fasern ausgepolsterten Nussschalen werden danach an spezialisierte Firmen verkauft oder manchmal auch den Produzenten zurückgegeben. Diese tauchen die ausgepolsterten Nussschalen dann, ohne weitere Verarbeitung, in Lagunen ein. Nach dieser

"Wässerung" werden die Fasern manuell gewonnen. Im ersten Arbeitsgang wird die Schale vom Faserbund getrennt. Dann werden die Fasern für den Verkauf an Spinnereien gereinigt, getrocknet und zu Ballen verarbeitet. Kerala bietet das ideale Klima und sehr günstige topografische Voraussetzungen, die ein jahrhundertealtes Verfahren ermöglichen, nämlich das monatelange Wässern der Fasern in Lagunen. Daraus entsteht die so genannte *Rettedfiber*, deren Faserqualität die Produktion von sehr starken **Seilen** ermöglicht, die auch von Fischern benutzt werden.

In einem weiteren Arbeitsgang werden die Fasern zu Fäden gesponnen und die Fäden zu einer zweifädigen Schnur gedreht. Das Spinnen der Kokosfasern ist eine typische Frauenarbeit. Es verlangt Fingerfertigkeit, Schnelligkeit und Ausdauer, aber keine besondere Kraft. Aus den Schnüren wiederum entstehen **Kokosnetze.** Sie werden in Kerala, außer für Beleuchtung und Transport, ganz ohne elektrische Energie produziert. Die ökologische Bilanz ist daher sehr positiv. In der Produktionskette von Kokosnetzen gibt es keine Fixlöhne. Die Arbeiter und Arbeiterinnen werden, je nach Arbeitsfeld, nach Gewicht, Laufmeter oder Fläche entlohnt.

Ficus bengalesis) zur Gattung der Feigenbäume. Mit seinen weit ausgreifenden, bis zu zwei Metern aus dem Boden aufragenden Luftwurzeln mit unzähligen Verästelungen und Verzweigungen macht der Parasit, der sich um die Stämme anderer Bäume legt, einen urweltlichen Eindruck.

Tee und Gewürze

Die vor allem in Bengalen (Darjeeling) und im Nordosten (Assam) von den Engländern Ende des 19. Jh. angelegten Teeplantagen haben Indien zu einem der weltweit größten Teeexporteure aufsteigen lassen. Bis zu fünfzehnmal werden die Sträucher in mehr oder weniger kurzen Abständen bepflückt, in der Regel von Hand. Gepflückt wird meist nur die Blattknospe mit den obersten zwei Blättern, da diese den höchsten Catechin- und Coffeingehalt besitzen. Zur Weiterverarbeitung werden die frischen Blätter in einem Luftstrom gewelkt, in mehreren Arbeitsgängen maschinell gerollt und anschließend fermentiert. Das Rollen und Fermentieren setzt chemische Prozesse in Gang, die das Aroma und den Charakter des Tees bestimmen.

Umweltverträglicher als die Teepflanzungen, denen etliche Waldgebiete zum Opfer fielen, sind die **Gewürzgärten** an der tropischen Südwestküste. Der Geschmack von Pfeffer, Zimt, Kardamom und Ingwer lockte einst die Europäer nach Indien und noch heute sind Gewürze eines der bedeutendsten landwirtschaftlichen Exportprodukte des Landes.

Tierwelt

Die dem Hinduismus eigene Auffassung von der Einheit allen Lebens, in der der Mensch nur ein Teil des Ganzen ist, mag auch die indische Tierwelt lange Zeit vor Verfolgung bewahrt haben. Spätestens mit dem Einzug der Moderne war dies jedoch vorbei. Neben dem Bevölkerungswachstum, das die Menschen immer tiefer in die angestammten Lebensräume der Tiere eindringen ließ, dem Eisenbahn- und Straßenbau, der ihre Wanderwege zerschnitt, und dem Einsatz von Pestiziden, der ihre Nahrungsgrundlagen zerstörte, trug auch die wilde Schießwut der weißen Kolonialherren und indischen Rajas zur Dezimierung des Wildbestandes bei. Vor allem die sogenannten „Big Five", der **Indische Löwe,** der **Tiger,** der **Elefant,** das **Panzernashorn** sowie das **Gaur,** das größte Wildrind der Erde, waren akut vom Aussterben bedroht. Angesichts dieser dramatischen Lage setzte Anfang der siebziger Jahre ein Sinneswandel bei den Verantwortlichen ein. Vor allem das Programm zur Rettung des Tigers erregte international Aufsehen.

Heute zählt Indien weltweit zu einem der vorbildlichsten Länder auf dem Gebiet des **Tierschutzes.** Indiens Tierwelt ist sehr artenreich, auf 2,2 % der Landmasse der Erde sind 8 % aller Säugetiere, 14 % aller Vogelarten und 9 % aller Reptilienarten beheimatet.

Säugetiere

Nach Schätzungen gibt es in Indien inzwischen wieder 22.000 **Elefanten,** von denen die meisten in Nationalparks leben. In Südindien bieten besonders die Nationalparks Periyar in Kerala und Nagarhole in Karnataka gute Möglichkeiten die Dickhäuter in „freier" Wildbahn zu beobachten. Ansonsten begegnet man ihnen in den weitläufigen Tempelanlagen und bei den großen Tempelfesten in Kerala, an denen bis zu 100 festlich geschmückte Elefanten teilnehmen.

Immer wieder ein faszinierendes Bild ist es, einen **Arbeitselefanten** mit dem *mahout,* seinem Führer, in aller Seelenruhe inmitten des brodelnden Verkehrs einer indischen Großstadt

Hochverehrt, gehegt und gepflegt – der Tempelelefant

Rhesusaffen

FLORA UND FAUNA

marschieren zu sehen. Zunehmend weniger dieser beliebten Großtiere werden allerdings zu Arbeitstieren abgerichtet.

Ebenso wie der **Tiger** in den letzten Jahren vor dem Aussterben gerettet werden konnte, scheint dies auch beim **Löwen** zu gelingen. 250 leben heute im Gir-Nationalpark im Bundesstaat Gujarat. Der Gepard gilt hingegen seit 1952 als ausgestorben.

Die beliebtesten Beutetiere der Wildkatzen wie **Antilopen, Gazellen** und **Hirsche** gibt es in fast jedem Wildpark Indiens zuhauf. Unter den wilden Hundearten finden sind der **Dekhan-Rothund,** der **Goldschakal** und der **Bengalfuchs** relativ häufig, während der äußerst scheue **Indische Wolf** vom Aussterben bedroht ist.

Ebenso erging es lange Zeit dem **Panzernashorn,** welches wegen seines Horns, von dem sich abgeschlaffte asiatische Männer wundersame Kräfte versprechen, eines der begehrtesten Jagdobjekte der Wilderer war. Heute gibt es weltweit etwa wieder 1.500 der beeindruckenden Tiere, von denen etwa 70 % in Terai im Süden Nepals und im Kaziranga-Nationalpark in Assam beheimatet sind.

Ein absolut gewöhnlicher Anblick in Indien sind die **Affen,** die häufig ausgerechnet in Tempeln anzutreffen sind. Hier scheinen sie sich besonders heimisch zu fühlen und sind dementsprechend selbstsicher, was zuweilen jedoch in Aggressivität umschlagen kann. Von den in Indien vertretenen neunzehn Rassen sind die **Rhesusaffen** und die **Languren** besonders häufig.

Reptilien

Die Population des **Krokodils** verzeichnet einen Aufwärtstrend, nachdem neben dem Export von Elfenbein auch die Ausfuhr von Krokodilleder strengstens verboten ist.

Wenig erfreulich klingt die Zahl der ca. 4.500 jährlich in Indien durch Schlangenbisse getöteten Menschen. Die Zahl der **Schlangenarten** liegt bei 230, davon sind 55 giftig. Die Tigerpython ist mit bis zu sechs Metern Länge die größte Schlange Indiens. Zu den gefährlichen **Giftschlangen** zählen hauptsächlich Kobra, Kettenviper und Sandrasselotter. Bei 90 % der Bisse durch gefährliche Giftschlangen ist die Giftmenge zu gering, um tödliche Folgen zu haben. Opfer finden sich meist unter der verarmten Landbevölkerung, da viele die Nacht auf dem Boden verbringen müssen und dabei versehentlich mit einer Giftschlange in Berührung kommen.

Ganz harmlos und zudem sehr nützlich ist dagegen der freundliche Zeitgenosse, der fast jeden Abend an der Wand des Hotelzimmers nach einer leckeren Mahlzeit Ausschau hält: der **Gecko**. Der kleine Kerl mit seinen reichlich groß geratenen Glubschaugen hält sich besonders gern in der Nähe von Lampen auf, da hier die Chancen für einen fetten Leckerbissen in Form eines Insekts besonders hoch sind.

Vögel

Vogelliebhaber kommen in Indien voll auf ihre Kosten, beherbergt der indische Subkontinent doch über 1.200 **Brutvogelarten,** von denen 176 endemisch sind, also nur hier vorkommen. Rechnet man noch die im Winter aus dem nördlichen und mittleren Asien einfliegenden **Zugvögel** hinzu, so können ingesamt mehr als 2.000 Vogelarten nachgewiesen werden. Besonders häufig sind Eulen, Spechte, Nashorn- und Nektarvögel, Kuckucke, Reiher, Störche und Kraniche.

Der indische Nationalvogel ist der **Pfau.** Er ist nicht nur in der Wildnis weit verbreitet, sondern wird in vielen Dörfern als halbzahmer Vogel verehrt und gefüttert. Souvenirs aus dekorativen Pfauenfedern können übrigens ohne Bedenken gekauft werden, da die Vögel ihre Schmuckfedern während der Mauser im Winter verlieren.

Hochverehrt, aber auch Müllabfuhr auf vier Beinen – die Kuh

Die heilige Kuh – geschlagene Heilige

Die Kuh ist in Indien heilig, das weiß jedes Kind. Aber wie heilig ist sie den Indern eigentlich wirklich? Wenn man die abgemagerten Gerippe durch die Straßen streunen sieht, wo sie auf ihrer nimmermüden Suche nach Essbarem die Abfallhaufen durchwühlen und allzuoft mit Stockhieben vertrieben werden, scheint diese Frage gar nicht so abwegig.

Ein Blick in die Geschichte beweist, dass die Verehrung der Kuh durchaus nicht immer selbstverständlich war. Der Verzehr von Rindfleisch war für die nomadisierenden arischen Hirten, die vor Jahrtausenden in Nordindien einfielen, eine Selbstverständlichkeit, und auch die Opferung von Rindern zu religiösen Zwecken war gang und gäbe, wie Auszüge aus den „Veden", den heiligen Schriften der Arier, belegen. Dies änderte sich erst, als die Einwanderer sesshaft wurden und geregelten Ackerbau betrieben. Von nun an war nicht mehr das Pferd, sondern das Rind das wichtigste Tier des Menschen.

Diese Bedeutung hat es bis heute behalten, da sich die Lebensbedingungen eines Großteils der indischen Bevölkerung in den letzten Jahrtausenden nicht grundlegend verändert haben. Vor allem die unzähligen Mittellosen der indischen Gesellschaft profitieren von den kostenlosen Produkten der Millionen Straßenkühe. Die meisten der scheinbar herrenlos durch die Großstädte streunenden Rinder besitzen ein festes Zuhause, zu dem sie allabendlich zurückkehren. Während sie dort die bereitgestellte Mahlzeit bekommen, werden sie von den Besitzern gemolken.

Auch zum Pflügen der Felder und als Zugtier ist das Rind unverzichtbar. Die Milch der Kuh bedeutet für die Unterschicht eine wichtige, weil nährstoffreiche und vor allem kostenlose Ernährung. Der Dung ist als Düngemittel der Felder genauso nützlich wie als Brennmaterial; darüber

DIE HEILIGE KUH

hinaus findet er als Mörtel zur Errichtung von Lehmhütten Verwendung, zumal er auch noch insektenabweisend wirkt. Als weitverbreitetes Desinfektionsmittel wird auch der Urin der Cebu-Rinder genutzt, und in den indischen Städten dienen die etwa 200 Millionen freilaufenden Kühe als Müllentsorger.

Die existentielle Bedeutung des Rindes hatten die indoarischen Einwanderer sehr schnell erkannt, weshalb sie es unter Tötungsverbot stellten. Die Verehrung der Kuh hatte also zunächst rein pragmatische Gründe. Die religiöse Überhöhung als lebensspendende Mutter *(go mata)* setzte erst einige Jahrhunderte später ein, vor allem mit dem buddhistischen Prinzip der Nichtverletzung des Lebens *(ahimsa)*.

Nein, vergöttern im eigentlichen Sinne des Wortes tun die Inder ihre Kühe nicht, und heilig sind sie ihnen nur insofern, als sie ihnen das Überleben ermöglichen.

Auch für die Kastenlosen, die außerhalb der hinduistischen Gesellschaft stehen, besitzen die Kühe einen enormen Nutzen. Da sie nicht an die hinduistischen Regeln gebunden sind, dienen diesen Ärmsten der Armen das Fleisch, die Knochen und das Leder als wichtige Ernährungs- und Einkommensquelle.

Der gerade im Westen immer wieder vorgebrachte Einwand, das Tötungsverbot der Kuh sei angesichts der Millionen unterernährten Inder unverantwortlich (gepaart mit der Forderung nach Hochleistungs-Rinderzucht), entbehrt übrigens jeder Grundlage. Gerade die breite Masse der Bevölkerung könnte sich die durch die Aufzucht zwangsläufig anfallenden höheren Kosten für die Tiere und deren Produkte nicht leisten und müßte so auf ihren Nutzen verzichten. Im übrigen stehen die dafür notwendigen Weideflächen im überbevölkerten Indien gar nicht zur Verfügung.

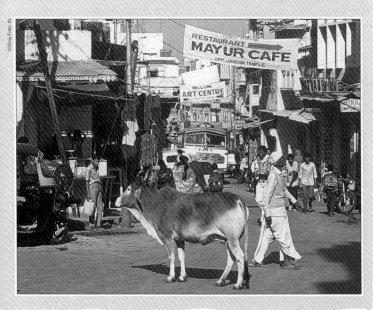

Staat und Gesellschaft

Geschichte

Ähnlich der europäischen Geschichte, die gewöhnlich in die drei deutlich voneinander zu unterscheidenden Perioden alte, mittlere und neue Geschichte unterteilt wird, hat sich auch die indische Geschichtsschreibung an einer Dreiteilung orientiert: die alte indische Geschichte geprägt vom Hinduismus, die Zeit der islamischen Herrschaft und die britische Fremdherrschaft. Diese simple Kategorisierung erfreute sich sicherlich nicht nur deshalb so lange großer Beliebtheit, weil sie die jahrtausendealte, äußerst vielschichtige indische Geschichte in einen sehr übersichtlichen Rahmen presste, sondern auch, weil sie den Wunsch der nationalistischen Historikerzunft befriedigte, der goldenen Zeit der alten Geschichte die Epoche der Fremdherrschaft, die bereits mit den islamischen Dynastien begann, gegenüberzustellen. In dem Wissen, dass letztlich jede Periodisierung willkürlich bleiben muss, soll hier als Orientierungshilfe eine etwas feinere Aufteilung gewählt werden, um der Vielfalt der indischen Geschichte wenigstens ansatzweise gerecht zu werden.

Nord- und Südindien – geografische Bedingungen

Die Geschichte Indiens ist in zentraler Weise durch seine geografischen Gegebenheiten bestimmt. Daher sollte, wer sich näher mit der Geschichte des Landes beschäftigen möchte, zunächst einen Blick auf die Landkarte werfen. Die grundsätzliche Unterscheidung zwischen dem Norden und dem Süden des Indischen Subkontinents beruht auf der ganz unterschiedlichen historischen Entwicklung dieser beiden Landesteile. Im Laufe der Jahrhunderte erwies sich das die Grenze zwischen dem Norden und dem Süden markierende **Dekhan-Hochplateau** immer wieder als **unüberwindliche Schwelle** für die Eroberer aus dem Norden bei ihrem Versuch, auch den Süden des Landes unter ihre Kontrolle zu bringen.

So konnte die von den indoarischen Eroberern zwischen 1500 und 500 v. Chr. in den Süden abgedrängte **dravidische Urbevölke-**

rung wesentlich mehr an kultureller Identität bewahren als die von fünfhundertjähriger Fremdherrschaft geprägten Völker Nordindiens. Erst als mit der Seefahrt die natürlichen Grenzen ihre Bedeutung verloren, konnte mit Beginn des 16. Jh. auch der Süden – durch die Europäer – kolonisiert werden.

Die Regionen Südindiens und die Frühzeit dynastischer Herrschaft

Welchen zentralen Einfluss die geografischen Bedingungen auf den Verlauf der historischen Entwicklung spielten, verdeutlicht eine genauere Aufschlüsselung der verschiedenen, die Südhälfte Indiens kennzeichnenden Regionen. Besondere Beachtung verdient dabei die Gliederung des Landes durch Höhenzüge, die im Großen und Ganzen von Norden nach Süden verlaufen, und Flüsse, die von Westen nach Osten oder umgekehrt fließen. Es lassen sich Schwerpunkte identifizieren, die wiederholt zum Zentrum von Vormachtstellungen geworden sind, wobei eine Vormacht sich so gut wie nie flächendeckend etablieren konnte, sondern auf eine Region beschränkt blieb.

Beginnend im Norden, erkennt man einen ersten Schwerpunkt im Gebiet Nasik-Aurangabad-Paithan am Oberlauf der Godayen. Hier hatten die **Satavahanas** im 2. Jh. v. Chr. ihren Hauptstandort. Diese von ca. 150 v. Chr. bis 250 n. Chr. regierende Dynastie dehnte ihr Herrschaftsgebiet bis an die Küstenzonen des heutigen Andhra Pradesh aus und unterhielt rege Handelsbeziehungen: Münzfunde belegen u.a. Verbindungen zum Römischen Reich. Schon zu dieser frühen Zeit zeigte sich, dass die Kontrolle über den **Seehandel** ein Grundpfeiler jedweder Machtentfaltung im Süden sein sollte. Die in religiösen Fragen äußerst toleranten Satavahanas gelten als die erste Großmacht auf dem Dekkan. Später versuchten islamische Herrscher, die von Delhi aus nicht den Süden beherrschen konnten, eine Südhauptstadt in dieser Region zu errichten – *Mohammed Tughluk* in Daulatabad und *Aurangzeb* in Aurangabad. Hier in der Nähe liegen auch die Höhlen von Ajanta und Ellora, die einstige Hauptstadt der Rashtrakutas.

Ein zweiter Schwerpunkt liegt in der Gegend östlich des Flusses Bhima zwischen den heutigen Städten Solapur und Hyderabad. Dort liegen die alten Hauptstädte Kalyani, Bidar, Malkhed und Gulbarga. Der dritte Schwerpunkt befindet sich zwischen den Oberläufen von Krishna und Tungabhadra. Dort liegen die alten Chalukya-Hauptstädte Badami, Aihole und Pattadkal und nördlich davon Bijapur, die Hauptstadt der islamischen Herrscher einer späteren Zeit. Ein viertes Zentrum lässt sich schließlich im Hochland des Südens ausmachen, ausgezeichnet durch die Städte der Hoysala-Dynastie mit ihren berühmten Tempeln in Belur und Halebid.

Als letztes gilt es, die Großregion der **Ostküste** zu untergliedern. Auch hier zeichnen sich vier Teilregionen ab, die im wesentlichen durch die Unterläufe der großen Flüsse gekennzeichnet sind. Als erste – von Norden nach Süden vorgehend – ist hier die Krishna-Godaveri-Region zu nennen, in der die alten Hauptstädte Vengi, Amaravati und Nagarjunakonda lagen. Die zweite Region ist die Küste um das heutige Chennai (Madras) und sein Hinterland mit der Stadt Kanchipuram, Mittelpunkt des Pallava-Reiches. Es folgt das fruchtbare Kaveri-Delta als dritte Region mit der Stadt Tanjore, einem der bedeutendsten Standorte des großen Chola-Reiches, und südlich davon als vierte Region das Land um Madurai. Die Hauptstdt des Pandya-Reiches mit ihrem großartigen Shri-Meenakshi-Sundareshwar-Tempel ist heute eine der meistbesuchten Städte des Südens.

Allgemein gilt auch hier die Regel, dass sich eine Vormacht immer nur in einer dieser Teilregionen etablieren konnte, doch haben hier weit mehr als in der Ebene des Nordens und im Hochland oft bedeutende Herrschaftssysteme nebeneinander bestanden, da die Abschottung meist entweder aufs Hochland oder nach Übersee, nicht aber auf andere Gebiete der Küste gerichtet war.

Die bedeutendste Macht der Epoche war die **Gupta-Dynastie des Nordens** (4/5. Jh. n. Chr.), die die höfische Kultur des indischen Mittelalters prägte und die Ostregionen der Ganges-Ebene zur Ausgangsbasis für die Errichtung eines Großreiches machen wollte.

Brahmanen und Unberührbare – die Kasten zwischen Tradition und Auflösung

Seine Ursprünge hat das indische Kastensystem in der Zeit des Brahmanismus (ca. 1000–500 v. Chr.). Nach dem Einfall der Arier aus dem südlichen Zentralasien entstand eine in vier Klassen geteilte Gesellschaft. An ihrer Spitze standen die **Brahmanen** (Priester), denen die **Kshatriyas** (Krieger und Adel) und die **Vaishyas** (Bauern, Viehzüchter und Händler) folgten. Ihnen untergeordnet waren die nichtarischen **Shudras** (Handwerker und Tagelöhner).

Das Sanskrit-Wort für diese Klassen lautet varna (Farbe). Das deutet darauf hin, dass die hellhäutigen, arischen Eroberer die **dunkelhäutige Urbevölkerung** aufgrund ihrer Hautfarbe isolierte. Welche Bedeutung auch heute noch der Hautfarbe zukommt, kann man den sonntäglichen Heiratsannoncen entnehmen, in denen immer wieder der Wunsch nach einem möglichst hellen Teint auftaucht. Deshalb erfreuen sich auch Puder und Cremes, die die Haut künstlich aufhellen, bei unverheirateten Frauen großer Beliebtheit.

Die von den Brahmanen verfassten heiligen Schriften erklären und legitimieren diesen hierarchischen Gesellschaftsaufbau mit einem Gleichnis. Danach entstanden die Brahmanen bei der Opferung des Urriesen aus dessen Kopf, die Kshatriyas erwuchsen aus seinen Armen, die Vaishyas aus seinen Schenkeln und die Shudras aus dem niedrigsten Körperteil, den Füßen. Rechtfertigung erhielt das Kastensystem auch durch die Karma-Lehre, nach welcher der Status im gegenwärtigen Leben direktes Resultat der Taten in einem vorangegangenen Leben ist.

Das heute gebräuchliche Wort „Kaste" prägten die Portugiesen im 16. Jh., als sie die verschiedenen gesellschaftlichen Gruppen als castas (Gruppe, Familie) bezeichneten. Mit der wirtschaftlichen Entwicklung kam es zu einer Differenzierung der gesellschaftlichen Unterschiede, indem die **Berufsgruppen** in Unterkasten aufgeteilt wurden. Von diesen den europäischen Zünften vergleichbaren Unterkasten, die als jatis bezeichnet werden, soll es heute über 3000 in Indien geben. Da man in diese Kasten hineingeboren wird und ein Aufstieg in eine nächsthöhere Kaste ausgeschlossen ist, kann der einzelne dieser Apartheid nicht entkommen.

Außerhalb dieses Kastensystems stehen die so genannten **Unberührbaren**, die bis vor 50 Jahren als derart unrein galten, dass sich ein Brahmane aufwändigen Reinigungsritualen unterwerfen musste, wenn auch nur der Schatten eines Unberührbaren auf ihn gefallen war.

Der Klassenstatus löst den Kastenstatus ab

Heute, wo in Indien fast eine Milliarde Menschen auf engem Raum zusammenlebt und die Wirtschaft sich nach jahrzehntelanger, künstlicher Abschottung im harten Konkurrenzkampf auf dem internationalen Markt behaupten muss, entscheidet nicht mehr die Kaste, sondern Ausbildung und Leistung über die Vergabe eines Arbeitsplatzes.

Kasten- und Klassenstatus mögen früher einmal identisch gewesen sein – heute sind sie es längst nicht mehr. Unter den oberen Schichten der Gesellschaft muss man die Brahmanen mit der Lupe suchen; hier dominieren die Händler- und Bauernkasten. Erst danach finden sich die früher so dominierenden Brahmanen, die heute eher mittlere Gehaltsempfänger sind und vielfach höhere Verwaltungsposten besetzen. Allerdings befinden sie sich hier manchmal bereits in Konkurrenz mit Angehörigen der

DIE KASTEN ZWISCHEN TRADITION UND AUFLÖSUNG

früheren Unberührbaren, die ihren Aufstieg einer systematischen Förderung der Regierung verdanken und deshalb nicht selten als „Regierungs-Brahmanen" bespöttelt werden.

Bedeutet all dies, dass das einstmals alles beherrschende Kastensystem im Indien von heute praktisch keine Rolle mehr spielt? Die Antwort lautet, wie so oft in Indien, nicht ja oder nein, sondern sowohl als auch. So ist es auch für die meisten westlich geprägten Inder, denen sonst im Alltag die Kastenschranken kaum noch etwas bedeuten, undenkbar, ihre Kinder mit Angehörigen einer niedrigen Kaste zu verheiraten.

Kasten als sozialer Rückhalt

Was einem nach den Prinzipien von Individualität und Selbstverwirklichung erzogenen Europäer als ungerecht erscheinen mag, erhält im Lichte der sozialen und kulturellen Realität Indiens eine völlig andere Bedeutung. Schließlich sollte man nicht übersehen, dass diese im Westen wie selbstverständlich propagierten Ideale gleichzeitig ein **soziales Netz** erfordern, welches jene, die auf dem schmalen Grat der freien Entscheidung straucheln, auffängt. Die Funktion eines in Indien so gut wie unbekannten staatlichen Sozialsystems übernimmt das Kastensystem.

Diese wirtschaftliche Komponente ist aber nur einer der im Westen immer wieder verkannten Vorteile der Kastenordnung. So haben die über Jahrtausende tradierten Werte und Verhaltensvorschriften innerhalb der einzelnen Kasten zu einer Art **kulturellem Heimatgefühl** geführt, auf welches die meisten Inder bis heute allergrößten Wert legen. Dementsprechend treffen sich die einzelnen Kastenmitglieder im Privatleben fast ausschließlich untereinander und halten damit eine Ordnung aufrecht, die im öffentlichen Leben kaum noch eine Rolle spielt.

Die Kastenlosen – geborene Verlierer

Vor allem in den Hunderttausenden von indischen Dörfern, die seit jeher als die Hochburgen des Kastensystems gelten, haben sich die alten Traditionen noch weitgehend erhalten. Dort ist es immer noch üblich, dass die Brahmanenhäuser, geschützt unter hohen Bäumen, im Zentrum stehen, während sich die anderen Bewohner, abgestuft nach ihrer Rangordnung, weiter Richtung Dorfrand ansiedeln.

Außerhalb der Dorfgrenze haben die Kastenlosen ihre schäbigen Hütten aufgeschlagen. Trotz aller staatlichen Fördermaßnahmen, die ihnen unter anderem entsprechend ihrem Anteil an der Gesamtbevölkerung einen Prozentsatz an Stellen im öffentlichen Dienst zusichern, zählen die 150 Millionen Kastenlosen nach wie vor zu den Ausgestoßenen der Gesellschaft.

Die Zeiten, dass ein *Paria* vor Betreten der Stadt die Höherkastigen durch das Schlagen einer Trommel *(parai)* vor seinem Erscheinen warnen musste, damit diese sich nicht durch seine Nähe verunreinigten, gehören zwar der Vergangenheit an, das Betreten des Dorftempels oder die Wasserentnahme aus dem Dorfbrunnen ist ihnen jedoch auch heute noch untersagt.

Dass jahrtausendealte Traditionen weit schwerer wiegen als bürokratische Entscheidungen im fernen Delhi musste auch *Mahatma Gandhi* erkennen, der sich vehement für die Besserstellung der Unberührbaren einsetzte und ihnen den Namen *Harijans* (Kinder Gottes) verlieh. Aufsteiger kommen zwar vor, die große Mehrzahl der Kinder Gottes verdient ihren kargen Lebensunterhalt jedoch mit dem Säubern von Latrinen, dem Enthäuten von Kadavern oder als Müllmänner. Als Abfall der Gesellschaft ist der Abfall der Höherkastigen für sie gerade gut genug. Bei diesen geborenen Verlierern, den Ärmsten der Armen, zeigt sich die hässliche Seite des Kastensystems auf besonders krasse Weise.

Der Vorstoß nach Süden gelang jedoch nicht, denn regionale Herrscher im Süden, sowohl auf dem Hochland als auch an der Küste, konnten ihre Eigenständigkeit behaupten und gar selbst nach Norden vorstoßen und die Vormachtstellung der Ganges-Ebene bedrohen.

Die ersten südindischen Dynastien (3.–9. Jh. n. Chr.)

Mit Beginn des 3. Jh. trat der Süden erstmals deutlich in die indische Geschichte ein. Die dynastischen Namen der Cholas, Pandyas und Cheras der vorigen Periode sind noch in legendäres Dunkel gehüllt. Im 3.–6. Jh. hatte die geheimnisumwitterte Macht der **Kalabhras** weite Gebiete des Südens unterjocht und die Kontinuität dieser anderen Dynastien unterbrochen. Es wird vermutet, dass die Kalabhras aus dem südlichsten Hochland, dem heutigen Karnataka, kamen und den Jainismus sowie den Buddhismus protegierten, die in dieser Gegend einen Stützpunkt gefunden hatten.

Im 4. Jh. waren die **Pallavas,** vermutlich dem Ursprung nach eine nördliche Dynastie, im Süden erschienen und hatten in Tondaimandalam, dem Herzen der zweiten Ostküstenregion, ein neues Machtzentrum errichtet. Im nördlichen Hochland löste die **Vakataka-Dynastie,** von einem Brahmanen gegründet, die Satavahanas ab, die nur in der vorigen Periode dort geherrscht hatten. Die Vakatakas hatten offensichtlich den Buddhismus begünstigt, einige der **Höhlen von Ajanta** gehen auf sie zurück. Im südlichen Hochland war die **Kadamba-Dynastie,** eine Brahmanenfamilie, mit der Hauptstadt Banavasi im dritten Zentrum tonangebend.

Etwa um die Mitte des 6. Jh. veränderte sich die politische Landschaft des Südens wiederum. Mit den Pallavas, Chalukyas und Pandavas tauchten zum ersten Mal Dynastien auf, die in den nächsten Jahrhunderten die Geschichte im Süden Indiens prägen sollten. Ihre Beziehungen sind durch ständige Konflikte gekennzeichnet, wobei immer wieder auch Koalitionen untereinander geschmiedet wurden, um eine dritte Teilmacht auszuschalten. Die Pallavas im Südosten bauten ein mächtiges, **Tondaimandalam** genanntes Reich auf, dessen kultureller Einfluss bis nach Südostasien reichte.

Auf dem südlichen Hochland in der dritten Teilregion stiegen die **Chalukyas** von Badami auf, die nicht nur die Kadambas ablösten, sondern weit ins nördliche Hochland vorstießen. Ihr rascher Aufstieg war das erstaunlichste Ereignis des 8. Jh. Unter den beiden großen Königen *Pulakeshin I.* und *Pulakeshin II.* mussten sie ihre Kräfte mit allen Rivalen des indischen Raumes messen. Sie nutzten den strategischen Vorteil des Hochlands und versuchten zugleich, es den Pallavas von Kanchi kulturell gleichzutun: Pulakeshin II. kämpfte sowohl gegen den Pallava-Herrscher als auch gegen den großen König des Nordens, *Harshavardhana,* der das Erbe der Gupta-Dynastie übernommen und in der mittleren Ganges-Ebene noch einmal ein Großreich errichtet hatte.

Die Chalukyas wurden um 750 von den **Rashtrakutas** abgelöst, die mit dem Verfall des Reiches in der Ganges-Ebene wagen durften, ein Großreich im nördlichen Hochland zu errichten. Sie schlugen ihre früheren Lehnsherren, die Chalukyas, und brachten auch Vengi an der Ostküste unter ihre Kontrolle. Die Verlagerung ihrer Hauptstadt von **Ellora** in der ersten Teilregion des Hochlands nach **Malkhed**, unweit des heutigen Gulbarga, in die zweite entsprach dieser Entwicklung. Die Rashtrakutas nahmen das Erbe der Satavahanas und Vakatakas wieder auf, nachdem Letztere zuvor von den Chalukyas überwunden worden waren. Zwei große Könige symbolisieren diese beiden Epochen: *Krishna I.,* der um 742 den berühmten **Felsentempel Kailashanatha** in Ellora errichten ließ, und *Aniogavarsha I.,* der etwa 80 Jahre später die neue Hauptstadt Malkhed gründete.

Wenn man annimmt, dass die geheimnisvollen Kalabhras ebenfalls dieser Region entstammten, so könnte man sagen, dass Karnataka in der Periode des 3. bis 8. Jh. und nach darüber hinaus eine erstaunliche Ausstrahlungskraft gehabt hat, die bis weit ins nördliche Hochland und in die südliche Region der Ostküste reichte.

Die indische Kolonisierung Südostasiens

Während der Einfluss Karnatakas sich nur innerhalb des Landes verbreitete, reichte der Einfluss des südöstlichen Tamil-Landes zu jener Zeit bereits über Indien hinaus. Die Synthese von Sanskrit und regionaler Kultur wurde nach Südostasien exportiert, und die **Schrift**, die sich unter der Pallava-Dynastie ausbildete, wurde das Grundmuster für die noch heute üblichen Schriften Kambodschas und Thailands. Aber auch Religion und Staatsform jener Epochen wanderten dorthin und schufen jene vorbildhafte **Hofkultur**, die, gerade weil sie „von oben herab" kam, so leicht übertragen werden konnte.

Die Epoche lebhafter Rivalitäten ist zugleich die Zeit der indischen Kolonisierung Südostasiens. Diese Kolonisierung erfolgte aber nicht durch eine Ausdehnung indischer Herrschaft, sondern durch eine Übertragung von Herrschaftsstil, Schrift, Baukunst und religiöser Ideen sowohl des **Hinduismus** als auch des **Buddhismus**, der sich als missionierende Universalreligion weit verbreitete. In Java, Sumatra, Vietnam und Kambodscha entwickelten sich Königreiche, in denen wie im damaligen Indien Hinduismus und Buddhismus nebeneinander existierten. Viele dieser Länder Südostasiens gaben der übernommenen Kultur eine noch größere materielle Grundlage als Indien. Das fruchtbare Java und das große Mekongbecken in Kambodscha boten den Herrschern unerschöpfliche Quellen des Reichtums und so entstanden die größten **Baudenkmäler indischen Stils** in diesen Gebieten und nicht im Mutterland. Die Kulturträger waren zumeist Brahmanen und Mönche, die an den Höfen einheimischer Herrscher Aufnahme fanden.

Die Cholas als Träger einer indischen Hochkultur (10.–12. Jh.)

In der nächsten Epoche machte sich eine Verfeinerung und bald auch eine Erstarrung der hinduistischen Hofkultur bemerkbar. Die Entwicklung der **Tempelskulptur** zeigt dies sehr deutlich: Man vergleiche nur die großen, kühn gestalteten Skulpturen von Mahabalipuram (8. Jh.) mit den elegant dekorativen Skulpturen Khajurahos (10. Jh.) oder den von fein ziselierten Ornamenten umgebenen Göttern und Tänzerinnen von Halebid und Belur (13. Jh.). Der Buddhismus, der in der vorigen Epoche noch an vielen Höfen Gönner hatte, wurde fast völlig aus Indien verdrängt. Das geschah zum einen durch die brahmanischen Scholastiker, zum anderen durch erstarkende volkstümliche Religionsbewegungen, die auch die **Regionalsprachen** als Ausdrucksmittel förderten, so wie dies in einigen Regionen bereits zuvor durch Buddhismus und Jainismus geschehen war.

Die Rivalität der Regionalmächte setzte sich in dieser Periode zunächst nach dem Muster fort, das sich in der vorigen Periode herausgebildet hatte. Im Süden gingen die Rashtrakutas nach ihren großen Siegen zugrunde und wurden im 10. Jh. wieder von ihren Vorgängern, den Chalukyas, abgelöst, die nun Kalyani in der Nähe von Malkhed zu ihrer Hauptstadt machten. Ihre Macht war aber nicht mehr so groß wie die der Rashtrakutas und als ihr Reich am Ende der Periode zerfiel, kamen auch hier kleinere Dynastien in den anderen Teilregionen zum Zuge, während in der Mitte des Hochlands vorübergehend ein Machtvakuum entstand.

Die Erbfeinde der Chalukyas waren die Cholas, Nachfolger der Pallavas. Man kann sie als die bedeutendste indische Dynastie dieser Periode bezeichnen, da weder die Chalukyas, noch irgendeine der vielen zeitgenössischen Dynastien Nordindiens ihnen an Tatendrang und kultureller Leistung ebenbürtig waren. Die Chola-Kultur gilt als die kulturell hochstehendste Dynastie jener Zeit in Südasien. Noch heute beeindrucken die berühmten **Chola-Bronzefiguren** mit ihrer unvergleichlichen Feinheit und Eleganz. Zugleich waren die Cholas aber im Gegensatz zu ihren Vorgängern, den Pallavas, die das Sanskrit pflegten, Förderer der Regionalkultur und ihrer Sprache, des **Tamil**, dessen Literatur unter ihrer Herrschaft eine große Blüte erlebte.

Auf dem Höhepunkt ihrer Macht standen die Cholas im 11. Jh. unter den beiden großen Königen *Rajaraja* und *Rajendra*. Letz-

GESCHICHTE
Staat und Gesellschaft

terer hat wohl von allen indischen Herrschern die weitesten Kriegszüge unternommen, denn er sandte seine Truppen bis an den Ganges, wo er seine neue Hauptstadt Gangaikondacholapuram nannte („die Stadt des Chola, der den Ganges erobert hat"). Auch schickte er ein Expeditionskorps zu Schiff nach Sumatra, um das Reich Shrivijaya zu demütigen, dessen Seehandelsinteressen mit denen der Cholas in Konflikt geraten waren. Die Cholas hatten ihren Schwerpunkt in der dritten Teilregion der Ostküste und nicht in der zweiten wie ihre Vorgänger, die Pallavas von Kanchi. Das reiche Kaveri-Delta war ihre wichtigste Basis, auch Ceylon stand unter ihrer Herrschaft. Ihre gefährlichsten Rivalen waren die südlichen Nachbarn, die Pandyas in der vierten Region, die sie zeitweilig unterwarfen, von denen sie aber schließlich in ihrer Vormachtstellung abgelöst wurden.

Gegen Ende dieser Periode nach dem Niedergang der Cholas und Chalukyas sah das regionale Kräfteverhältnis im Süden etwa so aus: In der nördlichsten Hochlandregion herrschten die **Yadavas** von Daulatabad, die ihren Einfluss auch auf die zweite Region ausdehnten und Kalyani, die Chalukya-Hauptstadt, besetzten; östlich von ihnen herrschten die **Kakatiyas** von Warangal, die zugleich die Küste im Gebiet um Vengi beeinflussten. In der vierten Region des Hochlandes stieg die **Hoysala-Dynastie** empor, kulturell stark von ihren früheren Herren, den Cholas, geprägt, und in der vierten Küstenregion herrschten die **Pandyas** von Madurai.

Einmarsch islamischer Herrscher und der Widerstand des Südens (13.–15. Jh.)

Die politische Zersplitterung Indiens lud islamische Herrscher **Afghanistans und Zentralasiens** geradezu ein, zunächst in sporadischen Eroberungszügen ins Land zu fallen und schließlich eine permanente Herrschaft zu errichten. Vorher hatten bereits die Griechen, Kushanas und Hunnen große, aber kurzlebige Reiche in Nordindien errichtet. Im Unterschied zu ihnen nahmen die islamischen Eindringlinge nicht die Religionen Indiens an, sondern hielten an ihrer Religion fest, und ihre Reiche waren nicht kurzlebig, sondern von langer Dauer.

Zunächst wurde die Nordwestregion in ihre noch jenseits der Grenzen Indiens beheimatete Macht einbezogen. Wer aber Indien beherrschen wollte, musste die außerindische Machtbasis aufgeben und sich dafür entscheiden, in Indien selbst sein Hauptquartier zu errichten. Diese Entscheidung fällte *Kutb-ud-Din Aibak* im Jahre 1206. Das von ihm ins Leben gerufene **Sultanat Delhi** hielt sich über zwei Jahrhunderte unter verschiedenen Dynastien, die sich durch Mord und gewaltsame Machtübernahme ablösten.

Die Sultane bemühten sich schon bald darum auch den Süden zu beherrschen und sandten ihre Heerführer von Delhi aus ins Hochland und bis zur südlichen Ostküste. Dabei übernahmen sie im Wesentlichen die Strategie der früheren Hindu-Herrscher. Die Kavallerie, ausgerüstet mit teuren, importierten **Reitpferden,** diente dem raschen Angriff und die furchteinflößenden **Kriegselefanten** bildeten das Rückgrat der Streitmacht. In den besten Zeiten konnten die Sultane um die 100.000 Pferde und einige Tausend Elefanten in die Schlacht senden.

Ala-ud-Din Khilji und sein großer General *Malik Kafur* erreichten in den Jahren um 1300 die eindrucksvollsten Erfolge. Der Sultan schuf im Norden einen streng zentralistisch regierten Staat mit einem großen stehenden Heer, effizienter Steuererhebung und scharfen Preiskontrollen. Der General zog bis in den äußersten Süden und brachte reiche Beute mit. Die Hindu-Königreiche des nördlichen Hochlandes fielen seinem Ansturm zum Opfer. Am ersten betroffen war das Reich der Yadavas von Daulatabad, das immer wieder von den Truppen des Nordens heimgesucht wurde, seinen Frieden mit dem Sultan machte und schließlich ausgelöscht wurde. Malik Kafur benutzte diesen Brückenkopf in der ersten Region des Hochlandes als Stützpunkt für seine Ausfälle gegen Warangal im Osten, das er 1310 endgültig unterwarf, und gegen die Hoysalas von Dorasamudra (Halebid) im Süden, die er nicht völlig unterjochen konnte.

Auf dieser Basis konnte die nächste Dynastie des Sultanats, die der **Tughluks,** ein Großreich errichten, das in diesen Ausmaßen weder vor noch nach ihnen je eine indische Macht erschaffen hat. Die Regierungszeit des großen, aber zugleich maßlosen Sultans *Mohammed Tughluk* (1325–1351) war daher der Gipfel islamischer Macht in ganz Indien.

Aber das Reich war viel zu groß, als dass es sich von dem nun geradezu peripheren Delhi aus hätte beherrschen lassen. Der Sultan zog daraus die Konsequenz, seine Hauptstadt in die erste Region des Hochlandes zu verlegen und in **Daulatabad** auf einem steilen Felsen eine unangreifbare **Zitadelle** zu errichten, von der aus er Norden und Süden zugleich in den Griff zu bekommen gedachte. Der Plan war wie so viele seiner Ideen eine kühne Utopie. Die mächtige Zitadelle vermag noch heute den Betrachter zu erstaunen, sie bleibt ein Zeugnis strategischer Fantasien. Der Sultan musste sie 1329 wieder verlassen, weil er sonst den Norden verloren hätte, der nach wie vor das Fundament seiner Hausmacht war. Mit dieser Entscheidung war aber zugleich das Signal gegeben für die Errichtung unabhängiger Sultanate des Südens, die Delhi den Gehorsam aufkündigten.

Im Jahre 1347 gründete *Ala-ud-Din Bahman Shah* das **Bahmani-Sultanat** mit der Hauptstadt Gulbarga in der zweiten Region des Hochlandes, unweit der alten Hauptstädte Malkhed und Kalyani, und unterwarf bald auch die anliegenden Regionen. Damit wurde die alte Polarität zwischen der Vormacht des Nordens und dem Herrscher des Dekhan nun auch unter islamischen Vorzeichen wiederbelebt.

Das Vijayanagar-Reich

Fast gleichzeitig entstand eine Großmacht an der Grenze zwischen dem Hochland und dem Tiefland des Südens, das **Hindu-Reich** von Vijayanagar. Es wurde gegründet von zwei Prinzen des von Malik Kafur ausgelöschten Reiches von Daulatabad, *Harihar* und *Bukka,* die bereits eine abenteuerliche Karriere hinter sich hatten, die charakteristisch für die Wirren dieser Zeit ist. Sie hatten zunächst im Dienst Warangals gestanden, bis auch dieses Reich fiel. Danach waren sie nach Süden gezogen und hatten dem neuen Königreich Kampila gedient, das sich in einem Machtvakuum zwischen der Herrschaftssphäre des Sultanats und den Hoysalas von Dorasamudra am Oberlauf der Tungabhadra entfaltet hatte. Dann waren sie in die Gefangenschaft des Sultans geraten, in Delhi zum Islam bekehrt und dann wieder nach Kampila entsandt worden, das inzwischen auch zur Provinz des Sultans geworden war und das sie nun gegen die Hoysalas verteidigen sollten.

Sie taten dies auch mit einigem Erfolg. Als sich dann aber das Kriegsglück des Sultans wendete und er nicht mehr in der Lage war, die Rebellionen seiner Gouverneure in verschiedenen Provinzen des Südens zu unterdrücken und der Hoysala *Ballala III.* ungestraft Kriegszüge nach Norden und Süden unternahm, kündigten auch sie dem Sultan die Freundschaft, kehrten zum Hinduismus zurück und errichteten am Südufer der Tungabhadra die neue **Hauptstadt Vijayanagar,** in der sich Harihar 1336 zum König krönen ließ.

In wenigen Jahren annektierte Harihar das Reich Ballalas III. und dehnte seinen Machtbereich von Küste zu Küste aus. Das neue Reich Vijayanagar wurde geradezu zwangsläufig zum ständigen Rivalen des Bahmani-Sultanats. Die beiden Mächte lieferten sich immer wieder Schlachten, viele davon im umkämpften Raichur Doab, dem Land zwischen Tungabhadra und Krishna. Die Hauptstädte der beiden Reiche, Gulbarga (ab 1429 das nur ein wenig weiter nördlich liegende Bidar) und Vijayanagar waren nur etwa 250 km voneinander entfernt, so dass die Konfrontation permanent war.

Sie konnten sich umso ungestörter bekriegen, als das Sultanat Delhi rasch verfiel und schließlich durch den **Einfall Timurs in Nordindien** in den Jahren 1398/99 völlig zerstört wurde. Der Eroberungszug Timurs aus Samarkand war seit der Gründung des Sultanats Delhi nahezu 200 Jahre zuvor der erste Einfall einer ausländischen Macht. Mit ihm begann eine neue Zeit der Zersplitterung und der Invasion, bis die **afghanischen**

Indischer Harem (Kupferstich)

Lodis wie seinerzeit *Aibak* für Delhi optierten und dort ein neues Sultanat errichteten, das aber nicht im Entferntesten an die Macht des alten Sultanats heranreichte.

Das Bahmani-Sultanat

Die Bahmani-Sultane des Hochlands und das Sultanat von Jaunpur im Osten des heutigen Uttar Pradesh setzten der Macht dieses neuen Sultanats in Delhi ihre Grenzen. Das Sultanat Jaunpur fiel den Lodis schließlich 1479 anheim, aber das Bahmani-Sultanat erreichte gerade zu jener Zeit durch die Siegeszüge des großen Generals *Mohammed Gawan* um 1472 seine größte Ausdehnung. Ihm gelang es unter anderem, Vijayanagar seinen wichtigsten Hafen, Goa, zu nehmen.

Nach dem Tode Gawans zerfiel das Bahmani-Sultanat in vier Provinzen, die sich aber weiterhin sowohl gegen die Lodis als auch gegen Vijayanagar behaupten konnten. Die Gliederung dieser vier Provinzen entsprach weitgehend der vorgegebenen strategischen Regionalisierung: Daulatabad im Nordwesten, Bijapur-Gulbarga im Südwesten, also die Regionen 1 und 2 des Hochlands, und Telengana und Berar im Nord- und Südosten. Diese Ostprovinzen wurden von zwei Machthabern regiert, die ursprünglich Brahmanen aus Vijayanagar waren. Obwohl sie aber zum Islam übergetreten waren, standen sie den Machthabern der westlichen Provinzen, Muslime ausländischer Abstammung, feindlich gegenüber. Die Spannungen führten schließlich zur Auslöschung des Bahmani-Sultanats und seiner Ablösung durch fünf Hindu-Nachfolgedynastien.

Vijayanagar unter König Krishnadeva

Das Reich von Vijayanagar hatte in dieser Zeit ebenfalls verschiedene Wandlungen erfahren. Die Dynastie des Reichsgründers *Harihar* war gegen Ende des 15. Jh. von einer kurzlebigen Usurpatoren-Dynastie abgelöst worden, die der Statthalter einer der Provinzen des Reiches gründete. Diese Dynastie wurde bald von einem weiteren Usurpator gestürzt, dessen Sohn *Krishnadeva Raya* (1509–29) als der größte König Vijayanagars gilt. Krishnadeva, der selbst ein Telugu-Dichter von Rang gewesen sein soll, war wohl auch der Förderer der Telugu-Krieger, die das Rückgrat eines **Militärfeudalismus** bildeten, mit dem er sein großes Reich zusammenhielt, und deren Nachkommen noch heute tief im Süden des Tamil-Landes zu finden sind.

Krishnadeva profitierte vom Verfall des Bahmani-Sultanats, zog mehrmals gegen Bijapur, Gulbarga und Bidar zu Felde und unterwarf in Kriegen gegen die Herrscher Orissas, die bisher die Ostküste bis weit nach Süden kontrolliert hatten, nahezu alle vier Teil-

Hinduistische Hochzeit (Kupferstich)

regionen dieser Küste. Er war in jener Zeit der mächtigste Herrscher Indiens, denn auch im Norden fand sich kein ebenbürtiger Rivale. Sein Zeitgenosse *Ibrahim Lodi* war zudem durch einen neuen Feind aus dem Norden bedroht, den Mogul *Babur*, einen Abkömmling *Timurs* und *Dschingis Khans*, der 1525 von Afghanistan nach Indien einfiel.

Zur Zeit des Eintritts der Mogul-Dynastie in die Geschichte Indiens war also auch ein König des Südens der mächtigste Herrscher Indiens wie 500 Jahre zuvor, als *Mahmud* von Ghazni den Auftakt zum islamischen Ansturm auf Indien gab und sein Zeitgenosse *Rajendra Chola* seine Flotte gegen Srivijaya sandte. Weder Rajendra und Mahmud noch Krishnadeva und Babur konnten ihre Kräfte miteinander messen, da allzu große Entfernungen und viele kleine Reiche zwischen ihnen lagen. Genau wie damals ging auch jetzt die Macht der südlichen Dynastie bald ihrem Ende entgegen.

Militärfeudalstaaten lösen die Königreiche ab

Die vereinte Macht der Nachfolgestaaten des Bahmani-Sultanats erwies sich für Vijayanagar als eine größere Bedrohung, als das alte Sultanat es je gewesen war. 1565, nur 34 Jahre nach Krishnadevas Tod, wurde das Heer von Vijayanagar bei Talikotla vernichtend geschlagen, während im Norden der junge **Mogulkaiser Akhbar** begann sein Großreich zu errichten.

Akhbars Regime brachte für Indien wesentliche Neuerungen, aber die Staaten, die unter den Sammelbegriffen **Delhi und Vijayanagar** mehrere Jahrhunderte bestanden und die politische Struktur des Landes geprägt hatten, waren nicht mehr mit den traditionellen Königreichen der früheren Zeit zu vergleichen. Nicht ohne Grund wurden diese beiden Reiche nach ihren Hauptstädten und nicht mit dynastischen Namen benannt. Die Tatsache, dass das eine Reich von islamischen Sultanen, das andere von mehreren Hindu-Dynastien regiert wurde, kann nicht darüber hinwegtäuschen, dass sich beide im Prinzip recht ähnlich waren. Es waren Militärfeudalstaaten, in denen sich eine Schicht von Eroberern zur Herrschaft über weite Gebiete aufschwang. Das militärische Aufgebot wurde oft in Form einer Miliz gestellt, wodurch eine mittlere militärische Reichweite dieser Staaten gegeben war. Dieses System, das sich im 13. und 14. Jh. durchsetzte, bereitete den Boden für die Mogul-Herrschaft und das darauf folgende britische Regime.

Das Mogulreich und der Aufstieg der Marathen (1500–1750)

Erst mit den Moguln, einer **türkischen Dynastie**, die im 16. Jh. die Bühne der indischen

Geschichte betrat, wurde der weiteren territorialen Zerstückelung des Landes Einhalt geboten. Wie kein anderer Name symbolisieren die Moguln den Glanz des imperialen Indien. Dabei waren ihre ersten Gehversuche dort weit weniger glorreich, als man meinen könnte. Nachdem der erste Großmogul *Babur* (1483–1530) den letzten Lodi-König 1526 besiegt und damit dem Sultanat Delhi den endgültigen Todesstoß versetzt hatte, musste sein Sohn und Nachfolger Humayun (1530–56) nach zwei Niederlagen gegen den von Osten anrückenden Feldherrn *Sher Shah* 1540 beim König von Persien Zuflucht suchen. Erst als dessen Nachfolger sich untereinander befehdeten, konnte Humayun wieder nach Delhi zurückkehren, wo er jedoch schon wenig später, 1556, starb.

Die große Stunde der Moguln brach erst mit seinem Sohn und Nachfolger **Akhbar** an, der nahezu ein halbes Jahrhundert über Indien herrschte (1556–1605). Das Reich Akhbars ist das einzige indische Großreich, das sich in Idee und Anspruch mit dem *Ashokas* vergleichen lässt. Ebenso wie der große Maurya-Kaiser wurde auch Akhbar von der Geschichtsschreibung derart glorifiziert, dass es schwerfällt, ein objektives Urteil über diesen bedeutendsten Großmogul zu fällen.

Wie zwiespältig die Person des großen muslimischen Herrschers war, zeigt sich besonders deutlich bei dem ihm immer wieder zugesprochenen Streben nach **religiöser Toleranz.** Tatsächlich war er an einer friedlichen Koexistenz von Hindus und Muslimen interessiert, die er mit einer von ihm konzipierten Religion, der *Din-il-Ilahi* (Gottesglaube) zusammenführen wollte. Der wahre Hintergrund dieser scheinbar so friedfertigen Idee war jedoch die von machtpolitischem Kalkül getragene Überlegung, dass nur dort, wo eine graduelle Partizipation der Hindus am Staat erfolgte, die zahlenmäßig weit unterlegenen Muslime ihre Machtstellung langfristig stabilisieren konnten.

Ganz besonders deutlich zeigte sich dies bei seiner geschickten Heiratspolitik mit den verschiedenen **Rajputen-Clans** in Rajasthan. Gegen diese sich aus 36 Familien zusammensetzende Kriegskaste, die ab dem 6. Jh., aus Zentralasien kommend, vornehmlich im Nordwesten Indiens zahlreiche Fürstentümer geschaffen hatte und sich vehement gegen jede Fremdherrschaft auflehnte, ging Akhbar bei seinen Eroberungsfeldzügen mit äußerster Brutalität vor. Nur eines der vielen Beispiele hierfür ereignete sich 1564, als er nach der Eroberung der ruhmreichen Festung Chittorgarh 30.000 wehrlose Bauern wegen ihrer Unterstützung für die Rajputen niedermetzeln ließ. Erst nachdem er den Widerstand der tapferen Rajputen gebrochen hatte, verheiratete er die Töchter seines Hofes mit den Söhnen der einzelnen Herrscherhäuser und setzte diese als Gouverneure seiner neu hinzugewonnenen Provinzen ein. Hier findet sich also wieder jenes Prinzip von „teile und herrsche", welches schon so viele Könige vor Akhbar angewandt hatten, um das Riesenreich unter ihre Kontrolle zu bekommen. Perfektioniert wurde es schließlich von den Briten.

Es war Akhbars besondere Fähigkeit, die militärisch unterworfenen Gebiete durch eine straffe, administrative Kontrolle zu beherrschen, die seinen Erfolg begründete. Ein weiterer Faktor war die **strategische Überlegenheit,** die sich aus der Nutzung von Feuerwaffen ergab. Selbst die immer wieder legendenhaft ausgeschmückte Tapferkeit der Rajputen, die einen massenhaften Selbstmord der bevorstehenden militärischen Niederlage vorzogen, konnte gegen diesen Ansturm moderner Kriegsführung nichts ausrichten, und so drangen Akhbars Truppen weiter nach Süden vor. Dennoch stießen die Moguln dort zunehmend auf erheblichen Widerstand, und so reichte die Grenze von Akhbars Reich, das im Nordwesten Afghanistan umfasste und im Osten Bengalen, im Süden nur bis zu einer Linie, die sich etwa auf der Höhe von Mumbai von Küste zu Küste erstreckte.

Akhbars Nachfolger **Jehangir** (1608–1627) und **Shah Jahan** (1627–1658) widmeten sich weitgehend der friedlichen Konsolidierung des ererbten Reiches und der Förderung der Künste. Das weltberühmte Taj Mahal, jenes Grabmal, welches Shah Jahan zu Ehren seiner Gemahlin *Mumtaz* in Agra hatte errichten lassen, ist das großartigste Zeugnis jener kulturellen Blütezeit.

Es waren gerade jene aufwendigen Bauwerke, die den Staat an den Rand des finanziellen Ruins führten, die Shah Jahans machthungrigem Sohn **Aurangzeb** (1658–1707) als willkommenes Argument zum Sturz und zur anschließenden Gefangennahme seines Vaters dienten. Aurangzeb mochte sich auf dem Höhepunkt der Macht wähnen, als er mit einer rücksichtslosen Kreuzzugs-Politik Tausende von Hindu-Heiligtümern zerstören ließ und gleichzeitig versuchte, als erster gesamtindischer Kaiser in die Geschichte einzugehen, indem er versuchte, auch den bis dahin weitgehend unabhängig gebliebenen Süden zu unterwerfen.

Damit hatte er jedoch den Bogen seiner Macht bei weitem überspannt und leitete den **Niedergang der Mogul-Macht** in Indien ein. Mit seinem militant religiösen Fanatismus brachte er selbst bis dahin loyale Untertanen gegen sich auf. Diese landesweite Aufstandsbewegung verstärkte sich noch, als er seine Hauptstadt, ähnlich wie *Muhammed Thuglag* dreieinhalb Jahrhunderte zuvor, in den Süden verlegte. Bei der Verfolgung seiner ehrgeizigen Pläne hatte der letzte Großmogul die Ressourcen seines Reiches erschöpft. Besonders schwerwiegend war, dass er das von seinen Vorgängern sorgfältig ausbalancierte Steuersystem *(mansadbar)* durch eine unverhältnismäßige Aufblähung der militärischen Oberschicht aus dem Gleichgewicht brachte. Da die Agrarbasis den feudalen Überbau nicht mehr tragen konnte, geriet das gesamte Herrschaftssystem in eine Krise, an der es schließlich zerbrach.

Nach dem Tod Aurangzebs setzte erneut eine **Phase der Regionalisierung** und des Zerfalls in viele kleine Herrschaftsbereiche ein. Die schwachen Nachfolger Aurangzebs konnten sich nicht mehr durchsetzen und regierten jeweils nur für eine kurze Zeitspanne. Der Einfall *Nadir Shahs*, eines Heerführers aus Persien, der 1739 Delhi eroberte und den gesamten Thronschatz plünderte, markierte das endgültige Ende der einstmals als unbesiegbar geltenden Moguln.

Während der Feldherr sich wieder in seine Heimat zurückzog, etablierten sich im Westen und Norden die **Marathen,** ein lokales Herrschergeschlecht, welches seine Hausmacht im Gebiet um Puna besaß und bereits seit Mitte des 17. Jh. den Moguln einige empfindliche Niederlagen beigebracht hatte. Das Marathen-Reich konnte jedoch das Mogul-Reich nicht ersetzen, eben weil es gar nicht den Versuch unternahm, einen großen Territorialstaat aufzubauen. So scheiterten letztlich auch die Moguln daran, dass das riesige Land von keiner noch so mächtigen und gut organisierten Zentralmacht zu regieren war.

Doch schon standen mit den **europäischen Nationen,** die bereits über verschiedene Handelsniederlassungen ihre Interessen in Indien vertraten, neue Interessenten bereit, um das Machtvakuum auszufüllen und, mehr noch, den enormen Reichtum des Indischen Subkontinents auszubeuten.

Indien unter europäischer Kolonialherrschaft (1750–1947)

Da der Handel mit den begehrten Gütern Indiens fest in asiatischen Händen lag, waren die aufstrebenden europäischen Seefahrernationen daran interessiert, den direkten Seeweg nach Indien zu finden. Bekanntlich war Christoph Kolumbus bis zu seinem Tod davon überzeugt, bei seiner Entdeckung Amerikas die Schatzkammer Indien geöffnet zu haben, und so nannte er die dortigen Ureinwohner auch Indianer.

Mit Vasco da Gama blieb es einem **portugiesischen Seefahrer** vorbehalten, den Seeweg nach Indien zu entdecken. So waren es die Portugiesen, die zunächst 1510 mit Goa und danach mit Daman und Diu im heutigen Gujarat die ersten europäischen Handelsposten an der indischen Westküste errichteten. Für ein knappes Jahrhundert besaßen sie das Monopol auf den europäischen Indienhandel. Letztlich verfügte das kleine Land jedoch nicht über genügend Mittel, um das Riesenreich Indien zu kontrollieren, und so mussten die Portugiesen Anfang des 17. Jh. den Franzosen, Holländern und Engländern das Feld überlassen.

Die **East India Company,** die im Jahr 1600 von *Elisabeth I.* das Monopol über den britischen Indienhandel zugesprochen bekommen hatte, eröffnete 1612 in Surat ihren ersten Handelsposten, dem schon bald jene in

Britische Offiziere
(Foto von John Burke, 1879)

Madras (1640), Mumbai (1668) und Kalkutta (1690) folgten. Der Osten als Zentrum der Baumwollherstellung wurde vor allem deshalb mehr und mehr kolonialisiert, da sich der Vertrieb der überall in Asien sehr begehrten indischen Textilien noch vor Gewürzen und Tee als besonders profitabel erwies. Für die Briten wurde die Beteiligung am innerasiatischen Handel derart lukrativ, dass sie mit den Gewinnen jene Güter kaufen konnten, die sie nach Europa verschickten. So blieb die East India Company für lange Zeit das, was sie als ihre eigentliche Aufgabe ansah, ein höchst profitables Wirtschaftsunternehmen. Ein territoriales Engagement war dabei weder erforderlich noch erwünscht. Der Handel gedieh prächtig, da konnten politische oder gar militärische Verstrickungen nur Unheil anrichten. „Viele Festungen, viel Ärger und wenig Profit", war das Motto jener Tage.

Umso misstrauischer beäugte man den Aufstieg des alten Erzfeindes **Frankreich,** der sich auch ein Stück von der fetten Beute Indien einverleiben wollte und 1672 in Pondcherry an der Südostküste den ersten Handelsposten eröffnete. Die Franzosen versuchten, die von den Briten sorgsam austarierte Machtbalance zwischen Fürsten und Kolonialherren zu unterlaufen, indem sie die Lokalherrscher mit lukrativen Versprechungen für sich zu gewinnen suchten. 1746 gelang es ihnen sogar, Madras zu erobern, welches sie jedoch schon drei Jahre später wieder an die Briten abtreten mussten.

Den entscheidenden Übergang von dem zunächst rein am Profit orientierten East-India-Handelsunternehmen zur **politischen Ordnungsmacht** in Indien markiert das Jahr 1757, als der Nawāb von Bengalen Kalkutta eroberte und dabei viele Briten ermorden ließ. Ein Jahr später nahmen die Briten unter der Anführung des wagemutigen Feldherrn *Robert Clive* in der Schlacht von Plassey nicht nur blutige Revanche an dem Lokalherrscher, der es gewagt hatte, eine Weltmacht herauszufordern, sondern schlugen gleichzeitig die mit ihm verbündeten Franzosen. Der Wandel von Händlern zu Feldherren war endgültig vollzogen.

In den folgenden Jahrzehnten gelang es den Briten in einer Reihe **erfolgreicher Feldzüge** gegen aufständische Regionalstaaten ihre Stellung auszubauen. Anfang des 19. Jh. waren sie die unumschränkten Herrscher Indiens, womit das Land zum ersten Mal in seiner Geschichte unter einer **Zentralgewalt** vereint war. Wichtiger noch als ihre militärischen Siege war für die Festigung ihrer Macht die am Prinzip von „teile und herrsche" orientierte Taktik, den mächtigen Lokalfürsten (*Maharajas*) formal ihre Unabhängigkeit zu belassen, sie faktisch jedoch der Oberherrschaft der europäischen Kolonialmacht zu unterstellen.

Bei dieser Regelung fielen für beide Parteien riesige Gewinne ab, die die Engländer zu großen Teilen in ihr Heimatland transferierten, während die **Maharajas** der etwa 500 verbliebenen Fürstenstaaten, die etwa ein Drittel des indischen Staatsgebietes ausmachten, ihre politische Ohnmacht durch verschwenderischen **Prunk und Protz** zu übertünchen suchten. Die riesigen, bis zum Rand mit Luxusgütern vollgestopften Paläste zusammen mit prachtvollen Umzügen und Paraden und den sich in Gold wiegenden Maharajas haben entscheidend zum Bild vom märchenhaften Indien beigetragen, das bis heute die Werbeprospekte vieler Reiseveranstalter prägt.

Als letztlich entscheidend für den Erfolg der Engländer erwies sich jedoch ihre Fähigkeit, als erste Herrscher der indischen Geschichte das riesige Land unter die einheitliche Verwaltung festbesoldeter Beamter zu stellen, die jederzeit versetzbar waren und sich deshalb keine regionale Hausmacht aufbauen konnten. So wurde eine rationale **Bürokratie** bürgerlich kapitalistischer Herkunft einer alten Agrargesellschaft aufgestülpt, die rücksichtslos ausgebeutet wurde.

Die Briten selbst weisen auch heute noch gern auf die unter dem Begriff *steel frame* zusammengefasste, positive Hinterlassenschaft ihrer Kolonialherrschaft hin. Hierzu gehören der Aufbau einer funktionierenden Verwaltung, ein weitverzweigtes Eisenbahnnetz, die Einführung eines Recht- und Bildungswesens sowie die Etablierung demokratischer Grundwerte. Viel schwerer wiegen jedoch die **negativen Folgen des Kolonialismus:** die Unterdrückung traditioneller Bildungs- und Rechtsvorstellungen, die Zerstörung der einheimischen Textilindustrie, die Degradierung des Landes zu einem reinen Rohstofflieferanten sowie die Entstehung eines riesigen Heeres von Proletariern. Paradoxerweise waren es gerade Mitglieder der indischen Oberschicht, die an den von den Briten geschaffenen Hochschulen ausgebildet worden waren, die die Ausbeutung ihres Mutterlandes als erste anprangerten und damit zum Träger der indischen Unabhängigkeitsbewegung wurden.

Die indische Unabhängigkeitsbewegung (1850–1947)

Die erste Phase des indischen Nationalismus wurde mit dem **Sepoy-Aufstand** von 1857 eingeläutet, als genau die Hälfte der insgesamt 74 indischen Battaillone in Nordindien gegen die britischen Besatzer revoltierte. Während der rund viermonatigen erbitterten Kämpfe kamen mehrere tausend indischer und englischer Soldaten ums Leben. Vorübergehend geriet das britische Kolonialreich ernsthaft ins Wanken. Während die Nationalisten den Aufstand der indischen *Sepoys* (Soldaten) als ersten Unabhängigkeitskrieg gegen die europäische Fremdherrschaft feierten, weisen die heutigen Historiker darauf hin, dass die Revolte von vornherein zum Scheitern verurteilt war, da es ihr an jeglicher Koordination und Führung fehlte. Gleichzeitig war damit ein erstes sichtbares Zeichen gesetzt, dass die britische Herrschaft überwunden werden konnte, wenn es gelang, alle Kräfte des Landes auf dieses Ziel zu vereinen.

Kaum eine Stadt Indiens ohne eine Statue des weltweit berühmtesten Inders, Mahatma Gandhi

Auf Seiten der Engländer hatte der Aufstand weitreichende Konsequenzen zur Folge, die darin gipfelten, dass die East India Company aufgelöst und Indien **direkt der Krone unterstellt** wurde. 1876 ließ sich *Queen Victoria* zur Kaiserin von Indien küren und der Posten des Generalgouverneurs, eine Art Diplomatendienst des englischen Königshauses in Indien seit Ende des 18. Jh., wurde in den Rang eines Vizekönigs erhoben. Während die Briten so nach außen deutlich machten, dass sie keinesfalls bereit waren, die Zügel der Macht aus der Hand zu geben, öffneten sie gleichzeitig Posten im Verwaltungsapparat zunehmend auch für Mitglieder der aufstrebenden indischen Oberschicht, die an den von liberalem Gedankengut geprägten Universitäten ausgebildet worden waren.

Immer deutlicher kristallisierte sich im Lager der **Unabhängigkeitsbewegung,** die sich 1885 im **Indian National Congress** organisiert hatte, eine Spaltung zwischen „Gemäßigten" und „Extremisten" heraus. Die Gemäßigten glaubten, dass nur durch eine schrittweise Demokratisierung und einen allmählichen Übergang der Macht in indische Hände aus der vielfältig gegliederten Gesellschaft eine moderne Nation werden konnte. Die Extremisten hingegen wollten sich der kolonialen Zwangsjacke so schnell wie möglich, wenn nötig auch mit Gewalt, entledigen, um das angestammte Recht auf Freiheit und Selbstbestimmung zu erlangen. Die Kluft zwischen den beiden Grupppen verstärkte sich noch, als die Briten durch mehrere halbherzige Verfassungsreformen, die u.a. ein sehr eingeschränktes Wahlrecht beinhalteten, den Druck aufzufangen versuchten.

In dieser Situation bedurfte es einer solch außergewöhnlichen Führungspersönlichkeit wie **Mahatma Gandhi**, der 1915 aus Südafrika nach Indien zurückgekehrt war, um diese beiden Pole zu vereinen und zudem die bis dahin allein im Bildungsbürgertum verankerte Unabhängigkeitsidee ins breite Volk zu tragen. 1920 übernahm er die Führung der **Congress Party**, die er innerhalb kürzester Zeit von einem lockeren Zusammenschluss divergierender Kräfte zu einer straff organisierten Partei formte. Seine Methoden des gewaltlosen Widerstandes, der Nicht-Zusammenarbeit und anderer Boykottmaßnahmen fanden breite Unterstützung in der Bevölkerung.

1921/22 führte er eine **erste Massenbewegung** gegen die als völlig unzureichend empfundenen Reformzugeständnisse an, die er jedoch abbrechen ließ, als gewalttätige Unruhen ausbrachen. Trotzdem ließen ihn die Briten verhaften und verurteilten ihn zu sechs Jahren Gefängnis, von denen er jedoch nur zwei Jahre verbüßen musste.

Der legendäre **Salzmarsch**, mit dem Gandhi 1930 symbolisch das Salzmonopol der Briten brechen wollte, wurde ein überwältigender Erfolg. Das Ergebnis waren zwei Konferenzen am „Runden Tisch" in London, bei denen schließlich die Abhaltung freier Wahlen beschlossen wurde. Mehr als ein Teilerfolg war jedoch auch dieses Zugeständnis nicht, da die Inder nur über die Zusammensetzung der Provinzparlamente abstimmen konnten, während die Zentralregierung weiterhin von den Engländern gestellt wurde.

1936 brachten die **ersten gesamtindischen Wahlen** einen überwältigenden Erfolg für die Congress Party, während die Partei der indischen **Muslime** weit abgeschlagen wurde. Das Ergebnis verstärkte die Furcht der Muslime vor einer Majorisierung durch die Hindus und vor dem Verlust ihrer Identität in einem Hindu-Staat. Diese Angst wurde während des Zweiten Weltkriegs, als der Freiheitskampf weitgehend auf Eis lag, von dem Führer der Muslim-Liga Ali Jinnah kräftig geschürt.

Mehr und mehr entwickelte sich hieraus eine Massenbewegung, die einen eigenständigen **Muslim-Staat Pakistan** forderte. Seitdem es im Gefolge des 16. August 1946, dem sogenannten Direct Act Day, zu schweren Massakern zwischen Hindus und Muslimen gekommen war, führte kein Weg mehr an der von Gandhi und seinen Anhängern befürchteten Zerstückelung Indiens vorbei. Das Ende des Krieges und die geschwächte Position Englands führten schließlich zu einer raschen, ja überstürzten **Machtübergabe der Engländer,** die gleichzeitig die **Teilung des Landes** in ein muslimisches Ost- und West-Pakistan und das hinduistische Indien bedeutete.

Der von *Lord Mountbatten,* dem letzten Vizekönig Englands in Indien, festgelegte Tag der langersehnten **Unabhängigkeit,** der 15. August 1947, stand im Zeichen grausamer **Massaker** zwischen Hindus und Muslimen, bei denen über 200.000 Menschen auf offener Straße abgeschlachtet wurden. Besonders betroffen hiervon war der Punjab, dessen Staatsgebiet in der Mitte zerschnitten wurde. Wie schon so oft in der Geschichte des Subkontinents offenbarte sich hier auf tragische Weise die Unmöglichkeit, das Riesenreich friedlich zu vereinen.

Das nachkoloniale Indien

„Vor langen Jahren haben wir einen Pakt mit dem Schicksal geschlossen und nun naht die Zeit, da wir unser Gelöbnis einlösen werden." Dieser Pakt mit dem Schicksal, von dem Indiens erster Ministerpräsident und langjähriger Gefährte Mahatma Gandhis, **Jawaharlal Nehru,** in der Nacht zum 15. August 1947 sprach, meinte einen Staat, der auf den Grundwerten der Toleranz, Demokratie, Pluralität, Friedfertigkeit und vor allem des Säkularismus aufgebaut sein sollte.

Wie kurzlebig der Schicksalspakt des gerade erst unabhängig gewordenen Landes war, wurde der indischen Bevölkerung bereits am 30. Januar 1948 schlagartig vor Augen geführt, als der Vater der Nation, **Mahatma Gandhi,** von dem fanatischen Hindu *Nathuram Godse* **erschossen** wurde. Hier offenbarte sich auf fatale Weise, dass religiöser Fanatismus und politischer Separatismus, die bereits die Geburtsstunde des unabhängigen Indien überschattet hatten, letztlich die indische Realität weit mehr prägen als Toleranz und Friedfertigkeit.

Während es die politischen Führer Indiens während der Zeit des Kalten Krieges lange Jahre verstanden, das Land durch eine geschickte **Neutralitätspolitik** aus weltweiten Konflikten herauszuhalten, wurden die Beziehungen zu den Nachbarstaaten, allen voran dem **Erzfeind Pakistan,** anstatt von friedlicher Koexistenz durch militärische Auseinandersetzungen bestimmt.

Hauptstreitobjekt war hier **Kashmir,** ein Fürstenstaat im Nordwesten Indiens mit einer Hindu-Dynastie und einer Muslim-Mehrheit, den beide Staaten für sich beanspruchten. Nachdem es bereits 1948 in Kashmir zu Kämpfen zwischen Indien und Pakistan gekommen war, die erst durch einen von der UNO vermittelten Friedensschluss beendet wurden, nutzte Pakistan die innenpolitische Schwäche Indiens nach dem Tod Nehrus 1964 zum **zweiten indo-pakistanischen Krieg.** 1966 wurde er durch die Friedensverhandlungen von Tashkent, während deren Nehrus Nachfolger *Shastri* starb, beendet.

Mit **Indira Gandhi,** der Tochter Nehrus, übernahm nun eine Politikerin für die nächsten 16 Jahre die Führung des Landes, die die durch das unaufhaltsame Bevölkerungswachstum im Innern hervorgerufenen sozialen Konflikte sowie die außenpolitischen Herausforderungen durch eine kompromisslose Politik der Härte zu bewältigen suchte. So gab sie die strikte Neutralitätspolitik ihrer Vorgänger auf, als sie 1971 als Reaktion auf das pakistanisch-amerikanische Bündnis einen Freundschaftsvertrag mit der Sowjetunion abschloss. Im gleichen Jahr entsandte sie Truppen ins benachbarte Ostpakistan, wo sie den aufständischen Rebellen unter *Mujibur Rahman* zur Gründung eines unabhängigen Staates **Bangladesch** verhalf.

Dieser große außenpolitische Erfolg ermöglichte der seit 1948 ununterbrochen regierenden Congress Party 1971 einen überwältigenden Wahlsieg. Als weiteres Zeichen machtpolitischer Stärke verkündete Indien 1974 den ersten **Atomtest**, womit das Land in den exklusiven Club der Atommächte eintrat.

Gleichzeitig geriet die Regierung unter Indira Gandhi in den Jahren 1972 bis 1974 unter zunehmenden innenpolitischen Druck. Durch die Weltwirtschaftskrise, drastisch steigende Energiepreise und mehrere aufeinander folgende Dürrejahre verschlechterten sich die Lebensbedingungen der Bevölkerung dramatisch. Die lange Zeit kaum in Erscheinung getretene Opposition verlangte lautstark Indira Gandhis Rücktritt und bei den Landtagswahlen 1975 in Gujarat erlitt die Kongresspartei eine vernichtende Niederlage.

In dieser prekären Situation entpuppte sich Indira Gandhi als rücksichtslose Machtpolitikerin, da sie einen **nationalen Notstand** ausrief, um die Verschiebung der für 1976 anstehenden Wahlen, bei denen sie kaum Gewinnchancen besaß, rechtfertigen zu können. Was folgte, waren die Verhaftung Tausender unliebsamer Oppositionspolitiker, die Einschränkung der Pressefreiheit und die Gleichschaltung der Provinzparlamente.

Eine rücksichtslose **Zwangssterilisationskampagne**, mit der ihr jüngerer Sohn *Sanjay*, den sie als ihren Nachfolger auserkoren hatte, das Bevölkerungswachstum in den Griff bekommen wollte, ließ den Popularitätswert Indira Gandhis endgültig auf den Nullpunkt sinken. Als sie schließlich für das Frühjahr 1977 Neuwahlen ansetzte, um ihre Notstandsgesetze von der Bevölkerung absegnen zu lassen, erlitt die Congress Party eine klare Niederlage und wurde von der in aller Eile aus fünf Oppositionsparteien zusammengezimmerten **Janata-Partei** unter dem neuen Ministerpräsidenten *Morarji Desai* abgelöst.

Doch die Koalition zerfiel recht bald wieder und aus den im Januar 1980 abgehaltenen Neuwahlen ging erneut Indira Gandhi als Siegerin hervor. Im Juni 1980 wurde ihr Sohn Sanjay Opfer eines Flugzeugabsturzes. Der Verlust des von ihr geliebten, geradezu verehrten Sohnes stand wie ein schlechtes Omen über der letzten Regierungszeit Indira Gandhis, die vor allem durch die **gewaltsamen Autonomiebewegungen** verschiedener Landesteile in den Nordost-Provinzen Sikkim und Kashmir geprägt wurde.

Die größten Sorgen bereiteten der Bundesregierung jedoch der **Sezessionskrieg der Sikhs** für einen eigenen Staat Khalistan. Nachdem sich die Terroristen im Goldenen Tempel von Amritsar, dem Hauptheiligtum der Sikhs, verschanzt hatten, befahl Indira Gandhi dessen Erstürmung, wobei der Anführer *Bhindranwale* und etliche seiner Gefolgsleute ums Leben kamen.

Wenige Monate später, am 31. Oktober 1984, wurde Indira Gandhi **Opfer eines Attentates** zweier ihrer Sikh-Leibwächter. Fassungslos und entsetzt war die ganze Nation. „Indira Gandhi zindabad" – hoch lebe Indira Gandhi – schrien die Massen an ihrem Grab, aber auch „Blut für Blut". Damit war die Szenerie für die kommenden Tage abgesteckt: Allein in Delhi wurden mehrere tausend Sikhs von aufgebrachten Hindus ermordet.

Um eine Ausweitung der Unruhen zu vermeiden, wurde hastig Indira Gandhis bis dahin kaum in Erscheinung getretener Sohn **Rajiv Gandhi** zum Nachfolger erklärt. Erst nachträglich gaben die Partei und schließlich bei den Wahlen am 24. Dezember 1984 das gesamte Volk ihre überwältigende Zustimmung. Zunächst schien sich diese aus der Not geborene Wahl als Glücksgriff zu erweisen, brachte doch der vornehmlich an britischen Eliteschulen ausgebildete und mit einer Italienerin verheiratete Berufspilot neue Ideen in die Politik.

Rajiv wurde zur Symbolfigur für einen fundamentalen **Neubeginn**, denn mit ihm kam eine neue Generation an die Macht, die nicht mehr am Unabhängigkeitskampf beteiligt gewesen war und die dem Computerzeitalter näher stand als den Palastintrigen der Moguln. Rajivs Anspruch war Effizienz, seine Mission die längst überfällige **Modernisierung** Indiens. Auf dem Quantensprung von einer mittelalterlichen Agrargesellschaft ins postmoderne Zeitalter folgten Rajiv seine „Computer Boys", wie die Mitglieder seiner vornehmlich aus dem Management großer Firmen zusammengesetzten Regierungsmannschaft von der Presse tituliert wurden.

Die von der neuen Regierung eingeführten Maßnahmen zur Öffnung des bis dahin durch hohe Schutzzölle weitestgehend abgeschotteten Inlandsmarktes, die Förderung zukunftsweisender Industrien und die allmähliche Privatisierung unrentabler Staatsbetriebe ließ viele vor allem junge Inder euphorisch an die Verwirklichung eines modernen, dynamischen, an westlichen Werten orientierten Indiens glauben. Doch nach dem ersten Jahr seiner Regierungszeit musste auch Rajiv erkennen, dass sich der Koloss Indien nicht über Nacht umkrempeln lässt. Vor allem die um ihre Privilegien bangenden 16 Mio. Beamten, die heimlichen Herrscher Indiens, setzten die beschlossenen Gesetzesänderungen, wenn überhaupt, nur sehr schleppend in die Realität um.

Außerdem wurde nun auch Rajiv Gandhi immer tiefer in die wieder aufflammenden **terroristischen Unabhängigkeitskämpfe** in Kashmir, den Nordost-Provinzen und dem Punjab verstrickt. Erneut ließ er, wie schon seine Mutter, den Goldenen Tempel von Amritsar stürmen, wodurch alte Wunden erneut aufgerissen wurden. Seine Entscheidung, die im Norden Sri Lankas für einen unabhängigen Staat kämpfenden **Tamilen** durch die

---

Mahatma Gandhi und Jawaharlal Nehru während des legendären Salzmarsches (Wandgemälde)

Entsendung indischer Truppen zur Aufgabe zu zwingen, machte ihn im weitgehend tamilischen Südindien zu einem verhassten Mann.

Auch seine zu Beginn so strahlend weiße Weste als Saubermann in der ansonsten völlig korrupten indischen Politikerlandschaft erhielt auf einmal tiefe schwarze Flecken. Als bekannteste der vielen **Schmiergeldaffären** jener Tage gilt der Bofors-Skandal. Jene schwedische Rüstungsfirma soll sich die Entscheidung zum Kauf ihres Kriegsgeräts durch die indische Armee mit der Zahlung horrender Summen an Politiker erkauft haben. Ob auch Rajiv und seine Frau zu den Begünstigten zählten, ist bis heute ungewiss.

Rajiv, der die meiste Zeit seines Lebens im Westen verbracht hatte, waren die Sorgen und Nöte der meisten Inder gänzlich fremd geblieben. Im Grunde war er ein Fremder im eigenen Land. Seine Computer-Revolution ist hierfür ein Beispiel: Die zu zwei Dritteln in der Landwirtschaft beschäftigten Inder verstanden davon ebensowenig wie der Landesvater von ihnen.

Wirtschaftlicher und sozialer Aufbruch

Die **Ermordung Rajiv Gandhis** durch ein Mitglied der tamilischen Befreiungsbewegung **Tamil Tigers** während einer Wahlkampfveranstaltung 1991 markiert nicht nur das Ende der Nehru-Gandhi-Dynastie, die fast ein halbes Jahrhundert die Fäden der indischen Politik in der Hand gehalten hatte. Mehr noch als der Tod Indira Gandhis bedeutet die Ermordung ihres Sohnes einen tiefen Einschnitt in der indischen Geschichte. Viele sehen seither den Versuch, das Riesenreich Indien mit seiner Vielzahl an Kulturen, Religionen, Ethnien und Sprachen unter einer Zentralregierung zu vereinen, als endgültig gescheitert an.

Dennoch schien mit der Übernahme der Regierung durch die **Kongresspartei** unter dem erfahrenen *P.V. Narasimha Rao* 1991 zunächst eine Phase der Ruhe und Konsolidierung anzubrechen. Nach dem Tod Rajiv Gandhis hatte der altgediente Kongress-Politiker den Premierposten übernommen.

Doch schon bald darauf sah sich Indien einer seiner schlimmsten **Finanzkrisen** ausgesetzt. Rao und sein Wirtschaftsminister *Manmohan Singh* beschlossen daraufhin eine Kehrtwendung von der sozialistisch geprägten Protektionswirtschaft hin zur Öffnung Indiens für **ausländische Investoren.** Mittlerweile fließt vermehrt ausländisches Geld ins Land, das Devisenpolster wächst stetig an. Der dank der wirtschaftlichen Öffnung durchs Land wehende „wind of change" ist allerorten sichtbar. Westliche Waren, noch bis Anfang der neunziger Jahre so gut wie gar nicht erhältlich, füllen die Auslagen der Geschäfte. Das Straßenbild wird inzwischen mehr von kleinen Privatautos (wie etwa dem in indisch-japanischer Koproduktion hergestellten Maruti) geprägt als durch die heiligen Kühe, und Verkäufer kleiner Farbfernsehgeräte, welche die schöne neue Konsumwelt in nahezu jede Hütte tragen, verzeichnen Rekordabsätze.

Von dieser Entwicklung profitiert in allererster Linie die neue, **aufstrebende Mittelschicht,** deren Zahl inzwischen auf etwa 250 Mio. geschätzt wird. Für die große Masse der unteren Mittelschicht und **Unterschicht** hingegen bedeuten die mit der Liberalisierung der Wirtschaft einhergehende Inflation (2002 bei 5,4 %) und der Abbau von Arbeitsplätzen in unrentablen Staatsbetrieben eine Verschlechterung der Lebensbedingungen.

Aktuelle Politik

Die sich seit Anfang der neunziger Jahre abzeichnende **schleichende Revolution** der zuvor über Jahrtausende fest in den Kastenschranken verankerten indischen Gesellschaft fand ihren augenfälligsten Niederschlag in den Ergebnissen der insgesamt fünf seit Frühjahr 1996 durchgeführten Parlamentswahlen. Nachdem die seit der Unabhängigkeit fast ständig regierende Kongresspartei die Macht verlor, stellt die noch wenige Jahre zuvor von allen anderen Parteien als „Schmuddelkind" geächtete BJP nun die stärkste Regierungspartei. Die Machtübernahme der BJP hat zu einer deutlichen **Verschärfung der politischen Lage** geführt, wie das atomare Wettrüsten zwischen Indien und Pakistan seit 1998 sowie der von den beiden

Erzfeinden geführte Krieg um Kashmir deutlich zeigt.

Mehr noch als dieses allein schon einem politischen Erdrutsch gleichkommende Ereignis dürfte die zunehmende Bedeutung der regionalen Parteien, ohne die keine Partei eine Regierung bilden kann, die politische Situation Indiens in den nächsten Jahren prägen. Die damit einhergehende politische **Instabilität** wiegt um so schwerer, als im Zuge der Wirtschaftsreformen die soziale, ökonomische und regionale Ausdifferenzierung zunimmt und neue partikulare Interessen gestärkt werden.

Ein noch eklatanteres Indiz für den mit den Wahlen zum Ausdruck kommenden tiefgreifenden Einschnitt in der indischen Geschichte ist die Tatsache, dass die neuen Kabinette sich nicht mehr in der Mehrzahl aus Angehörigen der höchsten Kasten zusammensetzen. Die auf ihre Rechte pochenden **niederen Kasten** drängen mehr und mehr in die Kabinette – eine ungeheure Herausforderung für das bisher ausschließlich von den traditionellen Eliten geführte Land. Sollte der in den Wahlergebnissen zum Ausdruck kommende Aufstand der niederen Kasten, Kastenlosen und Ureinwohner, die zusammen fast 50 % der indischen Gesellschaft ausmachen, sich weiter fortsetzen, steht das Land im neuen Jahrtausend vor einer inneren Zerreißprobe, deren Folgen noch nicht abzusehen sind.

Wie die Entwicklung seit Beginn des 21. Jh. verdeutlicht, sind es gerade die für Indien so charakteristischen „Eigenschaften" wie die geografische Größe sowie die kulturelle und ethnische Vielfalt, die eine Gefahr von Zerstörung und Spaltung in sich bergen. So bestimmen Meldungen von Naturkatastrophen, ethnischen Konflikten und militärischen Auseinandersetzungen die Schlagzeilen über Indien in der Weltpresse.

Nuklearkrieg Indien – Pakistan?

Wieder einmal bestimmt der seit mehr als 50 Jahren schwelende Dauerkonflikt zwischen Indien und Pakistan die internationalen Schlagzeilen. Im Zentrum der Auseinandersetzungen befindet sich **Kashmir**, das beide Seiten für sich beanspruchen. Die weltpolitischen Veränderungen nach dem 11. September 2001 haben die Lage weiter verschärft. Diesmal ist die Staatengemeinschaft besonders alarmiert, denn es besteht die Gefahr einer nuklearen Eskalation.

Verschärft hat sich die ohnehin schon hochexplosive Lage im Dezember 2001 durch einen Anschlag auf das indische Parlament im Herzen Delhis. Fünf pakistanische Terroristen eröffneten das Feuer auf die Sicherheitskräfte, bei dem folgenden Schusswechsel kamen 14 Menschen ums Leben. Erstmalig wurde seit der Ermordung der Premierministerin *Indira Gandhi* im Jahre 1984 wieder das unmittelbare Regierungszentrum Indiens zur Zielscheibe von terroristischen Aktivitäten.

Ayodhya als Brennpunkt der indischen Säkularität

Die ebenfalls bereits Jahrzehnte zurückgehende Auseinandersetzung um den Status der **Babri-Moschee** im nordindischen Ayodhya erreichte im Frühjahr 2002 einen traurigen Höhepunkt. Hindu-Fundamentalisten hatten angekündigt, mit dem Bau eines Tempels für den Hindu-Gott Rama an der Stelle der ehemaligen Moschee zu beginnen. Etwa 700 Menschen starben, als am 27. Februar ein Zug mit aus Ayodhya kommenden Freiwilligen in den Ort Godhra bei Ahmedabad in Gujarat einfuhr, dessen Insassen durch Muslim-Extremisten gelyncht wurden. Daraufhin kam es zu einer Welle der Gegengewalt. Diesmal machten Hindumobs auf offener Straße Jagd auf Muslime.

Sicherheitslage für Indienreisen

Das Auswärtige Amt sieht im April 2003 vorerst keinen Anlass, von Reisen nach Indien generell abzuraten. Da Terroranschläge, die auch die aktuelle Krise zwischen Indien und Pakistan ausgelöst haben, jederzeit wieder zu einer Verschärfung im indisch-pakistanischen Verhältnis führen können, wird empfohlen, die Medienberichterstattung sorgfältig zu verfolgen. Über die aktuelle Sicherheitslage informiert das Auswärtige Amt:
- www.auswaertiges-amt.de

Staat und Verwaltung

Indiens offizieller Landesname lautet seit der Unabhängigkeit am 15.8.1947 *Bharat Juktarashtra*, was soviel wie **„Republik Indien"** heißt. Mit Inkrafttreten der indischen Verfassung am 26. Januar 1950 wurde ein Paradox staatsrechtlich verankert. Der junge Staat, der seine neu gewonnene Freiheit und Unabhängigkeit gerade erst nach jahrzehntelangen Kämpfen gegen die Briten errungen hatte, übernahm nahezu unverändert alle politischen Institutionen der Kolonialmacht. Der Freiheitskampf hatte nicht zu einer Revolution geführt, sondern letztlich zur Erhaltung des vorher so erbittert bekämpften Systems.

So orientieren sich die allgemeinen Bestimmungen der den Prinzipien der **parlamentarischen Demokratie** verpflichteten indischen Verfassung am Westminster-Modell. Ebenso wie in England existieren in der Indischen Union mit dem Unter- und dem Oberhaus zwei Zentralparlamente. Hier wie dort ist das **Oberhaus** *Rajya Sabha* (Staatenkammer) nicht viel mehr als eine recht harmlose Zusammenkunft betagter Männer, die nur sehr geringen Einfluss auf die Tagespolitik ausüben. Gewählt werden die 250 Mitglieder nicht direkt vom Volk, sondern nach einem komplizierten Quotensystem durch Vertreter der einzelnen Länderparlamente.

Eine wesentlich breitere Legitimation besitzen die 542 Mitglieder des **Unterhauses** *Lok Sabha* (Volkskammer), die alle fünf Jahre in freier und geheimer Wahl vom Volk gewählt werden. Stimmberechtigt sind alle Bürger über 18 Jahre. An der Spitze der Regierungsmannschaft steht der **Premierminister** als Chef der stärksten Partei, der auch die Richtlinien der Politik bestimmt und somit die stärkste politische Figur des Landes darstellt.

Formal ihm übergeordnet steht der **Präsident** an der Spitze des Staates, dem jedoch in der Verfassung, ähnlich dem deutschen Bundespräsidenten, eher repräsentative Aufgaben zugewiesen sind. Gewählt wird der Präsident für jeweils fünf Jahre von einem Wahlausschuss, der sich aus Vertretern der beiden Zentralparlamente sowie den insgesamt 25 Landesparlamenten der einzelnen Bundesstaaten zusammensetzt.

An der Spitze jedes **Bundesstaates** steht ein vom Präsidenten eingesetzter **Gouverneur**, wobei der **Chief Minister** an der Spitze seines Kabinetts die politischen Fäden in der Hand hält. In der Gesetzgebung sind bestimmte Bereiche wie auswärtige Beziehungen, Verteidigung, Verkehr und Atomenergie dem Zentralparlament vorbehalten, andere wie Polizei, Gesundheitswesen und Erziehung den Länderparlamenten.

Auf welch wackligen Beinen die theoretisch scheinbar reibungslos funktionierende Ordnung der Indischen Union jedoch steht, zeigt die so genannte **President's Rule**, der umstrittenste, weil meistmissbrauchte Artikel der indischen Verfassung. Danach besitzt die indische Zentralregierung unter bestimmten Bedingungen das Recht, die jeweiligen Landesparlamente aufzulösen und den Unionsstaat der Zentralregierung unterzuordnen.

Da die Gründe für ein solches Vorgehen nur äußerst schwammig formuliert wurden, diente die President's Rule schwachen Regierungen immer wieder als willkommenes Instrument, um unter dem dünnen Mäntelchen der Legalität politische Gleichschaltung zu betreiben.

Bisher wurde diese einst von der britischen Kolonialmacht zur Kontrolle unruhiger Provinzen geschaffene Ausnahmebestimmung über zwei Dutzend Male eingesetzt. Besonders *Indira Gandhi* bediente sich gern dieser Möglichkeit, um ihr missliebige, von Oppositionsparteien geführte Landesregierungen zu stürzen. Derzeit haben der Punjab, Kashmir, Nagaland und Mizoram ihre Souveränität auf diese halbdiktatorische Weise eingebüßt. Insgesamt jedoch ist man in Indien zu Recht stolz darauf, trotz all der riesigen Probleme und gewaltigen Auseinandersetzungen gerade auch während der letzten Jahrzehnte niemals ernsthaft an den Grundfesten der Demokratie gerüttelt zu haben.

Staatssymbole

Die **Nationalflagge** ist eine waagerecht gestreifte Trikolore – oben tief safrangelb, in der Mitte weiß und unten dunkelgrün. Nach offizieller Deutung stehen die Farben für Mut, Frieden und Wahrheit. Im weißen Feld befand sich vor der Unabhängigkeit das Ghandische Spinnrad. An seine Stelle ist später die *Chakra Varta*, das Rad der Lehre, getreten.

Das Motiv ist dem **Löwenkapitell von Sarnath** entnommen, welches zugleich das nationale Emblem bildet. Das Löwenkapitell wurde im 3. Jh. v. Chr. durch Kaiser *Ashoka* an jenem Ort errichtet, an dem Buddha zum ersten Mal seine Lehre in einer öffentlichen Predigt verkündete. Das Wappen soll die religiöse Toleranz des nachkolonialen Indien symbolisieren. Die Säulenplatte ruht auf einer voll erblühten **Lotusblume,** die für Hindus wie Buddhisten das Symbol für Reinheit, Schönheit und ewiges Leben ist und die Nationalblume Indiens darstellt. Die am Fuße des Sockels eingravierte Inschrift lautet: „Die Wahrheit allein siegt". Als Nationaltier gilt der **Tiger,** als Nationalvogel der **Pfau.**

Parteien

Die indische Parteienlandschaft ist aufgrund häufiger Absplitterungen, Neugründungen und Verschmelzungen bestehender Parteien sowie des Parteiwechsels selbst prominentester Parteimitglieder außerordentlich unübersichtlich. Wenn man unter diesem Gesichtspunkt das Spektrum der wichtigsten politischen Parteien Indiens betrachtet, sollte man bedenken, dass westliche Vorstellungen von rechts und links, von Ideologie und Programm nur sehr bedingt übertragbar sind.

Die großen indischen Parteien

●**Indian National Congress** (Congress (I) Party) – Die Kongresspartei regierte seit der Unabhängigkeit, abgesehen von einer kur-

STAAT UND VERWALTUNG

zen Unterbrechung zwischen 1977 und 1980, das Land bis Anfang der neunziger Jahre ununterbrochen. Die Partei wurde so eng mit der Regierungsmacht identifiziert, dass alle anderen Parteien unter der Bezeichnung Oppositionspartei zusammengefasst und sozusagen entsorgt wurden. Dabei war der Nationalkongress in den ersten Jahren seiner **Gründung 1885** eher ein loses Bündnis junger, bürgerlicher Intellektueller, die sich zusammenfanden, um die britische Fremdherrschaft abzuschütteln. Erst seit etwa 1920 entwickelte sich der Congress unter der **Leitung Mahatma Gandhis** zu einer gut organisierten Massenorganisation im Kampf für die Unabhängigkeit Indiens.

Trotz gelegentlicher linker Lippenbekenntnisse hat die Partei immer einen vorsichtig **konservativen Kurs** gesteuert und war im ganzen Land verankert. Überall gelang es ihm, die lokalen Eliten wie Großgrundbesitzer, Bildungsbürgertum und Industrielle für sich zu gewinnen. Logische Folge war eine tiefgreifende Entfremdung von der Basis und eine damit einhergehend zunehmend **unsoziale Politik.** Wenn Politik in Indien heute mit Korruption und Vetternwirtschaft gleichgesetzt wird, so liegt dies in allererster Linie an der Machtbesessenheit der Kongressabgeordneten. Leider nur allzu oft missbrauchen diese ihren Wahlkreis als Selbstbedienungsladen und lassen gleichzeitig die Polizei auf verarmte Bauern und entwurzelte Ureinwohner einschlagen, die für ihre Rechte demonstrieren.

Wie die verheerende Niederlage bei den letzten Parlamentswahlen im Herbst 1999 nur allzu deutlich machte, ist von ihrer einstigen Reputation als einzige legitime politische Institution der indischen Freiheitsbewegug so gut wie nichts geblieben. Die meisten politischen Beobachter sind sich einig, dass es für den Congress ein sehr beschwerlicher und langer Weg zurück zur Macht sein wird.

- **Baratiya Janata Party** (BJP, Indische Volkspartei) – Wie keine andere konnte diese 1979 gegründete Partei von dem zunehmenden Imageverlust des Congress während der letzten Jahre profitieren. Eine Welle des Erfolges brachte die BJP zunächst auf Regionalebene und schließlich auch landesweit an die Macht. Das erklärte Ziel der BJP, die Politik zu hinduisieren und den Hinduismus zu militarisieren, rüttelt an den demokratischen und säkularistischen Grundsätzen der indischen Verfassung und stellt eine ernst zu nehmende Gefahr für die Einheit und Integrität Indiens dar.

Die **Scharfmacher** innerhalb der Partei setzen Hinduismus und Nationalismus gleich und brandmarken die Muslime als antinationale Kräfte, um über die tatsächlichen Krisen des Landes hinwegzutäuschen. Unter diesem Aspekt ist auch das 1998 von der BJP in Gang gesetzte atomare Wettrüsten mit Pakistan und der Krieg um das bei Kaschmir gelegene Kargil im Herbst 1999 zu sehen. Religiöse und nationale Minderheiten geben auch in Indien ideale Sündenböcke ab.

Die BJP verdankt ihren Aufstieg in erster Linie einer Wählerallianz aus **religiösen Gruppen und einem neuen Mittelstand,** der infolge der wirtschaftlichen Entwicklung seit Mitte der achtziger Jahre entstanden ist. Die BJP artikuliert die neuen Werte dieser selbstbewussten Schichten, die größere kulturelle Eigenständigkeit fordern und mit den alten Idealen der Kongresspartei brechen. So ist es nicht zu weit gegriffen, wenn man behauptet, dass das weitere Abschneiden der fundamentalistischen Parteien einen Indikator für die weitere Zukunft Indiens darstellt.

- **Communist Party of India** (CPI) – Am anderen Ende des politischen Spektrums steht die 1920 gegründete **marxistische Partei.** Von allen indischen Parteien ist sie wohl die einzige, die ein klar definiertes Parteiprogramm besitzt. Obwohl sie auch heute noch am Ziel einer klassenlosen Gesellschaft unter Führung der Arbeiterklasse festhält, gab sich seit jeher weit weniger ideologisch als z.B. die osteuropäischen Kommunisten und war sogar für einige Jahre Juniorpartner in einer vom Congress geführten Regierung.

- Die 1964 durch Absplitterung des pro-chinesischen Flügels der CPI entstandene **Communist Party of India (Marxist)** (CPIM) orientiert sich heute eher an sozialdemokrati-

Flagge zeigen im Zeichen der zunehmend von Intoleranz geprägten politischen Landschaft Indiens schen Zielen und stellt die Landesregierungen in Bengalen und Kerala.

●**Janata Party** (Volkspartei) – Diese 1977 aus fünf mehr oder weniger **sozialistischen bzw. sozialdemokratischen** Parteien geformte Bündnispartei ist ein Produkt der für indische Verhältnisse so typischen Parteiabsplitterungen und Parteiwechsler. Ebenso vage wie die formulierten Ziele ist auch ihr innerer Zusammenhalt. Als kleine Partei jedoch stellt sie seit 1983 in Karnataka den Ministerpräsidenten und ist in einigen weiteren Unionsstaaten aktiv.

●**Weitere Parteien** – Neben den hier genannten gibt es noch eine große Zahl weiterer kleiner Parteien, die sich als Interessenvertretungen einzelner Volksgruppen bzw. sozialer Schichten verstehen und in den letzten Jahren zunehmend an Einfluss gewinnen. Ohne sie kann keine mehrheitsfähige Regierung mehr gebildet werden und so gewinnen sie als „Zünglein an der Waage" eine politische Bedeutung, die in keinem Verhältnis zu ihrem eigentlichen Stimmenanteil steht.

Presse

Für jeden ausländischen Besucher, der sich längere Zeit in Indien aufhält, bieten die **englischsprachigen Tageszeitungen** eine hervorragende Möglichkeit, sich näher mit den großen wie kleinen Problemen des Landes vertraut zu machen. Gerade ein Blick in den Lokalteil oder die traditionell am Sonntag erscheinenden Heiratsanzeigen vermitteln wesentlich tiefere Einblicke in das indische Alltagsleben als mancher wissenschaftliche Aufsatz. Da keine indische Tageszeitung teurer als 5 Rs ist, gestaltet sich das tägliche Lesevergnügen zudem äußerst preisgünstig. Die wichtigsten englischsprachigen Tageszeitungen:

WIRTSCHAFT

Wirtschaft

19 % der arbeitenden Bevölkerung Indiens sind in der Industrie beschäftigt. Hauptzweige stellen Maschinenbau, Eisen- und Stahlproduktion sowie die Herstellung von Nahrungsmitteln und Bekleidung dar. Zu den Wachstumsbranchen zählen die Kfz-Industrie und die vor allem im Großraum Bangalore angesiedelte **Software-Industrie.** Der High-Tech-Export trägt mit 1,2 Mrd. US-$ bereits einen beträchtlichen Teil zu den insgesamt 43 Mrd. US-$ Exporterlösen bei. Indiens wichtigste Handelspartner sind die USA (21 %), Großbritannien, Hongkong und Deutschland (jeweils ca. 6 %) sowie Japan (4 %).

Bei der weiteren wirtschaftlichen Entwicklung des Landes werden vor allem einige der chronischen Strukturprobleme Indiens, wie beispielsweise das völlig veraltete und **unzureichende Transportwesen** und die **mangelhafte Energieversorgung,** gelöst werden müssen. Wie soll eine moderne Industrie funktionieren, wenn Stromausfälle noch immer an der Tagesordnung sind? Als wichtigster Hemmschuh der Entwicklung von einer Agrar- zur Industriegesellschaft dürfte sich jedoch der mangelhafte Ausbildungsstand der breiten Masse der indischen Bevölkerung erweisen. Angesichts einer Analphabetenrate von knapp 50 % ist es noch ein langer Weg von der Feld- zur Bildschirmarbeit.

●**Times of India,** das etwas in die Jahre gekomme Flaggschiff, ist noch immer die seriöseste und ausführlichste Tageszeitung des Landes. Website: www.timesofindia.com.
●**Indian Express,** die am weitesten verbreitete englischsprachige Zeitung mit einer Gesamtauflage von mehreren Millionen Exemplaren, hat durch ihren engagierten Journalismus gerade in den letzten Jahren zur Aufdeckung vieler Skandale beigetragen. Website: www.expressindia.com.
●**The Asian Age** bringt eine Vielzahl von Auslandsnachrichten, die allerdings von ausländischen Presseagenturen übernommen sind. Sie ist bisher nur in den großen Metropolen erhältlich.

Wochenblätter und Magazine

●**Sunday Observer** und **Sunday Mail** – zwei sehr gute, sonntags erscheinende Wochenblätter, die fundiert auf die Hintergründe der Schlagzeilen der vergangenen Woche eingehen.
●**India Today** – Keine andere Publikation bietet derart umfangreiche wie fundierte Hintergrundreportagen. Sehr zu Recht ist dieses etwa 90 Seiten starke, im Stil von „Times" und „Newsweek" gestaltete Blatt das meistverkaufte Magazin Indiens. Website: www.india-today.com.

Indiens Weg zur führenden High-Tech-Nation

Indiens Helden von heute heißen nicht mehr *Mahatma Gandhi* und *Jawaharlal Nehru*, sondern *Azim Premji* und *Narayana Murthy*. Beide wohnen im südindischen **High-Tech-Paradies Bangalore** und sind Symbolfiguren des neuen Indien, welches nicht mehr als das Armenhaus, sondern als eine der größten Technologie-Nationen der Welt internationale Schlagzeilen macht. Premji mit seiner Firma Wipro gehört zu den fünf reichsten Männern der Erde, Murthy ist der ebenfalls milliardenschwere Chef des Technologie-Riesen Infosys Technologies.

Ihre Jünger sind die westlich orientierten, auf individuelle Entfaltung, Konsum und Globalität setzenden Jugendlichen der Großstädte. Damit hat diese so genannte **MTV-Generation** Visionen auf ihre Fahnen geschrieben, die im krassen Gegensatz zu den von Gemeinschaft, Sozialismus und Protektionismus getragenen Idealen der Gründungsväter stehen. Mit dem phänomenalen Aufstieg der indischen Computerindustrie geht ein **fundamentaler Wertewandel** innerhalb der indischen Gesellschaft einher, der das über Jahrtausende in festen Kastenschranken verharrende Gefüge innerhalb weniger Jahrzehnte aus den Angeln hebt.

Rasanter Aufschwung der Computer-Industrie

Mit jährlichen Wachstumsraten von über 50 % ist die Software-Industrie zu einem der wichtigsten Wirtschaftssektoren des Landes geworden. „Die industrielle Revolution haben wir verpasst, jetzt ruht unsere gesamte Hoffnung auf der Revolution der Informationstechnologie". So wie ein führender indischer Soziologe denkt eine ganze Generation von ambitionierten Jugendlichen, die in die „Technologieschmieden" von Bangalore, Hyderabad und Chennai drängen.

Glaubt man den Prognosen, dann sind über die nächsten Jahre Steigerungsraten von 50 % jährlich zu erwarten. Mit besonderem Stolz verweist man darauf, dass jedes fünfte der 1.000 im Wirtschaftsmagazin „Fortune" aufgeführten wichtigsten Unternehmen der Welt Software-Aufträge nach Indien vergeben hat – eine umso beeindruckendere Zahl, wenn man bedenkt, dass die indische Wirtschaft bis Anfang der neunziger Jahre fast gänzlich vom Weltmarkt abgekoppelt war. Ein Grund für die phänomenalen Wachstumsraten ist, dass die Software-Industrie von den für den Rest der indischen Wirtschaft so typischen Entwicklungshemmnissen wie veralteter Infrastruktur, Bürokratismus und Kastendenken weitgehend unberührt bleibt.

Nord-Süd-Gefälle

Auffällig bei der geografischen Verteilung der Technologie-Schwerpunkte ist ein deutliches Nord-Süd-Gefälle. Die im Süden gelegenen Bundesstaaten Maharashtra, Andhra Pradesh, Tamil Nadu und Karnataka mit den „Cybercities" Bangalore und Hyderabad an der Spitze setzen energisch auf den weiteren Ausbau der Software-Industrie und investieren in Straßen und vor allem in das marode Bildungswesen. Mit ihren hohen wirtschaftlichen Wachstumsraten, die zum Teil bis zu 10 % jährlich erreichen, vergrößert sich der Abstand zu den überbevölkerten und **unterentwickelten Agrarstaaten des Nordens** wie Rajasthan, Uttar Pradesh, Bihar und Orissa immer mehr. Führende Politiker warnen bereits vor der politischen und sozialen Sprengkraft des wachsenden Einkommensgefälles zwischen Nord und Süd.

„Computer-Inder"

Die Software-Industrie ist für die Generation junger, gebildeter Inder das Eintrittstor in eine goldene Zukunft. Jedes Jahr bildet Indien **75.000 Informationstechnologie-Studenten** aus. Der Anfangslohn von umgerechnet etwa 500 € im Monat – für indische Verhältnisse ein Spitzenverdienst – kann innerhalb weniger Jahre auf das Vierfache steigen. Die meisten denken jedoch bereits über die nationalen Grenzen hinaus und sehen die Beschäftigung in einer indischen Computer-Firma als Sprungbrett für eine **Anstellung im Ausland.** Als Schlaraffenland gelten hier die USA, welche bei Umfragen unter Hochschulabsolventen mit großem Abstand die Nummer 1 unter den begehrtesten Arbeitsplätzen einnehmen. Neben den hervorragenden Aufstiegsmöglichkeiten und dem hohen Lohnniveau spielt hierbei auch die Tatsache eine große Rolle, dass Englisch bei den meist aus der Mittel- und Oberschicht stammenden indischen Computerprofis – Durchschnittsalter 26 Jahre – wie eine Muttersprache gepflegt wird.

Rund 80 % der Absolventen aus den sechs Elite-Hochschulen der ITT (Indian Institute of Technology) werden von Hochschulen und Unternehmen in den USA unter Vertrag genommen. Kein Wunder, denn wer sich für einen der 2.000 ITT-Studienplätze qualifiziert, hat bereits ein knallhartes Auswahlverfahren hinter sich und zählt zur Crème de la Crème der ursprünglich 125.000 Bewerber. 500.000 weitere Anwärter werden erst gar nicht zur Vorauswahl zugelassen. Welche **hervorragende Qualifikation** die in den USA arbeitenden Software-Spezialisten besitzen, belegt allein die Tatsache, dass von den 2.000 Gründerfirmen im amerikanischen Silicon Valley 40 % von Indern geleitet werden. Nur wer in Nordamerika keine Anstellung findet, versucht eventuell in der Bundesrepublik einen Job zu ergattern.

Motor der wirtschaftlichen Entwicklung

Trotz der beeindruckenden Wachstumsraten trägt die Software-Industrie nach wie vor weniger als 1 % zum Bruttoinlandsprodukt bei. Erweisen sich jedoch die Prognosen als richtig, würde der Anteil auf 5 bis 7 % steigen. Damit wäre die Software-Industrie endgültig die Wachstumslokomotive der indischen Wirtschaft. Mindestens ebenso bedeutend ist der mit dem wirtschaftlichen Aufschwung einhergehende **soziale Wandel,** der fast schon revolutionär zu nennende Veränderungen der traditionellen indischen Gesellschaft nach sich ziehen wird.

Landwirtschaft

All dies ändert nichts daran, dass Indien trotz industrieorientierter Entwicklungsstrategie und Wirtschaftspolitik noch immer in erster Linie ein **Agrarland** ist, dessen Konjunktur mehr vom pünktlich eintreffenden Monsun und den davon abhängigen Ernten bestimmt wird als von industriellen Zyklen.

Hauptanbauprodukte sind Zuckerrohr, Reis, Weizen, Hülsenfrüchte und Baumwolle. Indien ist der weltgrößte Produzent von Jute, Hülsenfrüchten, Hirse und Sesam. Mit einer Gesamtproduktion von 700.000 Tonnen, wovon etwa 250.000 Tonnen exportiert werden, ist Indien der mit Abstand **führende Teeproduzent** der Erde. Bedeutende Exporterlöse werden auch mit Gewürzen, Cashewnüssen und Kaffee erwirtschaftet.

In der Besitzstruktur dominieren **kleine und kleinste Betriebe.** Über die Hälfte der landwirtschaftlichen Betriebe bewirtschaften weniger als einen Hektar Land. Rund ein Drittel der ländlichen Haushalte besitzt keinen Boden. Obwohl insgesamt 60 % aller Erwerbstätigen in der Landwirtschaft beschäftigt sind, erarbeiten sie nur 25 % des Sozialprodukts des Landes. Zudem trägt der Agrarsektor mit einem Anteil von nur 30 % zu den Exporterlösen bei. Allein diese Zahlen verdeutlichen die mangelnde Rentabilität der Landwirtschaft.

Die wirtschaftliche Situation Keralas

Während Ausländer beim Namen Kerala in erster Linie an immergrüne Tropenlandschaft, Lagunen und Traumstrände denken, kommen Indern als Erstes Stichworte wie Gewerkschaften, Streiks und Kommunisten in den Sinn. Tatsächlich haben die Gewerkschaften fast jeden Bereich des wirtschaftlichen

Es wird noch eine Weile dauern, bis der Wasserbüffel mit Holzpflug durch maschinelle Arbeitsgeräte ersetzt wird

Keralas Landreform – die Abschaffung des Großgrundbesitzes

Bei Betrachtung der wirtschaftlichen Situation Keralas ist die Landreform von großer Bedeutung. In Kerala herrschte traditionell **Großgrundbesitz**, welcher in der Kolonialzeit in ein noch repressiveres System umgewandelt wurde. Im 19. Jh. häuften sich **Proteste der unterdrückten ländlichen Bevölkerung**. Agrarbewegungen gegen Großgrundbesitzer und Staat nahmen ihren Lauf. Später vereinigte sich die Unabhängigkeitsbewegung mit dem Kampf gegen die Großgrundbesitzer.

Bald nach der Unabhängigkeit kam die **Kommunistische Partei** an die Macht, die 1957 die Landreform einleitete. Es gab neue **Pachtgesetze,** welche den Pächtern mehr Sicherheit garantierten und die Rechte der Besitzer reduzierten. Zudem wurde den Bestellern Land zu geringen Preisen übereignet. Die Pachtgesetze waren relativ erfolgreich. Im Gegensatz dazu konnten die Höchstbesitzgrenzen kaum durchgesetzt werden. In der Folge gab es gewalttätige Kampagnen oppositioneller Gruppen, die kommunistische Regierung wurde vom Präsidenten aufgelöst, und die folgende Congress-Regierung führte Veränderungen der Reformgesetze ein. Schlupflöcher wurden erkannt, wie zum Beispiel der Wechsel zum Plantagenanbau. Viele Organisationen kämpften mit Demonstrationen und Landbesetzungen für die Umsetzung der Gesetze und trafen auf Gegenangriffe von Polizei, Armee und Schlägertruppen der Großgrundbesitzer. Trotzdem hat die Landreform dazu beigetragen, die ungleiche Verteilung von Land zu reduzieren, Großgrundbesitz zu schmälern und PächterInnen mehr Schutz zu geben. Zudem erleichterte die Landreform sozialen Wandel. Das Bewusstsein über Rechte wurde gestärkt.

Festzuhalten ist, dass die Reform nicht von oben kam, sondern durch den Kampf von Organisationen und schließlich von der an die Macht gebrachten Partei. Die Kommunisten haben die gründlichste Landreform Südasiens durchgeführt und dafür gesorgt, dass **90 % aller Bauern Keralas heute Grundbesitzer sind.** Die Botschaft der Marxisten von einer egalitären Gesellschaft fiel gerade deshalb auf fruchtbaren Boden, weil die ihnen verhassten Maharajas selbigen schon Jahrhunderte zuvor in ihrem Sinne bestellt hatten. Die Lokalfürsten hatten sich auf Seiten der hinduistischen Sozialreformer gestellt, um die Grundbesitzer und Brahmanen zu schwächen – eine paradoxe Gemeinschaft von Maharajas und Kommunisten, die sich bis heute zum Nutzen der Mehrzahl der Keraliten bewährt hat.

Eine Folge der Landreform ist die Furcht vor Pacht- und Mietverhältnissen auf der Seite potenzieller Verpächter bzw. Vermieter. Sie fürchten, die Pächter bzw. Mieter könnten Land bzw. Haus übereignet bekommen. Mietverhältnisse sind auf dem Land in Kerala daher quasi unbekannt.

Lebens wie ein eng umschlossenes Netz durchzogen, Streiks sind an der Tagesordnung und legen häufig das öffentliche Leben lahm. Kerala war nicht nur das erste Land der Erde, in dem **Kommunisten** in freier Wahl zur **Regierungspartei** erkoren wurden, sie zählen bis heute neben dem Congress zur stärksten politischen Kraft.

Kein Wunder, dass Unternehmer Kerala wie der Teufel das Weihwasser scheuen, kapitalistisches Unternehmertum kaum entwickelt ist und Industrieansiedlungen so gut wie nicht vorhanden sind. Umso dominierender ist der primäre Sektor, wobei es sich in erster Linie um **Land-, Forst-, Plantagen- und Fischereiwirtschaft** handelt. Für die Landwirtschaft werden ca. 86 % der Fläche Keralas genutzt.

Die Nahrungsmittelproduktion stagniert jedoch und Kerala ist von Importen, vor allem aus dem Nachbarstaat Tamil Nadu, abhängig. Jedes Jahr müssen 60 % des Getreides importiert werden. **Getreideknappheit**, besonders während der Regenzeit, ist keine Seltenheit. Schuld daran ist die Ausrichtung auf kommerzielle Produkte *(cash crops)* statt auf Grundnahrungsmittel. 92 % des Kautschuks Indiens, 70 % der Kokosernte, 60 % des Tapioka und fast 100 % des Zitronengrasöls werden von Kerala produziert. Die Subsistenzwirtschaft der Farmbetriebe, also die Möglichkeit zur Selbstversorgung der Landbevölkerung, musste zum größten Teil den Plantagen weichen.

Die keralische Wirtschaft beruht vor allem auf der **Verarbeitung der landwirtschaftlichen Erzeugnisse:** Kokosverarbeitung, Handweberei, Verarbeitung von Cashewnüssen und Kautschukindustrie. Wenn es denn ein verbindendes Element der Keraliten geben sollte, dann ist es ganz profan die **Kokospalme.** Sie ist eines der Geheimnisse für Keralas Wohlstand. Zehn Mio. Keraliten finden durch die Kokosindustrie ihr Auskommen, sie pflücken fünf Milliarden Nüsse im Jahr. Für Kleinbauern bietet die Subsistenzwirtschaft mit Mischkulturanbau viele Vorteile: Ressourcen (Anbaufläche, Wasser, Arbeit) werden besser genutzt, die Bodenfruchtbarkeit bleibt erhalten, der Boden ist besser vor Erosion und Austrocknung geschützt, die Produktion ist nachhaltig, es gibt keine Marktrisiken, es besteht Nahrungssicherheit und die Ernährung ist ausgewogener.

Kerala verfügt über eine der **höchsten Arbeitslosenraten Indiens.** Interessanterweise handelt es sich dabei vor allem um sehr gut ausgebildete Arbeitslose. Um einen festen Arbeitsplatz zu erhalten, ist für eine Person mit Schulabschluss eine Wartezeit von 48 Monaten durchschnittlich.

Kerala hat eine lange Geschichte von Arbeitsmigration; schon vor der Unabhängigkeit wanderten viele Keraliten als PlantagenarbeiterInnen ab. Seit den 1970er Jahren sind viele im Ausland, meist in den Golfstaaten, beschäftigt. Dort ernährt häufig ein Familienmitglied die gesamte Familie in Kerala. Schätzungen gehen davon aus, dass jedes Jahr bis zu 800 Mio. US-$ auf diese Weise ins Land fließen. Ge-

WIRTSCHAFT

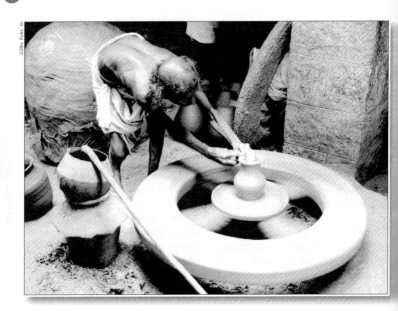

messen an der Bevölkerung ist dies eine erhebliche Summe, die ganz wesentlich zum hohen Lebensstandard der Keraliten beiträgt.

Im Gegensatz zu akademischen Berufen sind im handwerklichen und landwirtschaftlichen Bereich Arbeitsplätze vorhanden und werden mangels keralischer ArbeiterInnen bzw. Handwerker häufig von Arbeitsemigrantlnnen aus dem benachbarten Tamil Nadu besetzt. Hochkastige lehnen handwerkliche und landwirtschaftliche Tätigkeiten meist ab, sie fühlen sich ihrer unwürdig. Unterkastige oder Kastenlose lebten zwar früher hauptsächlich von Handwerk und Landwirtschaft, doch die meisten führen diese Arbeit (außer auf dem eigenen Feld) heute nicht mehr aus. Bürokarrieren werden nun angestrebt. Durch die staatliche Quotenregelung, die benachteiligten Bevölkerungsgruppen Chancengleichheit geben soll, wird ihnen der Einstieg in den staatlichen Dienst ermöglicht. Außerdem hat Keralas hoher Bildungsstand zur Folge, dass „profane" handwerkliche und landwirtschaftliche Berufe als minderwertig angesehen werden.

Nach wie vor ist der Töpfer mit seiner von Hand angetriebenen Scheibe in den meisten Dörfern anzutreffen. Allerdings handelt es sich hierbei um einen aussterbenden Berufszweig, da Metall- und Plastiktöpfe dem Keramikgeschirr mehr und mehr den Rang ablaufen

Tourismus

Kerala boomt

„Indien ohne seine Fehler" ist Kerala einmal genannt worden. Tatsächlich hat die im Vergleich zum Rest des Landes wesentlich geringere Armut, Bettelei und Umweltverschmutzung neben der Freundlichkeit der Bevölkerung und der natürlichen Schönheit des Landes dazu geführt, dass sich Kerala in den letzten Jahren zur **am schnellsten wachsenden Touristenregion Indiens** gemausert hat. Für die nächsten Jahre wird ein jährliches Wachstum im Touristenaufkommen von 12 % vorhergesagt. Keralas Ausnahmestellung im gesamtindischen Bereich lässt sich auch daran ablesen, dass Kerala der einzige Bundesstaat war, der nach den Terroranschlägen vom 11. September 2001 noch wachsende Besucherzahlen zu verzeichnen hatte.

Ayurveda-Welle

Hierzu trägt auch die in Europa und speziell in der Bundesrepublik enorme Popularität der **ayurvedischen Heiltherapie** bei. Kerala als **Ursprungsland** dieser ältesten heute noch praktizierten Medizin schwimmt geradezu auf einer Ayurveda-Welle. Die Tourismusmanager haben den Trend erkannt und so gibt es in Touristenorten heute kaum noch eine Unterkunft, die nicht mit „ayurvedic massage" um die Gunst der ausländischen Touristen buhlt. Auch wenn als logische Konsequenz die Quantität die Qualität immer mehr verwässert, ist ein Ende des Wellness-Booms noch lange nicht in Sicht. In den letzten Jahren sind luxuriöse Wellness-Resorts wie Pilze aus dem Boden geschossen. Kerala-Urlauber lassen im Durchschnitt 50 % mehr Geld im Land als „normale" Indienreisende.

Manko Flugverbindungen

Einzig die mangelnden Flugverbindungen von Europa nach Kerala passen nicht ins ansonsten so positive Bild der einheimischen Tourismusindustrie. Nach wie vor gibt es **keine Direktverbindungen,** das heißt, fast alle internationalen Flüge beinhalten einen Stopover in Mumbai. Sollten, wie schon seit Längerem geplant, die Flughäfen von Thiruvananthapuram oder Kochi in Zukunft auch von großen internationalen Fluggesellschaften angeflogen werden, dürfte dies einen deutlichen Anstieg des ohnehin schon großen Touristenaufkommens zur Folge haben.

Menschen und Kultur

Bevölkerung

1951, im Einführungsjahr des großen Familienplanungsprogramms, lebten 351 Mio. Menschen in Indien. Heute sind es über **eine Milliarde**. Bei einem jährlichen Bevölkerungswachstum von 1,5 % (2002, zum Vergleich: Deutschland 0,2 %) wächst die indische Bevölkerung jährlich um etwa 15 Mio. Bei gleich bleibender Geburtenrate wird Indien im Jahre 2040 China als bevölkerungsreichstes Land der Erde ablösen. Zwar ist vor allem die sinkende Sterberate für diesen dramatischen Bevölkerungszuwachs verantwortlich (so stieg die durchschnittliche **Lebenserwartung** innerhalb von nur 50 Jahren von 30 auf heute ca. 63 Jahre), doch insgesamt ist es nicht gelungen, die **viel zu hohe Geburtenrate** den Erfordernissen entsprechend zu senken.

Tatsächlich ist Indien ein klassisches Beispiel dafür, dass **staatliche Familienpolitik** scheitern muss, solange die Ursache des Übels – traditionelle Wertvorstellungen und soziale Ungerechtigkeit – nicht beseitigt sind. Hierzu gehört gerade in Indien das über Jahrtausende tradierte Bild der Frau als unterwürfige Dienerin des Mannes, die Anerkennung und Daseinsberechtigung erst dadurch erlangt, dass sie möglichst viele Kinder, vor allem aber Jungen, zur Welt bringt.

Diese einseitige **Bevorzugung von männlichen Nachkommen** und die damit einhergehende Benachteiligung der Mädchen von Geburt an hat dazu geführt, dass Indien eines der ganz wenigen Länder dieser Erde ist, in dem

Trommler bei einer der berühmten Elefantenprozessionen in Kerala

es einen deutlichen **Männerüberhang** gibt, wobei diese Diskrepanz in den letzten Jahrzehnten sogar deutlich zugenommen hat.

Überdies sind Kinder nicht nur billige Arbeitskräfte, sondern fungieren in Dritte-Welt-Ländern ohne bzw. mit nur sehr geringen staatlichen Sozialleistungen natürlicherweise als die beste, weil einzige Altersversorgung. So zeigt sich auch in Indien, dass die Bereitschaft zur **Geburtenkontrolle** mit einer Reihe von Entwicklungsindikatoren wie Einkommens- und Alterssicherung sowie Ausbildungsgrad eng zusammenhängt. Während zum Beispiel in Kerala, dem Staat mit der höchsten Alphabetisierungsrate, die Geburtenrate jährlich landesweit am niedrigsten liegt, ist sie in den zwei rückständigen Gebieten Rajasthan und dem östlichen Mizoram, wo kaum 10 % der Frauen lesen und schreiben können, extrem hoch.

Hier zeigt sich, dass die Verbesserung sozialer Rahmenbedingungen und die landes- und klassenübergreifende Anhebung des Bildungsstandes

Die Frau in der keralischen Gesellschaft

Kerala wird immer wieder als rühmliche Ausnahme genannt, wenn die Stellung der Frau in der indischen Gesellschaft zur Sprache kommt. Einige wenige Zahlen belegen, dass die Malayali-Frauen verglichen mit dem Rest des Landes wesentlich mehr Anerkennung und Rechte haben. Allein der Frauenanteil von 1040 auf 1000 Männer steht im männerdominierten Indien einsam an der Spitze, der indische Durchschnitt liegt bei 927. Vergleichbaren Stellenwert hat die Alphabetisierungsrate von Frauen: Mit 87 % ist sie in Kerala fast doppelt so hoch wie im Rest des Landes (45 %). Trotzdem wird Kerala gesellschaftlich von Männern dominiert wie auch Restindien.

Ein weiteres interessantes Phänomen, das häufig für die privilegierte Stellung der keralischen Frauen angeführt wird, ist, dass von einem wichtigen Bevölkerungsteil ein matrilineares, also frauenorientiertes, Erbsystem ausgeübt wird. Es handelt sich vor allem um die Nayar (bzw. Nair), Teile der Izhava-Kaste sowie Teile der muslimischen Bevölkerung. Matriarchal, also von Frauen beherrscht, kann das System jedoch nur sehr bedingt genannt werden. Die Familienoberhäupter sind in der Realität auch hier die Männer. Bei den Nayar besaßen auch unverheiratete Beziehungen, *sambandham* genannt, Legitimität, waren nicht selten und wurden als Ehe betrachtet. Sie gingen über Kastenschranken hinaus. Die Kinder gehörten der mütterlichen Familie an. Das matrilineare System hatte großen Einfluss auf die soziale und kulturelle Entwicklung Keralas und hat manche sozialen Einstellungen verändert. Zweifelsohne werden die Frauen in Kerala, verglichen mit dem Rest Indiens, wesentlich respektvoller behandelt.

Trotz all dieser zweifellos bemerkenswerten Errungenschaften kann dies nicht darüber hinwegtäuschen, dass die Stellung der Frau in Kerala noch weit von der in Mitteleuropa mit als selbstverständlich angesehenen Rechten entfernt ist.

Dies gilt insbesondere für den ländlichen Bereich, wo die seit Jahrhunderten geltenden Hierarchien das Fundament der Sozialbeziehungen bilden. Die Frauen stehen hier nach wie vor im Schatten der männlichen Familienmitglieder. Sie werden erst von Vätern und Brüdern, nach der Heirat vom Ehemann und dessen Familie und schließlich von ihren Söhnen bevormundet. Erst als Mütter von Söhnen erhalten sie eine etwas höhere soziale Stellung. Frauen werden weniger als eigenständige Menschen betrachtet, sondern eher als Dienerinnen. Von ihnen wird erwartet, sich schüchtern und bescheiden im Hintergrund zu halten und gehorsam zu sein. Abgesehen von Ausbildung und Arbeit dürfen Frauen kaum das Haus verlassen, eigenen Interessen nachgehen oder diese überhaupt erst entwickeln. Außer in der Familie und in der Nachbarschaft gibt es kaum Möglichkeiten, sich in der Freizeit mit anderen Menschen auszutauschen.

Zwischen den Geschlechtern besteht im öffentlichen Leben eine strenge Trennung, die bereits im Kindergarten beginnt. In der Schule, der Universität, im Bus etc. sitzen Männer und Frauen getrennt voneinander. Gemischtgeschlechtliche Gruppen bilden sich nicht. Durch diese gesellschaftlichen Strukturen sind Frauen und Männer im Umgang miteinander unsicher.

Eine Heirat wird in Kerala fast immer von den Eltern arrangiert, häufig über Zeitungs-

---

So fotogen es auch ist – das Wassertragen ist mit viel Mühe und Anstrengung verbunden inserate. Das durchschnittliche Heiratsalter beträgt in Kerala 23 Jahre und liegt weit über dem indischen Durchschnitt von 18 Jahren. Im Vorfeld kommt es zu Treffen der beiden Familien, wobei sich meist auch das potenzielle Brautpaar kurz begegnet. Das Aushandeln der Mitgift, die schließlich bei der Hochzeit zur Schau gestellt wird, steht im Mittelpunkt. Die Hochzeitsfeierlichkeiten mit Hunderten von Gästen werden von den Brauteltern ausgerichtet. Können die Eltern keine Mitgift aufbringen, bleibt die Tochter häufig unverheiratet und ohne gesellschaftliche Anerkennung. Die wenigen Fälle von Liebesheirat werden von der Gesellschaft nicht akzeptiert. Häufig erhält das Paar keinerlei Unterstützung von den Familien und wird ausgestoßen.

die langfristig aussichtsreichsten Mittel sind, um das bedrohliche Bevölkerungswachstum zumindest einzugrenzen. Dies bestätigen auch Untersuchungen unter Mitgliedern der indischen Mittel- und Oberschicht in westlich geprägten Städten wie Mumbai, Bangalore oder Chennai, bei denen der Slogan „Zwei Kinder sind genug", mit dem auf Plakaten und in Schulen für die Familienplanung geworben wird, schon längst Allgemeingut ist.

Ähnlich wie in Kerala und im gesamten Küstenraum beeinflussten hier schon früh von außen kommende Normen und Ideen die traditionelle indische Gesellschaft. Insgesamt lässt sich ein **Nord-Süd-Gefälle** feststellen, welches ungefähr entlang einer Linie Mumbai – Kalkutta verläuft. Die Bundesstaaten im Norden und Westen weisen gegenüber den südlichen Regionen schlechtere Werte auf. Die Unterschiede, insbesondere in der Alphabetisierungsquote der Frauen, verweisen auf gesellschaftlich bedingte Einstellungen und Verhaltensweisen, die einem nachhaltigen Geburtenrückgang entgegenstehen.

Auch heute noch gehören zwei Drittel der Bevölkerung der Unterschicht an, Indien ist nach wie vor ein **Land der Dörfer.** Zwar prägt das von den Medien verbreitete Bild von den unter menschenunwürdigen Bedingungen zu Millionen in den Slums der Großstädte dahinvegetierenden Menschen das Indienbild im Ausland und tatsächlich hat das Land mit Delhi, Mumbai, Kalkutta, Chennai (Madras) und Bangalore die größte Anzahl so genannter

BEVÖLKERUNG

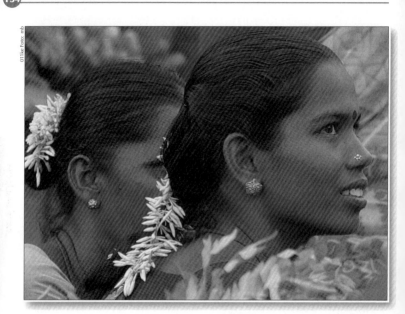

Megastädte (über 5 Mio. Einwohner) der Welt; insgesamt jedoch liegt es mit einer **Urbanisierungsquote** (Anteil der in Städten mit über 20.000 Einwohner lebenden Bevölkerung) von 28 % im internationalen Maßstab am unteren Ende, sogar hinter Afrika (30 %).

Mit inzwischen 342 Menschen pro Quadratkilometer ist Indien eines der **am dichtesten bevölkerten Länder** der Erde, wobei es jedoch auffällige regionale Unterschiede gibt. Wie seit alters her ist das fruchtbare Ganges-Tiefland zwischen Delhi und Kalkutta am dichtesten besiedelt. Hier drängelt sich etwa ein Drittel der gesamten Bevölkerung, während sich in den abgelegenen Nordost-Provinzen gerade mal um die 20 Einwohner pro Quadratkilometer verlieren.

Besonders besorgniserregend ist die **demografische Zusammensetzung** der indischen Gesellschaft. 33 % der Inder sind **unter 15 Jahre alt.** Bei der gerade unter den städtischen Jugendlichen zu beobachtenden zunehmenden Verwestlichung und der damit einhergehenden Auflösung traditioneller Werte, welche bisher die enormen kulturellen und sozialen Gegensätze der indischen Gesellschaft nur bedingt haben zum Ausbruch kommen lassen, kann man den damit in den nächsten Jahren zu erwartenden **sozialen Spannungen** nur mit der allergrößten Sorge entgegensehen.

„Musterland" Kerala

Das so häufig zitierte „Malayala-Wunder" ist in erster Linie ein Verdienst seiner Bewohner. Statistiken verdeutlichen, dass die **32 Mio. Keraliten** in fast allen Bereichen an der Spitze der indischen Bundesstaaten stehen. Nirgendwo sind die Geburtenrate und Säuglingssterblichkeit derart gering, die Lebenserwartung und die Alphabetisierungsrate so hoch. Wie einzigartig die Errungenschaften nicht nur im indischen Vergleich sind, lässt sich daran ermessen, dass das kleine Kerala selbst einen Vergleich mit der führenden Weltmacht USA nicht scheuen muss. Die Lebenserwartung eines amerikanischen Mannes beträgt zweiundsiebzig Jahre, die eines Keraliten siebzig. Die Alphabetisierungsrate beträgt in den USA 95 %, in Kerala 91 %. Die Geburtenrate ist in den USA 16 auf tausend, in Kerala 18, sie fällt jedoch schneller. Wie berechtigt der Begriff „Malayala-Wunder" ist, wird besonders dann deutlich, wenn man das jährliche Pro-Kopf-Einkommen dieser beiden Länder vergleicht: In Kerala liegt es um die 400 US$, in den USA bei 22.500 US$, das Siebzigfache.

Andere für die Keraliten typischen Eigenschaften lassen sich nicht statistisch erfassen, tragen jedoch mindestens ebenso nachhaltig zur Lebensqualität des Landes bei. Hierbei sind besonders die für die Keraliten so charakteristischen Eigenschaften wie **Offenheit und Toleranz** zu nennen. Durch die seit vielen Jahrhunderten praktizierte Offenheit für äußere Einflüsse – arabische, römische, chinesische und britische, islamische, christliche und marxistische – haben die Malayali eine offene und gastfreundliche Einstellung zu anderen Kulturen verinnerlicht. Trotz der geringen Größe des Landes leben hier seit Jahrtausenden alle großen indischen Religionsgemeinschaften friedlich zusammen. Der Islam wurde nicht nur auf friedlichem Wege verbreitet, sondern auf eine Weise gefördert, für die es in der nichtislamischen Welt keine Parallelen gibt.

Die charakteristische Toleranz der Keraliten ist umso bemerkenswerter, wenn man bedenkt, dass Kerala mit einer Bevölkerungsdichte von 760 Einwohnern pro km^2 der nach Bengalen am dichtesten besiedelte Bundesstaat Indiens ist.

In diese Tradition passt auch, dass es die Keraliten waren, die als erste und am zahlreichsten den Beschäftigungsboom in den Ländern am Arabischen Golf ausnützten. Etwa eine Million Keraliten arbeiten heute im Ausland und transferieren damit nicht nur enorme Summen auf die Konten ihrer Verwandten zu Hause, sondern kultivieren die jahrtausendealte Tradition der Keraliten für andere Kulturen.

Keralische Frauen haben einen für indische Verhältnisse guten Bildungsstand, sind aber von einer gesellschaftlichen Gleichstellung noch weit entfernt

Sprache

Ebenso wie es vor der Ankunft der Briten keinen geschlossenen Zentralstaat mit dem Namen Indien gab, existierte **keine einheitliche indische Sprache** und das ist bis heute so geblieben. Während sich das durch die Engländer zusammengeschweißte Kunstprodukt Indien seit nunmehr 50 Jahren über die Runden quält, ist das Land sprachlich so zersplittert wie eh und je. Welche politische Bedeutung das Sprachproblem in Indien besitzt, zeigte sich bei der Grenzziehung der einzelnen Unionsstaaten, die weitgehend nach sprachlichen Gesichtspunkten vorgenommen wurde.

Indien hat **neben Englisch und Hindi 17 gleichberechtigte Amtssprachen.** Man schaue sich einmal einen beliebigen indischen Geldschein an. Da ist der Notenwert zunächst groß in Englisch und Hindi aufgedruckt. Daneben ist eine Kolumne zu sehen, auf der der Wert in den 13 weiteren Regionalsprachen steht.

Am ehesten könnte man noch **Hindi** als Nationalsprache bezeichnen, doch nur in den Kernstaaten Madhya Pradesh und Uttar Pradesh wird es von der Mehrheit der Bevölkerung gesprochen. 41 % der Bevölkerung Indiens haben Hindi als Muttersprache. Zwar sind wiederholt Versuche unternommen worden, Hindi als indische Nationalsprache einzuführen, doch scheiterte dies letztlich immer wieder am entschiedenen Widerstand des stark auf seine Eigenständigkeit bedachten Sü-

Schriftmuster: Hindi

Schriftmuster: Malayalam

Die wichtigsten Sprachen Indiens

Sprache	Gebiet	Anteil
Assami	Assam	0,001%
Bengali	West-Bengalen	8,3%
Gujarati	Gujarat	5,4%
Hindi		41%
Kannada	Karnataka	4,2%
Kashmiri	Kashmir	0,5%
Malayalam	Kerala	4,2%
Marathi	Maharashtra	8,0%
Oriya	Orissa	3,7%
Punjabi	Punjab	3,2%
Tamil*	Tamil Nadu	6,9%
Telugu	Andhra Pradesh	8,2%
Urdu	Muslime u. Pakist.	5,7%

* Die Zahl gilt für 1981, da die betreffenden Ergebnisse des letzten Zensus (1991) in einer Flutkatastrophe verloren gingen.

dens. Dort wehrt sich die mehrheitlich dravidische Bevölkerung gegen diesen nach ihrer Meinung sprachlichen Kolonisationsversuch durch den indogermanischen Norden.

Dies ist umso verständlicher, wenn man weiß, dass die **dravidischen Sprachen** gegenüber den vom Sanskrit abstammenden **indoarischen Sprachen,** zu denen auch das Hindi gehört, einen eigenen, völlig unabhängigen Sprachstamm bilden, der schon lange vor der Ankunft der Arier in Indien beheimatet war.

Neben den vier großen dravidischen Sprachen Tamil, Malayalam, Kannada und Telugu, die in den Bundesstaaten Tamil Nadu, Kerala, Karnataka und Andhra Pradesh gesprochen werden, gibt es noch eine ganze Reihe von Stammesidiomen (Gondi, Parji, Kurukh, Toda u.a.), die vor allem auf abgelegene Gegenden konzentriert sind.

Von diesen vier offiziellen dravidischen Literatursprachen ist das **Tamil** (59 Mio. Sprecher) die bedeutendste. Bereits aus den letzten vorchristlichen Jahrhunderten sind Sammlungen von hochrangigen lyrischen Gedichten in einer kunstvoll ausgebildeten Dichtersprache überliefert. In Lautform und im Wortschatz hat das Tamil gegenüber dem Hindi eine bemerkenswerte Resistenz bewiesen. Stärker als jede andere Sprache Indiens weist es eine Trennung zwischen Schrift- und Umgangssprache auf. Während die Umgangssprache heute durchgehend in Filmen verwendet wird, setzt man sie in der Romanliteratur nur in Dialogen ein; Erzähltexte werden weiterhin in Schriftsprache geschrieben.

Das **Malayalam** (34 Mio. Sprecher), im Staate Kerala gesprochen, ist eigentlich ein alter Dialekt des Tamil, der seit dem Ende des ersten nachchristlichen Jahrtausends eine eigenständige Entwicklung durchlaufen hat. Vom Tamil unterscheidet es sich außer durch grammatikalische Eigentümlichkeiten auch durch eine eigene Schrift und einen ungewöhnlich hohen Anteil an Lehnwörtern aus dem Sanskrit.

Anders als im Tamil setzt die literarische Überlieferung der in den nördlich angrenzenden Gebieten beheimateten großen Literatursprachen **Telugu** (72 Mio. Sprecher) und **Kannada** (36 Mio. Sprecher) erst im Mittelalter ein und zeigt von Anfang an einen starken Sanskrit- und Hindi-Einschlag. Auch in der Lautstruktur zeigen diese

Sprachen einen mehr dem Norden angenäherten Charakter. Das Kannada hat die bedeutendere moderne Literatur, die auch internationale Anerkennung gefunden hat.

Dass die Dravidisch sprechende Bevölkerung des Südens Träger einer überlegenen urbanen Kultur war, zeigt sich allein an der großen Zahl von Lehnwörtern, die bereits das ältere

Schulbildung in Kerala

Kerala hat als einziger indischer Staat erreicht, was von der UNESCO „total literacy" genannt wird: eine **Alphabetisierungsrate** von über 85 %. Mittlerweile liegt sie bei **91 %,** weit über dem indischen Durchschnitt von 52 %. So ist auch die Zirkulation von Zeitungen in Kerala höher als im indischen Durchschnitt. Beim Blick auf Keralas Bildungssystem muss betont werden, dass erst eine hohe Alphabetisierungsrate von Frauen zu dem Ergebnis führen konnte. Die keralische Kultur stand nie im Widerspruch mit Frauenbildung. Kinderarbeit tritt in Kerala weniger häufig auf. Laut Statistik arbeiten in Gesamtindien 7,6 % der 5- bis 14-Jährigen, in Kerala jedoch nur 1,5 %.

Bereits im 16. bis 18. Jahrhundert breitete sich die Alphabetisierung bei höheren Kasten aus. Dann folgten **christliche Missionare,** vor allem protestantische, die moderne Schulen einrichteten. Sie arbeiteten vor allem mit unterdrückten Kasten und motivierten die Menschen zum Konvertieren. Neben christlicher Theologie wurden jedoch auch säkulare Themen gelehrt.

Mitte des 19. Jahrhunderts gab es die ersten modernen **Regierungsschulen.** Das Netz traditioneller, auf Kasten basierender Schulen wie Madrasas und vedische Schulen ging im 18. und 19. Jahrhundert stark zurück. Bereits im Jahr 1817 wurde von der 15-jährigen Herrscherin von Travancore Massenalphabetisierung angestrebt – die Kosten sollte der Staat übernehmen. Bis zur tatsächlichen Massenalphabetisierung verging jedoch noch weit über ein Jahrhundert.

Eine große Rolle spielte die *Total Literacy Campaign* 1989–91. Hier wurde jeder Analphabet identifiziert und es wurden Gruppen gebildet, in denen Freiwillige lehrten – zu Themen wie Würde der Arbeit, Trinkwasser, Krankheitsvorsorge und Freiheitskampf.

Im Alter von etwa drei Jahren kommen die meisten keralischen Kinder in den Kindergarten, der nach europäischen Standards eher einer Vorschule entspricht. Die Eltern erwarten, dass dort Lesen, Schreiben und Rechnen gelehrt wird. Gemeinsames Spielen, Kreativität, die Förderung von Fähigkeiten und Talenten sind unbekannt, vielmehr stehen Disziplin, Gehorsam und Anpassung an vorgegebene Strukturen im Mittelpunkt. Die Einschulung erfolgt mit sechs Jahren. Wissensvermittlung besteht in Frontalunterricht und Auswendiglernen, wobei das Verstehen im Hintergrund bleibt. Es wird nicht gefördert, sich eigene Gedanken zu machen oder auch Gelerntes selbst zu formulieren.

Prügelstrafe ist die Regel an keralischen Schulen. Den Kindern bleibt wenig Freizeit und der Leistungsdruck, besonders vor den häufigen Prüfungen, ist enorm. Mit Abschluss der zehnten Klasse ist die Schule beendet. Am College kann dann in verschiedenen zweijährigen Fachkursen („10 + 2") weitergelernt und mit dem *Pre-degree* abgeschlossen werden. Danach besteht die Möglichkeit nach weiteren drei Jahren Fachstudium den Bachelor-Abschluss und nach wiederum zwei Jahren den Masters-Abschluss abzulegen.

Sanskrit von ihnen übernommen hat; erst in nachchristlicher Zeit unterlag der dravidische Süden einer verstärkten sprachlichen und kulturellen Beeinflussung aus dem Norden, in deren Folge die Schriftsprachen ihrerseits zahllose Lehnwörter aus dem Sanskrit aufgenommen haben.

Eine Zwischenstellung nimmt das **Tulu** (2,5 Mio. Sprecher) ein, das an der Westküste Indiens zwischen den Gebieten des Kannada und Malayalam gesprochen wird. Es besitzt keine eigene Literatur, dafür aber eine reiche mündliche Überlieferung und hat in jüngster Zeit die Anfänge zu einer selbständigen Schriftsprache erlebt.

Schriftsysteme

Hindi, Marathi und Sanskrit (sowie Nepali) werden gleichermaßen im Devanagari-Alphabet geschrieben, alle anderen Sprachen benutzen ihr eigenes Schriftsystem. Einige Lokalsprachen benutzen je nach Gebiet gar mehrere Alphabete gleichzeitig. So wird z.B. das Konkani in Goa in lateinischem Alphabet geschrieben, in Maharashtra im Devanagari und in Karnataka im Kannada-Alphabet.

Englisch als Verkehrssprache

Die gerade im sprachlichen Bereich sehr auf ihre Unabhängigkeit bedachten Südinder und speziell die Menschen in Tamil Nadu weigern sich entschieden gegen die Einführung des von der Regierung in Delhi seit Jahrzehnten vorangetriebenen Versuches, **Hindi als Landessprache** durchzusetzen. Da jedoch auch sie darauf angewiesen sind, sich mit ihren Landsleuten im Norden unterhalten zu können, hat sich im Süden noch weit mehr als im Norden **Englisch als zweite Hauptsprache** neben der jeweiligen Regionalsprache durchgesetzt. Dies gilt insbesondere für Goa und Kerala, die seit Jahrhunderten rege Handelsbeziehungen mit dem Ausland pflegen und zudem über eines der höchsten Bildungsniveaus in ganz Indien verfügen.

Diese im Grunde paradoxe Situation, in der sich die Bürger über die Grenzen ihrer jeweiligen Unionsstaaten hinaus vornehmlich in der Sprache ihrer früheren Kolonialherren unterhalten, wird sich in Zukunft mit dem zunehmenden Bildungsniveau noch verstärken. Dies gilt umso mehr, als die Beherrschung der englischen Sprache im Kasten- und Klassenbewusstsein Indiens heute mehr denn je zu einem **Statussymbol** geworden ist, mit dem sich die Mittel- und Oberschicht gegenüber der ungebildeten Unterschicht abzuheben versucht. In vielen Familien der Oberschicht wachsen die Kinder bereits mit Englisch als erster Sprache auf. Dies ist ein weiteres Zeichen dafür, wie sehr sich diese die zukünftige Entwicklung entscheidend mitgestaltende Bevölkerungsgruppe von den traditionellen Wurzeln der indischen Gesellschaft entfremdet hat. Für Touristen hat die Entwicklung natürlich den ungemeinen Vorteil, dass man sich mit Englisch landesweit gut verständigen kann. Leider ist es in weniger gebildeten Kreisen, zu denen z.B. Taxi- und Rikshafahrer zählen, wenig verbreitet.

Religionen

Für kaum eine andere Region der Erde gilt der Grundsatz, dass die Religion den Schlüssel zum Verständnis des Landes bildet, mit der gleichen Ausschließlichkeit wie für Indien. Der Glaube durchdringt nach wie vor fast jeden Aspekt des indischen Lebens. Dies gilt insbesondere für die Hindus, die mehr als 80 % der gesamtindischen Bevölkerung stellen.

In Kerala ist der Anteil der drei großen Religionen ungefähr gleich verteilt: Hier leben etwa zu je einem Drittel **Hindus, Muslime und Christen.** Nur 0,7 % der Gesamtbevölkerung Indiens bekennen sich zum Buddhismus, obwohl Indien das Ursprungsland dieser Weltreligion ist. Mit 60.000 Anhängern die kleinste indische Religionsgemeinschaft sind die Parsen, die vorwiegend in Mumbai leben. Größere Gemeinden von Jains und Sikhs gibt es in Kerala nicht.

Hinduismus

Von den Reinigungsvorschriften über die Ernährungsweise, Heiratsgebote und Bestattungszeremonien bis hin zur Wiedergeburt im nächsten Leben – im wahrsten Sinne des Wortes von der Wiege bis zur Bahre wird das Leben jedes einzelnen Hindus von seiner Religion bestimmt. Bei der Suche nach den Wurzeln der indischen Gesellschaft straucheln die meisten westlichen Besucher recht bald im undurchsichtigen Dschungel des Hinduismus. Tatsächlich muss sich der Europäer angesichts eines Glaubens, der weder einen Stifter noch einen Propheten, weder eine Organisation noch einen Missionsanspruch, weder allgemeinverbindliche Dogmen noch eine heilige Schrift, dafür jedoch das Nebeneinander vieler verschiedener Lehrbücher und Hunderttausender Götter kennt, ziemlich verloren vorkommen.

Ein „ismus" im Sinne einer einheitlichen Lehre oder Ideologie ist der Hinduismus nicht. Vielmehr verbirgt sich hinter dem Begriff ein äußerst vielschichtiges und **komplexes Gedankengebäude** philosophischer, religiöser und sozialer Normen, welches sich im Laufe von Jahrtausenden durch die Entstehung und Verschmelzung unterschiedlicher Strömungen herausgebildet hat.

Allein das Wort Hinduismus ist bereits eine irreführende Bezeichnung. *Hindu* ist das persische Wort für die Menschen jenseits des Sindhu, dem Indus – also die Bezeichnung der muslimischen Eroberer für die Inder. Erst viel später gingen die Inder dazu über, sich selbst als Hindus zu bezeichnen.

Arische und dravidische Ursprünge

Die Ursprünge dessen, was man heute Hinduismus nennt, gehen über drei Jahrtausende zurück, als die aus Zentralasien nach Indien eindringenden **Arier** die **dravidische Urbevölkerung** unterwarfen. Während die Arier

Krishna mit seiner Frau Radha

militärisch eindeutig die Oberhand gewonnen hatten, wurde die indoarische Religion in den folgenden Jahrhunderten in hohem Maße von den Glaubensvorstellungen der besiegten Ureinwohner durchdrungen.

Besonders deutlich zeigt sich diese Synthese bei der Herausbildung des hinduistischen **Götterhimmels.** Standen zunächst die arischen Naturgottheiten wie etwa *Surya* (Sonne), *Candra* (Mond) und *Indra* (Gewitter) im Mittelpunkt der Verehrung, so wurden diese in der Folgezeit mit den bereits in der vorarischen Zeit in Indien verehrten Göttern vermischt. So ist etwa die mit dem Shivaismus in Verbindung stehende Lingam-Verehrung eine Weiterentwicklung des bereits im 3. Jahrtausend v. Chr. in Harappa nachgewiesenen Phalluskults.

Durch Rituale wie das Singen von Hymnen, Opferungen und die Abhaltung magischer Rituale versuchten die Menschen, ihre Götter für die Erfüllung ihrer Wünsche zu gewinnen. Die Hymnenliteratur ist in heiligen Schriften, den sogenannten **Veden,** zusammengefasst. Nach diesen frühesten, im 2. Jahrtausend v. Chr. verfassten Schriften wurde diese erste Phase des Hinduismus, die etwa von 1500 bis 1000 v. Chr. reichte, als **Vedismus** bezeichnet.

Entstehung des Kastensystems

Auf den Vedismus folgte der **Brahmanismus** (ca. 1000–500 v. Chr.). Diese Phase ist gekennzeichnet durch die Ausbildung aller zentralen, im Kern bis heute gültigen Glaubensprinzipien des Hinduismus. Mit dem Aufkommen des allumfassenden Schöpfergottes *Brahma* verloren die alten Naturgottheiten mehr und mehr an Bedeutung. Gleichzeitig wuchs mit den immer komplizierter werdenden **Opferritualen,** die allmählich die zentrale Rolle in der Religionsausübung einnahmen, die Macht des Priesterstandes.

Die **Brahmanen** standen aufgrund ihres Wissensmonopols an der Spitze der hierarchisch geordneten Gesellschaft. Ihnen folgten die **Kshatriyas** (Krieger und Adel) und **Vaishyas** (Bauern, Viehzüchter, Händler), denen die unterworfenen nicht-arischen **Shudras** (Handwerker, Tagelöhner) untergeordnet waren. Aus diesen vier Gruppen entstand das heute noch immer gültige Kastensystem Indiens.

Herausbildung des Hinduismus

Doch je weniger die große Masse des Volkes Zugang zu den für sie kaum noch nachzuvollziehenden Opferritualen der elitären Priesterkaste fand, desto empfänglicher wurden die Menschen für andere Glaubensrichtungen. So ist es kein Zufall, dass gerade zu jener Zeit mit dem **Jainismus** und dem **Buddhismus** zwei neu entstandene Religionen großen Zulauf fanden, die vom Priestertum unabhängige Wege zur Erlösung aufzeigten. Unter der Patronage des großen Maurya-Königs *Ashoka* (274–232 v. Chr.) entwickelte sich der Buddhismus sogar zur führenden Religion des Landes. Wiederum als Reaktion hierauf erfolgte im Hinduismus eine Rückbesinnung auf die Ursprünge der Veden, die in der Verschmelzung mit den Erkenntnissen des Brahmanismus zur Herausbildung des bis heute praktizierten **Hinduismus** führte.

Grundprinzipien

Kerngedanke des Hinduismus und das Herzstück traditionellen indischen Lebens ist der Glaube an einen ewigen Schöpfergeist oder eine **Weltseele** *(brahman),* aus der alles Leben und die gesamte Weltordnung hervorgeht. Den zweiten Grundpfeiler bildet die Vorstellung von der Reinkarnation, d.h. der **Wiedergeburt** der unsterblichen Seele in einem neuen Körper. Danach durchläuft jeder Mensch, oder richtiger jede Seele, unzählige Wiedergeburten, so dass der Tod nur eine Zwischenstation auf dem Weg zu einer neuen Existenz darstellt. Hieraus erklärt sich auch, warum für den Hindu der Tod ein weit weniger einschneidendes Erlebnis ist als für einen Menschen aus dem westlichen Kulturkreis, der von der Endlichkeit und Einzigartigkeit seiner Existenz überzeugt ist.

Ziel jedes Lebewesens oder jeder Einzelseele *(atman)* ist *moksha,* die **Erlösung aus dem Geburtenkreislauf** und die Vereinigung mit dem *brahman.* Den Weg zu diesem Ziel kann jeder Einzelne selbst bestimmen, indem er sich in jedem seiner Leben so weit wie möglich an die Regeln der göttlichen Ordnung *(dharma)* hält. Wer diesen Dharma-Gesetzen entsprechend lebt, rückt mit jeder Wiedergeburt auf einer höheren Stufe der Erlösung jeweils einen Schritt näher. Fällt die Gesamtbilanz am Lebensende jedoch negativ aus, so wird dies mit einer niederen Wiedergeburt im nächsten Leben bestraft.

Dieses **Karma** genannte Vergeltungsprinzip bildet auch die Erklärung für das Kastenwesen, das jedem Menschen entsprechend seinen Verdiensten bzw. Verfehlungen im vorigen Leben einen festen Platz in der sozialen Rangordnung zuweist. Jede der insgesamt über 3000 Kasten- und Unterkasten hat ihr eigenes *dharma,* dementsprechend sich das jeweilige Kastenmitglied zu verhalten hat.

Welche Pflichten im einzelnen zu erfüllen sind, beschreiben die **Dharma-Bücher,** unter denen das Gesetzbuch des Manu das bekannteste ist. Hindus sehen in diesem ab dem 2. vorchristlichen Jahrhundert entstandenen Werk eine Offenbarung des Schöpfergottes an den Urvater des Menschengeschlechts Manu. Bis ins kleinste Detail wird dort dharma-gerechtes Verhalten aufgelistet. Als Haupttugenden gelten die Heirat innerhalb der eigenen Kaste, die Ausübung eines nur für die eigene Kaste erlaubten Berufs und das Einnehmen der Mahlzeiten nur mit Mitgliedern der eigenen Kaste.

Entsprechend der Vergeltungskausalität des Karma, nach der jeder durch seine Taten im vorherigen Leben für sein jetziges Schicksal selbst verantwortlich ist, gehört die klaglose Akzeptanz dieser Vorschriften zu einem der Grundmerkmale hinduistischen Glaubensverständnisses. So heißt es im **Mahabharata,** einem aus 18 Büchern mit insgesamt 100.000 Doppelversen bestehenden Hindu-Epos aus dem

330.000 Möglichkeiten – die indische Götterwelt

Du sollst keine anderen Götter neben mir dulden – dieses für Juden, Christen und Muslime gleichermaßen gültige Gebot des Monotheismus steht im krassen Gegensatz zur hinduistischen Götterwelt. Nicht weniger als 330.000 Götter stehen den Hindus angeblich zur Auswahl! Tatsächlich symbolisiert der hinduistische Götterhimmel die einzigartige Vielschichtigkeit des Phänomens Indien auf geradezu klassische Weise.

Für Außenstehende ist es nur sehr schwer nachvollziehbar, dass die Götter im Hinduismus, ebenso wie die Menschen, zahlreiche Reinkarnationen durchlaufen, die dann wiederum als eigenständige Gottheiten verehrt werden. Hinzu kommt, dass viele von ihnen heiraten und Kinder bekommen, welche dann ebenfalls Aufnahme in den hinduistischen Pantheon finden.

Ganesha mit seinem Reittier, der Ratte

Krishna mit Flöte

Schließlich gibt es auch noch unzählige lokale Gottheiten. So gelingt es nicht einmal den Indern selbst, all ihre Götter zu identifizieren.

An der Spitze des Pantheons steht die als **Trimurti** bezeichnete Dreieinigkeit der Götter Brahma, Vishnu und Shiva. **Brahma** wird als Schöpfer der Welt und aller Wesen angesehen, bleibt jedoch im Schatten Vishnus und Shivas, denn anders als diese wurzelt er nicht im Volksglauben. Nur ganz wenige Tempel Indiens, wie etwa in Pushkar, sind ihm direkt geweiht, doch als einer unter vielen Göttern ist er in fast jedem Heiligtum anzutreffen. Dabei wird er meist mit vier in die verschiedenen Himmelsrichtungen blickenden Köpfen und seinem Tragtier, dem Schwan, dargestellt. Brahmas Gattin **Sarasvati** gilt als die Göttin der Künste; ihr werden die Erfindung des Sanskrit und des indischen Alphabets zugeschrieben. Zwei immer wiederkehrende Attribute Sarasvatis sind ein Buch und eine Gebetskette.

Vishnu, der neben Shiva bedeutendste Gott im Hinduismus, gilt als der Erhalter der

Welt, der in seinen bisher insgesamt neun Inkarnationen *(avataras)* immer dann auftritt, wenn es gilt, die Erde vor dämonischen Gewalten zu schützen. Seine bekanntesten Inkarnationen sind die als Rama, Krishna und Buddha. Vishnus Tragtiere sind entweder eine Schlange oder ein Garuda. Seine Gattin **Lakshmi** verkörpert Schönheit und Reichtum und ist oft Mittelpunkt der vielen indischen Tempel, die von der Industriellenfamilie *Birla* gestiftet wurden.

Shiva wird oftmals als das Gegenstück Vishnus bezeichnet, was jedoch nur zum Teil stimmt, da sich in ihm verschiedene, äußerst widersprüchliche Wesenselemente vereinen. Laut der indischen Mythologie soll er unter nicht weniger als 1.008 verschiedenen Erscheinungsformen und Namen die Erde betreten haben. Einerseits verkörpert er die Kräfte der Zerstörung, andererseits gilt er auch als Erneuerer aller Dinge. Besonders augenfällig zeigt sich diese Vereinigung von Gegensätzen in seiner Manifestation als kosmischer Tänzer

Shiva – zugleich Gott der Zerstörung und Heilbringer

Die blutrünstige Göttin Kali

Nataraja, der in einem ekstatischen Tanz inmitten des Feuerkranzes einer untergehenden Welt zu sehen ist, womit er jedoch bereits die Energien für ein neu zu errichtendes Universum schafft.

Ebenso widersprüchlich (zumindest nach westlichen Vorstellungen) wie er selbst ist die ihm zur Seite gestellte Göttin **Parvati**, die auch in ihren Inkarnationen als Annapurna, Sati, Durga und Kali bekannt ist und unter diesen Namen ganz verschiedene Wesenszüge aufweist. Ihre zerstörerische Seele spiegelt sich am offenkundigsten in der blutrünstigen, vor allem in Bengalen verehrten Kali, während sie als Sati die ihrem Mann bis in den Tod ergebene Gattin verkörpert, die sich nach dem Tod Shivas auf dem Scheiterhaufen verbrennen lässt. In Shiva-Tempeln steht das *lingam* (Phallus), das Shiva als kraftvollen Schöpfer symbolisiert, aufrecht auf der *yoni* (Vulva), dem Symbol der Gattin. Wie auch bei den anderen Göttern gibt es eine ganze Reihe von Emblemen, an denen man Shiva und Parvati erkennen kann. Bei Shiva sind dies der Dreizack, ein Schädel oder die ascheverschmierte, grau-blaue Haut, bei Parvati in ihrer Form als Kali die um ihren Hals hängende Totenkopfkette. Wichtigstes Erkennungsmerkmal sind jedoch auch hier die Tragtiere, bei Shiva der Nandi-Bulle und bei Parvati ein Löwe.

Einer der populärsten Götter im Hinduismus ist der dickbäuchige, elefantenköpfige **Ganesha**, Sohn von Shiva und Parvati. Eine von vielen Legenden besagt, dass Shiva – nach langer Abwesenheit zurückgekehrt – seinem Sohn im Zorn den Kopf abgeschlagen haben soll, nachdem er diesen fälschlicherweise für einen Liebhaber Parvatis hielt. Voller Trauer ob seines Missgeschicks und im Bemühen, dieses so schnell als möglich zu beheben, beschloss er, seinem Sohn den Kopf jenes Lebewesens aufzusetzen, das ihm als erstes begegnen würde. Da dies ein Elefant war, ziert Ganesha seither jener charakteristische Elefantenkopf. Sein rundlicher Bauch lässt darauf schließen, dass er schon in vorarischer Zeit ein Fruchtbarkeitsidol verkörperte. Dass nun ausgerechnet eine Ratte für das Schwergewicht als Tragtier herhalten muss, passt zu dieser drolligen und liebenswerten Götterfigur. Als Glücksbringer und Beseitiger von Hindernissen jeglicher Art ziert er praktischerweise das Armaturenbrett vieler Busse und LKW.

Neben Ganesha ist **Krishna**, die achte Inkarnation Vishnus, die beliebteste Gottheit des Hinduismus und zudem auf Bildern und Zeichnungen die am meisten dargestellte. Die schelmischen und erotischen Abenteuer des jugendlichen Hirtengottes boten den Miniaturmalern reichlich Stoff, um ihren Fantasien freien Lauf zu lassen. Die wohl am häufigsten aufgegriffene Szene zeigt Krishna, wie er den im Yamuna-Fluss bei Vrindaban badenden Hirtenmädchen *(gopis)* die Kleider stiehlt. Mit seiner Hirtenflöte und der charakteristischen blauen Hautfarbe ist er einer der am einfachsten zu identifizierenden Götter.

Wie keine andere Heiligenfigur symbolisiert **Rama**, die siebte Inkarnation Vishnus, die ungebrochene Verehrung, welche die jahrtausendealten hinduistischen Götter im heutigen Indien immer noch genießen. Der meist dunkelhäutig und mit Pfeil und Bogen dargestellte Rama ist die Hauptfigur des großen hinduistischen Heldenepos Ramayana, das aus 24.000 Doppelversen besteht.

In ganz Südindien, aber speziell in Tamil Nadu finden sich auf freien Feldern Gruppen von Pferdeskulpturen. Sie gehören zum Kult des **Aiyanar**, des Schutzgottes der Tamilen, der nachts mit seinen Pferden über die Felder reitet und die bösen Geister verscheucht. Die Pferdefiguren können bis zu zwei Meter hoch sein, meist sind sie aus Ton geformt und in einem Stück gebrannt. Während ihr Körper weiß gehalten ist, werden Sattelzeug, Mähne, Geschirr und Zaumzeug oft farbig hervorgehoben. In Kerala ist der Sohn Shivas und Mohinis (der weiblichen Form Vishnus) auch unter dem Namen Ayappa bekannt.

2. Jh. v. Chr.: „Tu deshalb ohne Hinneigung immer das, was deine Pflicht dir vorschreibt, denn indem der Mensch so handelt, erreicht er das Höchste". Das sich klaglose Fügen in sein Schicksal schließt individuelle Selbstentfaltung außerhalb der eng begrenzten Schranken des Kastensystems aus, würde diese doch das oberste Gebot, die Aufrechterhaltung der göttlichen Ordnung, bedrohen.

„Fatalistische" Grundstimmung

Diese Sicht der Welt schlägt sich in einer allgemeinen Grundstimmung nieder, die oftmals allzu undifferenziert als **fatalistisch** bezeichnet wird. Nach hinduistischer Philosophie ist die

Welt wie ein riesiger Strom, der seit alters träge dahinfließt. Jeder Mensch hat seinen Platz in diesem Strom, in dem die scharfen Konturen der Vergangenheit, der Gegenwart und der Zukunft verschwimmen, da das Leben des einzelnen nicht durch Geburt und Tod fest umgrenzt ist. Die Welt ist, wie sie ist, ihre Gesetze sind vom Menschen nicht zu beeinflussen. Der auf die Zukunft gerichtete Wille zur Veränderung und zur Mehrung irdischer Güter konnte sich in dieser gesellschaftlichen Atmosphäre nicht so durchsetzen wie im neuzeitlichen Europa. Hieraus erklärt sich auch der auffällige wirtschaftliche Erfolg kleiner Religionsgemeinschaften wie der **Jains,** der **Sikhs** und der **Parsen,** die mit ihren mehr diesseits orientierten Glaubensvorstellungen einen **ökonomischen Wertevorsprung** gegenüber den Hindus besitzen.

Ganzheitliche Weltsicht

Die Wiedergeburt in eine der vielen Tausend Kasten stellt jedoch nur eine Möglichkeit der Reinkarnation dar. Da für die Hindus alles Leben auf Erden Ausdruck der göttlichen Ordnung ist, kann der Mensch durch Fehlverhalten auch als Tier oder Pflanze wiedergeboren werden, wie es das Gesetzbuch des Manu höchst drastisch veranschaulicht: „Wenn man Korn stiehlt, wird man eine Ratte, Wasser ein Wassertier, Honig eine Mücke, Milch eine Krähe und Süßigkeiten ein Hund".

Mag dies zunächst auch eher belustigen, so verbirgt sich dahinter mit der Vorstellung, dass letztlich alle Lebewesen gleichwertig sind, eine ganzheitliche Weltsicht, welche kaum unterschiedlicher zum christlichen Glauben sein könnte, in dem der Mensch als Krönung der Schöpfung gilt. Die universelle Auffassung von der **Einheit allen Lebens,** in der der Mensch nur ein Teil des Ganzen ist, hat in Indien zu einem grundsätzlich **behutsameren Umgang mit der Natur** geführt, die nicht als Um-, sondern als Mitwelt verstanden und erfahren wird. In solch einer ganzheitlichen Weltsicht stehen Mikro- und Makrokosmos, Himmel und Erde, Gott und Mensch in unmittelbarem Bezug zueinander.

Religiöses Alltagsleben

Dementsprechend gehört es für jeden Hindu zu den Selbstverständlichkeiten des Lebens, dass er durch tägliche **Kult- und Opferhandlungen** (*puja*) die Götter gnädig zu stimmen versucht. So befindet sich in jedem Hindu-Haus ein kleiner Altar mit dem Bild der verehrten Gottheit. Mindestens einmal täglich wird ihm mit dem Umhängen von Blumengirlanden, dem Entzünden von Räucherstäbchen und einer kleinen Andacht gehuldigt. Das gleiche Ritual vollzieht sich in größerem Rahmen in den Dorftempeln, in denen an speziellen Feiertagen aufwendige *pujas* abgehalten werden. Zu diesen Anlässen werden den Götterbildern liebevoll zubereitete Opfergaben wie Kokosnüsse, Süßigkeiten und Blumen dargeboten. Dadurch, dass die Gottheit die Essensgaben symbolisch isst, werden sie zu *prasad,* d.h.

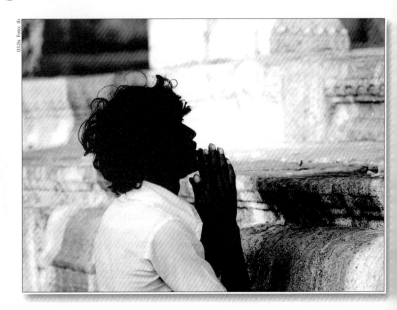

heiligen Speisen, die danach wieder an die Pilger verteilt werden.

Die Offenheit der hinduistischen Religion bringt es mit sich, dass dem Gläubigen viele weitere Möglichkeiten offenstehen, um sich dem Göttlichen zu nähern. Dazu gehören u.a. verschiedene Arten der **Meditation,** das Leben als wandernder Asket oder Einsiedler *(sadhu)* oder die Teilnahme an oftmals langwierigen und kräftezehrenden **Pilgerreisen** zu bedeutenden Plätzen der indischen Mythologie.

Hinduistische Toleranz in Gefahr

Die Annahme der Einheit aller Lebewesen gilt für die Hindus auch gegenüber Mitgliedern anderer Religionsgemeinschaften wie Buddhisten, Christen, Sikhs, Parsen oder Muslime. Alle Religionen werden als legitime Wege zum ewigen Schöpfergott angesehen. Für Hindus gibt es dementsprechend so viele Wege zu Gott, wie es Gläubige gibt. Inquisitionen oder Kreuzzüge im Namen des Hinduismus hat es nie gegeben.

Diese Toleranz ist allerdings in letzter Zeit vor allem gegenüber den **Muslimen** durch die Wunden jahr-

Die Andacht vor dem Tempel – für die allermeisten Inder ein tägliches Ritual hundertealter Fremdherrschaft und die Zunahme **sozialer Spannungen,** die zudem von skrupellosen Politikern noch geschürt werden, stark gefährdet. Hier bleibt nur zu hoffen, dass sich die Hindus zurückbesinnen auf jene vier Haupttugenden, die in den hinduistischen Lehrbüchern zur Erlangung der *moksha* gefordert werden: **Wohlwollen, Mitleid, Mitfreude und Gleichmut.**

● **Buchtipp:** *Rainer Krack,* „Praxis: Hinduismus erleben", Reise Know-How Verlag, Bielefeld.

Islam

Mahmud-e-Ghazni, ein Heerführer aus dem heutigen Afghanistan, der im Jahre 1001 den ersten seiner insgesamt 17 Raubzüge durch Nordindien durchführte, wurde für die Hindus zum Prototyp des **islamischen Eroberers,** der mordend und brandschatzend durchs Land zieht und im Namen der Religion die heiligen Stätten zerstört. Seither ist die indische Geschichte von blutigen **Glaubenskriegen zwischen Hindus und Muslimen** geprägt, wobei die Teilung des Subkontinents 1947 in das islamische Pakistan und das hinduistische Indien nur den vorläufigen traurigen Höhepunkt darstellt.

Auch zu Beginn des 3. Jahrtausends stehen sich die Anhänger der beiden Religionen unversöhnlicher denn je gegenüber. Die 110 Mio. in Indien lebenden Muslime stehen gerade im Zeichen eines immer radikaler und intoleranter werdenden Hindu-Fundamentalismus vor einer mehr als unsicheren Zukunft. Tatsächlich lässt sich ein größerer Gegensatz als zwischen dem strikt monotheistischen und bilderfeindlichen Islam und den Millionen von Göttern, die die hinduistischen Tempel voll üppiger Erzähl- und Darstellungsfreude zieren, kaum denken.

Mohammed und die Niederschrift des Koran

Abdil Kasim Ibn Abt Allah – der erst später den Beinamen *Mohammed* (arabisch: der Gepriesene) erhielt – wurde im Jahre 570 als Sohn eines Kaufmanns in Mekka, einer bedeutenden Karawanenstadt auf der Handelsroute zwischen Indien und Ägypten, geboren. Im Alter von 40 Jahren wurde ihm in einer Höhle unterhalb des Berges Hira durch den Erzengel Gabriel die Offenbarung zuteil, Prophet Gottes (Allah) zu sein.

Die ihm über einen Zeitraum von mehr als 20 Jahren vom Erzengel übermittelten Worte Allahs schrieb Mohammed in ein Buch nieder, welches als Koran („das zu Zitierende") zur heiligen Schrift der Muslime wurde.

Allah als einziger Gott

Fünf Glaubensgrundsätze, an die sich jeder Muslim zu halten hat, bilden die Grundlage der insgesamt 114 Kapitel (Suren) des Koran. Wichtigstes Prinzip ist dabei der strikte Monotheismus des Islam (Unterwerfung, Hingabe an Allah, den einzigen Gott), der mit den Worten, „Es gibt keinen Gott außer mir, so dienet mir", im Koran zum Ausdruck kommt. Die den gesamten Koran durchziehende Mahnung „Fürchtet Allah!" unterstreicht die tiefe Bedeutung der **Gottesfurcht** als Grundelement des Islam. Nach diesem wichtigsten aller Gebote folgen die Pflicht zum Gebet (fünfmal täglich gen Mekka gerichtet), Fasten im Monat Ramadan, Almosen geben und die Pilgerfahrt nach Mekka.

Mekka und Medina

Mohammed sammelte zwar mit seiner Lehre eine immer größere Glaubensgemeinschaft um sich, doch die in Mekka herrschenden Kurashiten fühlten sich in ihrem bisherigen Glauben und damit in ihrer Machtposition bedroht. Sie belegten ihn zunächst mit einem Bann und drohten schließlich sogar mit seiner Ermordung. So sah sich Mohammed gezwungen, in die Wüstenstadt Jashib umzusiedeln, die später in Medina-an-Nabbi (Stadt der Propheten), kurz Medina, umbenannt wurde. Das Datum seiner Ankunft in Medina (622) gilt seither als Beginn der islamischen Zeitrechnung.

Einheit von geistlicher und weltlicher Macht

Innerhalb nur weniger Jahre wurde Mohammed mit seinen Predigten nicht nur zum meistverehrten Heiligen der Region, sondern avancierte auch als weltlicher Herrscher Medinas zum mächtigen Staatsmann und Feldherrn, der mit seinen Truppen den Ungläubigen von Mekka empfindliche Niederlagen beibrachte. Die heute für den Islam so charakteristische Einheit von geistlicher und weltlicher Macht sowie die **Idee vom Heiligen Krieg** als legitimem Mittel zur Verbreitung des islamischen Glaubens haben hier ihren eigentlichen Ursprung. 630 konnte Mohammed im Triumphzug in seine Vaterstadt zurückkehren und erklärte Mekka zur heiligen Stadt des Islam.

Die Einheit von geistlicher und weltlicher Macht führte nach dem Tod Mohammeds am 8. Juni 632 fast zwangsläufig zu erbitterten Nachfolgekämpfen, die schließlich die **Spaltung des Islam** in die drei großen Glaubensgemeinschaften der Sunniten, Schiiten und Charidschiten zur Folge hatten. Vor allen Dingen die erbitterte Feindschaft der ersten beiden ist noch heute Ursache für viele kriegerische Konflikte im Nahen Osten.

Indische Ausprägung: Sufismus

Keine Abspaltung vom eigentlichen Glauben, sondern eine Antwort auf die zunehmende Ritualisierung der religiösen Zeremonien war der sogenannte Sufismus, der gerade unter den indischen Muslimen viele Anhänger fand. Durch eine strenge **Askese,** tiefe **Meditation** und Rückzug aus der Welt wollte man die im orthodoxen Glauben verloren gegangene Einheit mit Gott wiederherstellen. Ähnlich wie den Gurus im Hinduismus wurden auch hier spirituellen Lehrmeistern magische Kräfte zugesprochen. Die Grabstätten dieser Sufis genannten Heiligen wurden später zu **Pilgerorten.**

● **Buchtipp:** „Praxis: Islam erleben", Reise Know-How Verlag, Bielefeld.

Christentum

Missionierung durch die Kolonialherren

Die Ursprünge der Christianisierung in Indien gehen zurück auf das Wirken des **Apostels Thomas,** dessen Martyriumsstätte in der Hafenstadt Chennai (Madras) noch heute verehrt wird. Den größten Einfluss hatten jedoch die westlichen Missionare, die mit den **portugiesischen** und später **britischen** Kolonialherren nach Indien gelangten. Hierin liegt auch der Grund, warum selbst heute noch mehr als die Hälfte der insgesamt 20 Mio. Christen (2,2 % der Bevölkerung) im Süden leben, also dort, wo die „weißen Männer" zuerst anlandeten. So bekennen sich in **Kerala** gut 20 % und im Tropenparadies **Goa** ca. 35 % zum christlichen Glauben, während es in klassischen Hindu-Gebieten wie Uttar Pradesh oder Rajasthan nicht einmal jeder Tausendste ist.

Besonders auffällig ist der Zusammenhang von Christentum und **Bildungsniveau.** So liegen z.B. Goa und Kerala mit 91 % bzw. 77 % Alphabetisierungsrate deutlich an der Spitze aller indischen Bundesstaaten, was auch statistisch die herausragende Bildungstätigkeit der christlichen Mission belegt.

Integration

Mit dem Ende der britischen Herrschaft verlor das Christentum in Indien sowohl den Vorzug als auch das Stigma der Verbundenheit mit den fremden Machthabern. Eine bemerkenswerte Wandlung im Selbstverständnis vieler Christen war die Folge. Der Wunsch, die Folgen der Kolonialgeschichte zu überwinden und nicht länger als Ausländer im eigenen Land zu gelten, führte dazu, dass sich die christlichen Gemeinden **wie Kastengruppen** in die vielfältig gegliederte indische Gesellschaft einfügten.

Soziale Spannungen

Gleichzeitig blieb bei vielen Hindus angesichts der gerade bei Mitgliedern der Unterschichten und Kastenlosen nicht unerheblichen Missionierungserfolge der Christen ein latentes Misstrauen bestehen. Besonders die in den letzten Jahren verstärkt an Einfluss gewinnenden **Hindu-Fundamentalisten** werfen den Christen vor, durch ihre Aufklärungskampagnen das von ihnen als heilig angesehene Kastensystem zu unterminieren. 1999 entluden sich diese Spannungen auf erschreckende Weise in zahlreichen **Attentaten,** denen vor allem christliche Nonnen und Priester zum Opfer fielen. Die indische Regierungspartei BJP, die mit ihrem hindu-fundamentalistischen Kurs nicht unwesentlich zur Aufheizung der Stimmung beigetragen hatte, versuchte die Greueltaten als Handlung Einzelner zu bagatellisieren. Auch wenn die Übergriffe seither zurückgegangen sind, zeigen die alarmierenden Vorfälle auf fatale Weise, wie die den Hindus eigene Toleranz angesichts der zunehmenden sozialen Spannungen immer mehr abnimmt.

Buddhismus

Bei der Frage nach dem Ursprungsland des Buddhismus würde wohl kaum jemand auf das klassische Land des Hinduismus – Indien – tippen. Tatsächlich jedoch verbrachte **Buddha,** der vor über zweieinhalb Jahrtausenden auf dem Indischen Subkontinent geboren wurde, den größten Teil seines Lebens in der nordindischen Tiefebene. Zudem war die nach ihm benannte Lehre für fast ein Jahrtausend die Staatsreligion des Landes. Das sieht heute ganz anders aus, bekennen sich doch nur gerade mal 0,7 % der Gesamtbevölkerung zum buddhistischen Glauben.

Siddharta Gautama

Zu den Heiligtümern des Buddhismus zählt das im heutigen Südnepal gelegene Lumbini, jener Ort, wo Buddha als Prinzensohn *Siddharta Gautama* wahrscheinlich 560 v. Chr. geboren wurde. Entsprechend seiner adeligen Herkunft führte der spätere Religionsstifter in seinen jungen Jahren ein sorgenfreies, ja luxuriöses Leben und wurde im Alter von 16 Jahren standesgemäß mit seiner Kusine *Jashudara* verheiratet.

Zunehmend stellte sich der tiefsinnige Prinz jedoch die Frage nach der wahren Bedeutung des Lebens, wobei ihm die Sinnlosigkeit eines an materiellen Werten orientierten Lebens immer bewusster wurde. Diese Überlegungen verstärkten sich, als er bei drei heimlichen Ausflügen aus dem väterlichen Schloss seine realitätsferne Welt verließ und menschlichem Leid in Gestalt eines Greises, eines Kranken und eines Verstorbenen begegnete. Den letzten Anstoß, sein bisheriges Leben im Überfluss aufzugeben, gab ihm die Begegnung mit einem wandernden Asketen.

So verließ er im Alter von 29 Jahren in der Nacht der großen Entsagung heimlich Eltern, Frau und Kind und vertauschte das luxuriöse Bett in seinem Palast mit einer Lagerstätte unter freiem Himmel. Als er nach insgesamt sieben Jahren unter strengster Askese, die ihn an den Rand des physischen Zusammenbruchs führte, seinem Ziel der Erkenntnis nicht näher gekommen war, wählte er als dritte Möglichkeit zwischen extremem Überfluss und Askese den mittleren Weg: **meditative Versenkung** als Loslösung von den Begierden der materiellen Welt.

Grundprinzipien

Schließlich gelangte Siddharta Gautama nach sieben Tagen ununterbrochener Meditationssitzung unter einem Feigenbaum im kleinen Ort Gaya, im heutigen Bihar, zur Erleuchtung, indem er die **vier edlen Wahrheiten,** die zum Nirvana führen, erkannte:

- Alles Leben ist Leiden.
- Alles Leiden wird durch Begierden hervorgerufen.
- Alles Leiden kann durch die Auslöschung der Begierden vernichtet werden.
- Leid und Begierden können durch die Praktizierung des achtfachen Pfades überwunden werden.

Wer hiernach sein Leben an den **Prinzipien des achtfachen Pfades,** also der rechten Anschauung, der rechten Gesinnung, des rechten Redens, des rechten Tuns, der rechten Lebensführung, des rechten Strebens, des rechten Überdenkens und der rechten Versenkung ausrichtet, wird im nächsten Leben auf einer höheren Daseinsstufe wiedergeboren. Geht man diesen Pfad konsequent, d.h. unter strenger Selbstdisziplin, zu Ende, durchbricht man schließlich den Kreislauf der Wiedergeburten und tritt in einen **Zustand ewiger Seligkeit** ein und wird somit zum Buddha. So übernimmt auch der Buddhismus die Vorstellung von **Karma und Wiedergeburt,** lehnt jedoch das Kastenwesen entschieden ab, da er die individuelle Selbsterlösung zum obersten Prinzip erklärt.

Buddhismus wird indische Staatsreligion

Gaya, der Ort, an dem aus dem Prinzensohn Siddharta Gautama der Buddha, d.h. der Erleuchtete, wurde, heißt seitdem **Bodhgaya** und zählt zu den vier heiligsten Orten des Buddhismus, welcher inzwischen zur viertgrößten Religionsgemeinschaft der Welt aufgestiegen ist. Die folgenden 45 Jahre seines Lebens zog Buddha als Wanderprediger durchs Land, wobei seine Anhängerschaft stetig zunahm. Als er schließlich im Alter von 80 Jahren bei Kushinagar in Uttar Pradesh mit den Worten „Wohlan ihr Mönche, ich sage euch, alles geht dahin und stirbt, aber die Wahrheit bleibt, strebt nach eurem Heil" verstarb, hatte er die Grundlagen für eine landesweite Ausdehnung seiner Lehre gelegt.

Entscheidender weltlicher Wegbereiter nach seinem Tode wurde **Kaiser Ashoka** (272–232 v. Chr.), der einzige Herrscher bis zum Aufkommen der Moguln, der einen Großteil des Indischen Subkontinents unter einer zentralen Herrschaft vereinigen konnte. Nachdem er selbst zum Buddhismus konvertiert war, erklärte er die Lehre zur Staatsreligion und förderte ihre Verbreitung durch großzügige Spenden für Klöster und heilige Stätten. Zudem entsandte er Mitglieder des Kö-

Buddha wurde als Siddharta Gautama auf dem Indischen Subkontinent geboren nigshauses in benachbarte asiatische Länder, die dort die buddhistische Lehre verbreiteten. So war es sein Sohn *Mahinda*, der als Begründer des Buddhismus auf Ceylon (Sri Lanka) gilt. Zur schnellen Verbreitung des Buddhismus trug sicherlich bei, dass der Hinduismus gerade zu jener Zeit durch die alles beherrschende Rolle der Brahmanenkaste in einem Ritualismus erstarrt war, der vom einfachen Volk kaum nachzuvollziehen war.

Hinayana-Buddhismus

Ähnlich wie der Islam oder Jainismus spaltete sich auch der Buddhismus nach dem Tode seines Stifters in verschiedene Glaubensrichtungen. Der Hinayana-Buddhismus („Kleines Fahrzeug") gilt als die ursprüngliche Form, weil sie den von Buddha gewiesenen Weg jedes Einzelnen unter strenger Beachtung der vorgegebenen Prinzipien betonte. Diese ältere Form des Buddhismus betont die mönchische Lebensordnung und wird auch **Theravada** genannt, was soviel wie „Weg der Älteren" bedeutet. Die konservative Richtung wird heute vor allem in Myanmar, Sri Lanka, Thailand und Kambodscha gelehrt.

Mahayana-Buddhismus

Der Mahayana-Buddhismus („Großes Fahrzeug") schließt, wie es der Name schon andeutet, alle Gläubigen ein, weil hier Mönche und Laien das Nirvana erlangen können. Die im 5. Jh. gegründete und 1197 n. Chr. durch die Muslime zerstörte Universität Nalanda im heutigen Bundesstaat Bihar war einst die Hauptlehrstätte dieser Glaubensinterpretation. Eine zentrale Rolle im Mahayana-Buddhismus spielen die sogenannten **Bodhisattvas,** erleuchtete Wesen, welche selbstlos auf den Eingang ins Nirvana verzichten, um anderen auf deren Weg dorthin zu helfen. Die Lehre vom Großen Fahrzeug hat heute Vorrang in China, Japan, Korea und Vietnam.

Vitchuayana-Buddhismus

Die dritte große Schulrichtung des Buddhismus bildet der Vitchuayana-Buddhismus („Diamantenes Fahrzeug"), welcher im 7. Jh. entstand. Bekannter ist sie im Westen unter dem Namen **Tantrismus.** Nach dieser esoterischen Auslegung kann man mit Hilfe von Riten *(tantras),* dem wiederholten Rezitieren heiliger Sprüche und Formeln *(mantras)* und der Ausführung ritueller Gebete zur Erlösung gelangen. Diese Form des Buddhismus hat heute in China, Japan und vor allem in Tibet eine große Anhängerschaft.

Hinduismus gewinnt die Oberhand

Zwar überdauerte der Buddhismus auch den Tod seines unermüdlichen Protegés König Ashoka, doch schließlich erstarkte der Hinduismus, zumal er von den nachfolgenden Herrschern unterstützt wurde. Hier rächte sich jetzt auch eine Entwicklung, die einst dem Hinduismus zum Nachteil geriet. Während zu Beginn die Botschaft der buddhistischen Göttermönche über den Pomp der großen brahmanischen Opferrituale gesiegt hatte, war die Zahl der buddhistischen Klöster im

Laufe der Zeit mächtig angewachsen und den Gläubigen zu einer Last geworden, während der Unterhalt der Brahmanenfamilien weit weniger Aufwand erforderte. Spätestens im 9. Jh. hatte der Hinduismus die Oberhand gewonnen, während die Lehre des Mittleren Weges nur noch in ihrem Heimatgebiet, in Bihar und Bengalen, von der Mehrheit der Gläubigen befolgt wurde. Letztlich waren es jedoch nicht die Hindus, sondern die Muslime, die im 12. Jh. mit der **Zerstörung buddhistischer Klöster und Heiligtümer** die Religionsphilosophie des ehemaligen Prinzensohns Gautama Siddharta in Indien fast gänzlich zur Bedeutungslosigkeit degradierten.

Parsismus

Die Lehre Zarathustras

Die Ursprünge der zahlenmäßig sehr kleinen Glaubensgemeinde der Parsen gehen auf den altiranischen Propheten **Zoroaster** (lat.: *Zarathustra*) zurück, der mit seinen Lehren Mitte des 7. Jh. v. Chr. eine der ältesten Religionen der Erde begründete. Mit Parsismus im engeren Sinne bezeichnet man die zweite Entwicklungsphase des Zoroastrismus, als die Anhänger auf der Flucht vor den Persien erobernden Muslimen im 7. Jh. n. Chr. nach Nordwestindien auswanderten, wo sie sich nach ihrem Ursprungsland Parsen nannten.

Im Mittelpunkt der Lehre steht dabei eine streng dualistische Weltsicht, wonach die Geschichte ein ständiger Kampf zwischen dem **Reich des Guten** und dem **Reich des Bösen** ist. Während *Ahura Mazda* (auch *Ormazd* genannt) als der allwissende höchste Gott, umgeben von seinen sechs Erzengeln *(A mesha Spentas)*, unermüdlich für den Erhalt und die Förderung des Lebens streitet, steht ihm in *Angra Mainyu* (auch *Ahriman* genannt) der Anführer des Reichs der Finsternis gegenüber. Die prinzipielle Entscheidung jedes einzelnen Gläubigen für das Gute und die Forderung, all sein Handeln an lebensfördernden sittlichen Werten wie Friedfertigkeit, Gewaltfreiheit, Wahrhaftigkeit und Fleiß zu orientieren, bildet die Voraussetzung für den Eingang ins Paradies.

Bestattungstürme und Feuertempel

Alle Elemente wie Luft, Wasser, Erde und Feuer gelten den Parsen als heilig und eine Verunreinigung auch nur eines dieser Elemente wird automatisch mit der Hölle bestraft. Hieraus leitet sich auch die eigentümliche **Bestattungszeremonie** der Parsen ab. Da eine Feuer- bzw. eine Erdbestattung diese heiligen Elemente verunreinigen würde, legen sie ihre Verstorbenen auf den sogenannten **Türmen des Schweigens** *(dakhma)* den Geiern zum Fraß vor.

Ein weiteres charakteristisches Bauwerk der Parsen sind die **Feuertempel,** niedrige, fensterlose Gebäude, in deren Innern auf einem Stein in einem metallenen Gefäß das heilige Feuer brennt, welches sie als göttliches Symbol verehren.

Wirtschaftlicher Erfolg und Sozialleistungen

Obwohl sie mit nur noch knapp 60.000 Anhängern nicht einmal 0,01 % der Gesamtbevölkerung Indiens ausmachen, gehören die Parsen in **Mumbai,** wo fast alle von ihnen beheimatet sind, zu den wirtschaftlich erfolgreichsten Gruppen. Bestes Beispiel hierfür ist die Familie *Tata,* die mit ihrem weitverzweigten Industrieimperium mit Hunderttausenden von Beschäftigten das größte Familienunternehmen des Landes besitzt. Der Grund für den ökonomischen Erfolg der Parsen ist ihre wirtschaftsfreundliche Religionsphilosophie, wonach zum Gedeihen des Reichs des Guten auch eine florierende Wirtschaft gehört und somit der **persönliche Wohlstand** als Beweis der Gottgefälligkeit angesehen wird.

Außerdem hatten sich die Parsen den Grundstein zum Erfolg schon zu britischen Zeiten gelegt. Da die Hindus mit den Briten aufgrund deren Vorliebe für Rindfleisch keinen Handel treiben wollten und die Muslime den Kolonialisten wegen deren Schweinefleisch- und Alkoholkonsum fernblieben, traten die Parsen auf den Plan. Sie trieben fleißig Handel mit den Briten und wurden reich.

Doch die Parsen scheffeln nicht nur, sie geben auch. „Ahura gibt demjenigen das Reich, der die Armen unterstützt", besagt eine Passage in einer heiligen Parsen-Schrift und folglich tun die Parsen sich als generöse Philanthropen hervor. Sie unterhalten das mit Abstand **beste Kranken- und Sozialwesen** aller Glaubensgemeinschaften; Arme und Gebrechliche werden unterstützt, heiratswillige Paare erhalten Wohnungszuschüsse.

Insgesamt zeigen sich in ihrer Wirtschafts- und Sozialphilosophie zahlreiche Parallelen zum europäischen Calvinismus, der den Grundstein für den modernen Kapitalismus setzte. In Kleidung und Lebensstil sehr **westlich orientiert,** finden sich unter den Parsen viele konfessionsübergreifende Ehen, wodurch die kleine Gemeinde vom Aussterben bedroht ist. Der Parsenklerus erkennt nur solche Kinder als Parsen an, bei denen zumindest der Vater Parse ist – eine in der Glaubensgemeinschaft nicht unumstrittene Auslegung der Schriften. Gemäß dieser Regel hätte auch *Rajiv Gandhi* Parse werden können: Seine Mutter *Indira Gandhi* war zwar eine Hindu, sein Vater *Feroze Gandhi* aber Parse. Rajiv Gandhi hatte aber nie die Initiation vollführen lassen.

●**Buchtipps:** *Rainer Krack:* „KulturSchock Indien" und „Leben und Riten der Inder" von *Abbé Jean Antoine Dubois,* eine Landesbeschreibung von 1807. Der Klassiker wurde nun erstmalig ins Deutsche übersetzt. Beide Bücher Reise Know-How Verlag, Bielefeld.

Architektur

Hinduistische Architektur

Wie die anderen Kunstformen war auch die Architektur in ihren Anfängen **reine Sakralkunst** und ist dies zum großen Teil bis heute auch geblieben. So waren es Priesterarchitekten, die bereits im 1. Jahrtausend v. Chr. in speziellen Architekturlehrbüchern genaue Bauvorschriften vorgaben, deren Ziel es war, einzelne Gebäude, aber auch ganze Städte als steinerne Abbilder der göttlichen Weltordnung zu planen. Dabei stößt man auf ganz einfache Gesetzmäßigkeiten, vor allem das Quadrat und das rechtwinklige Dreieck. Hieraus ergibt sich ein strenges Muster, das fast allen Sakralbauwerken zugrunde liegt.

Im Zentrum der hinduistischen Architektur steht der **Tempel,** der als Sitz der Götter verehrt wird. Die ältesten frei stehenden Hindu-Tempel stammen aus dem 7. Jh. n. Chr., wobei die einzelnen Steinblöcke ineinander verzahnt und aufgeschichtet wurden. Die größeren unter ihnen bestehen aus mehreren Gebäudeteilen, deren Zuordnung genauestens festgelegt ist. An den nach Osten, Richtung aufgehender Sonne ausgerichteten Eingang schließen sich entlang einer Längsachse je eine Versammlungs-, Tanz- und Opferhalle an.

Die Cella

Abschluss und **Zentrum** jedes Tempels bildet die Cella *(garbhagriha),* in deren Mitte sich das **Kultbild** des dem Tempel geweihten Gottes befindet. Im Gegensatz zu den dem Turmbau vorgelagerten Hallen ist die Cella ein schlichter, unbeleuchteter Raum. Die Bewegung vom Licht ins Dunkel, von der Vielfalt der Erscheinungen zum Einfachen, versinnbildlicht den stufenweisen Weg zur Befreiung. Der Grundriss der Cella entwickelt sich in der Regel über einem Quadrat. In der klassischen Zeit (nach 800 n. Chr.) wird diese Grundform langsam aufgelöst. Äußere Nischen werden axial angefügt, um Kultbilder und Wächter der Himmelsrichtungen aufzunehmen. Weitere vertikale Vorsprünge *(ratha)* lösen die Kanten so weit auf, dass nahezu kreisförmige Grundrisse entstehen.

Der Tempelturm

Die von der Cella ausstrahlende göttliche Kraft und Energie versinnbildlicht der über ihr aufsteigende, weithin sichtbare Tempelturm *(shikara),* der als Verkörperung des heiligen Berges Meru gilt. Seine Außenwände sind oftmals mit zahlreichen **Skulpturen** verziert. Die Anordnung der Götterplastiken erfolgt dabei entsprechend der Hierarchie im hinduistischen Pantheon, in dem jede einzelne Gottheit ihren genau zugewiesenen Platz einnimmt.

In der Gestaltung der einzelnen Skulpturen konnten die ansonsten von strengen Regeln eingeschränkten Künstler ihrer Fantasie und ihrem Schaffensdrang freien Lauf lassen. Als Quelle dienten ihnen dabei die Erzählungen der großen hinduistischen Epen

ARCHITEKTUR

wie **Ramayana** und **Mahabharatha**. Die bunte, zum Teil geradezu ausschweifende Lebensfreude, die von vielen der gänzlich mit Götter- und Fabelwesen ausgeschmückten Tempeltürme ausgeht, steht dabei in einem spannungsreichen Kontrast zur meditativen Ruhe, die die darunter befindliche Cella kennzeichnet.

Detail am Gopuram des Südeingangs zum Sri-Meenakshi-Tempel in Madurai – der Torturm ist mit Tausenden von bunten Götterfiguren, Dämonen, Asketen, Tempelwächtern, Tieren und Fabelwesen übersät

An frühen Höhlen- und frei stehenden Tempeln ist der Themenkreis figürlicher Darstellung auf die Glorie der Hochgötter in ihren verschiedenen Aspekten und die Verherrlichung göttlich inspirierter Seher und Weiser (*rishis* und *munis*) bezogen. Diese verstehen sich als Ahnherren der Priester- (Brahmanen-) Geschlechter, als Götter in Menschengestalt, als Hüter des heiligen Wissens *(veda)* und Rituals sowie als unentbehrliche Mittler zwischen Mensch und Gott.

Im Laufe der Jahrhunderte führten die Auseinandersetzungen der verschiedenen theologischen Systeme zur Erfindung neuer Mythen und Legenden und damit zur Erweiterung des Götterhimmels. Als Zugeständnis an die breiten Volksmassen wurden auch Gottheiten niederer Stände, Lokal- und Volksgötter sowie Dämonen, vielfach als schreckliche Abwandlungen der Hochgötter, ins Pantheon aufgenommen und an den Tempelbauten abgebildet.

Figürliche Ausschmückungen

Da der Hinduismus zwischen sakral und profan nicht scharf trennt, wird besonders in der Sockelzone großer Tempel der Darstellung des weltlichen und religiösen Lebens der Gottkönige (devarajas) und ihrer göttlichen Ahnen breiter Raum gewidmet. Außer Götterfiguren überziehen Ornamente, Tiere, Fabelwesen und Dämonenmasken als Glückszeichen, Sinnbilder, Schmuck und zur dekorativen Unterteilung alle Bauglieder eines Tempels.

Zu den beliebtesten Glücks- und Heilszeichen gehören Hakenkreuz, Vase, Spiegel, Fische und andere Tiere sowie Fabelwesen. Das **Hakenkreuz,** welches erstmals auf Siegeln und Terrakotten der vorarischen Induskultur (2800–1500 v. Chr.) auftaucht, steht wie in vielen anderen Kulturen in Verbindung mit Feuer und Sonne und verheißt Glück und Heil. Die **Vase** (kalasha) birgt den Trunk der Unsterblichkeit (amrita). Das Motiv des vollen **Kruges** (purnakumbha) bildet vor allem an Säulen und Pfeilern ein wichtiges Bauglied und steht für Lebensfülle, Fruchtbarkeit und Überfluss. **Fische** (mina und matsya) versinnbildlichen das Entgleiten der Seelen aus den Fesseln der Wiedergeburten. Der **Spiegel** (darpana) gilt als Zeichen der Schönheit und wird häufig in Verbindung mit anmutigen Tänzerinnen und himmlischen Nymphen dargestellt. Gleichzeitig symbolisiert er die Welt als Illusion (maya) und die Notwendigkeit zu deren Überwindung auf dem Weg zum moksha, der Erlösung aus dem Geburtenkreislauf.

Bei den Tieren gelten Elefanten, Pferde und Löwen als besonders kraft- und machtvoll und dementsprechend glücksverheißend. Der majestätische **Elefant,** traditionell das Tragtier der Könige bei großen Umzügen, wird im gesamten asiatischen Kulturkreis als Sinnbild für die Beständigkeit einer Dynastie und des Reiches angesehen. **Pferde** stehen für die Dynamik und den damit einhergehenden Expansionswillen einer Dynastie. Der ebenso furchteinflößende wie majestätische **Löwe** wird als eine Art Tempelwächter zur Abwehr äußerer Feinde eingesetzt und symbolisiert gleichzeitig die Macht und militärische Stärke des Königs. Weitere glücksverheißende Tiersymbole sind die makaras. Dabei handelt es sich um Fabelwesen, die Elemente von Fischen, Delfinen und Krokodilen aufweisen und wegen ihrer Verbindung mit dem lebensspendenden Element des Wassers auch als Fruchtbarkeitssymbole verehrt werden.

Ähnliches gilt für **Schlangen** und **Lotosblumen,** die besonders häufig zur Ausschmückung von Decken, Türrahmen und Friesen sowie bei der Untergliederung figürlicher Darstellungen verwendet werden. Sie symbolisieren die Entstehung der materiellen Welt aus dem Urozean. **Blüten, Girlanden**

und Zweige, ebenfalls beliebte Motive zur Ausschmückung von Tempeln, versinnbildlichen üppige Lebensfülle und die sich im Reichtum der Natur spiegelnde Größe des göttlichen Schöpfungsaktes.

Zwei der am häufigsten bei der Ausschmückung von Tempelschwellen verwendeten Stilelemente sind der Lotos und das Muschelhorn. Besonders der **Lotos** ist eine im gesamten asiatischen Kulturkreis hoch verehrte Blume, die vor allem im Hinduismus und Buddhismus mit einer vielfältigen Symbolik behaftet ist. Da er sich kerzengerade und in „unschuldigem" Weiß über Schlamm und Schmutz aus den Wassern erhebt und seine Knospe zur Sonne öffnet, gilt er als **Sinnbild der Reinheit** und geistigen Erleuchtung. Im Mahabharata entsprießt der Lotos als erste Gestaltwerdung des Absoluten dem Nabel des im kosmischen Schlaf ruhenden Vishnu-Narayana. Der Ton des **Muschelhornes** gilt als erste und zarteste Manifestation des Absoluten in der empirischen Welt. Dementsprechend führen sowohl der Lotos als auch das Muschelhorn dem Gläubigen beim Betreten des Tempels vor Augen, dass er von der profanen Welt in die sakrale Sphäre der Götter eintritt.

Unterschiedliche Stile

Bei der Gestaltung der Tempelanlagen haben sich im Laufe der Jahrhunderte drei verschiedene Formen herausgebildet. Beim **nordindischen Nagara-Stil** wird die Cella von einem sich konisch verjüngenden Turm über-

Tempel-Terminologie

Amalka: rad- oder scheibenförmiger Stein mit seitlichen Rippen, der den ⇨shikara nordindischer Tempel krönt
Antarala: kurzes Verbindungsstück zwischen ⇨mandapa und ⇨cella
Apsara: weiblicher Geist, ursprünglich Wassernymphe, der in großer Zahl im Bauschmuck von Tempeln vorkommt
Ardha-mandapa: kleiner Pfeilersaal vor dem ⇨mandapa, der die Vorhalle eines Tempels bildet
Bada: Sockel des ⇨shikara eines Tempels
Basti: südindischer Tempeltyp der Jaina
Bhoga mandir: für die Darbietung von Opfergaben bestimmter Saal vor einem Heiligtum im ⇨Nagara-Stil
Chaitya: buddhistischer Betsaal mit Apsis
Candrashala: nordindische Bezeichnung für ⇨kudu
Cella: das Allerheiligste eines Tempels, auch ⇨garbhagriha oder ⇨Sanktum genannt
Charbagh: viergeteilter, quadratischer Garten
Claustra: kunstvoll durchbrochene Steinplatten, die eine Fensteröffnung schmücken (⇨jali)
Dravida-, dravidischer Stil: Stil der südindischen Architektur
Dvarapala: Torwächterfigur eines hinduistischen oder buddhistischen Tempels
Falsches Gewölbe: Gewölbe, das aus vorkragenden Steinen mit horizontalen Parallelfugen gemauert ist
Garbhagriha: „Schoß-Haus", die ⇨cella, das ⇨Sanktum oder das Allerheiligste eines Tempels
Gopuram: Torturm, der in den heiligen Bezirk eines ⇨dravidischen Tempels führt
Gumpha: Höhle
Jagamohan: Bezeichnung des ⇨mandapa oder Versammlungs- und Tanzsaales in den Hindu-Tempeln von Orissa

ARCHITEKTUR

Jali: durchbrochen gearbeitete Steinplatte, die eine Wandöffnung schmückt und durch deren Öffnungen Licht in einen geschlossenen Raum fällt

Kailasha: heiliger Berg, der dem Gott Shiva und seiner Gemahlin Parvati als Wohnsitz dient; Weltenberg in der hinduistischen Kosmologie

Kalasha: Vase, die als Symbol der Fruchtbarkeit das Dach eines Tempels krönt

Kragstein: vorkragender Stein, der als Stütze für Bogen und Gesims, aber auch für Figuren dient

Kudu: Fenster in Form eines Hufeisenbogens, das sich von der Aufsicht auf die Stirnseite eines Tonnengewölbes herleitet. In verkleinerter Form ist es Bestandteil des Dachaufbaus indischer Tempel; hier erscheinen im *kudu* oft Menschen- und Tierköpfe und geometrische Motive.

Kumbha: kissenförmiges Kapitell

Mandapa: Pfeiler- oder Säulensaal eines hinduistischen Tempels, der Versammlungen und hinduistischen Tänzen dient

Masjid: Moschee

Meru: mythischer Weltenberg, der, von Meeren und Gebirgsketten umgeben, den Mittelpunkt der Welt darstellt; Wohnsitz der hinduistischen Götter

Mihrab: nach Mekka weisende Nische in der Rückwand einer Moschee

Nagara-Stil: nordindischer Tempelstil, insbesondere in Orissa

Nat mandir: für den Tanz bestimmter Saal in ostindischen Tempeln des ⇨Nagara-Stils

Paga: pilasterartiger, zuweilen auch türmchenartiger Vorsprung an der Tempelfassade, der durch vertikale Einschnitte oder Rücksprünge der Fassade entsteht, Kennzeichen der ⇨*shikara*s ostindischer Tempel

Pancayatana: eine Fünfergruppe von Tempeln mit einem großen, zentralen Tempel und vier kleinen, in einem Rechteck um ihn herum angeordneten Nebenschreinen

Pidha: vorkragend übereinander geschichtete Steinplatten, die das pyramidenförmige Dach des ⇨*mandapa* bilden

Qila: Festung

Pidha deul: Bezeichnung für den Versammlungs- oder Tanzsaal in Orissa

Ratha: 1. Tempelwagen, der bei den großen Tempelfesten des Südens durch die Straßen gezogen wird; 2. Vor- und Rücksprünge (⇨*paga*) an den Außenfassaden eines Tempelturmes (⇨*shikara*)

Sanktum: das Allerheiligste eines Tempels

Shikara: „Gipfel"; stufenförmiger Tempelturm

Sthapaka: Architekt und Bautheoretiker, der den Plan eines Tempels entwirft

Sthapati: Baumeister, der das Gebäude nach den theoretischen Vorgaben und dem Plan des ⇨*sthapaka* ausführt

Stupa: Grabhügel, der im Buddhismus das Gesetz Buddhas symbolisiert und Reliquien des Religionsstifters enthalten kann

Svastika: Hakenkreuz; Glückssymbol, welches schon in vorarischer Zeit im Indus-Tal auftaucht

Torana: Torbogen vor hinduistischen oder buddhistischen Gebäuden

Tiratha: Turmheiligtum mit drei ⇨*rathas*

Tympanon: Bogenfeld über einer Tür oder Giebelfeld eines Daches

Vedika: Zaun, der ein Heiligtum umgibt

Vesara: Mischstil mit dravidischen (südindischen) und Nagara- (nordindischen) Stilelementen

Vihara: Kloster, buddhistischer Versammlungsort

Vorkragung: falsches Gewölbe oder falscher Bogen, der durch übereinander geschichtete und vorkragende Elemente errichtet wird ragt, mit einem runden Stein in Form der Myroblan-Frucht *(amalka)* als Abschluss. Darauf steht eine Amrita- oder Nektar-Vase *(kalasha)*, die Unsterblichkeit verheißt und in die Transzendenz weist.

Beim **südindischen Vimana-Stil** erheben sich die Türme terrassenförmig über dem Allerheiligsten bis zur Spitze, die von einem halbkugelförmigen Schlussstein *(stupika)* gebildet wird.

Während der ersten Jahrhunderte des zweiten Jahrtausends lässt sich in Südindien eine weitreichende Veränderung im Tempelbau beobachten. Während bis ins 12. Jh. die Tempeltürme über 400 Jahre hinweg immer monumentalere Gestalt annahmen (als Musterbeispiel gilt der Brihadeshvara-Tempel von Thanjavur), „schrumpfen" sie danach bis zur Unkenntlichkeit. Zunehmend verlagert sich der architektonische Akzent an die Peripherie und die Tempelanlage wird von gewaltigen **Tor- und Wachtürmen** *(gopuram)* beherrscht. Die meist mit Hunderten bunt bemalter Götterfiguren besetzten Türme gewinnen mit zunehmender Entfernung zum Zentrum an Höhe. Zugleich kommt den für Versammlungen und Feste bestimmten Räumen eine größere Bedeutung zu: Weitläufige **Pfeilersäle,** die an die Stelle der *mandapas* treten und bald mehr als 1000 Pfeiler oder Säulen aufweisen, gedeckte **Wandelgänge,** zahllose **Korridore** und riesige **Höfe** bilden gewaltige Anlagen, die von einer Reihe konzentrischer Wehrmauern umgeben sind. Mehrere solcher Tempelstädte sind im Süden und speziell in Tamil Nadu errichtet worden, von denen die bekanntesten in Kumbakonam, Tiruvannamalai, Srirangam, Madurai, Tiruchirapalli und Chidambaram stehen.

In Südindien wird der Tempelbezirk von einer großen **Tempelmauer** umgeben, die mit ihren riesigen **Eingangstoren** oftmals noch den Tempelturm überragt. Der südindische Stil wurde in zahlreichen südostasiatischen Kulturen aufgenommen und weiterentwickelt.

Beim **zentralindischen Vesara-Stil** mischen sich nord- und südindische Stilelemente. Der weiten Verbreitung vom zentralen Hochland bis zum Cauvery-Becken im Süden entsprechend haben sich im Laufe der Jahrhunderte verschiedene Ausprägungen herausgebildet. Dennoch lassen sich einige charakteristische Gemeinsamkeiten ausmachen, die die Architektur als eigenständigen Stil kennzeichnen. Hierzu zählen vor allem die geringe Höhe bei gleichzeitig großer Breite der Bauwerke, der sternförmige Grundriss des Hauptbaus, die Gruppierung von drei Schreinen um eine zentrale Halle sowie die Pyramidenform der Tempeltürme, die horizontal geschichtet sind, ohne jedoch, wie die *gopuras* des Dravida-Stils, in ablesbare Stockwerke unterteilt zu sein. Die Haupthalle wird in der Regel durch kunstvoll durchbrochene Gitterfenster (*jalis*) erhellt, die Stützpfeiler sind zylindrisch. Besonders beeindruckend sind die Außenwände, die mit einer einzigartigen Motivfülle von den Steinmetzen skulptiert wurden. Seinen Höhepunkt erreichte der Vesara-Stil unter der Hoysala-Dynastie (1050–1300). Die bedeutendsten Tempel stehen in Halebid, Belur und Somnathpur.

Indoislamische Architektur

Der Einfall der muslimischen Eroberer bedeutete für die hinduistische Kultur im Allgemeinen und die Architektur im Speziellen einen tiefgreifenden Einschnitt. Den von religiöser Intoleranz getragenen Eroberungsfeldzügen der neuen Herrscher fielen unzählige hinduistische Bauwerke zum Opfer. Gleichzeitig jedoch brachten die Eroberer neue Ideen und Architekturformen mit, welche dem Land einzigartige Prunkbauten bescherten.

Mausoleen

Zu den schönsten islamischen Bauwerken zählen die Mausoleen, allen voran natürlich das Taj Mahal, die Krönung der Mogul-Architektur. Mausoleen waren den Hindus bis dahin völlig unbekannt, da einer ihrer Glaubensgrundsätze die Wiedergeburt ist und sie so ihren Toten keine Denkmäler errichteten. Die kunstvolle Einbeziehung der vor dem eigentlichen Grabmal gelegenen, viergeteilten **Gartenanlage** (*garbagh*) ist ein weiteres typisch islamisches Bauelement, durch das man

Klassisches Beispiel der südindischen Tempelarchitektur – der Brihadeshvara-Tempel in Thanjavur versucht hat, Architektur und Landschaft zu einer harmonischen Gesamtkomposition zu vereinigen.

Moscheen

Das zweite hervorstechende architektonische Monument islamischer Herrschaft in Indien sind die übers ganze Land verteilten Moscheen. Im Gegensatz zu hinduistischen Tempeln dienten die größeren, **Jami Masjid** (Große oder Freitags-Moschee) genannten Gotteshäuser jedoch nicht nur als Kultstätte, sondern auch als Ort **politischer Kundgebungen.** Wie bei allen Moscheen war auch bei der Jami Masjid die Ausrichtung der Gebetsrichtung *(kibla)* nach Mekka das oberste Gebot bei der architektonischen Planung.

Minarette finden sich in Indien vor allem in Form zweier Rundtürme, die den Haupteingang flankieren. Arabische Schriftzeichen und stilisierte Arabesken zieren dabei häufig die Fassaden, während die Säulen des Umgangs vielfach aus geschleiften Hindu- oder Jain-Tempeln stammen und deshalb naturalistische Motive und Menschendarstellungen aufweisen, die in der islamischen Ikonographie eigentlich verboten sind.

Palastbauten

Schließlich errichteten die muslimischen Eroberer im Laufe ihrer jahrhundertelangen Herrschaft riesige Festungs- und Palastanlagen. Die beeindruckendsten Beispiele stehen in Gulbarga und Bijapur im Norden von Karnataka. Besonders gelungen und heute noch zu sehen bei diesen Monumentalbauten ist die harmonische Synthese aus wehrhafter Trutzburg und romantischen Privatgemächern.

Nirgendwo sonst ließen sich die Hindu-Fürsten von den fremden Eroberern derart beeinflussen wie im Palastbau. Hatten sie ihre Macht und ihr Prestige bis dahin vornehmlich durch den Bau großer Tempelanlagen dokumentiert, so ließen auch sie sich nun großzügige Palastburgen bauen. Typisch für diese Paläste ist der festungsartige Charakter der unteren Stockwerke, die nur wenige Fenster aufweisen. Dieser schmucklose, lediglich zu Verteidigungszwecken dienende Unterbau wird durch einen verschwenderisch gestalteten Überbau ergänzt, der mit seinen Terrassen, Balkonen, Pavillons, kleinen, künstlich angelegten Gartenanlagen und riesigen, mit Gold und Silber verzierten Empfangs- und Gästesälen den Ruf vom märchenhaften Reichtum der Maharajas mitbegründete.

Bauhütten

Den größten Einfluss auf die Durchdringung zweier im Grunde so gegensätzlicher Architekturrichtungen wie der hinduistischen und der islamischen hatten die so genannten Bauhütten. In diesen von islamischen Herrschern betriebenen **Handwerksstätten** arbeiteten über Generationen hinweg muslimische und hinduistische Handwerker Seite an Seite, was eine höchst fruchtbare Synthese zur Folge hatte. Islamische Stilelemente wie das Gitterfenster, Spitzbögen und florale

Ornamentik wurden mit hinduistischen zusammengeführt. Beispiele für den sich hieraus entwickelnden indo-sarazenischen bzw. indoislamischen Baustil finden sich nicht nur in den Metropolen, sondern auch in der Provinz und hier vor allem in Gujarat mit der Bundeshauptstadt Ahmedabad.

Moderne Architektur

Die Schwierigkeiten des nachkolonialen Indien bei der Identitätssuche spiegeln sich nicht zuletzt in seinen Bauwerken, bei deren Gestaltung die Architekten scheinbar orientierungslos zwischen Postmoderne und der Rückbesinnung auf Traditionen schwanken. Ein besonders krasses Beispiel liefert dabei Chandigarh, die in den sechziger Jahren aus dem Boden gestampfte neue Hauptstadt des Punjab. Die vom französischen Star-Architekten **Le Corbusier** entworfene Stadt sollte ein architektonisches Symbol für ein neues, an westlichen Idealen orientiertes Indien sein. Mit ihrer gnadenlosen Zweckarchitektur hinterlässt die Stadt heute jedoch nur noch einen trostlosen Eindruck.

Eine perfekte Synthese aus Tradition und Moderne gelang hingegen dem indischen Architekten **Charles Correa** mit dem Bharat Bhawan, einem Museumsbau im zentralindischen Bhopal. Bleibt zu hoffen, dass sich der an den Traditionen des Landes orientierende Stil des einheimischen Correa gegenüber westlichen Erneuerungsversuchen im Sinne eines Le Corbusier durchsetzen wird.

Film

Nicht, wie allgemein angenommen, die USA, sondern Indien und hier vor allem der Süden des Landes stellt die **produktivste Filmindustrie der Welt.** Indiens Traumfabriken in Chennai, Bangalore, Hyderabad, Trivandrum und vor allem Mumbai produzieren die unglaubliche Zahl von 800 abendfüllenden Spielfilmen pro Jahr, das heißt mehr als zwei pro Tag. Die Filmindustrie ist so nicht nur im Inland ein bedeutender Wirtschaftsfaktor, sondern mit einem Export in inzwischen über 100 Länder auch ein gern gesehener Devisenbringer.

Der schöne Schein des Zelluloid ist zu einer **Massendroge** vieler Inder geworden. Täglich strömen über 15 Mio. Menschen in die 12.000 Kinos des Landes, um wenigstens für durchschnittlich 230 Minuten pro Film die Mühsal des Alltags zu vergessen. Ihre Sehnsucht nach einer heilen Welt wird, das ist von Anfang an gewiss, nicht enttäuscht. Indien im Kommerzfilm – das ist eine Welt aus Luxus und Macht, riesigen Villen, romantischen Tälern, verführerischen Frauen, glitzernden Kostümen, opulenten Mahlzeiten, europäischen Sportwagen und strahlenden Helden.

Die Strickmuster all dieser Filme wiederholen sich ständig; es scheint, als gäbe es nur etwa 20 Standardhandlungen, die in leicht abweichenden Varianten immer wieder durchgespielt werden. Das Ganze wird melodramatisch mit einer Mischung aus Liedern, Tanzeinlagen, Verfolgungsjagden und

> **Ein typischer Masala-Film**
>
> Die Handlung eines typisch indischen Kommerzfilms könnte so aussehen: Eine arme Mutter hat zwei Söhne. Der eine kommt ihr eines Tages auf dem Jahrmarkt abhanden. Der Junge wird von einer reichen Familie aufgenommen und entwickelt sich zum arroganten Bösewicht. Der Bruder zu Hause dagegen bleibt rechtschaffen, irgendwie wird er sogar Polizist. Um diese beiden ranken sich noch ein oder zwei weibliche Figuren, eine konservative und gute und eine moderne und liderliche. Irgendwann treffen die beiden Brüder als Gegner aufeinander, nichtsahnend, wen sie vor sich haben. Nachdem sie gegeneinander gekämpft haben, quasi als Symbol des Kampfes des Guten gegen das Böse, erkennen sie sich und fallen sich in die Arme – am Sterbebett der schon lange kränkelnden Mutter. Während der böse Bruder die dahinscheidende Mutter um Verzeihung bittet, kündigt der gute seine bevorstehende Hochzeit an.

Intrigen gewürzt. Wegen dieser „bunten Mischung" wird diese Filmart auch **Masala-Film** genannt – *masala* heißen die indischen Gewürzmischungen. Die Parallelen zum Ramayana-Epos sind dabei unübersehbar, und im Grunde ist der indische Kommerzfilm nichts anderes als die ständige Wiederholung der **alten Mythen** in neuen Kleidern. Genau dies ist ein Hauptgrund für seinen einzigartigen Erfolg. Die Verquickung von Mythos und Realität mit ihren höchst ritualisierten Handlungs- und Gefühlsmomenten sowie die klare Unterteilung in Gut und Böse entspricht so sehr dem kollektiven Verständnis des Vielvölkerstaates, dass sie über alle Kultur- und Sprachgrenzen hinweg verständlich ist.

So hat der Masala-Film eine ganz eigene, charakteristische Ästhetik entwickelt. Seine Erzählstruktur ist nicht auf psychologisch stimmige Charaktere, plausible Handlungen oder kompositorische Geschlossenheit angewiesen. Von der Gewissheit ihres Wertesystems ausgehend, ist der indische Film unter westlichen Filmkritikern als wirklichkeitsfremd, kitschig und ausufernd verpönt – eine herablassende Beurteilung, die auf einer sehr beschränkten Sicht der Realität beruht und das Reich des psychologisch Realen – dessen, was man als Innenleben empfindet – ausschließt.

Einen **Kinobesuch** sollte sich kein Indienreisender entgehen lassen. Die meisten indischen Kinos sind richtige Filmpaläste, in denen 1.000 und mehr Besucher Platz finden. Hinzu kommt das, gemessen an der keimfreien Distanz deutscher Kinogänger, unvorstellbare Engagement der Zuschauer. Das Maß der Identifikation mit ihren Helden lässt sie all deren Höhen und Tiefen mitfeiern bzw. mitleiden.

Liebe, Leid, Helden, Intrigen, Verfolgungsjagden – in immer neuen Mischungen werden in Indien 800 Spielfilme im Jahr damit gefüllt

Karriere in Showbiz und Politik

Allein in Mumbai erscheinen jede Woche 17 verschiedene Filmmagazine, die zur Glorifizierung von **Stars und Sternchen** kräftig beitragen. In Tausenden von Fanclubs wird der Starkult gepflegt. Die großen Stars, wie etwa *Sanjay Dutt, Shah Rukh Khan* oder *Amitabh Bachchan*, sind nicht nur vielfache Millionäre (Dollar-Millionäre wohlgemerkt), sondern werden von ihren Anhängern geradezu abgöttisch verehrt – und das ist durchaus wörtlich zu verstehen. So wurde dem kürzlich verstorbenen *N.T. Rama Rao*, einem Schauspieler, der zeit seiner Karriere immer Götter dargestellt hatte, in Andhra Pradesh ein Tempel erbaut.

Die **schauspielerische Qualität** dieser Megastars lässt allein schon deshalb zu wünschen übrig, weil sie gleichzeitig bei einem Dutzend Filmen im Einsatz sind. So rasen sie von einem Fimset zum nächsten, wechseln Kostüme und Launen im Laufschritt. Das ist gut fürs Portemonnaie; der Auseinandersetzung mit der gerade verkörperten Rolle ist es sicherlich nicht förderlich. Kein Wunder, dass ihre schauspielerischen Leistungen oft von einer müden Eintönigkeit geprägt sind, ganz egal, welche Rolle sie spielen.

Viele Mimen nutzen ihre ungeheure Popularität für eine **politische Karriere.** Bekanntestes Beispiel ist *M.G. Ramachandran*, der seine Beliebtheit als Helfer der Armen, Beschützer der Frauen und Rächer der Entrechteten auf der Leinwand begründete und schließlich 1977 zum Chefminister Tamil Nadus aufstieg. Als von allen gefürchtete Nachfolgerin zieht heute die ehemalige Filmgröße *Jayalitha* die Fäden der Macht im südlichsten Bundesstaat Indiens. *N.T. Rama Rao* war Chefminister von Andhra Pradesh.

Die schmutzige Seite der Glitzerwelt

Allerdings hat die scheinbar so heile Glitzerwelt des indischen Kinos in den letzten Jahren erhebliche Risse bekommen. Es ist ein offenes Geheimnis, dass ein Großteil der Filme mit **Geldern aus der Unterwelt** finanziert wird, die dadurch ihr mit Drogenhandel, Prostitution und illegalen Grundstücksgeschäften verdientes Geld reinwäscht. Die Verstrickung in die Unterwelt hat in den letzten Jahren einige namhafte Regisseure das Leben gekostet. Hinzu kommt, dass – nicht zuletzt wegen der enormen Gagen für die Superstars – die wenigsten Filme ihre hohen Produktionskosten einspielen. Hierzu trägt auch die Konkurrenz des privaten Fernsehens bei, welches durch die **Ausstrahlung westlicher Serien** und Hollywoodfilme für viele Inder eine ganz neue Welt eröffnet.

Um dem Konkurrenzdruck standhalten zu können, werden im indischen Kino zwei Aspekte immer offener zur Schau gestellt, die noch bis vor wenigen Jahren absolute Tabuthemen waren: **Sex und Gewalt.** Noch bis vor wenigen Jahren verbannten die sittenstrengen Zensoren sogar Kussszenen von der Leinwand. Die einfallsreichen Drehbuchautoren umschifften das Problem, indem sie Szenen schrieben, in denen Äpfel schmachtend von einem Mund zum nächsten gereicht oder Eistüten zu zweit gelutscht wurden. Ständig fielen Hauptdarstellerinnen in einen See oder liefen durch einen Monsunregen, damit sich die durchnässten Saris möglichst durchsichtig an den Körper schmiegten. 1997 schrieb die Schauspielerin *Rekha* in dem Kinohit „Aastha" mit dem ersten Orgasmus auf einer indischen Leinwand Kinogeschichte – dabei musste sie allerdings nicht einmal ihren Sari lüften.

Autorenfilm

Neben der Glitzerwelt des Kommerzkinos fristet der Autorenfilm ein vergleichsweise dürftiges Dasein. *Aparna Sen* und *Satyajit Ray,* zwei führende Vertreter dieses alternativen Kinos, sind unter westlichen Cineasten bekannter als in Indien selbst. Zentren dieses künstlerisch ambitionierten Autorenfilms sind Westbengalen und Südindien. Nicht Verklärung, Wirklichkeitsflucht und strahlende Helden, sondern das **Engagement gegen soziale Missstände** und komplizierte, widerspruchsvolle Charaktere stehen im Mittelpunkt der Handlungen. Themen wie Korruption, Umweltzerstörung, Unterdrückung der Frau oder Verlust traditioneller Werte versuchen die Regisseure einem breiteren Publikum näherzubringen. Doch ihre Anhängerschaft kommt meist über den kleinen Kreis des jungen, akademisch gebildeten Großstadtpublikums nicht hinaus.

Die Regisseurin *Mira Nair* wies mit ihrem Ende der achtziger Jahre gedrehten Spielfilm **„Salaam Bombay",** der das Schicksal der Mumbaier Straßenkinder zum Inhalt hat, einen Ausweg aus dem Dilemma. Sie bediente sich bewusst einiger Stilmittel des Kommerzkinos, um den Wunsch des Massenpublikums nach Unterhaltung zu befriedigen und machte so auf unterhaltsame, fast schon spielerische Weise auf eines der großen sozialen Probleme Indiens aufmerksam. Der Film wurde national wie international ein überragender Erfolg.

Literatur

Wohl kein anderes Volk ist in seinen Denk- und Verhaltensweisen derart stark von seiner Literatur geprägt worden wie die Inder. Schon vor drei Jahrtausenden begann mit der Formierung der Kastengesellschaft die Niederschrift der **Veden,** meist religiöse Schriften anonymer Autoren. Neben Hymnen an die Götter und Beschreibungen der hochkomplizierten priesterlichen Opferrituale finden sich detaillierte Anweisungen über die der jeweiligen Kaste entsprechenden Verhaltensweisen. Noch heute bestimmen die penibel ausgeführten Vorschriften über Berufsausübung, Heirat, Essverhalten und Reinigungszeremonien, Opferhandlungen und Beerdigungsrituale den Alltag der allermeisten Inder.

Die beiden Klassiker der altindischen Literaturgeschichte sind jedoch die ausufernden Helden- und Göttersagen **Mahabharata** und **Ramayana.**

Mit seinen über 100.000 Versen gilt das Mahabharata als das umfangreichste Werk der Weltliteratur. Vor dem Hintergrund des Kampfes zwischen den mythischen Völkern der Pandawas und Kausawas wird eine verschachtelte Handlungsstruktur aufgebaut, in deren Verlauf die verschiedenen Götter in ihren zahlreichen Inkarnationen auftreten. Die im Kampf zwischen Gut und Böse entwickelten Glaubens- und Moralvorstellungen prägen bis heute das Leben der Inder. „Wir verdanken ihnen", sagt der Schriftsteller *Gangada Gangije*, „all unsere Inspirationen. Sie sind tief in unser Leben eingedrungen".

Von einer millionenstarken Anhängerschaft können die **neuzeitlichen Literaten** nur träumen. So betragen selbst bei renommierten Schriftstellern die Anfangsauflagen kaum mehr als 1.000 bis 3.000 Exemplare. Nur ganz wenige können so ihren Lebensunterhalt bestreiten, die allermeisten sind in anderen Berufen tätig. Bei vielen ist dies der Journalismus, was nicht ohne Einfluss auf die indische Literatur geblieben ist. Nicht blumige und ausufernde Heldensagen, sondern kurze und kritische Essays zu den drängenden Problemen der indischen Gesellschaft bestimmen heute die indische Literatur.

Als einer der Wegbereiter des modernen indischen Romans mit einer Hinwendung zum sozialen Engagement gilt der 1905 in Peshawar geborene und in England ausgebildete *Mulk Raj Anand*. Seine Biographie ist symptomatisch für die Vertreter der **Nai Kahani,** jener Bewegung der neuen Hindi-Literatur, die zum ersten Mal Ende der fünfziger Jahre radikal mit der indischen Tradition brach. Gleichzeitig geprägt durch den indischen Unabhängigkeitskampf und europäisches Gedankengut, versuchen die von europäischer Erzähltradition beeinflussten Autoren den indischen Alltag in all seiner Ungerechtigkeit schonungslos darzustellen und verstehen sich als **Sprachrohr der Unterdrückten.** So sagt der Schriftsteller *Dadja Pawar*, einer der wichtigsten Vertreter der Dalit-Bewegung (einer Bewegung zur Durchsetzung der Rechte der Unberührbaren, die sich Anfang der siebziger Jahre bildete): „Unser Schreiben über unsere Rechte als menschliche Wesen ist der Kampf um unsere Identität".

Die Identitätsfrage ist dabei gerade in einer Zeit, in der die jahrtausendealten Traditionen und Werte der indischen Kultur durch den Ansturm der von westlichen Medien verbreiteten Konsum- und Wettbewerbsgesellschaft ins Wanken geraten, eines der Hauptthemen der neueren indischen Literatur. Gerade angesichts des scheinbar unaufhaltsamen Siegeszuges der elektronischen Massenmedien wirken die nur allzu berechtigten Rufe der indischen Schriftsteller nach einer an indischen Wertvorstellungen orientierten gesellschaftlichen Entwicklung wie die berühmten Rufe in der Wüste.

In der indischen Musik besteht die Oktave nicht aus 8, sondern 22 Haupttönen

Musik

„Die Chinesen und die Inder würden eine der unseren ähnliche Musik haben, wenn sie überhaupt eine besäßen, aber diesbezüglich stecken sie noch in der tiefsten Finsternis der Barbarei und sind in einer geradezu kindlichen Unwissenheit befangen, in der sich kaum vage Ansätze zu einem Gestaltungswillen entdecken lassen. Außerdem sprechen die Orientalen von Musik da, wo wir höchstens von Katzenmusik sprechen ..." Der französische Komponist *Hector Berlioz* stand mit dieser 1851 geäußerten Meinung über indische Musik durchaus nicht allein da. Für die meisten Europäer war die klassische indische Musik nie viel mehr als ein stechender Grundton, ein monotoner Klang ohne polyphone Elemente und Harmonie – „Katzenmusik" eben.

Das sollte sich erst ändern, als Mitte der sechziger Jahre im Zuge der Flower-Power-Bewegung viele westliche Musiker wie die Beatles und Rolling Stones nach Indien pilgerten. Von nun an ergoss sich eine Welle von Räucherstäbchen, Meditationskursen und indischen Klängen auf den von der Sinnkrise gebeutelten Westen. Der globale Siegeszug indischer Musik hatte begonnen, kein Musikfestival mehr ohne Sitar und Tabla. Wer mit indischer Musik im Ohr und dem Joint in der Hand in mystische Sphären entschwebte, war allemal in und modern. Da machte es auch nichts, wenn das begeisterte Publikum versehent-

Musik

Mädchenkapelle des Maharani-College in Mysore, 1895

lich schon mal das Stimmen der Instrumente beklatschte – so geschehen beim Auftritt *Ravi Shankars* im Concert for Bangladesh.

So unterschiedlich Hector Berlioz' schon fast physische Abneigung gegen indische Musik und deren Huldigung durch die Blumenkinder auch war, so verband sie doch eine Gemeinsamkeit: Beide hatten das Wesen indischer Musik nicht verstanden. Verwunderlich ist das nicht, äußert sich doch in der klassischen indischen Musik, deren Wurzeln bis ins 5. Jh. v. Chr. zurückgehen, sehr viel von den religiösen Vorstellungen der Hindus. Ursprung und Ziel indischer Musik ist es, Musiker wie Zuhörer in den Zustand geistig-seelischer Harmonie zu versetzen, in eine **meditative Versenkung in Gott.** So ist die Musik nichts anderes als eine Art Gottesdienst.

Raga und Tala – Melodie und Rhythmus

Raga und *tala* bilden den Rahmen indischer Musik. *Tala* könnte man dabei mit Rhythmus, *raga* mit Melodie gleichsetzen. Bei *ragas* handelt es sich um genau festgelegte **Tonskalen,** innerhalb welcher der Musiker unter Beachtung bestimmter Regeln ein Thema improvisiert. Diese Tonskalen, von denen es über 1.000 geben soll, sind jeweils bestimmten Stimmungen zugeordnet. So gibt es *ragas* für spezielle Tages- oder Jahreszeiten, Frühlings-Ragas oder Nacht-Ragas ebenso wie solche für das Wetter oder für menschliche Gefühle.

Die eigentliche Kunst des Musikers besteht darin, die *ragas* so zu spielen, dass die beabsichtigte **Stimmung** dem Zuhörer perfekt vermittelt wird. Nicht umsonst umschreibt der Begriff *raga* eine ganze Palette menschlicher Gefühle: Begierde, Leidenschaft, Sorge, Schmerz, Ärger, Boshaftigkeit, Feindschaft, Hass und Liebe. Nebenbei bedeutet das Wort auch Farbe, Farbschattierung, Farbmittel oder Einfärben – tatsächlich soll sich der Musiker bei seinem Spiel auch wie in einer Meditation mit dem Göttlichen „einfärben", mit ihm eins werden.

Als klassisches Raga-Instrument gilt gewöhnlich die **Sitar,** das im Westen wohl bekannteste indische Instrument. Genauso kann ein *raga* jedoch von einer Flöte oder Violine gespielt werden.

Der rhythmische Kontrapunkt zum *raga* ist **tala**, gewöhnlich von Handtrommeln, so genannten **Tablas,** gespielt. Wie bei den *ragas*, so gibt es auch von den *talas* Hunderte.

Der besondere Reiz eines Konzerts besteht im **Dialog zwischen Raga- und Tala-Interpreten.** Jeder interpretiert und improvisiert im Rahmen der ihm vorgegebenen Regeln sein Thema und immer dann, wenn die beiden Virtuosen es schaffen, sich im rhythmischen Zyklus zu treffen, erheben sich begeisterte Wah-Wah-Rufe aus der mitgehenden Zuhörerschaft.

Unterlegt wird das Spiel von einem **Grundton,** der meist von einer Tambura gespielt wird. Genau dies ist die für indische Musik so typische Klangkomponente, die für westliche Ohren stechend, ja penetrant klingt. Dieser Grundton dient vornehmlich zur Wahrnehmung kleiner und kleinster Intervalle. Immerhin muss der indische Musiker innerhalb einer Oktave **22 Haupttöne** und **30 Mikrotöne** unterscheiden. Nur durch den unveränderlichen Bezugspunkt des Grundtons wird es möglich, solch geringe Intervallunterschiede zu erkennen und präzise zu setzen.

Aufführungen und Alltagsklänge

Ein weiterer signifikanter Unterschied zu westlichen Aufführungen liegt in der scheinbar nicht enden wollenden Dauer indischer Konzerte. Fünf Stunden und mehr sind dabei keine Seltenheit. Zeit hat eben in Indien eine ganz andere Dimension als im Westen und so gibt es kein dynamisches Voranschreiten im Andante oder Allegro, dafür umso häufiger ein meditatives Verweilen bei einem einzigen Ton. Sich nie von der Uhr versklaven lassen: ebenfalls ein Stück asiatischer Lebensphilosophie.

Indische Musik findet jedoch nicht nur im Konzertsaal statt und so sollte sich der nicht grämen, der keine Aufführung besuchen konnte. Der einma-

Indische Musikinstrumente

Indische Instrumente sind oft reich verziert und stellen für sich schon kleine Kunstwerke dar.

- Der **Sitar,** das bedeutendste Musikinstrument Südasiens, erlangte erst im 19. Jh. seine heutige Form. Auf dem rund einen Meter langen Hals sitzen insgesamt siebzehn verschiebbare Messingbünde. Darüber verlaufen zwei bis vier Spielsaiten. Ihre Schwingungen werden von einem Steg aus Knochen auf den Resonanzkörper übertragen, einen ausgehöhlten Kürbis mit Holzdecke. Neben den Spielsaiten verlaufen vier weitere Bordunsaiten, die nicht abgegriffen, sondern zwischen dem Greifen der Spielsaiten angeschlagen werden. Ein separates System von elf Resonazsaiten verläuft unter den Bünden. Auf dem Sitar lassen sich alle Feinheiten der indischen Musik zur Geltung bringen. Eine Veränderung der Tonhöhe kann nicht nur durch das Abgreifen der Bünde, sondern auch durch seitliches Wegziehen der Spielsaiten erzielt werden.
- Der **Tambura** ist eine Art bundlose, meist mit vier Saiten bespannte Langhalslaute. Auf ihm wird ein Halteton als Grundton und unveränderlicher Bezugspunkt des Raga gespielt.
- Die **Tabla** besteht aus einer zylindrischen Holztrommel für die rechte Hand, die meist auf den Grundton gestimmt ist, sowie einer halbkugelförmigen, in verschiedenen Tonhöhen gestimmten Metalltrommel für die linke Hand. Mit Hilfe der Blöckchen, die unter den Haltebändern angebracht sind, wird sie exakt gestimmt. Die Tabla repräsentiert im *raga* das durch die verschiedenen Anschlagtechniken außerordentlich differenzierte rhythmische Element.
- Der **Sarod** hat einen halbkugelförmigen, mit einer Decke aus Tierhaut bespannten Klangkörper aus Holz. Das bundlose Griffbrett auf dem breiten Hals besteht aus einer polierten Metallplatte. Die vier Spielsaiten werden mit einem Plektron gezupft. Daneben erklingt ein doppelchöriges Saitenpaar mit dem Grundton sowie siebzehn Resonanzsaiten.
- Die **Santur** (wörtl.: Einhundert Saiten), ein Hackbrettinstrument, fand erst recht spät Eingang in die klassische indische Musik. Sie besteht aus einem hölzernen, trapezförmigen Resonanzkasten, über dessen Decke mittels zweier Stegreihen 18 bis 25 Metallsaitenchöre geführt werden, die mit zwei an der Spitze aufwärts gebogenen Klöppeln angeschlagen werden.
- Die **Shahnai,** ein oboenartiges Instrument mit vollem, stark näselndem Klang, fand erst in den fünfziger Jahren unseres Jahrhunderts volle Anerkennung in der klassischen Musik. Ursprünglich von islamischen Eroberern und später in hinduistischen Tempeln gespielt, verdankt sie ihre Aufwertung zum Konzertinstrument der Ragamusik, vor allem dem großen Virtuosen *Ustad Bismillah Khan.* Die Shahnai ist ein Doppelrohrblattinstrument. Der konische Holzkörper ist mit einem Metallschalltrichter und sieben Löchern ausgestattet und kann sämtliche Verzierungen der indischen Musik entfalten.

lige Reichtum des **Klangkörpers Indien** ist überall zu erfahren. Wer sich die Zeit nimmt (immer eine entscheidende Voraussetzung, um das Phänomen Indien kennenzulernen) und an einem beliebigen Ort in Indien – die Augen geschlossen – auf die Geräusche der Umgebung achtet, wird die akustische Vielfalt des Landes unmittelbarer denn je erfahren. Nur ein Beispiel: Überall in Indien findet man die *dhobis,* Wäscher, die morgens an den Ufern der Flüsse stehen und rhythmisch den Schmutz aus der Wäsche schlagen. Oder das Gemurmel einer Tempelzeremonie, das Vorbeifahren eines Ochsenkarrens, das Stimmengewirr auf dem Marktplatz. Im Vergleich dazu ist unsere eigene Klangsphäre arm, reduziert fast nur noch auf diffuse Motorengeräusche.

Tanz

Die reiche Tanztradition Keralas hat verschiedene Stilrichtungen hervorgebracht, die sich gegenseitig beeinflussen. Der mit Abstand bekannteste Tanzstil Keralas ist der farbenprächtige, äußerst aufwändige Kathakali. Da er jedoch unmittelbar aus den Tanzdramen Krishnanattam und Ramanattam hervorging und das Kuttu- und Kutiyattam-Tanztheater als noch ältere Vorläufer anzusehen sind, sollen diese im Folgenden ebenso vorgestellt werden.

Kuttu und Kutiyattam

Kuttu-Aufführungen wurden ursprünglich nur in **Tempeln** und ausschließlich von Angehörigen der oberen drei Stände dargeboten. Die mehrtägigen solistischen Darbietungen waren den Chakyars vorbehalten, einer erblichen Kaste von Tempeldienern, die bereits in Inschriften aus den ersten nachchristlichen Jahrhunderten nachgewiesen sind. Dabei erzählte, sang und tanzte ein Chakyar **mythologische Episoden** der „Mahabarata"- und „Ramayana"-Epen und Purana-Texte. Später ergänzten **klassische Theaterstücke** etwa aus dem Kalidasa und Harsa das Repertoire. Der Chakyar stellte sämtliche Rollen selbst dar und bediente sich einer besonders ausgeprägten, stilisierten Mimik und Gestik.

Auch die Musik durfte nur von bestimmten Kasten gespielt werden. So intonierten Mitglieder der Nambyar-Kaste die für den Kuttu charakteristische handgeschlagene, kupferne Kesseltrommel *(missava),* die stimmbare, mit einem Schlegel geschlagene Doppelkonustrommel *centa* oder Blasinstrumente wie die Doppeloboe *kusal*. Hingegen war es allein Frauen der Nanjyar-Kaste vorbehalten, die kleinen Kusitalam-Becken erklingen zu lassen. Zu weiteren Eigenarten des Kuttu zählen die prachtvollen **Kostüme** und das farbensymbolische **Make-up** mit einer weißen, bartartigen **Gesichtsmanschette** *(cutti)*.

All diese Merkmale gingen in den Kutiyattam- und später in den Kathakali-Stil ein. Der Kutiyattam wurde angeblich im 8. Jahrhundert unter der Perumal-Dynastie entwickelt. Besonders im 10. Jahrhundert soll König *Kulasekhara Varman* diesen Stil mit Hilfe eines brahmanischen Gelehrten gefördert haben.

Allerdings erfuhren die Ausdrucksformen wesentliche Verfeinerungen. So wurden die Rollen nicht mehr nur von einem einzigen männlichen Darsteller, sondern von einer Gruppe aus Frauen und Männern gespielt. Eine herausragende Funktion erhielt der aus dem Chakyar des Kuttu-Stils hervorgegangene Narr *(vidusaka),* dem es oblag, die Sanskritpartien auf **Malayalam,** der Volkssparache Keralas, einem weniger exklusiven Publikum zu erklären. Dabei bezogen sich die klassischen Themen, teilweise parodierend, auf aktuelle Probleme. Die übrigen Akteure rezitierten ihre Verse und Lieder jedoch auf **Sanskrit.**

Auch die Aufführung der Kutiyattam-Stücke erstreckte sich über mehrere Tage, wobei der Narr die Ereignisse des vorherigen Tages zu Beginn jeder neuen Episode erzählerisch und mimisch zusammenfasste. Erst dann betraten, durch eine laut tönende Seemuschel angekündigt, die Hauptdarsteller die Bühne. Gespielt wurde ursprünglich und teilweise heute noch in besonderen, zu einem Tempelareal gehörenden Theatern, den **Kutampalams,** von denen in Kerala noch etwa ein Dutzend erhalten sind. Auf dem Podium eines solchen Theaters befinden sich während der Aufführung häufig ein großer, zylindrischer Reisbehälter, der Nahrungsfülle symbolisieren soll, und eine hohe, bronzene Öllampe, die als glückverheißend gilt.

Aufwändige Schminke und eine ausgefeilte Mimik sind die Merkmale des Kathakali-Tanzes

Tanzspiele Krishnanattam und Ramanattam

Das Tanzspiel Krishnanattam wurde angeblich 1652 von *Manaveda,* dem Herrscher von Calicut, geschaffen, nachdem ihm Krishna im Traum erschienen war. Das Stück, welches das **abenteuerliche Leben Krishnas** zum Inhalt hat, gelangt noch heute in seiner traditionellen Form alljährlich während des Krishnajayanti-Festes im Tempel von Guruvayor zur Aufführung, die acht bis neun Tage dauert.

Die Sanskritverse des Krishnanattam werden nicht mehr wie im Kutiyattam von den Darstellern, sondern von den Musikern gesungen. So können rein rhythmische, nicht unmittelbar mit dem Inhalt korrespondierende Nrtta-Elemente des Tanzes betont werden. Die Akteure tragen schwere hölzerne **Masken** oder ebenfalls die typischen Gesichtsmanschetten. Anders als im Kathakali können auch Frauenfiguren in dieser Weise geschminkt werden. Die Kostüme des Krishnanattam gleichen denen des Kutiyattam.

Die Entstehung des Ramanattam-Tanzspiels hängt mit dem Krishanattam zusammen. Es heißt, dass *Kottayam Tampuram* (1665–1725), der Herrscher eines nördlich von Thiruvanantapuram gelegenen Reiches, den benachbarten König *Manaveda* gebeten haben soll, ihm seine Krishnanattam-Truppe auszuleihen. Als ihm dieser Wunsch ausgeschlagen wurde, schuf er kurzerhand sein eigenes Tanzspiel – eben das auf dem „Ramayana"-Epos basierende Ramanattam.

Der wesentliche Unterschied zwischen beiden Dramen ist, dass das Krishnanattam auf Sanskrit und von den Chakyar-Tempelbarden, das Ramanattam hingegen in der Malayalam-Sprache und von den **Nayar-Soldaten** aufgeführt wurde, wobei selbst der königliche Autor eine Hauptrolle einnahm. Die Kriegerkaste war wegen ihres Trainings, das zum Teil auf kämpferischen Bewegungen zu rhythmischen Trommelschlägen beruhte, besonders geeignet, in dem mitunter artistisch-akrobatischen Ramanattam-Tanzspiel mitzuwirken.

Im Laufe der Zeit führten die Nachfolger von König Kottayam Tampuram mehrere Neuerungen ein, die später fast alle vom Kathakali übernommen wurden. So trugen die Darsteller jetzt keine Masken mehr, sondern nur noch **Make-up.** Außerdem wurde das Programm um zwei Teile erweitert, die sich noch heute großer Beliebtheit erfreuen. Nach dem Einführungstanz von Rama und dessen Bruder Laksmana erscheinen die Hauptdarsteller und tanzen hinter einem bis zur Brusthöhe reichenden Vorhang eine Nrtta-Sequenz. So bietet sich dem Publikum die Gelegenheit, sich allein auf das kunstvolle Make-up zu konzentrieren.

Die zweite signifikante Ergänzung des Programms ist ein **Auftritt der bösen Charaktere,** die, begleitet von rasenden Trommelwirbeln, den Vorhang herunterziehen und dem Publikum kurz den Gesichtsausdruck zeigen, der in dem folgenden Tanz die Grundstimmung bildet. Außerdem wurde ein zweiter Tänzer eingeführt. Der erste

Der Sari – das indischste aller Kleidungsstücke

Kaum ein anderes Kleidungsstück wird derart eng mit seinem Ursprungsland identifiziert wie der Sari, das klassische Kleid der indischen Frauen. Er ist mit Indien so untrennbar verbunden wie das Taj Mahal und die heilige Kuh. Das farbenfrohe Bild des elegant um den Körper geschlungenen Tuches gehört zu den eindrucksvollsten Erinnerungen jedes Indien-Reisenden. Der Sari verleiht der indischen Frau eine immer wieder beeindruckende Würde und Grazie.

Länge, Tragart, Farbe, Stoff und Muster dieses äußerst wandelbaren Kleides variieren von Region zu Region. So misst die gewöhnlich sechs Meter lange Stoffbahn in Maharashtra 8,20 Meter und wird von hinten durch die Beine gezogen. Die Gujarati-Frauen legen das Sari-Ende über die rechte anstatt, wie üblich, die linke Schulter. In Kerala und Assam besteht der Sari aus zwei Teilen. Als besonders graziös gilt der Bengal-Stil, bei dem das auffallend lange Sari-Ende *(pallu)* zunächst über die linke Schulter geworfen wird, um danach über den Rücken, wieder unter dem rechten Arm nach vorne und schließlich erneut über die

Der kunstvoll geschlungene Sari ist das klassische Kleidungsstück indischer Frauen

linke Schulter geführt zu werden. In Rajasthan wird mit einem weiten, bis zu den Knöcheln reichenden Faltenrock (*ghagra*), einer eng anliegenden Bluse (*choli*) und dem das Gesicht bedeckenden *ghunghat* sogar ein dreiteiliges Ensemble getragen, welches nur noch vage an den klassischen Sari erinnert.

Bei den Farben kann die Frau ihrem persönlichen Geschmack folgen. Allerdings gibt es gewisse Anlässe wie Tod (weiß) und Heirat (rot), bei denen die Sarifarbe vorgegeben ist. Ebenso groß wie die Vielfalt der Farben und Muster ist die der Materialien. Ein Sari kann aus Seide, Baumwolle, Chiffon oder den immer größere Verbreitung findenden synthetischen Materialien gefertigt werden. Dementsprechend unterschiedlich sind auch die Preise, die von 300 bis 30.000 Rs pro Stück reichen können.

Wie Erwähnungen in alten Epen und Skulpturen an den Tempeln von Khajuraho und Konark belegen, gehen die Ursprünge des Sari mehrere Tausend Jahre zurück. Man geht davon aus, dass er sich aus dem auch heute noch von vielen Männern getragenen Beinkleid, dem *dhoti*, entwickelt hat, welcher ursprünglich von Männern wie Frauen gleichermaßen getragen wurde. Das Wort Sari leitet sich ab von dem Sanskrit-Wort *sati*, welches soviel wie „Stück Stoff" bedeutet.

Der seit dem 15. Jh. mit der Ankunft der Moguln in ganz Indien zu verzeichnende tief greifende kulturelle Wandel ließ auch den Sari nicht unberührt. Das ursprünglich wesentlich kürzere Kleidungsstück wurde unter den strengeren Moralvorschriften der neuen Herrscher verlängert, so dass das Gesicht der Frau durch das schleierartige, zunächst über die Schulter gezogene Sari-Ende bedeckt wurde.

Statt des Sari tragen immer mehr junge Frauen den *salwar kameez*, eine ursprünglich aus dem Punjab stammende Kombination, bei der ein knielanges, an den Seiten eingeschlitztes Hemd über eine leichte, an den Versen gebundene Hose fällt.

Sänger hält, während er singt, den Grundrhythmus, indem er zusätzlich mit einem Stock einen Gong schlägt. Sein Partner wiederholt die Lieder und benutzt in schnellem Tempo ein kleines Beckenpaar. In einem ebenfalls von Kottayam Tampuram geschaffenen Zwischenspiel wird den Musikern auch Gelegenheit gegeben, ihr Können bei einer Verbindung von Liedern aus dem „Gitagovinda" mit reinen Trommelsoli zu Gehör zu bringen.

Der Kathakali-Tanz

Von allen Kunstformen, die das so kreative Kerala über die Jahrhunderte hervorgebracht hat, gilt der Tanz und insbesondere der Kathakali als die bekannteste. Er ist der ausdrucksstärkste und **dramatischste der indischen Tänze.** Der Besuch einer Kathakali-Aufführung gehört für fast jeden Kerala-Reisenden zum Pflichtprogramm.

Die Mischung aus unterschiedlichen Tanzformen macht den Kathakali zu einem der schwierigsten und vielfältigsten Tanzstile Indiens. Seine Faszination besteht in der Verbindung traditioneller Ästhetik der Ausdrucksformen und Bewegungen mit besonders auffallenden, farbsymbolischen Kostümierungen und Maskierungen sowie spannungsvollen Themen.

Ursprünge

In seiner heutigen Form entstand der Kathakali, als Ende des 17. Jahrhunderts das Ramanattam-Tanzspiel von anderen Stoffen, als denen aus dem Ramayana, ergänzt wurde. Als besonderer Förderer tat sich hierbei der Maharaja von Travancore, *Karttika Tirumal* (1725–98), hervor. Er beschäftigte und finanzierte nicht nur seine eigene Tanzgruppe am Hofe, sondern verfasste einen tanztheoretischen Text („Balarama Bharatam"), der zahlreiche choreografische Details zum Inhalt hatte. Im 18. Jahrhundert wurden auch die für den Kathakali so charakteristischen **Gesichtsausdrücke und Handgesten** in einem bekannten Text, der „Hastalaksanadipika", systematisiert.

Nachdem der Kathakali Mitte des 19. Jahrhunderts wegen mangelnder fürstlicher Förderung in Vergessenheit zu geraten drohte, kam dem bekannten Tanzlehrer *Vallatol Narayana Menon* (1878–1958) die geniale Idee, eine Lotterie zur Rettung dieses keralischen Kulturguts ins Leben zu rufen. Mit den Erträgen schuf er die finanziellen Voraussetzungen für die Gründung der bis heute existierenden **Tanzakademie Kathakali Kalamandalam** in Cheruthuruthy in der Nähe von Kochi, die er zusammen mit dem Tanzmeister *Manakkulam Mukunda Raya Tamburam* 1937 eröffnete.

Außerhalb Keralas wird der Kathakali besonders im Kalakshetra und Natana Niketanam, beide in Chennai (dem früheren Madras), sowie in der Tanzschule Darpana in Ahmedabad, der Hauptstadt von Gujarat, gepflegt. Mitglieder dieser und anderer Institutionen reisen um die ganze Welt und haben den Kathakali außerhalb Indiens bekannt gemacht.

Aufführungspraxis

Eine Imitation der Welt – nicht mehr und nicht weniger – soll der Tradition zufolge die Darbietung des Kathakali darstellen, der bis ins kleinste Detail mit **Symbolismen** überhäuft ist. So repäsentiert die Bühne je nach Szenerie den Himmel, die Erde oder die Unterwelt. Von den Dochten der großen, auf der Bühne platzierten Öllampe gilt der längere als Sonne, der kürzere, dem Publikum zugewandte als Mond.

Die Spiele beginnen nach Sonnenuntergang mit einer formellen Ankündigung, bei der alle **Musikinstrumente** im Tempelbezirk ertönen. Auch dies ist symbolisch zu verstehen, da in der hinduistischen Weltsicht der Ton die erste Manifestation des Lebens darstellt, die Trommel hingegen als Kontrapunkt die Auflösung des Universums und zugleich den Beginn eines neuen Lebenszyklus. Zwei ausschließlich von Rhythmusinstrumenten begleitete Sänger tragen devotionale Lieder vor. Der dumpfe Klang der mit einem Schlegel geschlagenen, zylindrischen Centa-Fasstrommel und die ebenfalls fassförmige, aber handgeschlagene Maddala-Trommel geben den Ton an. Wie im Kuttayam spielt der erste Sänger einen Gong, der zweite ein Beckenpaar.

Während dieses musikalischen Vorspiels, das bis zu einer Stunde dauern kann, kostümieren und schminken sich die Tänzer. Durch dieses ebenso zeitaufwändige wie fotogene Ritual verwandeln sich die Akteure gewissermaßen in die übernatürlichen Figuren ihrer Rollen. Das Make-up mit seiner ausgeprägten Farbsymbolik ist als Transformation zu sehen, nach der die Darsteller nicht mehr mit ihren persönlichen Namen, sondern nur noch mit ihren Götternamen angeredet werden.

Dabei entspricht das **Make-up** der klassischen Dreiteilung aller menschlichen Eigenschaften *(guna)* in reine, göttliche *(sattvika),* leidenschaftlich-menschliche *(rajasika)* und finster-dämonische *(tamasika).* Grüne Farbe wird den Darstellern von Götter- und Heldenfiguren über Backenknochen und Kinnlade geschminkt. Das Gesicht ist dabei von der weißen, aus Reispaste bestehenden Gesichtsmanschette eingerahmt, die im Liegen aufgetragen wird und über eine Stunde trocknen muss. Augen und Augenbrauen werden mit schwarzer Farbe verlängert, der Mund rot und die Stirn weiß angemalt. In die Stirnmitte werden je nach Figur kleine, kreisrunde Zeichen in gelber oder roter Farbe gesetzt. Für einige Rollen sind zur Unterscheidung der Handgesten verlängerte, silberne Fingernägel vorgeschrieben.

Besonders hervorstechend ist die aufwändige **Kopfbedeckung** der verschiedene Charaktere verkörpernden Tänzer. Die der reinen Charaktere besteht aus einer hohen, mit Edelsteinen und goldenen Kordeln besetzten Krone, hinter der eine einem Heiligenschein ähnliche, kreisrunde, goldrote Scheibe angebracht ist. Einige Gottheiten wie Krishna, Rama und Lakshmana tragen kleinere, mit Pfauenfedern und Edelsteinen geschmückte Kronen. An den weißroten Kostümen dieser edlen Charaktere hängen mehrere weiße Schals, die unten mit bunt bestückten Rüschen versehen sind, sowie ein rotes Halstuch, an dem Spiegelchen baumeln.

Die Darsteller der „leidenschaftlich-menschlichen" Charaktere, die ebenfalls weiße Gesichtsmasken tragen, versieht man mit einem so genannten „Messer-Make-up". Hierbei unterbrechen messerförmge, rote Muster, eingerahmt von weißen Stichen längs der Backenknochen, die grüne Gesichtsbemalung. Weiße Nasenbälle sowie ein roter Schnäuzer sind bei einigen dieser Figuren besonders hervorstechend. Die **Farbe des Bartes** lässt häufig auf den Charakter einer Rolle schließen. So ist ein weißer, buschiger Bart dem Affengott Hanuman vorbehalten.

Rote Bärte hingegen werden nur von „finster-dämonischen" Figuren getragen. Ihre obere Gesichtshälfte und die Lippen sind schwarz, die untere Gesichtshälfte und Teile der Stirn rot geschminkt. Sie setzen statt der Gesichtsmaske eine weiße, breite, kammartige Teilmaske auf, die die Backen einrahmt.

Neben den unterschiedlichen Make-ups tragen die Charaktere häufig noch Gegenstände oder andere **Attribute,** durch die sie von den Zuschauern trotz zahlreicher Varianten in Maskierung und Kostümierung schnell identifiziert werden können. So kennzeichnet den bei Tanzdramen häufig auftretenden Jäger außer Pfeil und Bogen auch eine nach oben hin geöffnete, aus Pfauenfedern gebundene, zylindrische Kopfbedeckung. Die Dämonin Putana erkennt man an ihren weit vorstehenden Brüsten – einem Mythos zufolge versuchte sie, den Säugling Krishna mit giftiger Muttermilch zu stillen, kam dabei aber selbst ums Leben, weil der kleine Gott mit der Milch ihr Leben aussaugte. Für Heilige wiederum ist langes Haar charakteristisch, für Boten ein schlichter Turban, für Brahmanen, die im täglichen Leben ihren Kopf nicht bedecken, ein einfaches Stirnband.

Die aufwändige Schminkprozedur der Darsteller endet gewöhnlich gegen acht oder neun Uhr (bei den heutigen häufig ausschließlich für westliche Touristen organisierten Aufführungen werden Ausnahmen gemacht). Die eigentliche Vorstellung beginnt mit dem Anzünden einer Öllampe. Unmittelbar darauf folgt der obligatorische **Einführungstanz** (totayam), bei dem zwei Akteure hinter einem Vorhang zur Begleitung der Maddala-Tromel tanzen. Hier sollen sich „Illusion" (maya) und „weiblich-göttliche Energie" (saki) zu einem göttlichen Spiel verbinden. In einem weiteren „Präludium" stellen sich die Hauptdarsteller hinter dem halbhohen Vorhang dem Publikum vor, indem sie eine Nrtta-Sequenz tanzen.

Nach einem **musikalischen Zwischenspiel** (melappadam) tragen die Tänzer die Eröffnungsverse des Dramas vor. Dabei singen sie zunächst die **Sanskritverse** ohne Rhythmusbegleitung in verschiedenen Metren und Tempi. Erst danach setzen die Tänzer in **Gestensprache und Mimik** die Sanskritverse improvisierend um. Die im Stück enthaltenen Versdialoge werden ebenfalls gesungen, jedoch unter Begleitung der Rhythmusinstrumente und der Tänzer.

Die einzelnen **Rollen** des Kathakali unterscheiden sich hinsichtlich ihrer Ausdrucksformen. „Reine göttliche" Charaktere etwa bewegen sich würdevoll und öffnen niemals den Mund, selbst wenn sie lachen. „Leidenschaftlich-menschliche" Figuren hingegen dürfen sich laut äußern; sie girren in Liebesszenen wie Vögel oder brüllen in kämpferischen Episoden. „Finsterdämonische" Wesen strecken gar die Zunge heraus oder zeigen ihre künstlich verlängerten Zähne.

Es bedarf eines jahrelangen, harten Trainings, bei dem die zahlreichen Positionen immer wieder eingeübt werden müssen, um sämtliche für den Kathakali-Tanz erforderlichen Körperbewegungen zu beherrschen. Allein die **Grundhaltung** ist schwierig. Die Tänzer stehen mit aufgerichtetem großen Zeh und seitlich gebogenen Beinen auf den äußeren Kanten der Fußsohlen!

Die **choreografischen Muster** sind quadratisch und rechteckig, eher schwer und behäbig, denn leichtfüßig. Das schließt jedoch nicht aus, dass auch artistische Drehungen und Sprünge vorkommen. Charakteristisch für den Kathakali sind auch die rechtwinklig eingeknickten Beinstellungen. Eine solche Haltung gilt als besonders heroisch.

Großen Raum nimmt das **mimische Training** ein. Jeden Tag wird mehr als zwei Stunden geübt, die Augen in zwei verschiedene Richtungen blicken oder die Augenlider möglichst lange geöffnet zu lassen. Alle Gesichtsmuskeln müssen beherrscht werden. Bei der Furcht ausdrückenden „Rasa"-Haltung etwa sollen die Augenbrauen erst einzeln, dann zusammen nach oben gewölbt werden, die Augenlider aufgerissen sein und die Pupillen weit rollen. Zudem müssen die Nasenflügel weit geöffnet und die Lippen zusammen geknsiffen werden, die Backen sollen zittern. Ähnlich schwierig ist es, die vielen **Handgesten** in all ihren Kombinationen zu beherrschen.

Insgesamt bildet der Kathakali eine einzigartige Mischung aus kompliziertester Tanztechnik, subtiler Gestensprache und Mimik, symbolbeladener, farbenfroher Garderobe und Maskierung sowie einer vielfältigen Thematik. Nicht zuletzt deshalb gehört er zu den im Ausland beliebtesten klassischen Tänzen Indiens.

Solotänze Mohini Attam und Ottan Thullal

Die Solotänze Mohini Attam und Ottan Thullal ähneln dem Kathakali. Die Aufführungen sind jedoch kürzer – der Männertanz Ottun Thullal beispielsweise dauert nur etwa zwei Stunden. Beide Tanzstile sind **volkstümlicher** und verwenden in ihren Texten allein die Malayalam-Sprache. Auch die Kostümierungen sind weniger üppig als beim Kathakali. So trägt beim Frauentanz Mohini Attam die Tänzerin nur einen einfachen Sari mit passender Bluse. Auch das Make-up ist bei Weitem nicht so aufwändig wie bei dem bekanntesten Ausdruckstanz Keralas. Tanzbewegungen, Gestik und Mimik entsprechen einander jedoch weitgehend, auch wenn sie weniger streng systematisiert und stilisiert sind.

Der **Mohini Attam,** der Tanz *(attam)* der göttlichen Verführerin Mohini, entwickelte sich aus der Tradition der **Tempeltänzerinnen,** die ab dem 9. Jahrhundert auch in Kerala nachweisbar ist. Obwohl ursprünglich nur von Frauen der Nayar-Kaste dargeboten, war der Mohini Attam eher ein höfischer als ein Tempeltanz, der wie viele andere Tanzstile Indiens mit dem Machtverlust der lokalen Fürsten und Könige beinahe in Vergessenheit geraten wäre. So wird der Mohini Attam heute nur noch sehr selten aufgeführt.

Bis heute recht populär hingegen ist der **Ottan Thullal.** *Kunjan Nambyar,* ein Dichter und Musiker am Hofe von König *Ambalapuja,* entwickelte im 18. Jahrhundert diesen solistischen Männertanz. Der Legende nach soll sich der Tempelbarde bei einer Kuttu-Vorstellung wegen eines falschen Tons lächerlich gemacht haben. Am folgenden Tag habe er seinen eigenen Tanz, den Ottan Thullal, im Tempel vorgeführt und dabei die Zuschauer einer gleichzeitig stattfindenden Darbietung von Kuttu-Tänzen scharenweise angezogen.

Der Ottan Thullal ist ein **klassischer Volkstanz,** voller leicht verständlicher, meist nur mündlich überlieferter Stoffe und Balladen mit humoristischen, teils sogar sozialkritischen Elementen. Die kurzen Vorstellungen finden in der Regel nachmittags statt, bei Tempelfesten oder zu privaten Anlässen wie Hochzeiten und Geburten.

Der Sänger-Tänzer wird von einem Maddala-Trommler, einem Beckenspieler und einem Harmonisten begleitet. Zunächst singt er nur, tanzt dann jedoch in immer schnellerem Tempo, wobei er manchmal scherzend ins Publikum springt. Das Gesicht des Akteurs ist weiß und grün geschminkt, Lippen und Augenbrauen sind rot angemalt. Er trägt einen weiten, bunten Rock, eine halbmondförmige Krone, eine reich ornamentierte Brustplatte und ebenso dekorierte Epauletten.

Die beiden Varianten des Ottan Thullal, der Sithankam- und der Parayan-Thullal, zeichnen sich durch leicht veränderte Kostüme und langsamere, graziösere Tanzformen aus.

Feste und Feierlichkeiten

Indische Feste sind so bunt und ungestüm wie das Land selbst. Zwar haben die meisten Feierlichkeiten religiöse Ursprünge, doch gerade die für Indien so typische Einheit von Religion und Alltagsleben macht ihre eigentliche Faszination aus. Prozessionen und Feuerwerk, Theatervorführungen auf öffentlichen Bühnen und farbenfrohe Tänze, nächtliche Jahrmärkte mit Karussels, Akrobaten und verführerischen Essensständen sowie infernalische Lautsprechermusik sind die typischen Bestandteile. Ein Augenschmaus sind sie immer, dafür auch allzu oft eine Pein für unsere Ohren.

Die Vielfalt der Religionen beschert dem Land eine unübersehbare Anzahl von Festen und Feiertagen. Neben den landesweiten existieren noch unzählige, nicht minder beeindruckende Regionalfeste. Jeder Reisende, der auch nur wenige Wochen im Land unterwegs ist, wird wahrscheinlich Augen- und Ohrenzeuge einer solchen Feierlichkeit werden.

Feste bringen nicht nur Abwechslung in das gerade von der Landbevölkerung oftmals als relativ ereignisarm angesehene Leben, sondern besitzen in einer derart reglementierten Gesellschaft wie der indischen, in der die meisten Entscheidungen des Alltags durch die Kastenordnung vorgegeben werden, eine höchst wichtige Ventilfunktion. Man darf sich gehen lassen und Dinge tun, die sonst verpönt sind.

Indischer Festkalender

Von den vielen Hundert indischen Festen kann hier nur eine kleine Auswahl aufgeführt werden. Da sich die meisten religiösen Feste nach dem **Mondkalender** richten und zudem regional oftmals leicht variieren, kann auch nur eine ungefähre Zeitangabe gemacht werden. Beim indischen Fremdenverkehrsamt in Frankfurt ist jeweils ab November eine Liste mit den Terminen der hundert Hauptfeste für das kommende Jahr erhältlich.

Januar
- 1. Januar; **Neujahr** – gesetzlicher Feiertag
- 26. Januar; **Tag der Republik** – gesetzlicher Feiertag.
- **Pongal** – Diese Art des südindischen Erntedankfestes wird im Januar nach der Wintersonnenwende gefeiert, wenn der Mosunregen aufgehört hat und die Ernte beginnt. Besonders in Tamil Nadu und hier speziell in Madurai wird Pongal mit aufwändigen Umzügen und Prozessionen, Veranstaltungen und Festessen über mehrere Tage gefeiert. Besonders berühmt ist die am dritten Tag in einem kleinen Ort in der Nähe von Madurai veranstaltete Stierhetze. Dabei werden ähnlich wie im spanischen Pamplona Stiere durch die Straßen gejagt.

Februar/März
- **Holi** – gesetzlicher Feiertag. Eines der fröhlichsten, ausgelassensten und vor allem farbenfrohsten Feste ganz Indiens. Zur Begrüßung des Frühlings wirft man ausgelassen mit Farbpulver um sich, wobei Touristen die begehrtesten Opfer abgeben. Ist gerade keine Farbe mehr vorhanden, begnügt man sich auch mit Schlamm. Leider wird das Fest vielerorts immer rowdyhafter (s. auch „Praktische Reistipps: Sicherheit").

FESTE UND FEIERLICHKEITEN

März/April

- **Ramanawami** – gesetzlicher Feiertag. Der Geburtstag Ramas, der siebten Inkarnation Vishnus, der gerade in den letzten Jahren als Symbolfigur des Hindu-Fundamentalismus besondere Verehrung erlangte, wird in Großstädten gefeiert.
- **Ostern** – Speziell in Goa und Kerala wird das Osterfest am Karfreitag mit Messen in den katholischen Kirchen begangen. Der Karfreitag ist gesetzlicher Feiertag.

April/Mai

- **Puram in Thrissur** – Fast in jedem Dorf Keralas wird dieses von dem Maharaja von Thrissur Ende des 18. Jh. initiierte Fest gefeiert. Am sehenswertesten ist es jedoch in Thrissur, wo jedes Jahr Tausende von Einheimischen und Touristen zusammenströmen, um die prunkvollen Umzüge mit den reich geschmückten Elefanten zu erleben. Zu dem Spektakel tragen auch die aus bis zu hundert Musikern bestehenden Orchester bei, die

FESTE UND FEIERLICHKEITEN

sich mit ihren Trommeln, Becken und Blasinstrumenten in einen wahren Rausch spielen und die Massen in ihren Bann ziehen.

Juli/August

- **Naga Panchami** – typisch indisch: ein Fest zu Ehren der Schlangen, die nach hinduistischem Glauben Feinde von Haus und Hof fernhalten.
- **Onam** – Bei dieser Form des keralischen Erntedankfestes, das zu den größten Attraktionen des keralischen Festkalenders zählt, werden Ruderbootwettbewerbe durchgeführt. Vor allem die Onam-Feier in Alappuzha zieht jährlich Tausende von Schaulustigen an, die die langen, bis zu 100 Ruderern Platz bietenden Schlangenboote bewundern.
- 15. August; **Unabhängigkeitstag** – gesetzlicher Feiertag.
- **Janmashtami** – gesetzlicher Feiertag. Der Geburtstag Krishnas, einer der beliebtesten Götter des hinduistischen Pantheons, wird landesweit gefeiert (August).

September/Oktober

- **Dussera** – 10 Tage, davon 2 gesetzliche Feiertage. Das bedeutendste aller indischen Feste bezieht sich auf das Ramayana-Epos, in dem Sita, die Gattin Ramas, vom Dämon Ravana nach Sri Lanka entführt, am Ende jedoch von Rama wieder befreit wird. Überall gibt es kirmesähnliche Vergnügungsangebote mit Musik, Essensständen und Schaustellern. Ravanas Figur aus Papier und Holz wird am eigentlichen Festtag gegen Abend in Brand gesteckt.
- 2. Oktober; **Geburtstag Mahatma Gandhis** – gesetzlicher Feiertag.

Oktober/November

- **Diwali** – 5 Tage, davon ein gesetzlicher Feiertag. Eigentlich Depavali genannt (Lichterkette), ist es ein eher ruhiges, beschauliches Fest, vergleichbar mit unserem Weihnachtsfest.

November/Dezember

- **Govardhan Puja** – gesetzlicher Feiertag. Das gibt es nur in Indien: Alle öffentlichen Institutionen sind geschlossen zu Ehren der Kuh, dem heiligen Tier des Hinduismus.
- 25. Dezember; **Weihnachten** – gesetzlicher Feiertag. Besonders in Goa und Kerala werden in den Kirchen große Messen abgehalten. Der 1. Weihnachtstag ist ähnlich wie in Europa ein ruhiger Tag der Familienzusammenkünfte und Festessen.

Aufmarsch der Dickhäuter bei einer Elefantenprozession in Kerala

Sehenswertes

Padmanabhaswamy-Tempel

Der Padmanabhaswamy-Tempel liegt inmitten des **alten Forts** im Südwesten der Stadt. Nicht-Hindus haben keinen Zutritt zum Inneren des Ende des 18. Jh. erbauten Heiligtums. Wegen des siebenstöckigen, 17 m hohen *gopuram* im typisch dravidischen Stil und der von religiöser Inbrunst gekennzeichneten Atmosphäre um den großen Tempelteich lohnt dennoch ein Besuch.

Kampfsport-Zentrum

Wer einen Einblick in den weit über die Grenzen Keralas hinaus bekannten **Kalarippayat-Kampfsport** bekommen möchte, ist in dem auf dem Weg zum Tempel links gelegenen Gebäude des **CVN Kalari Sangham** an der richtigen Adresse. Jeden Morgen außer sonntags zwischen 6.30 und 8.30 Uhr kann man hier den Schülern beim Training zuschauen. Interessierte können sich zum Preis von 500 Rs (Unterkunft und Verpflegung nicht inbegriffen) für einen dreimonatigen Kurs einschreiben. Im gleichen Haus werden auch **ayurvedische Massagen** angeboten.

Puttan-Malika-Palast

Mit seinen Giebeldächern aus roten Ziegeln, den umlaufenden Veranden und schön verzierten Holzpfeilern bietet der Puttan-Malika-Palast südlich des Tempelteichs ein sehr schönes Beispiel für die **Kerala-Architektur.** Insgesamt 5.000 Arbeiter benötigten vier Jahre, um den Wohnsitz für den Raja von Travancore fertigzustellen. Die einzelnen Ausstellungsstücke im Inneren des zum Teil in ein **Museum** umgewandelten, 200 Jahre alten Palastes können nicht mit dem Glanz der Architektur konkurrieren. Dennoch bietet ein Rundgang interessante Einblicke in das fürstliche Leben vor 100 Jahren. Zu sehen ist ein buntes Gemisch aus Waffen, Kleidungsstücken, Trophäen und Gastgeschenken ausländischer Besucher. Besonderes Interesse verdienen die historischen Aufnahmen der Herrscherfamilie.

● **Öffnungszeiten:** täglich von 8.30 bis 12.30 und 14 bis 17.30 Uhr. Das Fotografieren im Inneren des Gebäudes ist verboten.

Botanischer Garten und Zoo

Der Botanische Garten im Norden der Stadt lohnt in vielerlei Hinsicht einen Ausflug. Als grüne Lunge von Thiruvananthapuram bietet er sich für einen geruhsamen Spaziergang an. Gleichzeitig beherbergt er den Zoo und zwei Museen. Leider macht der traurige Zustand der in viel zu kleinen Käfigen vor sich hin dösenden Tiere keinen Unterschied zu den meisten anderen Tiergehegen Asiens.

● **Öffnungszeiten des Zoos:** tgl. außer Mo von 9 bis 17 Uhr, Eintrittskarten in der Shri Chitra Art Gallery.

Napier-Museum

Ähnlich wie beim Puttan-Malika-Palast gefällt auch das im Botanischen Garten gelegene Napier-Museum in erster Linie wegen seiner ebenso ungewöhnlichen wie gelungenen Archi-

Thiruvananthapuram (Trivandrum)

- Ⓜ 1 Museum of Science and Technology
- ● 2 Indian Airlines
- Ⓢ 3 Bank
- Ⓜ 4 Napier Museum
- Ⓜ 5 Natural History Museum
- ❶ 6 Tourist Office
- ⛪ 7 Christ Church of India
- @ 8 Internetcafé
- ⛪ 9 St.-Joseph's-Kathedrale
- 🔒 10 Connemara Market
- ☪ 11 Palayam-Moschee
- ● 12 University of Kerala
- ✚ 13 Krankenhaus
- 🏨 14 The South Park Hotel
- ⛪ 15 St. George Syrian Church
- ● 16 Indian Coffee House
- ● 17 KLM, Maldives Airlines
- 🏨 18 YWCA
- 🏨 19 Hotel Pankaj
- ✉ 20 Central Telegraph Office
- Ⓢ 21 Bank
- 🚔 22 Office of Police Comissioner (Visumverlängerung)
- 🏨 23 YMCA
- 🏨 24 Residency Tower
- 🏨 25 Hotel Navaratna
- ✉ 26 Hauptpost
- 🏨 27 Hotel Geeth,
- ● Lufthansa, Alitalia
- Ⓢ 28 Thomas Cook
- ✚ 29 Ayurvedic College Hospital
- Ⓢ 30 Bank
- 🔒 31 Continental Books
- 🔒 32 Higginbottoms
- 🏨 33 Pravin Tourist Home
- 🏨 34 Hotel Regency
- 🏨 35 Hotel Highland Park
- ● 36 Ambika Café,
- ● Prime Square Restaurant
- 🏨 37 Hotel Chaithram und Tourist Reception Centre
- ● 38 Indian Coffee House
- Ⓑ 39 Thampanoor-Busbahnhof und Reservierungsbüro
- 🏨 40 Jacob's Hotel
- 🏨 41 Hotel Horizon
- ● 42 Restaurant Arya Nivas
- 🏨 43 Greenland Lodging Hotel
- 🚔 44 Polizei
- ❶ 45 Tourist Information Centre
- Ⓑ 46 Busbahnhof
- ● 47 Busse nach Kovalam (Busstand Nr. 19)
- Ⓜ 48 Puttan-Malika-Palast (Museum)
- ✚ 49 Triveni Ayurvedic Hospital

13

Flughafen 6 km
Thakarap

tektur. Der 1880 in einer gepflegten Gartenanlage für den Präsidenten der Madras Presidency, *Lord Napier*, erbaute **Palast** stellt mit seinem dreistufigen Giebeldach, der rosaroten, mit kleinen Mustern verzierten Fassade und den zwei markanten Seitentürmen ein ungewöhnliches Stilgemisch dar. Genauso bunt sind die im Inneren ausgestellten Objekte, die von sehr schönen Chola-Bronzen aus dem 12. Jh. über Holz- und Elfenbeinschnitzereien bis zu Tempelwagen und Tanzkostümen reichen.

●**Öffnungszeiten:** Di und Do-So von 9 bis 17 Uhr, Mi nur von 13 bis 17 Uhr.

Shri Chitra Art Gallery

In der ebenfalls im Botanischen Garten in einem hübschen Palastgebäude untergebrachten Shri Chitra Art Gallery findet sich eine reiche Sammlung von **Gemälden**. Neben nordindischen, stark von den Moguln beeinflussten Miniaturmalereien und Landschaftsgemälden mit Motiven aus Kerala sind auch Werke aus anderen asiatischen Ländern wie China und Indonesien ausgestellt. Einige Bilder stammen von dem russischen Maler, Schriftsteller und Philosophen *Nicolas Roehrich*, der nach den Wirren des Ersten Weltkriegs nach Indien emigrierte und in dem kleinen Dorf Naggar im heutigen Bundsstaat Himachal Pradesh Zuflucht und Heimat fand. Seine letzten Jahre verbrachte er in Bangalore, wo er 1933 verstarb.

●**Öffnungszeiten:** Di und Do-So von 9 bis 17 Uhr, Mi nur von 13 bis 17 Uhr.

Praktische Tipps

Information

●**Kerala Tourist Development Corporation (KTDC)** unterhält zwei Büros im Ort, eins in der Nähe des Napier-Museum (Tel.: 2321132) und eins im Chaithram Hotel (Tel.: 2330031) an der Station Rd. Beide sind nicht besonders kompetent, man muss schon insistieren, um die gewünschte Information zu bekommen. Neben zahlreichen Broschüren und Informationsmaterialien werden auch Hotelreservierung und Tickets für Stadtrundfahrten und Ausflüge geboten.
●Die Büros des **Government of Kerala** befinden sich im Hauptgebäude des Thampanoor-Busbahnhofs (Tel.: 2327224) und im Bahnhof (Tel.: 2334470). Darüber hinaus gibt es noch eine Filiale am Flughafen.

Stadtverkehr

●**Motorrikshas** sind die beste Art der Fortbewegung. Vom Bahnhof im Süden der Stadt bis zum Napier-Museum im Norden sollte man mit 25-30 Rs rechnen, 5-10 Rs weniger vom Bahnhof bis ins Zentrum.
●Vom 6 km südwestlich der Innenstadt gelegenen **Flughafen** entweder mit Bus Nr. 14, mit der Motorriksha für ca. 40-50 Rs oder mit im Voraus zu zahlenden Taxis. Von der Innenstadt zum Flughafen verlangen die Taxifahrer zwischen 130 und 150 Rs.

Stadtrundfahrt

KTDC veranstaltet eine Reihe von Touren innerhalb der Stadt und zu weiteren Zielen in Kerala. Alle starten vom KTDC-Büro am Hotel Chaithram. Wie üblich ist alles etwas ge-

Der Padmanabhaswamy-Tempel

hetzt. Für jene, die nur über wenig Zeit verfügen, bieten sie dennoch eine willkommene Gelegenheit, um in möglichst kurzer Zeit einen Überblick zu erhalten.
- Ob allerdings die ganztägige **Citytour** für 95 Rs (Sri-Padmanabhaswamy-Tempel, Zoo, Shri Chitra Art Gallery, Veli Lagoon und Kovalam) Sinn macht, bleibt dahingestellt, zumal Kovalam wohl ohnehin jeder auf der Reiseroute hat.
- Interessanter dürfte da schon die **Kanyakumari-Tour** zur Südspitze Indiens mit Stopps am Padmanabhapuram-Palast, am Suchindram-Tempel und in Kanyakumari sein.
- Darüber hinaus werden **Mehrtagestouren** u.a. nach Munnar, Kumily und Kodaikanal angeboten.

Unterkunft

- Einfache und preiswerte Zimmer mit Bad sowie größere mit TV und teilweise AC sowie die günstige Zentrumslage machen das **YMCA** €-€€€ (Tel.: 2330059, Fax: 2338444, ymcatvm@sancharnet.in) an der gleichnamigen Straße neben der British Library zu einer guten Wahl. Nahe der Spencer Junction im 4. Stock (Fahrstuhl) befindet sich als Gegenstück das **YWCA** €-€€€ (Tel.: 2477308) mit etwas weniger komfortablen Zimmern. Essen gibt's nach Absprache.
- Viel für's Geld bietet das ca 1 km vom Bahnhof entfernte **Pravin Tourist Home** € (Tel.: 2330753) mit recht großen Zimmern mit Bad in ruhiger Lage. Allerdings heizt sich die oberste Etage über den Tag sehr auf, deshalb besser den ersten Stock wählen.
- Das große Plus des **Greenland Lodging** € (Tel.: 2328114) ist seine Bahnhofs- und Busbahnhofsnähe. Sonst bietet es durchschnittliche Zimmer für den Preis.
- Zwar sind die 34 teils klimatisierten Zimmer geräumig und hell, einige mit Balkon, doch teilweise auch etwas muffig im **Hotel Navaratna** €-€€€ (Tel.: 2331784, 2330473). Alles in allem noch okay für den Preis.
- Eine eigenartige Rundarchitektur zeichnet das ruhige, aber auch etwas abgelegene **Jacob's Hotel** €€-€€€ (Tel.: 2330052, 2331963) aus. Die großen, hellen Non-AC-Räume mit

TV und die AC-Zimmer mit Badewanne bieten ein gutes Preis-Leistungsverhältnis.
- Von den Hauptstraßen entfernt, aber dennoch relativ nah zum Bahnhof und zur MG Rd. liegt das **Hotel Regency** €€-€€€ (Tel.: 2330377, Fax: 2331690, hotelregency@satyam.net.in) mit großen und sauberen AC- und Non-AC Räumen mit TV und teilweise mit Kühlschrank. Es verfügt über ein AC-Restaurant (Frühstück bis 11 Uhr) und ein ganz schönes Dachrestaurant.
- In dem großen Kasten (88 Zimmer) des staatlichen **KTDC Hotel Chaithram** €€-€€€ (Tel.: 2330977, Fax: 331446, caithra@md3.vsnl.net.in) ganz nah dem Bahnhof und Busbahnhof sind nur die billigeren, aber größeren Non-AC-Zimmer mit TV, Schreibtisch und großem Badezimmer ihr Geld wert. Eine Bank, ein Reisebüro und ein Buchladen sind vorhanden. Allerdings sollte man wegen der Lage direkt neben dem Busbahnhof vor dem Einchecken die Zimmer auf ihre Lautstärke prüfen.
- Ähnlich in Preis und Lage ist das Hotel **Arya Nivas** €€€ (Tel.: 2330789, Fax: 2330423) mit angeschlossenem vegetarischen Restaurant. Allerdings sind die großen AC- und Non-AC-Zimmer schöner eingerichtet und bieten oben häufig den schöneren Ausblick.
- Eine sehr gute Wahl nicht nur für diese Preisklasse stellt das große **Hotel Geeth** €€-€€€ (Tel.: 2471987, Fax: 2460278,) im Zentrum nahe der MG Rd. dar. Es bietet schön eingerichtete, saubere Zimmer mit TV, teilweise mit Badewanne, und in den oberen Etagen oft sehr schöne Ausblicke über Stadt und Palmen, da im hohen Teil Trivandrums gelegen. Außerdem gibt es ein sehr schönes Dachrestaurant.
- Nah dem Bahnhof liegt das **Hotel Highland Park** €€-€€€ (Tel.: 2338800, Fax: 2332645). Es macht mit großen, hellen, gepflegten und hübsch möblierten, teilweise klimatisierten Zimmern mit TV einen guten Eindruck. Die oberen Etagen haben einen schönen Ausblick. Auch hier gibt's ein Restaurant.
- Passabel ist das nahegelegene **Hotel Pankaj** €€€€ (Tel.: 2464645, Fax: 2465020, hlpankaj@sancharnet.in, www.pankajhotel.com), dessen große Standardzimmer mit TV erstaunlicherweise besser und natürlich billiger als die Deluxe-Zimmer sind. Das professionell geführte Haus ist zentral klimatisiert und verfügt über ein gutes Restaurant, welches vor allem für sein preiswertes und reichhaltiges Mittagsbüfett bekannt ist, und ein weiteres auf dem Dach.
- Etwas ungünstig in der Aristo Road gelegen, aber sonst okay sind die 46 Zimmer des **Hotel Horizon** €€€-€€€€ (Tel.: 2326888, Fax: 2324444, hotelhorizon@vsnl.com, www.malabar.zone.com/hotelhorizon) mit TV, teils mit Badewanne. Restaurant und Bar sind angeschlossen.
- Für diese Preisklasse erstaunlich preiswert ist das **Residency Tower** €€€-€€€€ (Tel.: 2331661, Fax: 2331311, rtower@md2.vsnl.net.in, www.residencytower.com) südlich des Secretariat-Gebäudes an der Press Rd., ein typisch indisches Mittelklassehotel: etwas steril, dafür sauber und mit gutem Restaurant sowie einem 24-Std.-Coffee-Shop. Die zentralklimatisierten und mit allem Notwendigen wie Badewanne, TV und Polstergruppe ausgestatteten 75 Zimmer wirken fast luxuriös.
- **The South Park** €€€€€ (Tel.: 2333333, Fax: 2331861, mail@thesouthpark.com, www.thesouthpark.com) an der MG Rd. ist Teil der Welcome Group. Der große, weiße Hotelklotz ist mit seinen großzügigen Räumen, Business Center, Tennisplatz, Pool sowie diversen Restaurants eines der besten Hotels der Stadt.

Essen und Trinken

Abgesehen von den bereits erwähnten Hotelrestaurants gibt es noch eine Reihe weiterer empfehlenswerter Gaststätten, von denen nur eine kleine Auswahl vorgestellt werden kann.
- Reichhaltiges, günstiges Frühstück bietet das **Ambika Café** an der Kreuzung Station Rd./Manjalikulam Rd.
- Ein herrlicher Ort, um bei Kaffee und kleinen Snacks die Zeit mit Zeitunglesen oder „people watching" zu verbringen, ist das architektonisch ungewöhnlich gestaltete **Indian Coffee House** an der Station Rd.
- Ebenso gemütlich sitzt es sich im **Indian Coffee House** an der MG Rd., Ecke Spencer Junction.

- Das Dachrestaurant des **Hotel Regency** (nur abends geöffnet) ist einen Besuch wert. Viele Pflanzen, ein schöner Ausblick und eine umfangreiche Speisekarte zu den einem Mittelklassehotel entsprechenden Preisen lohnen einen Ver-/Besuch. Leider gibt's auch hier westliche Musikuntermalung.
- Etwas stilvoller und teurer speist man auf dem Dach des **Hotel Geeth** mit einem wirklich schönen Blick über Trivandrum und die Umgebung.
- Das **Arya Niwas** ist eines der besten vegetarischen Restaurants in der Nähe des Bahnhofs, zudem ist es äußerst preisgünstig.
- Ebenfalls in Gehdistanz zum Bahnhof befindet sich das **Prime Restaurant.** Es ist etwas teurer als das Arya Niwas, dafür bietet es eine große Auswahl auch nichtvegetarischer Gerichte und ein schönes Ambiente.
- Wegen der großen Auswahl vegetarischer und nichtvegetarischer Gerichte zu günstigen Preisen ist das **Prime Square** neben dem Ambika Café bei Einheimischen wie Touristen recht populär.
- Ausgezeichnetes Eis, Backwaren und Süßigkeiten gibt es im allerdings recht teuren **Sivaji Ice Creams & Pastries** an der Althara Junction.

Bank

Von den zahlreichen Geldinstituten der Stadt hier eine kleine Auswahl:
- **American Express,** Great Eastern Tour Company, Mullassery Tavern, Tel.: 2330579.
- **Thomas Cook,** Tourindia, MG Rd., Tel.: 2331507.
- **Wall Street Finances,** East Fort, Tel.: 2450659.
- **TT Travels,** Niranjan Towers, KP Elankath Rd., Tel.: 2332127.
- Auch am **Flughafen** besteht die Möglichkeit, Geld zu wechseln.

Post und Telefon

- Die **Hauptpost** etwas westlich der MG Rd. ist Mo–Sa von 8 bis 18 Uhr geöffnet. Im Notfall kann man es jedoch auch sonntags versuchen, da einige Schalter dann geöffnet sind.
- Am besten telefoniert man von den zahlreichen **ISD/STD-Läden** in der Stadt. Das **Telegraph Office** gegenüber dem Secretariat ist rund um die Uhr geöffnet.

Internet

- **Internetläden** springen in den letzten Jahren wie Pilze aus dem Boden. Allerdings sind die Gebühren mit 1 Rs pro Minute oder 50 Rs pro Stunde auch recht happig. Das wird sich dem Konkurrenzdruck gehorchend in Zukunft jedoch sicherlich ändern.

Reisebüros

Einige von vielen Reisebüros, die sich über Jahre bewährt haben:
- **Airtravel Enterprises,** New Corporation Bld., MG Rd., Tel.: 2327627.
- **Travel India,** MG Rd., Tel.: 2461212.
- **Kerala Travels Interserve,** Vellayambalam Junction, Tel.: 2324158, Fax: 2323154.

Mietwagenfirmen

Thiruvananthapuram ist ein guter Ausgangsort, um Kerala und das angrenzende Tamil Nadu per Mietwagen zu erkunden. Über die dabei zu beachtenden Vorsichtsmaßnahmen sollte man sich im Kapitel „Praktische Reisetipps A–Z: Verkehrsmittel" informieren.
- **Travel India,** MG Rd., Tel.: 2461212.
- **Inter-Car,** Ayswarya Bld., Press Rd., Tel.: 2330964.

Medizinische Versorgung

- Das **Zentralkrankenhaus** (Tel.: 2443870) befindet sich in der Statue Rd., etwa einen Kilometer westlich der MG Rd.

Shopping

- Der kleine **Connemara Market** im Norden Trivandrums, ein paar Meter östlich der MG Rd., bietet einen schönen Eindruck des indischen Lebens. Hier werden Obst, Gemüse und Fisch verkauft, weshalb sich über dem Markt viele Greifvögel tummeln, um einen Brocken zu ergattern. Der Markt ist nicht besonders schön, aber sehr authentisch und daher einen Besuch wert.

THIRUVANANTHAPURAM (TRIVANDRUM)

- Thiruvananthapuram ist ein guter Ort, um sich mit interessanter **Reiseliteratur** einzudecken. Die Auswahl ist hervorragend; speziell die MG Rd. ist gespickt mit Buchhandlungen. Natürlich handelt es sich dabei fast ausschließlich um englischsprachige Literatur. Higginbothams und Continental Books verfügen über das größte Angebot.
- Auch für an **Kunsthandwerk** Interessierte ist die MG Rd. die richtige Adresse. Das Angebot reicht von exquisiten Holzmöbeln über fein gewebte Stoffe bis zu Gemälden. Eine gute Übersicht bietet das staatlich unterstützte SMSM Institut (Tel.: 2330298) an der YMCA Rd. Andere Geschäfte mit guter Reputation sind Khadi Gramodyog und Antique Arts, beide in der Nähe der Straßenkreuzung Pazhavangadi/Overbridge.

Festival

- Jedes Jahr im Januar/Februar bildet der Palast den stilvollen Rahmen des unter der Schirmherrschaft der Fürstenfamilie stehenden **Navaratri-Festivals.** Zu diesem Fest klassischer indischer Musik reisen einige der berühmtesten Musiker ganz Indiens nach Thiruvananthapuram. Nähere Auskünfte zu Termin, Programmablauf und Tickets erteilt das KTDC Tourist Office.

An- und Weiterreise

Flug:

Vom 6 km südwestlich des Stadtzentrums gelegenen Flughafen werden nicht nur Städte im Süden Indiens, sondern auch außerindische Ziele angeflogen. Im Folgenden eine Übersicht:

- **Mumbai:** 11x tgl. mit Jet Airways und Indian Airlines
- **Chennai:** tgl. mit Jet Airways, 4x wöchentlich mit IA
- **Bangalore:** 3x wöchentlich mit IA
- **Delhi:** tgl. mit IA
- **Malediven** (Malé): tgl. mit Air Maldives und 4x wöchentlich mit IA
- **Sri Lanka** (Colombo): tgl. mit Sri Lankan und 3x wöchentlich mit IA

THIRUVANANTHAPURAM

- Sowohl Gulf Air als auch Air India bieten zahlreiche Flüge zu den Golfstaaten wie **Abu Dabi, Bharain** und **Dubai.**

Fluggesellschaften:
- **Indian Airlines,** Air Centre, Mascot Junction, Tel.: 2438288, 2451537 (Flughafen)
- **Jet Airways,** Akshaya Towers, Sasthamangalam Junction, Tel.: 2321018
- **Air India,** Museum Rd., Velayambalam Circle, Tel.: 2310310, 2501426 (Flughafen)
- **Air Maldives,** Spencer Rd., Tel.: 2461315, 2501344 (Flughafen)
- **Sri Lankan,** Spencer Building, Palayam, MG Rd., Tel.: 471810, 501147 (Flughafen)
- **Alitalia,** im Hotel Geeth (1. Stock), Tel.: 2571501
- **Gulf Air,** Vellayambalam, Tel.: 2322156
- **Lufthansa,** im Hotel Geeth, Tel.: 2465812, Fax: 2461458
- **Saudi Arabian Airlines,** Baker Junction, Tel.: 2321321
- **Oman Airways,** Sasthamangalam, Tel.: 2328137

Bahn:

Das **Reservierungsbüro** des Bahnhofs im Südosten der Stadt liegt im 1. Stock. Es ist zumindest dann von größter Wichtigkeit, wenn man Ziele in weiterer Entfernung wie etwa Mumbai, Bangalore, Kalkutta oder Goa anfahren möchte. Die Züge zu diesen Zielen sind nämlich häufig bereits Tage, wenn nicht Wochen im Voraus ausgebucht. Geöffnet ist das voll computerisierte und dementsprechend effiziente Reservation Office Mo–Sa von 8 bis 20 Uhr, So von 8 bis 14 Uhr.

Für kürzere Strecken innerhalb Keralas ist hingegen normalerweise keine Reservierung nötig, außer man fährt in vollen Abendzügen. Da kann es, wenn man vom Schaffner in den General Coach verbannt wird, schon sehr eng werden und man hat Glück, wenn man einen Fuß auf den Boden bekommt. Allerdings macht es bei Verbindungen entlang der Küste häufig mehr Sinn, mit lokalen Bussen zu fahren, da die Bummelzüge meist große Verspätungen haben. Auch nach Kumily (Periyar-Nationalpark) und Madurai nimmt man besser den Bus, da es keine direkte Bahnverbindung gibt.

Bus:

Busse nach Kovalam Beach fahren alle 30 Minuten vom **Busstand Nr. 19** am East Fort, MG Rd. Für weiter entfernte Ziele muss man sich zum großen **Busbahnhof** an der Station Rd. gegenüber vom Bahnhof begeben. Auch hier können die Fahrkarten im Reservierungsbüro im Hauptgebäude im Voraus gebucht werden. Zu den allermeisten Zielen ist jedoch keine Reservierung nötig. Busse nach Tamil Nadu werden von der staatlichen Thiruvallur-Gesellschaft eingesetzt, deren Office sich im östlichen Teil des Geländes befindet. Es werden u.a. folgende Ziele angefahren: Alappuzha (3½ Std.), Ernakulum/Kochi (5½ Std.), Kanyakumari (2 Std.), Kollam (Quilon, 1½ Std.), Kottayam (4 Std.), Madurai (7 Std.), Kumily/Periyar-Nationalpark (8 Std.), Varkala (1½ Std.).

Fischstand auf dem Connemara Market

Highlight:
Kovalam ⌕ C3

Vorwahl: 0471

Es ist immer die gleiche Geschichte, sie ereignet sich nur zu unterschiedlichen Zeiten an unterschiedlichen Orten. Dementsprechend ähnlich lauten auch die Überschriften: „Vom Tropenparadies für Individualtouristen zur Massenabsteige für Pauschaltouristen." Selbstverständlich folgt sogleich der erhobene Zeigefinger bezüglich der negativen Auswirkungen auf die Umwelt und die einheimische Kultur. Kovalam, das mit Abstand **meistbesuchte Touristenziel Keralas** 13 km südlich der Landeshauptstadt Thiruvananthapuram, ist geradezu ein Musterbeispiel hierfür.

Noch bis vor zehn Jahren war das **ehemalige Fischerdorf** ein fast ausschließlich von Rucksacktouristen besuchtes Idyll, wo man in den einfachen Unterkünften und Strandcafés sein Ideal des alternativen Lebens unter Palmen ausleben konnte. Der relativ schmale, sich auf einer Länge von vier Kilometern in zwei vollendeten Bögen hinziehende Strand mit seinen überhängenden Palmen und traumhaften Sonnenuntergängen rangierte auf der Hitliste der Traveller-Gemeinde auf einer Stufe mit Goa, Bali und Boracay auf den Philippinen.

Da Paradiese auf Dauer nicht den Managern multinationaler Reiseveranstalter verborgen bleiben, setzte Mitte der 90er Jahre ein gewaltiger Ansturm europäischer Pauschaltouristen ein.

- 1 The Lobster Pot
- 2 Alitalia Beach House
- 3 Hotel Uday Samudra
- 4 Hotel Samudra
- 5 Kovalam Ashok Beach Resort
- 6 Central Bank of India
- 7 Tourist Faciliation Centre
- 8 Raja Hotel
- 9 Bright Resort
- 10 Beach Castle
- 11 Ayurvedisches Krankenhaus
- 12 Hotel Blue Sea
- 13 Thomas Cook
- 14 Central Bank of India
- 15 Krankenhaus
- 16 Merryland Tourist Home
- 17 Villa Patrick
- 18 Jasmine Palace
- 19 Fast Food Eddy
- 20 Agastyaa Heritage Ayurvedic Centre
- 21 Hotel Rock View und Sea Coast
- 22 Royal Retreat Cottages
- 23 Wilson Tourist Home
- 24 Hotel Neelakanta
- 25 Pappukutty Beach Resort
- 26 Jeevan Ayurvedic Beach Resort
- 27 Apsara Beach Cottages
- 28 Vipin House
- 29 Lonely Planet
- 30 Green Valley und Silent Valley
- 31 Shyam Niwas
- 32 Sita Cottages
- 33 Lakshmi Nivas
- 34 German Bakery
- 35 Santana Restaurant
- 36 Palm Garden
- 37 Hotel Orion
- 38 Internetcafé Webby World
- 39 Restaurant Ocean View
- 40 Hotel Paradise Rock und La Pizzeria
- 41 Hilton Beach Resort
- 42 Villa Rhapsody
- 43 Hotel Thiruvathira
- 44 Mini House
- 45 Hotel Rockholm
- 46 Hotel Aparna
- 47 Eden Seaside Resort
- 48 Abad Palmshore Beach Resort, Varma's Beach Resort
- 49 Hotel Park Inn
- 50 Hotel Appu
- 51 Hotel Peacock
- 52 Hotel Sea Breeze
- 53 Golden Sands

Sicherheitstipps

Durch **gefährliche Unterströmungen** verlieren jedes Jahr mehrere Touristen beim Schwimmen ihr Leben. Besondere Vorsicht ist während der Monsunmonate geboten, wenn die reißende Strömung eine zusätzliche Gefahr darstellt. Die seit einigen Jahren eingesetzten Rettungsschwimmer haben die Zahl der Todesfälle zwar reduziert, doch sollte man ausschließlich in den durch Fähnchen gekennzeichneten Zonen baden.

Mit den steigenden Touristenzahlen haben in den letzten Jahren auch die **Diebstähle** deutlich zugenommen. Besonders aus Billigunterkünften und am Strand werden Wertsachen entwendet. Falls möglich, sollte man seine Wertsachen an der Rezeption bzw. beim Besitzer der Unterkunft einschließen lassen und nur so viel Bargeld zum Strand mitnehmen, wie unbedingt notwendig.

Nacktbaden und der Konsum von **Haschisch** sind nicht nur strengstens verboten, sondern missachten auch die Moralvorstellungen der Einheimischen.

Was folgte, waren die nur allzu bekannten Begleiterscheinungen des modernen Massentourismus: Hotelneubauten, die die alten Strandhütten zunehmend in den Hintergrund drängen, ausufernder Verkehr, Müll und steigende Preise.

Bei aller berechtigten Kritik sollte man jedoch im Auge behalten, dass Kovalam trotz der Negativentwicklungen noch weit davon entfernt ist, eine „Costa del Kerala" zu sein, wie es von einigen Kritikern zynisch genannt wird. Nach wie vor sind die Strände, abgesehen von den Wochen um Weihnachten und Neujahr, relativ leer. Die sich nördlich und südlich der beiden Hauptstrände erstreckenden Beaches sind im Übrigen von der Entwicklung der letzten Jahre noch weitgehend verschont geblieben. Auch die sich unmittelbar anschließenden Palmenhaine und die dahinter liegenden Reisfelder bieten noch genügend Platz für geruhsame Spaziergänge. Zudem versucht die Provinzregierung durch strikte Kontrollen, ähnliche Entwicklungen wie an einigen Stränden Goas zu unterbinden. So müssen alle Strandlokale um 23 Uhr schließen; durch verstärkte Polizeikontrollen versucht man den Genuss von Cannabis zu unterbinden. Ziel der einheimischen Touristenbehörde ist es, den finanziell wenig lukrativen Individualtourismus zu beschränken und dafür den Anteil der in teuren Hotels logierenden Pauschalurlauber zu erhöhen. Schon jetzt gehören die Zeiten, wo man für umgerechnet 5–10 Euro unbeschwert in den Tag leben konnte, der Vergangenheit an.

Praktische Tipps

Unterkunft

Die rasante Entwicklung der letzten Jahre hat dazu geführt, dass es eine fast schon unüberschaubare Zahl von Lodges, Guest Houses, Hotels, Cottages und Resorts gibt, was jetzt sogar zu einem Bauverbot weiterer Unterkünfte geführt hat. So ist es eigentlich nicht notwendig, sich auf einen der beim Busbahnhof auf Neuankömmlinge wartenden „Schlepper" einzulassen. Wer sich in einem von ihnen vermittelten Zimmer einmietet, zahlt meist deren Kommission mit. Zu Engpässen kann es allerdings in der Zeit zwischen Anfang November und Mitte Januar kommen, wenn Kovalam von einheimischen wie westlichen Touristen gleichermaßen frequentiert wird. Dann steigen auch die Preise auf das Zwei- bis Dreifache an. Wer mit wenig Geld auskommen muss und einen geruhsamen Urlaub verleben möchte, sollte diese Zeit meiden. Auch nur einfachsten Ansprüchen genügende Zimmer sind dann kaum unter 250 Rs zu bekommen. Ansonsten heißt es kräftig handeln. Besonders wer länger als eine Woche bleibt, kann zum Teil erhebliche Nachlässe bekommen.

Die meisten Unterkünfte stehen in den sich an den Sandstrand anschließenden Kokospalmenhainen und Reisfeldern. Wer eine billige und gleichzeitig gute Unterkunft wünscht – und wer tut das nicht – muss allerdings lange suchen. Fast alle der in letzter Zeit erbauten Hotels gehören der gehobenen Preiskategorie an. Die günstigen sind häufig alte, abgewohnte Anlagen ohne Ambiente. Als Faustregel gilt: je weiter vom Strand entfernt, desto niedriger die Preise. Häufig kann man für den gleichen Preis nur einige Hundert Meter vom Strand zurückversetzt wesentlich komfortabler wohnen.

Im Folgenden kann nur eine kleine Auswahl der zur Verfügung stehenden Übernachtungsmöglichkeiten gegeben werden. Am besten stellt man sein Gepäck in einem der Strandcafés ab und begibt sich danach „unbeschwert" auf die Suche.

● Das kleine **Hotel Palm Beach** €-€€ (Tel.: 2481500) mit hübsch möblierten Zimmern mit großem Balkon/Terrasse bietet eine ganze Menge für wenig Geld; ein Strandrestaurant ist vorgelagert. Die oberen Zimmer sind etwas teurer.

● Zwei Billigunterkünfte, die ihr Geld wert sind, sind die **Apsara Beach Cottages** € (Tel.: 2480507), eine hübsche, allerdings etwas dunkle Anlage, sowie das **Vipin House** € in der Nähe. Dort ist der erste Stock teurer, aber auch heller und die einfachen Zimmer sind geräumiger.

● **Paradise Rock** € (Tel.: 2480658) bietet sehr große, preiswerte Zimmer mit Balkonblick in Palmen. Die nahegelegene „La Pizzeria" gehört demselben Besitzer.

● Etwas dunkel, zumindest im Erdgeschoss, wohnt man im **Shyam Niwas** €-€€. Die oberen Zimmer sind sehr viel schöner eingerichtet und bieten von den Balkonen Blick in die Bananenpflanzungen.

● Ganz in der Nähe sind zwei meiner Favoriten in Kovalam: das **Green Valley** €-€€ (Tel.: 2480636) und das darüber gelegene **Silent Valley** €-€€ (Tel.: 2481928) von demselben freundlichen und sehr hilfsbereiten Besitzer. Die schön in den Hang eingefügten Gebäude des tiefer gelegenen Green Valley nahe den ehemaligen Reisfeldern, ca. 250 m vom Strand entfernt, bieten saubere Terrassenzimmer mit Blick in die Palmenwipfel, die höheren Zimmer haben Meerblick. Über die Dachterrasse (auf der morgens Yoga geboten wird) des Silent Valley, dessen Ausblicke noch weiter zum Meer reichen, zieht nachts der Lichtstrahl des Leuchtturms.

● Etwas versteckt hinter den Restaurants am Strand, durch eine kleine Gasse zu erreichen (am besten fragen), liegt die **Villa Rhapsody** €-€€€ (Tel.: 2483806) mit 12 einfachen DZ um einen Innenhof sowie zwei sehr schönen und teureren Räumen mit dunklen, geschnitzten Holzmöbeln und Moskitonetz.

● Eine weitere relativ billige Unterkunft am Strand oberhalb der Promenade ist das 6 DZ umfassende **Hotel Sunset** €€ (Tel.: 2480661) mit Strand- und Meerblick.

● Etwas zurück vom Strand befinden sich die Einfach-Unterkünfte **Lakshmi Niwas** € und **Hotel Palm Garden** €-€€ (Tel.: 2481951, hotelpalmgarden@usa.net). Beide haben Terrassen vor den Zimmern, das zweite hat noch ein Cottage zu vermieten.

● Das **Hotel Orion** €€ (Tel.: 2480999, orion-gin@yahoo.com) hat schon bessere Zeiten gesehen. So liegt sein Hauptvorteil in der Strandlage. Die Zimmer mit Terrasse für den Abendtrunk könnten eine (wohl auch vorgesehene) Renovierung vertragen, haben natürlich einen schönen Meeresblick zu bieten. Die oberen Zimmer sind teurer.

● Für Ruhesuchende mit kleinem Geldbeutel ist das **Alitalia Beach House** €-€€ (Tel.: 2480042) am nördlichen Samudra Beach eine sehr gute Adresse.

● Das über eine kurze, steile Treppe von der Lighthouse-Street abwärts zu erreichende, auf den Felsen ganz nah am Meer gelegene **Mini House** €€-€€€ (Tel.: 2480867, sabu_chacko@yahoo.com) sieht zwar von außen etwas heruntergekommen aus, bietet jedoch vier sehr schön möblierte Zimmer mit teilweise spektakulärem Ausblick (doppelter Preis) – viel Atmosphäre, eine gute Wahl.

● Etwas eng, aber sonst ganz kuschelig und ruhig wohnt man in den 10 sechseckigen AC- und Non-AC-Cottages des **Royal Retreat** €€€ (Tel.: 2481080, 2484060, abhirajs@satyam.net.in) am nördlichen Ende des Lighthouse Beach, dessen Anlage in einen kleinen, verwinkelten Garten eingebettet ist.

● Die Straße am Hawah Beach aufsteigend, gelangt man nach 50 m zum **Agastyaa Heritage Ayurvedic Centre** €€ (Tel.: 2480546, he_a_rt@hotmail.com, www.agastyaaheritage.com), das hauptsächlich ayurvedische Behandlung, auch chronischer Fälle, anbietet, außerdem aber noch zwei einfache Zimmer überteuert vermietet.

● Das **Rock View** €€€ (Tel.: 2485046) direkt am Lighthouse Beach hat Balkonzimmer mit Blick auf Felsen und Fischerboote im Angebot.

● Durch das Strandrestaurant Coral Reef und den dahinterliegenden kleinen Garten vo den vielen Strandflaneuren etwas geschütz liegen die großteils mit Kühlschrank und TV ausgestatteten Balkon- bzw. Terrassenzimme des **Jeevan Ayurvedic Beach Resort** €€-€€€ (Tel.: 2480662) strandnah.

● Etwas teurer und mit ähnlicher Ausstattung, aber neuer ist das dreistöckige, verwinkel gebaute **Pappukutta Beach Resort** €€-€€€ (Tel.: 2480235 Fax: 2480234, pappukutty beachresort@allaboutkovalam.or) mit 32 geräumigen AC- und Non-AC-Balkonzimmern mit Meerblick und Kühlschrank. Außerdem werden in einem seitlich gelegenen alter Trakt sieben einfache, ebenerdige und etwas zu teure Terrassenzimmer angeboten. Es gib Massage- und Ayurveda-Behandlungen.

● **Wilson Tourist Home** €-€€€ (Tel.: 2480051 wilson6@md4.vsnl.net.in, www.wilsonresorts com) bietet 24 um einen Innenhof angelegte, saubere Bed&breakfast-Zimmer mit großen Fenstern.

- Über einen schmalen Weg vor dem Orion gelangt man am einfachsten zum 12 Balkonzimmer umfassenden **Hotel Golden Sands** €€€ (Tel.: 2481995, hiltongoldensands@usa.net) im Palmenwald mit großer Dachterrasse für Frühstück und Schlaftrunk. Es ist recht teuer und liegt gerade noch in dieser Preiskategorie.
- Noch etwas weiter weg vom Trubel unter hohen Bäumen befindet sich das **Hotel Sea Breeze** €€-€€€ (Tel.: 2480024) mit großen und sauberen Zimmern (die 1. Etage bevorzugen, nur wenig teurer; die AC-Zimmer sind überteuert) und einem ebenerdigen Trakt im hübschen Garten. Gegenüber liegt das preislich ähnliche, atmosphärisch aber schönere **Hotel Peacock** €€€ (Tel.: 2481395, hotelpeacock@rediffmail.com). Beide sind ruhig gelegen und bieten von den Balkonen schöne Ausblicke in die Bäume.
- **Nisha Beach Resort** €-€€€ (Tel.: 2484839, nishabeachresort@hotmail.com) und **Hotel Aparna** €€€ (Tel.: 2480950) mit schönem Blick auf die Felsen haben einige Balkonzimmer zum Meer, wobei das Aparna teurer, aber auch schöner eingerichtet ist. Hier gibt's einen großen Balkon für jeweils zwei Mietparteien.
- In einer kleinen Seitenstraße Richtung Kovalam-Dorf im Wald befindet sich die **Villa Patrick** €€ (Tel.: 2485108) mit kleinen, recht preiswerten Zimmern, teilweise mit Balkon und schönem Blick in die Palmen.
- Ganz in der Nähe stellt das von einem gut gepflegten Garten flankierte **Hotel Merryland** €€-€€€ (Tel.: 2481440, merrylandhotelin@yahoo.com) eine der schönsten Unterkünfte zumindest in dieser Ecke Kovalams dar. Die kleinen, aber gemütlichen Zimmer verfügen über Kühlschrank, Fernseher, eine schöne Einrichtung und Moskitonetz. Die Non-AC-Zimmer sind sehr preiswert, die AC-Räume etwas überteuert.
- Weitere recht gute Unterkünfte in dieser Seitenstraße sind das **Jasmine Palace** €€€-€€€€ (Tel.: 2481475, jaspalace@satyam.net.in, www.jasminepalace.com) mit Pool, Dachgarten und Restaurant (große Räume, Holzmöbel, Kühlschrank, Balkon und große Fensterfronten gehören zur Ausstattung) sowie das billigere **Moonlight Tourist Home** €€€ (Tel.: 2480375, Fax: 2481078, moonlight@satyam.net.in) mit großen Terrassen und Kühlschrank.
- Wer näher zum Lighthouse Beach wohnen möchte, kann sich im passablen **Thiruvathira** €€€ (Tel.: 2480787) einmieten. Die großen oberen Zimmer mit Balkon und Meerblick sind teurer, aber auch besser. Ähnlich in Preis und Leistung ist das ganz in der Nähe gelegene **Eden Seaside Resort** €€-€€€ (Tel.: 2481749).
- Das **Hilton Beach Resort** €€€ (Tel.: 2481077, 481995, hiltongoldensands@usa.net), ebenfalls von der Straße zum Leuchtturm etwas zurückgelegen, ist ein weiterer Favorit. Das von drei sehr um das Wohl ihrer Gäste bemühten Brüdern geleitete Hotel bietet zwölf große AC-Zimmer mit Kühlschrank, sehr große Balkone (alle mit Meerblick) und einen Pool auf dem Dach. Kaffee und Snacks werden auf den Zimmern serviert.
- Direkt am Strand liegt das **Hotel Neelakanta** €€€-€€€€ (Tel.: 2480321) mit sauberen, hellen Zimmern mit Kühlschrank, Polstermöbeln und großen Fenstern, allerdings ist es leicht überteuert. Da beide Etagen gleichviel kosten, sollte man die oberen mit besserem Blick bevorzugen.
- Neu erbaute 1-Zimmer-Rundcottages um einen Innenhof mit (allerdings noch sehr kleinen) Bananenstauden bietet **Sita Cottages** €€€ (ca. 100 m bis zum Strand). Alle Hütten verfügen über eine kleine Küche.
- Das zwei Jahre alte **Hotel Sea Coast** €€€ (Tel.: 2480670) hat zwar schön möblierte und große Räume mit Balkon, allerdings lässt die Aussicht sehr zu wünschen übrig.
- Eine gute Wahl ist das **Hotel Rockholm** €€€-€€€€ (Tel.: 2480606, rockholm@techpark.

Lighthouse Beach

net, www.rockholm.com) mit hübschen Zimmern, von denen einige eine spektakuläre Aussicht auf eine kleine Bucht hinter dem Leuchtturm bieten.

● Ein weiterer Favorit von mir ist das in Familienbesitz befindliche, von einem sehr freundlichen Brüderpaar geleitete, wunderschöne **Hotel Blue Sea** €€€-€€€€€ (Tel.: 2481401, 2480555, homerest@md3.vsnl.net.in, www.hotelbluesea.com), das schon vielfach Erwähnung in Zeitschriften gefunden hat. Das 100 Jahre alte Kolonialhaus mit antiken Skulpturen und chinesischen Vasen verfügt über gediegen mit alten Holzmöbeln eingerichtete DZ und einen vom Dachgarten mit toller Aussicht umgebenen, stilvollen, so genannten Hall Room mit geschnitztem Bett. Außerdem stehen hinter dem Haus im großen Garten mit Swimmingpool vier Rundtürme mit insgesamt 18 jeweils von einem breiten Balkon umgebenen Apartments (pro Etage ein Apartment) mit Holzboden und hübschem Mobiliar, Kühlschrank und TV. Im gepflegten Garten kann man im Restaurant oder auf der Rasenfläche angenehm entspannen, manchmal schaut der Hauselefant Lekshmi vorbei. Einer der ganz wenigen Orte mit Atmosphäre in Kovalam; fürs Gebotene sehr preiswert, im oberen Bereich dieser Kategorie.

● Eine schön in die Landschaft am Hang eingefügte Anlage ist das drei Jahre alte **Hotel Park Inn** €€€€€ (Tel.: 2482003, sunholidaytour@hotmail.com, www.parkinnkovalam.com) mit schönen AC- und Non-AC-Zimmern mit Balkon/Terrasse mit Blick über Palmen zum Meer und Kühlschrank. Es liegt im oberen Teil der Lighthouse Road und verfügt über einen Meerblickpool.

● Etwas die Straße hinunter befindet sich das **Palm Shore Beach Resort** €€€-€€€€ der Abad-Gruppe (Tel.: 2481481, abad@vsnl.com, www.abadhotels.com). Es hat Ähnliches zu ähnlichen Preisen zu bieten, außerdem sind zwei Cottages im Garten vorhanden. Zudem werden Langzeit-Ayurveda-Behandlungen (bei denen Nachlässe auf den Zimmerpreis ausgehandelt werden können) und Massagen angeboten.

● Ganz in der Nähe liegt das einfachere, aber architektonisch ansprechende **Varma's Beach Resort** €€€-€€€€ (Tel.: 2480478, Fax: 2480578, abad@vsnl.com), wo ebenfalls schöne Ausblicke von den Balkonen und Terrassen zu genießen sind. Die Gäste dürfen den Pool des Palm Shore mitbenutzen.

Ganz im Norden Kovalams gibt es einige mittel- bis hochklassige Unterkünfte in mittlerer bis hoher Preislage:

● Alle allerdings nicht sehr geräumigen AC- und Non-AC-Zimmer des **Beach Castle** €€€€-€€€€€ (Tel.: 2480252, Fax: 2480325, beachcastle@satyam.net.in) haben vom großen Balkon Meerblick (die oberen natürlich den besseren) sowie TV und Kühlschrank. Außerdem ist ein überdachtes Restaurant mit tollem Ausblick vorhanden.

● Die sehr gepflegte Anlage des **Raja Hotel** €€€€-€€€€€ (Tel.: 2480355, 2480455, info@rajahotel.net, www.rajahotel.net) mit Swimmingpool bietet mit großen AC- und Non-AC-Zimmern mit Kühlschrank, TV und hübschem Holzmobiliar viel fürs Geld. Hier gibt's einen Pool mit Meerblick sowie Bar und Restaurant.

● Die gediegenste und älteste Anlage der bisher genannten ist das **Bright Resort** €€€€-€€€€€ (Tel.: 2481190, Fax: 2471210, brights@md3.vsnl.com, www.brightbharat.com), etwas zurück vom Meer mit 45 Cottages in einer schön verwilderten Gartenanlage, von einer alten Mauer umgeben. So schön das Areal ist, sind die Cottages mit Kühlschrank, TV, Holzfußboden und schönen Möbeln doch recht eng. Ein Pool und ein Restaurant komplettieren die Anlage. Alle drei sind leicht übertevert für's Gebotene.

● Das staatliche **Hotel Samudra** €€€€€ (Tel.: 2480089, Fax: 2480242, samudra@md3.vsnl.net.in, www.ktdc.com), ebenfalls in dieser Ecke Kovalams, bietet alles, was man von ei-

Traditioneller Fischfang am Lighthouse Beach

ner Hotelanlage dieser Preisklasse erwartet: herrliche Lage in unmittelbarer Strandnähe, eine etwas übertrieben gepflegte Gartenanlage, Pool, Restaurants, Business Center etc. Die Mahlzeiten sind, je nach Wunsch, bis Vollpension inbegriffen.

● Mit ähnlichem Namen wartet das in der Nähe direkt am Samudra Beach gelegene **Uday Samudra** €€€€€ (Tel.: 2481654, Fax: 2481578, udaykov@sancharnet.in, www.udaysamudra.com) auf, ein um einen Swimmingpool angelegter Bau mit 45 nicht besonders großen, aber nett eingerichteten AC-Zimmern mit Meerblick-Balkon/-Terrasse mit kleinem Kühlschrank sowie zwei Restaurants und anderen dieser Preisklasse entsprechenden Annehmlichkeiten. Etwas Überteuert. Auch hier wird ayurvedische Behandlung angeboten.

● Noch etwas luxuriöser als im Hotel Samudra logiert man im **Kovalam Ashok Beach Resort** €€€€€ (Tel.: 2480101, Fax: 2481522, htashok@giasmd01.vsnl.net.in). Auch hier findet man alle beim Hotel Samudra genannten Annehmlichkeiten, wobei die Lage auf einem Hügel zwischen Hawah und Kovalam Beach vielleicht noch etwas schöner ist.

Essen und Trinken

Wer sich angesichts der meist erstaunlich leeren Strände fragt, wo denn die vielen Touristen ihre Zeit verbringen, braucht sich nur einmal in den unzähligen Restaurants und Cafés am Strand und in den angrenzenden Palmenhainen umzuschauen. Tatsächlich lässt sich kaum etwas Angenehmeres denken, als in einem Liegestuhl unter Palmen mit einem „Sundowner" in der Hand dem Sonnenuntergang beizuwohnen oder abends bei einem leckeren, frisch zubereiteten Fisch unter freiem Himmel die milde Meeresbrise zu genießen.

Die auf die Bedürfnisse der westlichen Touristen zugeschnittenen Speisekarten sind bei fast allen Restaurants austauschbar. Die übliche Mischung aus Müsli, Toast, Pancake, Fried Rice und Spagetti steht ganz oben auf der Hitliste der Traveller-Gemeinde. Das Ganze wird meist untermalt mit den von Koh Samui über Boracay bis Kathmandu zu hörenden Klängen von Bob Marley über Pink Floyd bis zu R.E.M.

- Ein idealer Ort, um bei schöner Aussicht lang entbehrte Köstlichkeiten wie Apfelstrudel, Cinnamon Roll, Apfelkuchen und Croissants oder auch Sauerkraut zu genießen, ist **General Bakers** in der Mitte des Lighthouse Beach.
- Wer in der Touristenenklave Kovalam Beach mal wieder Lust auf leckere einheimische Gerichte in hübschem Ambiente verspürt, sollte das **Lonely Planet** aufsuchen. Umgeben von Reisfeldern gibt es hier leckere vegetarische Gerichte zu günstigen Preisen.
- Ein Ableger des Lonely Planet und entsprechend ähnlich gelungen ist das **Kailash** hinter dem Hawah Beach.
- Das **Red Star Restaurant,** noch aus alten Kovalam-Zeiten, bietet keralische Gerichte zu günstigen Preisen auf seiner allerdings recht kurzen Speisekarte.
- Trotz des Namens gibt's bei **Fast Food Eddy** auf der langen Speisekarte nur indische Gerichte.
- Die zunächst wenig anheimelnde Hütte des **Ocean View Restaurant** direkt auf dem Strand in der südlichsten Ecke des Lighthouse Beach bietet gute, ausschließlich indische Küche sowie einen etwas anderen Blickwinkel auf den Strand. Fischwünsche müssen vorher (am Tag für den Abend) mitgeteilt werden und kosten um 150 Rs.
- Wem der Sinn nach italienischem Essen steht, ist mit **La Pizzeria** an der Lighthouse Rd. gut bedient.
- Das **Velvet Dawn Restaurant** hat außer Traveller-Kost und Spaghetti indische Küche zu kleinen Preisen zu bieten. Fischgerichte kosten um 150 Rs.
- Ganz im Norden nahe dem Samudra Beach lockt der **Lobster Pot** mit schöner Lage und Fischgerichten zwischen 150 und 200 Rs.
- Nicht ganz so anheimelnd, dafür wesentlich authentischer isst man in dem etwas schmucklosen **Hotel Appu** im Süden der parallel zum Strand verlaufenden Hauptstraße. Ebenso scharfe wie leckere südindische Mahlzeiten gibt's hier schon ab 30–40 Rs.
- Von den unzähligen auf Fisch spezialisierten Strandrestaurants gilt das **Santana** seit Jahren als eines der besten. Hier wie in den benachbarten Lokalen sucht sich der Kunde aus den Schaukästen den von ihm gewünschten Fisch aus, welcher dann frisch zubereitet wird – mit um die 150–200 Rs pro Gericht ein zumindest für indische Verhältnisse teures Vergnügen, doch in Mitteleuropa müsste man für ein vergleichbares Essen in ähnlichem Ambiente mindestens das Fünffache bezahlen.
- Eine interessante Abwechslung zu den Strandlokalen bieten die zum Teil sehr schön gestalteten Restaurants einiger Hotels der gehobenen Preisklasse.

Ayurveda

- Neben vielen weiteren Angeboten, die teilweise schon bei den Hotelbeschreibungen erwähnt wurden, gibt es noch ein weiteres anerkanntes Zentrum für Ayurveda. Es handelt sich um **Dr. Franklin's Panchakarma Institute & Research Centre** (Tel.: 04711 2480870, Fax: 2482870, franklin@dr-franklin.com, www.drfranklin.com), ca 7 km von Kovalam entfernt in Chowara gelegen (mit dem Taxi ca. 250 Rs hin und zurück). Hier werden neben Massagen und der Behandlung kleiner Leiden auch Kurz- und Langzeitbehandlungen (mehrere Wochen) chronischer Fälle durchgeführt. Eine nicht billige, aber anerkannte Adresse.

Stadtverkehr

- Neben der Benutzung von Rikshas und einigen Bussen besteht die Möglichkeit, **Motorräder** (Enfield 350) zum Preis von ca. 350 Rs pro Tag und **Scooter** für 250 bis 300 Rs pro Tag auszuleihen.

Bank

- Neben den Banken gibt es eine Reihe von **privaten Geldwechslern** (authorised moneychanger). Deren Kurse sind zum Teil etwas besser als die der Banken, variieren aber erheblich. Vor dem Tausch sollte man sich erkundigen, ob und in welcher Höhe Gebühren erhoben werden. Auch in vielen Hotels gibt es die Möglichkeit zum Geld Wechseln.

- An der Hauptstraße oberhalb des Dorfes gibt es ein schnell arbeitendes **Thomas-Cook-Büro.** Öffnungszeiten: Mo–Sa 9.30–17 Uhr.
- Am Haupteingang des Hotel Samudra befindet sich eine Filiale der **Andra Bank** mit Wechsel von Traveller Cheques, Kreditkarten-Service und Geldwechsel („no money transfer"), Öffnungszeiten Mo–Fr 10–14 Uhr, Sa 10–12 Uhr.
- Schnell und effizient wird man in der Filiale der **Central Bank of India** im Ashok Resort bedient, Mo–Fr 10.30 bis 14 Uhr, Sa 10.30 bis 12 Uhr.

Post und Telekommunikation

- Ein kleines **Postamt** (geöffnet tgl. außer So von 9 bis 17 Uhr) befindet sich in Kovalam-Village.
- Im Bereich des Lighthouse Beach gibt es diverse **ISD-Läden** für Long-Distance-Calls und **Internet-Cafés.** Man scheint sich in ganz Kovalam auf einen heftigen Minutenpreis von 1 Rs geeinigt zu haben, wobei das Webby World am schnellsten und der Besitzer am freundlichsten erscheint.

An- und Weiterreise

- **Bus:** Vom Busbahnhof an der Straße zum Kovalam Ashok Beach Hotel fahren mindestens alle halbe Stunde Busse nach Thiruvananthapuram. Mehrere Busse täglich nach Kanyakumari (1½ Std.) und Kollam (Quilon, 2 Std.). Ob die Morgenverbindung nach Kumily zum Periyar-Nationalpark (8½ Std.) noch besteht, muss man vor Ort erfragen.
- **Riksha und Taxi:** Mit einer Riksha muss man für die 13 km lange Fahrt nach Thiruvananthapuram zwischen 80 und 100 Rs bezahlen, mit dem Taxi etwa das Doppelte. Selbstverständlich verlangen die Fahrer zunächst wesentlich mehr.

Vizhnijam

Gerade einmal einen Kilometer ist es vom Lighthouse Beach Richtung Süden zum kleinen **Fischerdorf** Vizhnijam – eigentlich nur ein Katzensprung und doch scheint man auf dem Weg eine unsichtbare Grenze zu überschreiten, die zwei völlig verschiedene Welten voneinander trennt. Ist die Atmosphäre in Kovalam von Individualität und Lebenslust geprägt, zeigt sich das kleine Fischerdorf Vizhnijam als ein trauriges Beispiel für von Neid und religiöser Intoleranz geprägte **ethnische Konflikte.** Die mächtige **Moschee** im Norden und die **katholische Kirche** im Süden des Ortes stehen wie zwei unübersehbare Monumente für den seit Jahrhunderten schwelenden Konflikt zwischen der muslimischen und der katholischen Bevölkerung. Anfang der 90er Jahre fanden mehrere Einwohner bei gewalttätigen Auseinandersetzungen den Tod. Seither trennt ein 300 m breites, von Polizisten kontrolliertes Stück Niemandsland die beiden Religionsgemeinschaften, ein trauriges Beispiel auf lokaler Ebene für einen den gesamten indischen Staat in seinen Grundfesten bedrohenden Konflikt.

Wer den Ort trotz der bedrückenden Atmosphäre besuchen möchte, sollte in Anbetracht der angespannten Situation ein **dezentes Verhalten** an den Tag legen. Freizügige Kleidung wie in Kovalam üblich ist völlig unangebracht. Auch im Bereich der „Demarkationslinie" ist äußerste Vorsicht geboten.

KOVALAM, UMGEBUNG

Zahlreiche zum Teil über 1.000 Jahre alte **Tempel** belegen die historische Bedeutung des Ortes als ehemalige Hauptstdt des kleinen Ay-Königreichs (7.–11. Jh.).

Küste südlich von Kovalam

Südlich von Vizhnijam folgt eine Reihe von zum Teil sehr schönen Stränden und Buchten, an denen in den letzten Jahren mehrere **luxuriöse Hotelanlagen** erbaut wurden. Allen gemeinsam ist, dass sie im traditionellen Kerala-Stil gestaltet und inmitten weitläufiger Gartenanlagen vorbildlich in die Landschaft integriert wurden. Alle verfügen über ein eigenes Restaurant, wobei besonderer Wert auf die lokale Küche gelegt wird.

Die meisten Unterkünfte liegen direkt am Meer, manche auch auf Klippen und Felsvorsprüngen, von denen sich herrliche Aussichten bieten. Das Hauptaugenmerk wird auf Ruhe und Erholung gelegt, laute Musik oder Videovorführungen sind hier verpönt. Ayurveda-Behandlungen werden von allen Resorts angeboten, wobei die Preise ähnlich luxuriös sind wie die Anlagen selbst. Für Urlauber, die über das nötige Kleingeld verfügen, bieten die im Folgenden aufgeführten Hotels eine interessante Alternative zu den Unterkünften von Kovalam. Zu bedenken ist allerdings, dass man wegen der abgeschiedenen Lage fast aller Resorts vom Leben außerhalb der Hotelmauern kaum etwas mitbekommt.

Unterkunft

- **Coral Reef Beach Resort** €€€€ (Tel.: 2480155), Mulloor, Vizhnijam, 6 km südlich von Kovalam.
- Die zwei folgenden Hotels liegen in unmittelbarer Nähe in Pulinkudi, 8 km südlich von Kovalam: **Surya Samudra** €€€€-€€€€€ (Tel.: 2480413, Fax: 2481124, suryasamudra@vsnl.com) und **Bethsaida Hermitage** €€€€- €€€€ (Tel.: 2481554).
- Das **Somatheeram** €€€€€ (Tel.: 2480049, Fax: 2480600, soma@md2.vsnl.net.in) und das **Manaltheeram** €€€€-€€€€€€ (Tel.: 2481610, Fax: 2481611, soma@md2.vsnl.net.in) befinden sich noch einmal 2 km südlich am Somatheeram Beach. Die beiden unter gleichem Management stehenden Resorts gehören zu den renommiertesten Ayurveda-Adressen von Kerala.

Pachalloor

Unterkunft

- Eine Alternative zu den Resorthotels südlich von Kovalam bietet das hervorragende **Lagoona Davina** €€€€€ (Tel.: 2480049) in dem kleinen Dorf Pachalloor, 3 km nördlich vom Samudra Beach. Das exquisite Hotel überzeugt vor allem wegen seiner hübschen Lage an einer Lagune hinter dem Pozhikkara Beach sowie wegen des hervorragenden Essens und der freundlichen Besitzerin. Bei vorherigem Anruf werden die Gäste vom Flughafen abgeholt. Auch hier werden Ayurveda-Behandlungen angeboten. Mehrstündige Backwater-Trips können zum Preis von 400 Rs pro Person gebucht werden. Verglichen mit den exklusiven Resorts im Süden hat man hier durch das nahe gelegene Fischerdorf einen engeren Bezug zum täglichen Leben. Allerdings ist der Strand nicht besonders einladend.

Ponmudi und Peppara Wildlife Sanctuary ⚔ C3

Vorwahl: 0472
Höhe: 1.066 m

Wer ein wenig Abwechslung und Abkühlung vom Strandleben sucht, kann einen Tagesausflug zur **Bergstation Ponmudi,** 80 km nordwestlich von Kovalam, unternehmen. Der Abstecher sollte allerdings unter dem Motto „der Weg ist das Ziel" stehen, da der auf etwa 1.000 m Höhe gelegene Bergort außer der schönen Fernsicht, die bei gutem Wetter bis zum Indischen Ozean reichen kann, keinerlei Sehenswürdigkeiten zu bieten hat. Dafür entschädigt die landschaftlich äußerst abwechslungsreiche Fahrt von der schwül-heißen Küstenregion mit ihren charakteristischen Palmenhainen zu dem kühlen, von Teeplantagen geprägten Gebiet der **Cardamom Hills.**

Die schmale, kurvenreiche Strecke führt durch Bananen-, Gummibaum- und Cashewplantagen sowie Teakholzwälder. Hat man den Kalar-Fluss überquert, beginnt der windungsreiche Anstieg. Mit zunehmender Höhe und bei schlechten Witterungsbedingungen kann es recht kühl werden, weshalb sich die Mitnahme eines Pullovers empfiehlt.

Auf dem Weg nach Ponmudi lohnt ein Abstecher zum **Neyyar-Stausee** mit dem um ihn herum angelegten Neyyar Wildlife Sanctuary. Während es sich hierbei eher um einen an Wochenenden von den Einheimischen stark frequentierten Safari-Park handelt, bietet das **Peppara Wildlife Sanctuary** die Möglichkeit, noch unverfälschte Natur zu erleben. Das am besten von Ponmudi aus zu erreichende, 53 km² große Naturschutzgebiet lohnt vor allem wegen seiner reichen Vogelwelt einen Ausflug. Wer Glück hat, erspäht eventuell auch Sambarhirsche und Elefanten. Anfahrt sowie Unterkunft und Verpflegung müssen individuell arrangiert werden.

Unterkunft, Essen und Trinken

● In Ponmudi steht ein **staatliches Guest House** €-€€ (Tel.: 2890230) zur Verfügung. Die ziemlich heruntergekommene Anlage, einstmals im Besitz des Maharajas von Travancore, verfügt über 24 Zimmer und 7 Bungalows. Der tolle Fernblick von der Terrasse des Hauses entschädigt für den bescheidenen Service. Am Wochenende ist der angeschlossene **Biergarten** bevorzugtes Ausflugsziel vieler Küstenbewohner. Ruhesuchende sollten dann besser nicht nach Ponmudi fahren.

Anreise

● Täglich vier **Busse** verkehren zwischen Thiruvananthapuram und Ponmudi. Der erste verlässt die Hauptstadt Keralas um 5.30 Uhr, der letzte Bus zurück fährt um 15.30 Uhr. Wegen der Möglichkeit des individuellen Anhaltens, um die schönen Aussichten entlang des Weges zu genießen, empfielt es sich jedoch, den Ausflug mit einem **Mietwagen** zu unternehmen.

Der besondere Tipp:
Padmanabhapuram

♪ C3

Padmanabhapuram liegt 63 km südlich von Thiruvananthapuram und damit eigentlich schon auf dem **Gebiet von Tamil Nadu.** Der heute unscheinbare Ort war zwischen 1550 und 1750 Hauptstadt der Fürsten von Travancore und steht deshalb noch heute unter der Verwaltung des Bundesstaates Kerala. Da zudem die große Mehrzahl der Besucher im Rahmen eines Tagesausflugs von Kerala anreist, wird der Ort an dieser Stelle vorgestellt.

Palast

Die eigentliche Attraktion von Padmanabhapuram ist der großartige Palast der Herrscher von Travancore. Der zum Großteil **aus Holz errichtete Prachtbau** befindet sich in einem hervorragenden Zustand und gilt als eines der schönsten Beispiele der traditionellen **Kerala-Architektur.** Wer längere Zeit in Kovalam verbringt, sollte sich den Ausflug auf keinen Fall entgehen lassen.

Die innerhalb einer zum Teil erhaltenen Verteidigungsmauer stehende Anlage setzt sich aus einer Reihe von Bauten zusammen, die über einen Zeitraum von zwei Jahrhunderten von den insgesamt 14 hier regierenden Rajas erbaut wurden und über Höfe miteinander verbunden sind. Neben den filigranen **Holzschnitzereien,** mit denen besonders die Möbel, Giebel, Säulen und Treppenaufgänge verziert wurden, fallen die einzigartigen **Wandmalereien** ins Auge.

Als ältestes Gebäude und damit quasi als Keimzelle der Palastanlage gilt der um einen Innenhof angelegte so genannte **Mutterpalast** (Thai-kottaram). Den dreigeschossigen Privatpalast des Herrschers (Upparikka-malika) betritt man durch eine prachtvoll ausgestattete Veranda. Von unten nach oben folgen das Schlafzimmer, ein Konferenz- und ein Gebetsraum. An den Wänden finden sich Wandmalereien mit **Porträts von Padhmanabha** (Vishnu als aus dem Nabel des Schöpfergottes auf einer Lotusblüte sitzend Geborener), dem Schutzgott der Travancore-Fürsten. Das **Schwert,** welches vor dem Gemälde liegt, soll *Raja Marthanda Varma* im Jahr 1750 symbolisch an den Schutzgott überreicht haben – ein geschickter Schachzug, versuchte man doch den Briten damit zu verdeutlichen, dass die Fürsten nur Stellvertreter Vishnus, des wahren Herrschers von Travancore, sind. Eine Macht, die man nur stellvertretend ausübt, kann man auch nicht aberkannt bekommen – als einzige Möglichkeit der vollständigen Machtübernahme blieb den europäischen Eroberern so nur die Absetzung des Gottes ...

Der Mantrasala im Stock über dem Schlafzimmer wird von dem durch bunte Fensterscheiben einfallenden Licht und dem glänzenden, schwarzen Fußboden bestimmt. Dabei handelt es sich um eine Art **„Kunstmarmor",** eine blank polierte Mischung aus Muscheln, Kalk, Eiweiß, Kokosnuss und Zuckerrohrsaft. Eine ähnliche Technik wurde auch bei der künstlerischen Ausgestaltung von Maharaja-Palästen in Nordindien wie zum Beispiel in Amber bei Jaipur angewandt.

Wegen seiner ebenso zahlreichen wie detailgenauen Wandmalereien gilt der Puja-Raum im Obergeschoss als der künstlerisch wertvollste Teil des Palastes. Hauptinspiration der Künstler waren die großen hinduistischen Epen. Dementsprechend finden sich zahlreiche Darstellungen hinduistischer Gottheiten wie Krishna, Vishnu und Ganesha. Leider ist der Raum seit einigen Jahren aus Sorge um die wegen des Tageslichts gefährdeten Wandmalereien für Besucher gesperrt.

Auch in der **Tanzhalle** des aus Stein gefertigten Sarasvati-Tempels finden sich Elemente, die man bereits aus anderen Palastanlagen kennt. So dienten die Gitter der Galerien im ersten Stock dazu, dass die Frauen des Hofes die Aufführungen verfolgen konnten, ohne selbst gesehen zu werden.

● **Öffnungszeiten:** Der Palast ist täglich außer Mo von 9 bis 16.30 Uhr geöffnet, Eintritt 6 Rs, Kameragebühr 10 Rs. Wenn möglich, sollte man die Wochenenden wegen des enormen Andrangs meiden. Die bei jeder Besichtigung obligatorischen Führer geben Erläuterungen zu den einzelnen Räumen und Gegenständen. Obwohl ihr Service bereits im Eintrittspreis enthalten ist, erwarten sie selbstverständlich am Ende des Rundgangs ein Trinkgeld.

Anreise

● Von Thiruvananthapurams **Thampanoor-Busbahnhof** nimmt man einen der ständig abfahrenden Busse Richtung Nagercoil oder Kanyakumari; unterwegs in Thakkaly aussteigen. Am besten sagt man dem Fahrer vorher, dass man nach Padmanabhapuram will, dann informiert er einen rechtzeitig. Von Thakkaly sind es 15 Minuten zu Fuß, die Einheimischen weisen einem den Weg. Alternativ warten Rikshas, die einen für 20 Rs zum Palast bringen.

● Man kann den Palast auch zusammen mit Kanyakumari im Rahmen eines vom Tourist Office von Thiruvananthapuram organisierten **Tagesausflugs** besichtigen. Nähere Information s. Thiruvananthapuram.

Varkala ⚜ C3

Einwohner: 41.000
Vorwahl: 04702

Das gut 50 km nordwestlich von Thiruvananthapuram gelegene Varkala ist das Pendant Keralas zu Gokarna in Karnataka: ein uralter **hinduistischer Pilgerort,** der von europäischen Rucksacktouristen entdeckt wurde, die auf der Suche nach einer Alternative zu den von Pauschaltouristen vereinnahmten Stränden in Kovalam bzw. Goa waren. Eine gute Wahl, denn der herrlich **weiße Sandstrand** vor dem Hintergrund der roten Felsen macht im Vergleich zu Kovalam einen relativ unverfälschten Eindruck. Noch sind Rucksackreisende die Mehrzahl der Touristen. So bestimmen einfache Guest Houses und Strandcafés die Szenerie, luxuriöse Unterkünfte sind vorerst noch die Ausnahme. Doch nach dem bekannten Schema, wonach die Individualtouristen die Bresche schlagen, in die der Pauschaltourismus nach einigen Jahren eindringt, sind die „alternativen" Zeiten begrenzt. Das kürzlich

214 VARKALA

- ✪ Riksha- und Taxistand
- ⚑ Police Aid Post
- ✉ Post

- ❶ Restaurants,
- ○ Cafés und
- ▪ Shops

- ⌂ 1 Thiruvambadi Beach Resort
- ⌂ 2 Blue Marine Beach Resort
- ⌂ 3 Bamboo Villa
- • 4 Scientific School of Yoga & Progressive Yoga Centre
- ⌂ 5 Summerland Cottages
- ⌂ 6 Safdar Garden
- • 7 Kairali Ayurvedic & Yoga Centre
- ⌂ 8 Raja Park
- ⌂ 9 Silver Estate
- ⌂ 10 Preeth Beach Resort
- ⌂ 11 Silver Sands Resort und Holiday Home
- ⌂ 12 Red House
- ⌂ 13 Villa Anamika
- ○ 14 German Bakery
- ○ 15 Caffè Italiano
- ⌂ 16 Clafouti House
- ⌂ 17 Diana's Inn
- ⌂ 18 Hotels Sea View und
- ⌂   Hill View
- ❶ 19 DTCP Tourist Office
- ⌂ 20 Eden Garden Ayurvedic Retreat
- ⌂ 21 Sea Pearl Chalets
- ⌂ 22 Mamma Chompos
- ⌂ 23 Panjavadi Beach Resort
- ⌂ 24 Nikhil Beach Resort
- ⌂ 25 Akshay Beach Resort
- • 26 Varkala Cultural Centre
- ❶ 27 Sree Padman Restaurant
- ⌂ 28 Taj Garden Retreat
- ⌂ 29 Government Guest House

eröffnete Luxusresort Garden Retreat des Taj-Konzerns bildet unter diesem Aspekt nur die Speerspitze für das, was an touristischer Entwicklung in Zukunft zu erwarten ist.

Wer in Varkala Urlaub macht, sollte sich stets vor Augen halten, dass es sich um einen Ort von großer religiöser Bedeutung handelt und dementsprechend zurückhaltend auftreten. Die in Kovalam selbstverständlich an den Tag gelegte Freizügigkeit ist hier fehl am Platz.

Im Zentrum religiöser Verehrung steht der **Janardhana-Swamy-Tempel.** Das Sanktum des angeblich zwei Jahrtausende alten, in seiner heutigen Form auf das 13. Jh. zurückgehenden Heiligtums ist Nicht-Hindus verschlossen. Ein Besuch des am Ende der Beach Rd. an der Temple Junction gelegenen Tempelgeländes lohnt jedoch wegen der von religiöser Inbrunst geprägten Atmosphäre.

Ein fantastischer Ausblick auf den Indischen Ozean bietet sich von der **Spitze eines Felsens** am nördlichen Ende des Papanasam-(Sündenvernichter-)Strandes. An dem Ort, der über einen steilen Pfad vom Strand oder über eine Straße vom Dorf zu erreichen ist, haben sich zwei bei Westlern beliebte **Yogazentren** angesiedelt. Vor allem am späten Nachmittag versammeln sich hier viele zum Beobachten des Sonnenuntergangs und zum Meditieren.

Das **Natural Cure Hospital** in der Nähe von drei natürlichen Heilquellen wurde 1983 von der damaligen Premierministerin *Indira Gandhi* eingeweiht.

VARKALA

Praktische Tipps

Information

● Das staatliche **Tourist Office** im Tourist Bungalow ist (mit etwas Glück) täglich außer So von 10 bis 17 Uhr geöffnet.

● Trotz des Namens handelt es sich bei dem am Ende der Beach Rd. platzierten **Tourist Helping Centre** nicht um ein Touristenamt, sondern um ein privates Reisebüro.

Stadtverkehr

● Für eine **Riksha** vom Bahnhof zu der ca. 2 km entfernten Temple Junction, dem inoffiziellen Zentrum in Strandnähe, sollte man nicht mehr als 20 Rs zahlen. Etwa 50 Rs sind es per **Taxi**.

Unterkunft

Auch in Varkala steigen die Preise in den Monaten Dezember und Januar erheblich

Die frische Brise am weiten Strand von Varkala genießt man selten allein

Außerhalb der Saison hingegen lassen sich bei entsprechendem Geschick zum Teil erhebliche Nachlässe aushandeln. Dies gilt insbesondere für den Fall, dass man länger als eine Woche in derselben Unterkunft bleibt.

Abgesehen von den aufgeführten Hotels gibt es noch eine Vielzahl weiterer Übernachtungsmöglichkeiten. So bieten viele Cafés ebenso günstige wie spartanische Zimmer. Im Übrigen werden ständig neue Guest Houses und Hotels erbaut. Dementsprechend empfiehlt es sich auch in Varkala, sein Gepäck in einem der Strandcafés oder an der Beach Rd. abzustellen und sich dann auf die Suche zu begeben. Die meisten Unterkünfte befinden sich an der Beach Rd. und entlang der Felsenklippen 500 m nördlich hiervon.

●**Bamboo Villa** €€ (Tel.: 610732), dicht am Kliff im Norden Varkalas, ist ein recht gutes Angebot. Kleine Terrassen vor den vier Hütten, die von Hühnern umlagert werden, machen die Freifläche bis zum Cliffrand zu einem angenehmen Aufenthaltsort.

●Das **Blue Marine** €-€€ (Tel.: 606085, lptat@lptat.com), noch etwas weiter nördlich, hat einige teurere Zimmer mit schönen, großen Terrassen zum Meer, andere sind ohne Aussicht und nichts Besonderes. Außerdem steht ein recht gutes Gartenrestaurant direkt am Kliff zur Verfügung. Allerdings sollte man seinen Mietzins fest abmachen, sonst könnte man am Ende überrascht werden.

●Ebenfalls an der Steilküste, mehr im belebteren Teil Varkalas, findet sich mit dem **Hotel Sea View** €-€€ (Tel.: 602050) eine von vielen billigen Durchschnittsunterkünften in dieser Ecke.

●Die sechs kleinen Zimmer des **Diana's Inn** € sind eine sehr gute Billigwahl in Varkala.

●Etwas zurück von der Steilküste sind die **Summerland Cottages** €€, fünf einzeln stehende Steinhäuschen mit gekacheltem Bad, nicht schlecht.

●Ebenfalls ein Stück hinter der Steilküste stellt das von einem allerdings ungepflegten Garten umgebene **Holiday Home** € (Tel.: 604558) mit einfachen Zimmern für wenig Geld keine schlechte Billigwahl dar. Weitere typische Billigunterkünfte in dieser Ecke sind das **Safdar Garden** € (Tel.: 602694) und das **Silver Estate** € (Tel.: 603413), beide ebenfalls

VARKALA

mit ziemlich ausgetrockneten Gärten drumherum.

- Neun riesige DZ mit Bad sowie vier Hütten mit Gemeinschaftsbad in einer weitläufigen Gartenanlage bilden das **Government Guest House** € (Tel.: 602227), ein tolles Angebot für seinen geringen Preis. Wie so häufig bei staatlichen Hotels macht vieles in dem ehemaligen Feriensitz des Maharajas von Travancore einen etwas vernachlässigten Eindruck, außerdem ist das Meer ziemlich fern. Für viele wiegt der günstige Preis und der nicht abzusprechende Charme diese Nachteile jedoch wieder auf. Man sollte reservieren.
- Große halbrunde Balkone/Terrassen vor großen, möbelarmen Zimmern zeichnen das ca 200 m von der Steilküste entfernte **Silver Sands Beach Resort** €€-€€€ aus, etwas zu teuer.
- **Eden Garden Ayurvedic Retreat** €€ (Tel.: 603910, edengarden2000@hotmail.com, www.angelfire.com/mt/edengarden), nicht weit entfernt, hat ähnliche Preise, doch die ganze Anlage an den Reisfeldern ist sehr viel pittoresker. Die einfachen, aber gemütlichen Zimmer sind um einen Teich herum gebaut, auf dem man auf kleinen Stelzenbauten essen kann. Ein weiteres Plus ist natürlich die Strandnähe. Die Ayurveda-Behandlungen sind seriös, professionell und wirksam. Auch hier wird Reservierung empfohlen.
- Das **Mamma Chompos** €-€€ (Tel.: 603995) ist in erster Linie ein italienisches Freiluftrestaurant, vermietet aber auch weiter oben am Hang für wenig Geld spartanische Zimmer mit Terrasse in ruhiger und strandnaher Lage.
- Etwas weiter zurück an der Beach Road ist das **Nikhil Beach Resort** €-€€€ (Tel.: 606122, 605191, nikhilbeachresort@rediffmail.com) mit einer großen Bandbreite unterschiedlicher und sauberer AC- und Non-AC-Zimmer (alle mit TV, die AC-Räume mit Kühlschrank) von sehr billig bis Mittelklasse und einem sehr hilfsbereiten Management eine sehr empfehlenswerte Adresse. Das beste Internet-Café Varkalas und ein billiger Zugfahrkarten-Service sowie Geldwechsel sind weitere Pluspunkte.
- Nicht viel weiter die Straße Richtung Temple Junction bietet sich das preislich und qualitativ ähnliche **Akshay Beach Resort** €-€€€ (Tel.: 602668) als Alternative an. Von einem Resort kann zwar keine Rede sein, handelt es sich doch um ein ganz normales Hotel, doch die Strandnähe, die sauberen, wenn auch etwas klein geratenen Zimmer, teils mit Balkon ohne schöne Aussicht, und das freundliche Management machen es zu einer guten Unterkunft.
- Auf der anderen Straßenseite, gegenüber dem Nikhil, bietet das kuschelig gelegene Hotel **Panjavadi Beach Resort** € gemütliche kleine Zimmer und ein hübsches Restaurant mit Blick auf eine Kuhwiese. Es liegt ebenfalls strandnah.
- Das **Clafouti House** €€€ (Tel.: 601414), von Franzosen geleitet, hat gemütliche DZ zu festen Preisen (650 Rs, 500 off, handeln ist hier nicht drin) zu bieten, allerdings können Langzeitbesucher doch nochmal über den Preis reden. Zum Frühstück am Kliff im Clafouti Restaurant wird leckeres Gebäck (solange Vorrat reicht) mit toller Meeresaussicht geboten.
- Eine mauerumschlossene Anlage mit fünf einzeln stehenden, fünfeckigen (*pentangle pyramid style*, so der Besitzer, was besonders das Aufheizen am Tag verhindern soll), roten Steinhäuschen, jeweils mit Terrasse mit etwas eigenartigen Sitzmöbeln und moskitonetzbewehrten Betten bilden das **Red House** €€€ (Tel.: 603324, theredhouse@123india.com). Ein Restaurant ist angeschlossen.
- Zehn kleine Rundhütten direkt an der Steilküste oberhalb des Papanasam Beach garantieren einen fantastischen Blick übers Meer. Allerdings stehen die Hütten zu eng; die Anlage der **Sea Pearl Chalets** €€€ (Tel.: 605875, seapearlvarkala@hotmail.com) hat trotz der tollen Lage wenig Atmosphäre.
- Eine passable Unterkunft mit unterschiedlichen, zum Teil hübschen AC- und Non-AC-Zimmern, teils mit Badewanne und TV (AC), ist das **Hill View** €-€€€.
- Sicher nicht nur das eigene, trinkbare Quellwasser, saubere, unterschiedliche Zimmer und eine schöne, familiäre Atmosphäre bestätigen die Empfehlungen vieler Gäste. Auch das sehr nette und zuvorkommende deutsch-indische Ehepaar, welches die **Villa Anamika** €€-€€€ (Tel.: 600095, frankvill@rediffmail.com, www.villaanamika.com, Re-

Wissen vom langen Leben – Ayurveda

Das Wissen vom langen Leben – wovon die meisten Völker nur träumen können, besitzen die Inder schon seit Jahrtausenden. Der Name der Zauberformel heißt Ayurveda. Die bis heute maßgebenden Schriften dieser **traditionellen indischen Medizin** wurden vor etwa 2.000 Jahren verfasst. Zentrale Bedeutung kommt dabei der **Lehre von den drei Körpersäften** oder auch Temperaturen zu. Harmonie und Gleichgewicht dieser so genannten doshas sind die Grundvoraussetzung für ein gesundes Leben. Jede *dosha* ist für das Wohlergehen von bestimmten Körperfunktionen zuständig: **pitta** (Sonne) für Verdauung und Stoffwechsel, **kapha** (Mond) für Organe und Knochen, **vata** (Wind) für Kreislauf und Nervensystem.

Die ayurvedische Medizin lehrt, wie Krankheiten, die Folge einer Störung des Gleichgewichts der Körperstimmungen sind, durch angepasste Ernährung und Behandlung geheilt werden können. Grundvoraussetzung für den Erfolg ist der **Verzicht auf Fleisch, Nikotin und Alkohol.** Da der ayurvedischen Methode ein ganzheitlicher Ansatz zugrunde liegt und die Harmonie von Geist, Körper und Seele angestrebt wird, erkundigt sich der Ayurveda-Arzt zu Beginn der Behandlung unter anderem nach dem familiären und sozialen Umfeld des Patienten. Nicht die Symptome, sondern die **Ursachen einer Krankheit,** die häufig in psychosomatischen Störungen liegen, stehen im Mittelpunkt der Untersuchung.

Eine große Bedeutung bei der Wahl der Behandlungsmethode kommt der **richtigen Ernährung** zu. Leidet ein Patient zum Beispiel unter Antriebslosigkeit, wird ihm eine anregende Ernährung verschrieben. Hierzu gehört beispielsweise der Verzehr von Bohnen und Linsen sowie sauren Früchten und Honig. Grundsätzlich sollte ein solcher Patient seine Speisen scharf würzen.

Die wichtigste Behandlungsmethode der ayurvedischen Medizin sind jedoch **Massagen** mit Pflanzenölen und Heilkräutern. Hieraus erklärt sich auch, warum Kerala, das mit seinen unzähligen Kräutergärten so etwas wie ein Garten Eden des Ayurveda ist, als Ursprungsland dieser ältesten heute noch praktizierten Form der Medizin gilt.

Die **Ayurveda-Kliniken** erfreuen sich in den letzten Jahren besonders bei westlichen Reisenden großer Beliebtheit. Vor allem bei der Heilung chronischer Krankheiten wie etwa Rheuma zeigt die ayurvedische Behandlung große Erfolge. Die weite Verbreitung der ayurvedischen Medizin bei der einheimischen Bevölkerung ist nicht zuletzt darauf zurückzuführen, dass die eingesetzten Heilmittel aus einheimischen Kräutern und Ölen hergestellt werden und dadurch wesentlich billiger sind als aus dem Westen importierte Medikamente. Allerdings ist hier in den letzten Jahren ein interessanter Wertewandel festzustellen, der die Veränderungen innerhalb der indischen Gesellschaft widerspiegelt: Während Touristen aus Europa, die die westliche „Gerätemedizin" zunehmend in Frage stellen, die vor allem in Goa und Kerala wie Pilze aus dem Boden schießenden ayurvedischen Kliniken füllen, ist bei großen Teilen der indischen Mittel- und Oberschicht eine Hinwendung zur westlichen Schulmedizin zu verzeichnen.

servierungen über deutsche Tel.-Nr.: 0511/ 8665605) leitet, machen das Haus mit Dachterrasse zu einer sehr empfehlenswerten Adresse in Varkala. Frühstück und Mittagessen sind möglich, eine Reservierung wird empfohlen. Taxi- und Motorradfahrten auch zu Sehenswürdigkeiten werden zu günstigen Preisen vermittelt.

●Ganz im Norden Varkalas, leider mit einem nur sehr kleinen Strand in der Nähe, liegt einsam das **Thiruvambadi Beach Resort** €€-€€€ (Tel.: 601028, thiruvambadi2001@hotmail.com, www.varkalacliff.net). Das Haus bietet ganz schöne, mit Marmorfußboden und teilweise Kühlschrank und Balkon versehene Zimmer sowie Dachrestaurant und Internet-Zugang.

●Fünf AC- und Non-AC-Cottages im Garten sowie zwölf Non-AC-Zimmer im Haupthaus mit zwei Restaurants (eins auf dem Dach) bilden das **Raja Park** €€-€€€€ (Tel.: 607060, rajapark2000@yahoo.co.in) mit allerdings künstlicher Ausstrahlung.

●Nahezu preisgleich ist das gegenüber gelegene, ein Hektar große **Preeth Beach Resort** €€-€€€€ (Tel.: 602341, Fax: 600942, preethonline@satyam.net.in, www.preethbeachresort.com) mit großen Cottages inkl. Kühlschrank und schönem Mobiliar. Die 19 teils klimatisierten DZ im Haupthaus haben alle Balkon und TV. Eine schöne Anlage mit zwei Restaurants, Internet-Anschluss, ayurvedischer Massage und einem Rundpool.

●Wie üblich bei der Taj-Gruppe zeichnet sich das hoch gelegene **Taj Garden Retreat** €€€€€ (Tel.: 603000, Fax: 602296, retreat.varkala@tajhotels.com, www.tajhotels.com) durch seine herrliche Lage, die ansprechende Architektur, mehrere ebenso gute wie teure Restaurants und einen tollen Swimmingpool aus. Die unbestrittene Topadresse von Varkala.

Essen und Trinken

Ähnlich wie in Kovalam steht auch in Varkala frischer Fisch ganz oben auf der Speisekarte. Die Preise liegen etwa 20 % unter denen in Kovalam, verglichen mit dem Landesdurchschnitt sind sie dennoch recht hoch.

●Der beste Ort, um den frisch zubereiteten Fisch in schönem Ambiente zu genießen, sind die zahlreichen **in die Felsen gebauten Restaurants**. Viele werden nur provisorisch für die Saison errichtet. Je weiter man sich nach Norden bewegt, desto einsamer und preiswerter werden sie. Am besten beginnt man den Abend mit einem „Sundowner" zum Sonnenuntergang und geht dann zum Dinner über, wobei der Genuss dadurch ein wenig getrübt wird, dass die Bierpreise mit um die 70 Rs pro Flasche sehr hoch sind. Eigentlich dürfte es überhaupt keinen Alkohol geben, da keines der zum Teil auf Stelzen gebauten Restaurants eine Lizenz besitzt. Hat es wieder einmal eine Polizeirazzia gegeben, kann es tatsächlich vorkommen, dass über mehrere Tage kein Alkohol ausgeschenkt wird. Da Speisekarte, Preise und Service (in der Regel ebenso freundlich wie langsam) bei allen in etwa gleich sind, sollte man die Wahl eher entsprechend dem Ambiente der jeweiligen Lokalität treffen.

●Der In-Treff im Bereich der Temple Junction ist seit Jahren das vegetarische **Sree Padman**, trotz des wenig Vertrauen erweckenden Äußeren sind die einheimischen Gerichte sehr schmackhaft und preiswert.

●Darüber hinaus gibt es noch einige am europäischen Geschmack orientierte Lokale wie die italienische Küche servierenden **Trattoria, Mama Chompos Pizzeria** und **Caffè Italiano** sowie eine **German Bakery** mit köstlichen Croissants (Vorsicht: Krähen).

Bank

●Zahlreiche **private Geldwechsler** finden sich entlang der Beach Rd. und um die Temple Junction. Man sollte die Kurse vergleichen und fragen, ob spezielle Extragebühren verlangt werden, die in den Wechselkursen nicht berücksichtigt sind.

Post und Internet

●Ein kleines **Postamt** steht an der Cliff Rd. wenige Meter von der Temple Junction entfernt.

●Mehrere private Anbieter werben mit **Internet und E-Mail**. Die Preise liegen im Schnitt

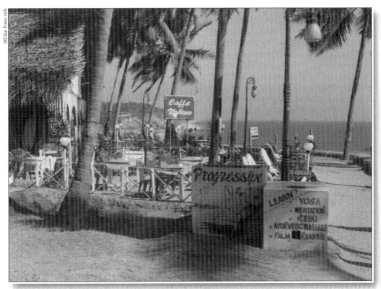

bei 20–40 Rs pro Stunde. Leider kommt es jedoch recht häufig vor, dass sich über Tage keine Verbindung aufbauen lässt. Am besten surft man wohl im Nikhil in der Beach Road.

Reisebüros

Diverse auf die Bedürfnisse von Individualtouristen zugeschnittene Reisebüros haben sich im Laufe der letzten Jahre in Varkala angesiedelt. Bei allen ist die Angebotspalette in etwa gleich. Dazu gehören u.a. der Verkauf von **Flugtickets** und die Buchung von **Backwater-Trips, Elefantenausritten** und **Mietwagen.** Bei der Auswahl des Reisebüros sollte man sorgsam vorgehen, gibt es doch immer wieder Klagen von Travellern, die übers Ohr gehauen wurden. So ist es keine Seltenheit, dass für Leistungen, die angeblich bereits in voller Höhe im Voraus bezahlt wurden, von den ausführenden Personen wie Elefantenbesitzern und Bootsführern eine Nachzahlung verlangt wird. Aus ihrer Sicht völlig zu Recht, da ihr Anteil nicht an sie weitergeleitet wurde. Falls möglich, erkundige man sich bei anderen Reisenden, die bereits mit den Anbietern Erfahrungen gemacht haben.

● Zwei Büros, die über eine gute Reputation verfügen, sind das **Tourist Helping Centre** an der Einmündung der Beach Rd. zum Strand und **Cliff Tours & Travel.**

Yoga und Ayurveda

Varkala gilt in Kerala als bekanntes **Yoga-Zentrum** und für viele Reisende ist dies der Hauptgrund hierher zu kommen. Daraus ist ein nicht unbedeutender Geschäftszweig geworden, der neben Yoga-Schulen auch diverse **Buchläden und Geschäfte** umfasst, die ayurvedische Produkte, Öle und Heilkräuter verkaufen. Das Angebot der Yoga-Schulen reicht von ein- bis mehrwöchigen Kursen unter englischsprachiger Leitung über ayurvedische Massagen bis zu Meditationssitzungen. Die Trennlinie zwischen ernsthaftem Anliegen und Geschäftemacherei ist dabei nur schwer zu ziehen. Interessenten sollten, bevor sie sich für einen längeren Aufenthalt bzw. Kurs entscheiden, zunächst einmal einen „Schnuppertag" einlegen, um herauszufinden, ob das Angebot und die Atmosphäre ihren Wünschen und Interessen entspricht. Die bekanntesten Adressen sind die **Scientific School of Yoga & Massage** und das **Progressive Yoga Centre** (beide liegen auf dem Felsen am nördlichen Ende des Strandes) sowie das **Kairali Ayurvedic & Yoga Centre** (kven@satyam.net.in), etwas zurück von der Steilküste.

Kultur

- Das **Varkala Cultural Centre** an der Beach Road, nur wenige Meter von der Temple Junction entfernt, veranstaltet in den Hauptreisemonaten Dezember und Januar mehrmals wöchentlich etwa 90-minütige Kathakali-Tanzvorführungen zum Preis von 100 Rs pro Person. Man sollte etwa 1½ Stunden vor Beginn eintreffen, um die aufwändigen Schminkprozeduren mitzuerleben.

An- und Weiterreise

- **Bahn:** Mehrere der zwischen Kollam und Thiruvananthapuram entlang der Küste fahrenden Züge halten an dem etwas außerhalb gelegenen Bahnhof. Die Abfahrtszeiten können in den Reisebüros erfragt werden.
- **Bus:** Zahlreiche Busverbindungen vom 24 km nördlich gelegenen Kollam (Quilon) und von Thiruvananthapuram, 54 km südlich. Die meisten Busse fahren nur ins Ortszentrum, nicht bis zum Strand. Wer keinen Direktbus erwischt, kommt meist schneller ans Ziel, indem er zunächst mit einem Bus über die NH 47 bis Kallamballam fährt und dort in einen Lokalbus nach Varkala umsteigt.
- **Taxi:** Mit einem Taxi zahlt man von Thiruvananthapuram ca. 600 Rs, von Kovalam werden 100 Rs mehr verlangt.

Unmittelbar hinter der Küste beginnt die tropische Landschaft der Backwaters – sie gehört zu den schönsten Naturräumen im Süden Indiens

Highlight: Backwaters C1-3

Wer vom zauberhaften Kerala spricht, meint in erster Linie die Backwaters. Dabei handelt es sich um ein weit verzweigtes Netz von malerischen **Lagunen, Seen und flachem Schwemmland,** welches sich zwischen Kollam (Quilon) im Süden, Kochi (Cochin) im Norden und Kottayam im Osten erstreckt. Vernetzt ist diese amphibische Welt durch künstliche Kanäle, die seit vielen Jahrhunderten für die Einheimischen wichtige Verkehrsadern bilden. Eine Fahrt in diese Märchenwelt ist wie eine Zeitreise in das seit Jahrhunderten von tropischem Überfluss sowie Leichtigkeit und Harmonie geprägte Leben Keralas.

Unterwegs bieten sich dem Besucher immer wieder Aus- und Einsichten, die noch lange im Gedächtnis und wohl auch im Herzen haften bleiben werden: das satte Grün der Reisterrassen, vom dicht bewachsenen Ufer herabhängende Kokospalmen, deren Baumwipfel sich zuweilen in der Mitte des Wasserweges berühren, vorbeifliegende Papageien, die knallbunt gestrichenen Häuser der Fischer und Bauern, farbenprächtige Hindu-Tempel oder die bizarr bunten Kirchen der indischen Christen. Kinder spielen ausgelassen im Wasser und werfen den vorbei fahrenden Touristen ein freundliches Lächeln zu, Fischer stehen bis zur Hüfte im See, während sie ihre Netze ebenso elegant wie schwungvoll auswerfen, der Gesang der Vögel

Karte Umschlag vorn **BACKWATERS**

und das Zirpen der Grillen begleiten den goldgelben Sonnenuntergang ... Für stressgeplagte Mitteleuropäer kommt eine Fahrt durch die Backwaters einer Reise ins Paradies gleich.

An einer breiteren Stelle zwischen Kollam und Alappuzha sind kilometerlang **chinesische Fischernetze** rechts und links der Fahrtrinne aufgereiht, ein sehr schönes Bild. Hier ist das Wasser tiefer und es befindet sich nicht weit entfernt ein größerer Zulauf von Meerwasser, zwei Gründe für erhöhtes Fischvorkommen, das natürlich auch höhere Fangergebnisse zur Folge hat.

Ab und zu während der achtstündigen Fahrt von Kollam nach Alappuzha sieht man Männer, die ihre Boote tauchend mit Sand beladen. Man fragt sich natürlich, warum auf diese sehr aufwändige Weise **Sand** gewonnen wird, wo er doch am Ufer um so vieles einfacher zu gewinnen ist. Der Grund liegt in dem Umstand, dass der Sand der Backwaters sehr viel kristallreicher als der an Land und damit besser für die Herstellung von Zement (zum Häuserbau) geeignet ist – eine allerdings sehr schwere Arbeit, die obendrein schlecht bezahlt ist.

Nördlich von Kayankulam passiert das Boot eine Schleuse, die dem Zweck dient, Salz- von Süßwasser zu trennen. Nördlich der Schleuse sind **Reisfelder** angelegt, die bei Salzwassereinfluss sofort unbrauchbar würden. Im Süden gibt es immer wieder größere Zuflüsse des Meeres in die Backwaters. Dieser Bereich ist also für den Reisanbau ungeeignet.

Reisefilme, Fotobände, Werbekampagnen des indischen Fremdenverkehrsamts und – last but not least – die Mundpropaganda begeisterter Reisender hat die Kunde von dieser einzigartigen Landschaft inzwischen weit über die Grenzen Indiens hinaus verbreitet. So hat sich in den letzten Jahren eine große Zahl von Angeboten für diverse Backwater-Touren gebildet. Man hat die Wahl zwischen zweistündigen Fahrten mit öffentlichen Fähren über von den Touristenbüros organisierte Ganztagestouren bis zu mehrtägigen Ausflügen mit einer privat gecharterten Reisbarke inklusive eigenem Koch und Bedienung.

Ein häufig gesehenes Bild bei einer Fahrt über die Kanäle, Flüsse und Seen: Fischer beim Einholen der Netze

Touren und Routen

Im Folgenden eine kleine Auflistung des fast schon unüberschaubaren Angebots an Backwater-Trips. Eine detaillierte Auflistung weiterer Angebote lässt sich unter dieser Web-Adresse abrufen:

- www.keralatourism.org/Databank/South/SKVisit.htm

Egal, für welche Tour man sich entscheidet, **Sonnencreme** und eine **Kopfbedeckung** gehören unbedingt ins Handgepäck. Kalte Getränke und Früchte können an Bord gekauft werden, doch ein wenig Extra-Proviant kann sicherlich nicht schaden.

Tagestrips

Die seit Jahren bei Individualtouristen mit Abstand beliebteste Backwaters-Tour ist die 8½-stündige Fahrt **zwischen Alappuzha und Kollam (Quilon)**. Alappuzha Tourism Development Co-Op (**ATDC**), District Tourism Promotion Council (**DTPC**) und Bharath Tourist Service Society (**BTSS**, oft weniger volle Boote) fahren täglich außer Sonntag abwechselnd die Strecke. Da Route und Boote praktisch identisch sind, spielt es letztlich keine Rolle, mit welcher Gesellschaft man fährt. Die Touren starten um 10.30 Uhr, Tickets (150 Rs) können an den jeweiligen Schaltern in Alappuzha und Kollam, an den Bootsanlegestellen und in diversen Hotels der beiden Städte gekauft werden.

Während der Fahrt werden mehrere Stopps eingelegt, so unter anderem auf einer kleinen Insel, auf der Kokosnüsse verarbeitet werden. Eine Mittagspause wird eingelegt, ein nachmittäglicher Teestopp und ein Halt bei der Mata Amritananda Mayi Mission in Amritapuri. Berühmt ist der Ashram wegen der hier lebenden *Matha Amritanandamayi Devi*, einem der ganz wenigen weiblichen Gurus Indiens. Die ursprünglich durchaus sympathische Idee, Westler am Leben in einem Ashram teilhaben zu lassen, hat sich in den letzten Jahren im Zuge der enorm gewachsenen Besucherzahl zu einer zweifelhaften Touristenveranstaltung entwickelt. Wer dennoch hier übernachten will, kann dies zum Preis von 150 Rs tun und am nächsten Tag weiterfahren. Zurückhaltende Kleidung und dezentes Auftreten werden vorausgesetzt.

Wem die 8½-stündige Fahrt zu lang ist, der kann auch die halb so lange Strecke **zwischen Alappuzha und Kottayam** wählen. Auch hier werden diverse Stopps eingelegt. Der Veranstalter ist die **Bharath Tourist Service Society** in Alappuzha (Raiban Shopping Complex, Boat Jetty Rd., Tel.: 2262262). Abfahrt Alappuzha 9.30 Uhr, Abfahrt Kottayam 14.30 Uhr. Der Preis beträgt 150 Rs.

Mit der Fähre

Eine interessante Alternative zu den fast ausschließlich von Westlern frequentierten Booten entlang der Alappuzha-Kollam-Route sind die zahlreichen öffentlichen Fähren zu den verschiedenen an den Seen und Lagunen verstreut liegenden Dörfern. Auch hier bietet sich vor allem die Strecke **zwischen Alappuzha und Kottayam** an. Da keine Besichtigungen vorgenommen werden und es sich um eine kürzere (dennoch sehr attraktive) Route handelt, dauert die Fahrt nur 2½ Stunden. Von den sechs täglichen Abfahrten um 5, 7.30, 10, 11.30, 14.30 und 17.30 Uhr empfiehlt sich wegen der schönen Lichtverhältnisse vor allem die um 14.30 Uhr. Da die Fähren häufig voll besetzt sind, sollte man möglichst früh kommen, um sich einen guten Platz zu sichern. Sehr attraktiv ist auch der Preis von 6 Rs.

Mit dem Hausboot

Die mit Abstand schönste, allerdings auch kostspieligste Art, durch die Backwaters zu gleiten, bieten die von diversen Veranstaltern angebotenen ein- oder mehrtägigen Fahrten in einem **privat gecharterten Hausboot**. Dabei handelt es sich um umgebaute, rattangedeckte Reisbarken, bei den Einheimischen unter dem Namen *kettuvallam* bekannt. Die sehr geschmackvollen, ursprünglich zum Transport von Kokosnüssen und Gewürzen gebauten, langgezogenen Holzboote verfügen gewöhnlich über vier Schlafplätze. Die meiste Zeit des Tages liegt man entspannt auf den ausgebreiteten Kissen und lässt die tropische Natur an sich vorbeigleiten. Da zwei Bootsleute mit großen Lanzen für den Antrieb sorgen, stört kein Motorgeräusch die Stille. Für diese majestätische Art des Reisens durch die bezaubernde Bilderbuchlandschaft sind die dafür zu entrichtenden 3.500 Rs pro Tag durchaus angemessen. Der Preis umfasst alle Mahlzeiten. Von den zahlreichen Anbietern seien hier nur vier der renommiertesten genannt:

- **Tour India** mit Büros in Thiruvananthapuram (Tel.: 0471/2331507) und Kochi (Tel.: 0484/2668053).
- **Clipper Holidays,** Nandini, 39/924, Carrier Station Rd., Kochi, Tel.: 0484/2364453, Fax: 2381453.
- **Casino Hotel,** Willingdon Island, Kochi, Tel.: 0484/2668221, Fax: 2668001.
- **Malabar House Boats,** 1/335, Purakatri, Thalakalathur, Calicut, Tel.: 0495/2452045, Fax: 2452046.

Luxustouren

Abgesehen von den oben genannten Touren bieten **ATDC/DTPC** in Kollam (Quilon) eine große Zahl von Luxustrips. Unter Namen wie See & Sleep Cruise, Star Night Cruise oder Majestic Cruise werden exklusive Bootsfahrten angeboten, die u.a. Kathakali-Tanzvorführungen, exquisite Abendessen bei Kerzenschein und Übernachtung auf den Booten oder in angefahrenen Luxusresorts einschließen. Die Preise starten bei 80 US$ und reichen bis zu 300 US$ pro Person.

Der besondere Tipp: mit Übernachtung

Eigentlich ist die bezaubernde Landschaft der Backwaters viel zu schade, um sie nur im Vorbeifahren zu erleben. Wer die Bootsfahrt mit einem **mehrtägigen Aufenthalt** in einem der typischen Dörfer verbinden will, dem bietet sich seit neuestem mit dem **Navalli House** (Tel.: 0477-2724497) auf der kleinen **Insel Chennamkary** eine sehr schöne Möglichkeit. Die gastfreundliche Familie *Zacharia* vermietet in ihrem typisch keralischen Haus zwei saubere, möblierte Zimmer mit Dusche und WC. Der eigentliche Reiz dieses Aufenthalts liegt in der Möglichkeit, einen unverfälschten Einblick ins Alltagsleben zu erlangen. Die beiden Söhne der Familie sprechen fließend englisch und betätigen sich als lokale Guides. Im Preis von 400 Rs pro Person sind drei schmackhafte, typisch keralische Mahlzeiten inbegriffen.

Die Anreise erfolgt mit einer der stündlich von der öffentlichen Bootsanlegestelle in Alappuzha nach Nedumudy fahrenden Fähren. Nach einer guten Stunde erreicht man die Bootsanlegestelle St. Joseph Catholic Church auf Chennamkary. Von dort ist es noch einmal ein fünfminütiger Fußweg, der rechts vom Steg beginnt. Die Adresse ist den Einheimischen bekannt, dementsprechend problemlos gelangt man zu dem von zwei Kirchen flankierten Haus. Es ist anzunehmen, dass in nächster Zeit eine Reihe weiterer, ähnlicher Homestays in den Backwaters eröffnet werden.

Kollam (Quilon) ↗ C3

Einwohner: 370.000
Vorwahl: 0474

Im Mittelalter war die Stadt am südlichen Ende des **Ashtamudi-Sees** einer der bedeutendsten Handelsorte im Südwesten Indiens. Schiffe aus China, Ägypten, Griechenland und Rom wurden im florierenden Hafen mit Tonnen von Gewürzen beladen, die damals in Europa wie Gold gehandelt wurden. Noch heute meint man beim Gang durch die verwinkelten Seitenstraßen, vorbei an kleinen Märkten und Warenhäusern, in denen vornehmlich Kokos- und Cashewnüsse verkauft werden, etwas von jener vergangenen Epoche zu spüren.

Doch trotz ihrer schönen Lage und der reichen Vergangenheit hat die bei den meisten noch unter ihrem früheren Namen Quilon bekannte Stadt keine nennenswerten Sehenswürdigkeiten zu bieten. Touristische Bedeutung kommt ihr so heute nur als Ausgangs- bzw. Endpunkt der Backwaters-Fahrt von und nach Alappuzha zu.

Ein Hausboot kehrt zum Hafen zurück

Information

- Das lokale **Touristenamt (DTPC)** unterhält am Bahnhof (Mo–Sa 9 bis 12.30 Uhr und 13.30 bis 17 Uhr) und an der Bootsanlegestelle (Mo–Sa 9 bis 17.30 Uhr), ganz in der Nähe des Busbahnhofs, sehr hilfreiche Informationsbüros. Die Beamten sind freundlich und auskunftsfreudig. Hier ein Hotelzimmer zu buchen bietet den Vorteil, dass man sich nicht mit seinem Gepäck von einem ausgebuchten Hotel zum anderen quälen muss. Man bezahlt eine Nacht im Voraus und begibt sich mit der ausgehändigten Quittung zum Hotel.

In beiden Büros kann auch eine sehr interessante **Bootstour** in die nähere Umgebung gebucht werden, die unter anderem auf die bewohnte, mittem im Ashtamudi-See gelegene **Monroe-Insel** führt. Der Ausflug dauert von 9 bis 13 Uhr und kostet 250 Rs pro Person.

Stadtverkehr

- Bahnhof und Bootsanlegestelle, bzw. der neben dieser gelegene Busbahnhof befinden sich an entgegengesetzten Punkten der Stadt. Eine Fahrt mit der **Riksha** schlägt mit etwa 15 Rs zu Buche.

Bootstouren

- Nähere Informationen zu den von **DTPC** und **ATDC** angebotenenen Bootstouren finden sich unter „Backwaters". Die Büros der beiden konkurrierenden Unternehmen liegen nur 100 m voneinander entfernt beim Busbahnhof.

Unterkunft

- Das Mittelklasse-Hotel **Sea Bee** €-€€€€ (Tel.: 2744696, 2767089, Fax: 2744158, hotelsebee @satyam.net.in, www.hotelsea bee.com) liegt nicht weit von der Anlegestelle der Boote für Backwater-Touren und vom Busbahnhof. Es verfügt über schön eingerichtete Räume, ein Restaurant mit recht preiswertem Frühstücksbüfett, ein abends geöffnetes Dachrestaurant sowie eine Bar.
- Die um einen Innenhof gruppierten AC- und Non-AC-Zimmer des mehrstöckigen

Kollam (Quilon)

- Ⓑ Busbahnhof
- ✉ Post
- Ⓢ Bank
- Ⓒ Moschee
- ✛ Krankenhaus

- ⌂ 1 Government Guest House
- ⌂ 2 Hotel Shah International
- ⌂ 3 KTDC Yatri Niwas
- • 4 Bootsanlegestelle des Yatri Niwas Hotel und Fähranleger
- • 5 Bootsanlegestelle ATDC und DTCP
- ❶ 6 DTCP Tourist Information Centre
- ⌂ 7 Hotel Sea Bee
- Ⓢ 8 United Arab Emirates Exchange,
- @ Internet Café
- ▲ 9 Sri-Uma-Mahashwara-Tempel
- ❾ 10 Guru Prasad
- ⌂ 11 Hotel Kathika
- ❾ 12 General Bakers
- ⌂ 13 Hotel Rail View

KOLLAM (QUILON)

Hotel Karthika €-€€€ (Tel.: 276241) mit passablem Restaurant sind einfach, aber sauber, allerdings recht laut und deshalb nur für eine Nacht okay. Dennoch ist es, wahrscheinlich wegen seiner Nähe zum Bahnhof, eines der beliebtesten Hotels der Traveller-Szene. Die klimatisierten Zimmer sind zu teuer.

● Nomen est Omen beim **Hotel Rail View** € (Tel.: 276918), liegt es doch direkt gegenüber vom Bahnhof. Wie so viele Bahnhofshotels eine wenig ansprechende Unterkunft, doch dementsprechend auch sehr günstig.

● Das große **Hotel Shah International** €-€€€€ (Tel.: 2742362, 2749363) liegt etwas ab von der Straße. Es verfügt über geräumige und helle AC- und Non-AC-Zimmer. Keine schlechte Wahl.

● Abgelegener auf der anderen Wasserseite am Rande des Ashtamudi-Sees gelegen, ist das **KTDC Yatri Nivas** €-€€ (Tel.: 2745538, ktdc@vsnl.com, www.ktdc.com) mit dem Hotelboot, der Fähre oder ums Wasser herumfahrend zu erreichen. (Hotelboot bei Check-In und Check-Out frei, sonst 20 Rs.) Es liegt sehr ruhig und bietet einfache, geräumige Zimmer mit kleinem Balkon. Im zum Garten offenen Restaurant sitzt man sehr angenehm. Die Speisekarte ist allerdings recht kurz.

● Ohne jede Frage die Topadresse nicht nur für Budget-Traveller ist das herrliche, auf der gleichen Wasserseite gelegene **Government Guest House** € (Tel.: 2743620). Allein die Lage am Rande einer Lagune inmitten einer großzügigen, vor sich hin dümpelnden Gartenanlage nimmt einen sofort für diesen wunderschönen Kolonialbau ein. Etwas gewöhnungsbedürftig sind die leicht muffigen, dafür aber riesigen und fast schon absurd billigen Zimmer. Auch das Restaurant entspricht mehr dem Standard einer Billigunterkunft (das Essen ist vorzubestellen), doch das gesamte Ambiente der Anlage lässt dies schnell vergessen. Unbedingt früh buchen, es werden zwölf Zimmer vermietet.

● Das **Palm Lagoon** €€€€ (Tel.: 2523974, Fax: 2451014) ist die schönste Unterkunft in der Umgebung von Kollam. Die strohgedeckten Bungalows in schöner Lage am Ufer des Ashtamudi-Sees, das freundliche Personal, das vorzügliche Essen und die Angebote für ayurvedische Behandlungen lohnen einen längeren Aufenthalt. Wer über das DTPC-Office in Kollam bucht, erhält einen zehnprozentigen Preisnachlass. Anfahrt zu der 18 km nördlich gelegenen Anlage entweder per Taxi (ca. 150 Rs) oder mit einem Speedboot.

Essen und Trinken

● Abgesehen von den genannten Hotelrestaurants lohnt das hervorragende, vegetarische **Guru Prasad** an der Main Rd. einen Besuch. Superleckere und sehr preiswerte *thalis* für Freunde der scharfen Küche werden serviert.

● Ähnlich günstig und gut ist das **Sree Suprabatham Restaurant** gegenüber vom Uhrturm.

● Ebenfalls in der Nähe des Clocktower im 1. Stock über einem General Bakers ist ein **kleines Restaurant** mit schönem Blick über die Gasse zu finden.

Bank

● Für Touristen am günstigsten gelegen ist der **Geldwechsler im DTPC Centre** an der Bootsanlegestelle. Öffnungszeiten und Kurse wie bei den Banken.

An- und Weiterreise

● **Bahn:** Aufgrund der günstigen Lage an der Küstentrasse zwischen Kochi und Thiruvananthapuram bieten sich von Kollam sehr gute Verbindungen zu beiden Orten sowie zu Zielen entlang des Weges. Wie üblich ist jedoch Vorsicht geboten bei Zügen, die von weit entfernten Städten wie Mumbai und Chennai kommen. Wegen der häufigen Verspätungen der Fernzüge ist die Wartezeit oft größer als die eigentliche Fahrtzeit mit einem Lokalzug.

● **Bus:** Vom Busbahnhof neben dem Bootspier zahlreiche Verbindungen zu allen größeren Städten an der Küste: Thiruvananthapuram (1½ Std.), Kochi (3 Std.), Alappuzha (1:15 Std.), Kottayam und Kumily. Für Ziele in den West-Ghats wie etwa Periyar-Nationalpark zunächst nach Kottayam und dort umsteigen.

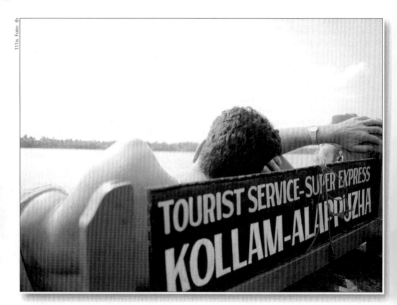

Unterkünfte zwischen Kollam und Alappuzha

● Vier Zimmer sowie einzeln stehende Hütten werden im **River Side Retreat** €€-€€€ (Tel.: 0477-2272869, riversideret@hotmail.com), 14 km südlich von Alappuzha bei Karumady (mit dem Bus zu erreichen), für 350 bzw. 1.000 Rs vermietet. Gutes keralisches Essen sowie die Möglichkeit zu Kanutouren versüßen das Leben.

● Das 10 km südlich von Alappuzha gelegene **Green Palace Health Resort Alappuzha** €€€-€€€€ (Tel.: 2736262, gigi@greenpalacekerala.com) bietet außer sechs Zimmern und einem Restaurant ayurvedische Behandlung. Die Zimmerpreise starten bei 650 Rs. Das nicht ganz neue Haus mit großem Garten liegt sehr hübsch an einer Kanalverzweigung zwischen Palmen und Reisfeldern und vermittelt eine schöne Atmosphäre.

● Der Ashram von **Matha Amrithananda Mayi** € (Tel.: 0476-89747821279) bei Amrithapuri ist ein riesiger, schon von Ferne auszumachender, bis zu 15 Stockwerke hoher, rosa Fremdkörper in den beschaulichen Backwaters. Die Übernachtung mit Verpflegung (einfache indische Kost) in einfachen Zimmern kostet 150 Rs. Wer anderes essen möchte, zahlt extra. Ein weiterer, ebenso großer Komplex ist im Bau, es handelt sich also mehr um eine kleine Stadt. Es besteht die Möglichkeit, Geld zu wechseln und einzukaufen. Etwa um 13 Uhr kommt man mit dem Boot von Kollam hier an und kann mit demselben Ticket am nächsten Tag oder einige Tage später weiterfahren, allerdings nur mit dem Boot derselben Gesellschaft (also vor dem Aussteigen nach dem Namen des in den nächsten Tagen vorbeikommenden Bootes erkundigen).

● Auch das **Green Channel Health Resort** € (Tel.: 0474-2628134) wird bei der Bootsfahrt von Kollam nach Alappuzha bzw. umgekehrt von den Booten angefahren, dient es doch auf halber Strecke als Ort der Mittagspause. Nahe einem palmenverarbeitenden Dorf und

Alappuzha (Allepey) ⇗ C2

Einwohner: 270.000
Vorwahl: 0477

Das bei den meisten noch unter dem alten Namen Allepey bekannte Alappuzha muss früher einmal ein hübscher Ort gewesen sein. Der schmückende Beiname „Venedig des Ostens" kommt einem heute jedoch angesichts der zahlreichen dreckigen und stinkenden Kanäle, die die Stadt durchziehen, kaum noch über die Lippen. Die ökologischen Auswirkungen der wirtschaftlichen Bedeutung Alappuzhas als umsatzstärkstem **Binnenhafen der Backwaters** sind nicht zu übersehen und -riechen. Schwerpunkt der wirtschaftlichen Aktivitäten ist die **kokosverarbeitende Industrie,** in der Tausende von Menschen ihr Auskommen finden.

Auch wenn die Stadt keine nennenswerten touristischen Highlights zu bieten hat, ist ihr doch ein gewisser Charme nicht abzusprechen. Vor allem abseits der Hauptstraßen fügen sich die noch aus der britischen Kolonialzeit stammenden **Holzhäuser** zusammen mit dem Leuchtturm, einer Kirche und den von überhängenden Palmen gesäumten Kanälen zu einem bunten, friedvollen Bild. Am späten Nachmittag lohnt ein Spaziergang zum Strand, um das schöne Farbenspiel des Sonnenuntergangs zu erleben.

Für die allermeisten Touristen ist die Stadt jedoch einzig als Ausgangs- bzw. Endpunkt der Backwaters-Touren zwi-

direkt neben einem Betrieb, der Hausboote herstellt, bietet es zwei einfache, große Zimmer mit Balkon und Wasserblick für erstaunlich wenig Geld. Allerdings ist das Resort von der Umgebung durch Zäune bzw. das Wasser etwas abgeschirmt.

● Vor allem von Hausbooten wird das 39 km südlich von Alappuzha gelegene staatliche **ATDC Coir Village Lake Resort** €€€€-€€€€€ (Tel.: 0477-2243462, Fax: 2243462, coir@atdc alleppey.com, www.atdcalleppey.com) angefahren. Allerdings gelangt man auch gut ans Ziel, indem man zuerst einen Zug zum 4 km nördlich gelegenen Kayankulam besteigt und von dort mit Riksha oder Taxi weiterfährt. Mit dem Boot dauert die Fahrt sowohl von Alappuzha als auch von Kollam vier Stunden. Die schöne, weitläufige Anlage bei Thrikunnapuzha mit sehr schön in die Palmenlandschaft eingefügten AC- und Non-AC-Bungalows ist nicht weit von einem Kokos verarbeitenden und zu besichtigenden Dorf entfernt. Auch große Cottages für bis zu vier Personen mit zwei Kindern stehen bereit. Natürlich sind auch ein erstklassiges Restaurant direkt am Wasser und ayurvedische Behandlung im Angebot. In nur 2 km Entfernung findet sich der Meeresstrand Thirukannapuzha.

● Fünf Kilometer vor Alappuzha liegt das **Penguin Lake Resort** €€€ (Tel.: 0477-2261522, Fax: 2252134, penguits@hotmail.com, www.kerala.com/penguin-resort) nahe dem Aiswarya Auditorium bei Chennankary, welches bei Zimmerbuchung umsonst angefahren wird. Das direkt am Wasser zwischen Palmen und Reisfeldern gelegene Haus ist in keralischem Stil erbaut und hat schon ein paar Jahre auf dem Buckel, was aber auch zu seinem Charme beiträgt. Drei Mahlzeiten täglich schlagen nochmal mit 200 Rs zu Buche. Motor- oder Ruderboote sowie Hausboote für lange Backwaters-Touren zu den üblichen Preisen stehen bereit. Es kann auch über den Penguin Tourist Service in Alappuzha (Tel.-Nr. wie oben, pentours@rediffmail.com) gebucht werden.

Eine erholsame Form von Sightseeing: durch die Wasserwege geschaukelt werden und die Landschaft an sich vorbeiziehen lassen

Alappuzha (Allepey)

schen Alappuzha und Kollam (Quilon) von Interesse.

Information

- Von den zahlreichen Informationsstellen in Alappuzha empfiehlt sich besonders das **DTPC Office** (Tel.: 2251796) am DTPC-Pier. Die freundlichen Bediensteten des täglich von 7.30 bis 21 Uhr geöffneten Büros verkaufen Tickets für Backwater-Trips und buchen Hotels in ganz Kerala. Eine Gebühr wird nicht verlangt, allerdings müssen der Preis des Telefongesprächs und eine Nacht im Voraus bezahlt werden.
- Die gleichen Serviceleistungen übernimmt das empfehlenswerte **ATDC Tourist Information Office** (Tel.: 22433462) an der Komala Rd. auf der anderen Seite des Kanals.
- Eine gute Informationsquelle ist auch das **Government of Kerala Tourist Office** (Tel.: 2260722) an der DTPC-Bootsanlegestelle.

Stadtverkehr

- Die Fahrt mit der **Riksha** vom 4 km außerhalb gelegenen Bahnhof in die Innenstadt sollte nicht mehr als 25–30 Rs kosten. Der für Touristen interessante Innenstadtbereich zwischen den beiden Kanälen ist problemlos zu Fuß zu erkunden.

Unterkunft

- Eine gute Billigunterkunft nahe dem Busbahnhof ist das **Hotel Raiban Annexe** € (Tel.: 2261017, 2251634). Das durch eine Einfahrt in einen großen Innenhof zu erreichende

ALAPPUZHA (ALLEPEY)

Hotel hat einfache, etwas verwohnte Zimmer, aufs Nötigste beschränkt, die teureren mit TV. Durch die Innenhoflage ist es allerdings nachts ruhig.

● Gut wohnt man im **Hotel Komala** €-€€€ (Tel.: 2243631, Fax: 2243634, komala@alleppey.net, www.komalahotel.com) mit einfachen, aber recht großen und sauberen Zimmern, eine gute Billigwahl. Allerdings stört die morgendliche Lautstärke der nahen Moschee etwas. Das Restaurant ist gut und das Personal zuvorkommend.

● Mit seinen sauberen, geräumigen Zimmern zu günstigen Preisen bietet das **KTDC Yatri Niwas** €-€€ (Tel.: 2244460) ein gutes Preis-Leistungs-Verhältnis. Ein weiteres Plus ist das nebenan gelegene Restaurant. Einziger Nachteil ist die Lage 2 km nördlich des Stadtzentrums.

- ⓑ Busbahnhof
- ✉ Post
- ⓢ Bank
- @ Internetcafé
- ♠ Tempel
- ⓒ Moschee
- ⅱ Kirche

- 🏠 1 KTDC Yatri Nivas
- 🏠 2 Alleppey Prince Hotel
- 🏠 3 YMCA
- 🏠 4 Padipura Residence
- ❶ 5 ATDC Tourist Information Centre
- 🏠 6 Hotel Komala
- 🏠 7 Hotel Sona
- 🏠 8 Tharayil Tourist Home
- 🏠 9 Palmgrove Lake Resort
- 🏠 10 Kuttichira Home
- 🏠 11 Hotel Arcadia
- 🏠 12 Hotel Raiban Annexe
- ❶ 13 DTCP Tourist Office
- 🏠 14 Hotel Royale Park
- ○ 15 Indian Coffee House
- ⓢ 16 United Arab Emirates Exchange
- ❶ 17 Kream Corner

● Wer etwas mehr ausgeben kann und die Atmosphäre eines stilvollen alten Hauses schätzt, sollte sich im **Sona** €€ (Tel.: 2245211) einquartieren. Der einladende Garten und die freundlichen Besitzer machen es zu einer der empfehlenswertesten Unterkünfte von Alappuzha. Da nur vier Zimmer vermietet werden, empfiehlt sich eine frühzeitige Anmeldung.

● Eine gute Wahl und dementsprechend populär ist das **Tharayil Tourist Home** €-€€€ (Tel.: 2243543), 2 km nordöstlich der Innenstadt an der Lake Punnamada Rd. Man hat die Wahl zwischen einer Reihe von sauberen, geräumigen und hellen Zimmern, wobei die teureren klimatisiert sind.

● **Hotel Arcadia** €-€€€ (Tel.: 2251354, arcadiaalpy@satyam.net.in, www.arcadiakerala.com) zwischen Busbahnhof und Bootsanleger hat sehr saubere AC- und Non-AC-Zimmer, teilweise mit TV. Günstig sind besonders die Non-AC-Räume.

● Der **YMCA** €-€€ (Tel.: 2245313) hat zwei große und etwas überteuerte DZ zu bieten und liegt etwas von der Straße zurück auf einem Gelände mit Internetcafé und Restaurant.

● Das **Kuttichira Home** €€ (Tel.: 2245968, kut tichira_home@yahoo.com), ca. 2 km nordöstlich vom Zentrum, liegt im Grünen und ist über einen 100 m langen, schmalen Kanal mit den Backwaters verbunden. Hübsche Zimmer für wenig Geld; ein Garten und eine nette, bemühte Familie sind Pluspunkte.

● Sehr familiär geht's in der **Padipura Residence** €€-€€€ (Tel.: 2244978, Fax: 2243150, babuncm@md3.vsnl.net) zu, deren sechs große Zimmer gediegen eingerichtet sind. Die Küche darf mitbenutzt werden und der kleine Garten, allerdings nur durch eine hohe Mauer von der lauten Straße getrennt, bietet Ruheplätze. Der Besitzer vermittelt auch Bootstouren aller Art.

● Das nagelneue, 35 fast luxuriöse Zimmer umfassende **Royale Park** €€-€€€ (Tel.: 2264828, Fax: 2238728, kavalackal@vsnl.com, www.explorekerala.com) im Zentrum ist großzügig gestaltet und erstaunlich preiswert. Die Räume haben schönes Mobiliar, ein sehr sauberes Bad und TV. Im Haus befinden sich Restaurant, Coffee Shop, Travel Desk und Geldwechselmöglichkeit.

ALAPPUZHA (ALLEPEY)

• In einer Welt für sich inmitten eines Palmenhains wohnt man in den einfach, aber geschmackvoll gestalteten Bungalows des **Palmgrove Lake Resort** €€€ (Tel.: 2245004, Fax: 2251138, palmgrove_lr@yahoo.com). Für das Gebotene ist es sehr preiswert und eigentlich zu schade für eine Nacht.

• Das 2 km nordöstlich Alappuzhas direkt am Wasser gelegene **Keraleeyam Heritage Home And Ayurvedic Resort** €€€-€€€€ (Tel.: 2231468, Fax: 2251068, mail@keraleeyam.com, www.keraleeyam.com) bietet fünf angenehme 2- und 3-Bett-AC- sowie drei Non-AC-Zimmer und zwei AC-Cottages in sehr schöner Wasserlage. Fürs Essen müssen 15 US-$ extra berappt werden. Die Anlage ist mit viel dunklem Holz gestaltet, sie wirkt allerdings etwas zu eng gebaut. Es werden kurze, aber auch umfangreiche ayurvedische Behandlungen von 4 bis 31 Tagen angeboten zu Preisen von 253 bis 1.652 US-$, bei denen Unterkunft und Essen, Sightseeing, Kanufahren etc. allerdings schon enthalten sind.

• Mit zentral klimatisierten, geschmackvoll möblierten Zimmern, hervorragendem Restaurant, freundlichem Service und schön gestaltetem Pool gehört das **Alleppey Prince** €€€-€€€€ (Tel.: 224752, Fax: 2243758, princehotel@satyam.net.in) zu den besten Hotels der Stadt, ist aber reichlich teuer. Es liegt 3 km nördlich der Innenstadt.

• Das **Kayaloram Lake Resort** €€€€-€€€€€ (Tel.: 2260573, Fax: 2252918, kayaloram@satyam.net.in) ist eine architektonisch sehr gelungene Anlage inmitten eines Palmenhains mit geschmackvoll gestalteten Holzbungalows – die beste Adresse von Alapuzzha.

Essen und Trinken

• Zwei ebenso preiswerte wie empfehlenswerte Speisestätten sind das Restaurant an der Bootsanlegestelle und jenes am Tourist Reception Centre.

• Im Gebäude des mäßigen Hotels Karthika Tourist Home auf der der Anlegestelle gegenüberliegenden Seite des Kanals findet sich das hervorragende **Restaurant Thoppi.** Trotz oder vielleicht gerade wegen seiner sehr schlichten Einrichtung bietet es schmack-

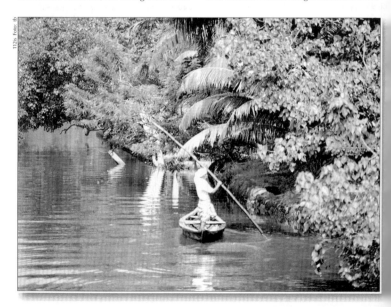

hafte und preiswerte indische und chinesische Gerichte. Ideal für Leute mit kleinem Geldbeutel.
- Für Snacks und Kaffee bzw. Tee in relaxter Atmosphäre bieten sich die beiden Filialen des **Indian Coffee House** an der Mullakal Rd. und am South Canal an.
- Eine große Auswahl an Speisen von kräftigen nordindischen Fleischgerichten über Snacks bis zu verschiedenen Sorten von Eiscreme bietet das **Kream Korner,** ebenfalls in der Mullakal Rd.

Bank

- Am günstigsten liegt die **Canara Bank,** nur wenige Meter von der Bootsanlegestelle entfernt. Leider werden hier nur Reiseschecks, aber kein Bargeld gewechselt.
- Ansonsten bietet sich die **Indian Bank** an der Mullakal Rd. an, die im Gegensatz zur State Bank of India an der Beach Rd. Traveller Cheques und Bargeld wechselt.
- Eine weitere effiziente Stelle zum Geld- und Traveller-Cheque-Tausch ist das **United Arab Emirates (UAE) Exchange** in der Innenstadt an der Kreuzung von Cullan Rd. und Mullakal Rd. (1. Stock, Mo-Sa 9.30-18 Uhr, So 9.30-13.30 Uhr).

An- und Weiterreise

- **Bahn:** Da Alappuzha wegen der natürlichen Barriere der Backwaters im Süden nur über eine Nebenstrecke per Bahn zu erreichen ist und zudem viele für Touristen interessante Verbindungen zu ungünstigen Zeiten fahren, sind Busverbindungen im Allgemeinen vorzuziehen. Wer dennoch mit der Bahn fahren möchte, sollte in der Regel zunächst nach Kochi/Ernakulam fahren, von wo sich wesentlich bessere Verbindungen bieten.

Für Ziele Richtung West-Ghats (Periyar-Nationalpark) gilt, zunächst mit der Fähre nach Kottayam und von dort weiter mit dem Bus. Nach Kochi/Ernakulum (1 Std.) u.a. mit dem täglich um 6 Uhr abfahrenden Bokara/Tata Express. Die beste Verbindung nach Thiruvananthapuram (3½ Std.) bietet der Ernakulum Trivandrum Express, der täglich um 7.25 Uhr abfährt.
- **Bus:** Vom KSRTC-Busbahnhof verkehren ständig Busse zu allen größeren Städten zwischen Thiruvananthapuram (3½ Std.) im Süden und Kannur (Cannanore, 6 Std.) im Norden.
- **Boot:** Zwischen Mo und Sa täglich Fahrten entlang der von Touristen meistgenutzten Strecke nach Kollam (Quilon) im Süden: Abfahrt 10.30, Ankunft 19 Uhr. Nähere Informationen unter „Backwaters". Regelmäßige Fähren nach Kottayam zwischen 6 Uhr morgens und 18 Uhr abends.

Der besondere Tipp: Bootsrennen

Das alljährlich am zweiten Samstag im September in Alappuzha ausgetragene **Nehru Cup Snake Boat Race** ist eines der farbenprächtigsten und fröhlichsten Feste Keralas. Wer zu dieser Zeit in der Nähe ist, sollte es sich auf keinen Fall entgehen lassen. Etwa 40 kunstvoll verzierte **„Schlangenboote"** mit jeweils bis zu 100 wild rudernden und singenden Männern liefern sich ebenso lautstarke wie farbenfrohe Wettkämpfe. Angefeuert werden sie dabei von Tausenden einheimischer Besucher, die dem seit 1952 ausgetragenen Wettkampf schon Wochen zuvor entgegenfiebern. Die ganze Stadt scheint auf den Beinen zu sein und so bieten sich viele interessante Fotomotive.

Tickets für die eigens für die Rennen errichteten Bambustribünen, von denen sich die besten Aussichten bieten, können in den verschiedenen Touristenbüros zum Preis von 30-250 Rs erstanden werden. Wegen der großen Attraktion des Bootsrennens wird die Veranstaltung nochmals zur Haupttouristenzeit Mitte Januar ausgetragen – not the real thing, aber immer noch ganz hübsch.

Weit verzweigt ist das System der Wasserwege

Kottayam ♪ C2

Einwohner: 170.000
Vorwahl: 0481

Bei Kottayam denkt ein Keralite an drei „L": Lakes, Letters und Latex. „Lakes" steht für die hübsche Lage der Stadt am Rande des **Vembanad-Sees.** Letters, also Buchstaben, bezieht sich auf die annähernd hundertprozentige Alphabetisierungsquote der Einwohner. Latex schließlich nimmt Bezug auf die wirtschaftliche Bedeutung Kottayams als Zentrum der Gummiverarbeitung. Keine andere Stadt Indiens weist ein derart **hohes Bildungsniveau** auf. Ein Grund hierfür könnte die frühzeitige Ansiedlung syrischer Christen sein, die bis ins 8. Jh. zurückreichen soll. Als Beleg dienen zwei Kruzifixe im Inneren der Valia-Pallia-Kirche, die zusammen mit der Cheriapalli-Kirche auf einem dicht bewaldeten Hügel fünf Kilometer südwestlich der Innenstadt stehen. Noch heute ist die Stadt **Sitz des römisch-katholischen Bischofs** von Süd-Kerala.

Auch bei der **Gummiverarbeitung** profitiert die Stadt von ihrer günstigen Lage am Fuße der West-Ghats. Wegen des regenreichen und schwülheißen Klimas gibt es hier einen idealen Nährboden für die dichten Tropenwälder sowie für Gewürz-, Tee- und eben Gummiplantagen.

So hat die sich über mehrere dicht bewaldete Hügel erstreckende Stadt eine Reihe von Besonderheiten aufzuweisen. Sehenswürdigkeiten im eigentlichen Sinne gibt es jedoch nicht. Deshalb sind die allermeisten Touristen nur Durchreisende auf dem Weg zu den Backwaters oder zum Periyar-Nationalpark.

Information

● Kottayam besitzt kein Touristenbüro. Die freundlichen Bediensteten des staatlichen Hotels **KTDC Aiswarya** stehen jedoch bereitwillig für Auskünfte zur Verfügung.

Stadtverkehr

● Kottayam ist eine recht weitläufige Stadt. Touristisch relevante Einrichtungen wie Bahnhof, Busbahnhof und Bootsanlegestelle liegen mehrere Kilometer voneinander entfernt, so dass man auf öffentliche Verkehrsmittel angewiesen ist. Eine **Rikshafahrt** vom Bahnhof zum Pier schlägt mit ca. 40 Rs zu Buche, gut die Hälfte sind es vom Busbahnhof zum Pier.

Unterkunft

● 100 m eine kleine Straße von der Shastri Rd. hinab gelangt man zum etwas verwohnten, aber billigen **Paikados Guest House** € (Tel.: 2584340). Für eine Nacht okay und wer bleibt schon länger in Kottayam.

● Im unteren Preisbereich nur wenig teurer wohnt man im nicht weit entfernten **Hotel Kaycees Residency** €-€€€ (Tel.: 2563693). Am Ende einer kleinen Gasse gelegen bietet es saubere, teilweise kleine und helle AC- und Non-AC-Zimmer, manche mit TV. Eine gute Wahl.

● Nicht schlecht ist der Gegenwert im **Nisha Continental** €-€€ (Tel.: 2563984) mit sauberen Doppelzimmern mit kleiner Sitzgruppe.

● Das zum Teil klimatisierte **Hotel Green Park** €€-€€€ (Tel.: 2563311, Fax: 2563312) ganz in der Nähe des Bahnhofs ist ein gutes, nüchternes Mittelklassehotel mit eigenem Restaurant.

● Mit seinen sauberen, teilweise klimatisierten Zimmern, teils mit Balkon und TV, und dem guten hauseigenen Restaurant (Mittagsbüfett und leckeres Gebäck) ist das **The Ambassador Hotel** €-€€ (Tel.: 2563293, Fax: 2563755) eine gute Low-Budget-Unterkunft. Das Haus liegt etwas zurückversetzt von der KK Rd.

@ Internetcafé

🏠 1 Hotel Green Park
🏠 2 Nisha Continental
🍴 3 Bakers Oven
🏠 4 Paikados Guest House
🏠 5 Hotel Kaycees Residency
✉ 6 Hauptpost
🚌 7 Privater Busbahnhof
🏠 8 Hotel Aiswarya
🍴 9 Anand Restaurant
🍴 10 Bestotel Restaurant
🏠 11 Anjali Hotel
💲 12 Canara Bank
🏠 13 Homestead Hotel
🏠 14 Christ the King Cathedral
🏠 15 The Ambassador
🏠 16 Hotel Aida
🚌 17 Busbahnhof
🏠 18 Vembanad Lake Resort
🏠 19 The Windsor Castle

● Eine qualitativ und preislich ähnlich gute Wahl ist das **Homestead Hotel** €-€€ (Tel.: 2560467, Fax: 2560740) schräg gegenüber auf der anderen Seite der KK Rd. Man hat die Wahl zwischen 47 Zimmern, von denen eines (!) klimatisiert ist. Auch hier ist ein sehr gutes und preiswertes vegetarisches Restaurant angeschlossen. Besonders empfehlenswert sind die preiswerten *thalis*.

● Das staatliche **Aiswarya** €€-€€€ (Tel.: 2581255, Fax: 2581254) überzeugt mit seinen freundlichen Angestellten, einem guten Restaurant und einem gemütlichen Biergarten. Architektonisch ist der Betonkasten allerdings ein Armutszeugnis. Insgesamt dennoch eine gerade bei den preiswerteren Zimmern empfehlenswerte Unterkunft.

● Mit großen, leicht verwohnten AC-Zimmern mit TV etwas überteuert ist das **Anjali Hotel** €€€-€€€€ (Tel.: 2563669). Das eisige AC-Restaurant im Haus ist gut, aber auch recht teuer.

● Mit einer großen Auswahl an zum Teil klimatisierten Räumen und einer Vielzahl an Serviceangeboten wie Geldwechsler, Reisebüro, Fernseher im Zimmer und zwei Restaurants bietet das **Hotel Aida** €-€€€ (Tel.: 2568391, Fax: 2568399, aida@sancharnet.in, www.fhrai.com) ein gutes Preis-Leistungs-Verhältnis.

● Das **Vembanad Lake Resort** €€-€€€ (Tel.: 2360866, ktm_vembanad@sancharnet.com, www.vembanadlakeresort.com) ist mit seinem an einem schmalen Stichkanal gelegenen Gelände die ehemals schönste Unterkunft Kottayams. Heute wirkt sie mit ihren etwas dunklen, leicht verwohnten Räumen ein bisschen veraltet. Allerdings sitzt man am kleinen Kanal immer noch angenehm im Freiluftrestaurant beim Abendessen. Neue Cottages auf dem Gelände sind in Planung. Ein kleines Hausboot liegt am Ufer.

● Das danebengelegene, recht neue **Windsor Castle** €€€€-€€€€€ (Tel.: 2363637, Fax: 2363738, wcastle@satyam.net.in, www.thewindsorcastle.net), das sich über ein Gebiet von 500x150 m erstreckt, ist die mit Abstand luxuriöseste Unterkunft Kottayams mit allen in diesem Preisbereich üblichen Facilities. Im Haupthaus werden sehr schön eingerichtete, geräumige, zentral klimatisierte Zimmer mit TV, Badewanne und weiten Ausblicken angeboten. Auf einem großen, gepflegten Rasenareal sind die 17 einzeln stehenden, doppelstöckigen Cottages mit Kühlschrank und TV dem keralischem Baustil nachempfunden (in einigen Badezimmern wächst ein Bananenbaum, das Schlafzimmer im 1. Stock ist klimatisiert). Der Komplex verfügt über einige Restaurants, einen Pool sowie ein hauseigenes Ausflugsboot für Backwaters-Trips. Man kann zwischen Frühstück, Halb- und Vollpension wählen.

Essen und Trinken

- Das **Bestotel Restaurant** mit vorgelagerter Bäckerei serviert typisch südindische Küche zu kleinen Preisen.
- Die vielen Inder, die im kühlen und sauberen **Anand Restaurant**, eine kleine Gasse neben dem Hotel Anand hinein, essen gehen, lassen auf gute Küche schließen. Indische (auch nordindische) und chinesische Gerichte zu sehr günstigen Preisen sind verlockend. Öffnungszeiten: 8.30–21.30 Uhr, So ist schon eine Stunde früher auf.
- Nicht weit entfernt findet sich im 1. Stock des **Anjali Hotel** ein recht teures AC-Restaurant, das auch Alkoholisches im Angebot hat.
- Sehr empfehlenswert ist das Restaurant des **Hotel Aiswarya**, wo schnell, freundlich und zu kleinen Preisen serviert wird. Auch die Restaurants der Hotels **Homestead** und **Ambassador** sind empfehlenswert.
- Sehr hübsch am Stichkanal im Gras sitzt man im **Vembanad Lake Resort.** Hier gibt's indische und kontinentale Küche, eine Bar und ein Ice Cream Parlour.
- Das teure **Windsor Castle** nebenan hat mehrere Restaurants mit exquisiter Küche zu exquisiten Preisen.
- Im **Bakers Oven** an der Shastri Rd. nahe der Kreuzung gibt's leckeren Marmorkuchen, Süßigkeiten, aber auch selbstgemachte kleine Burger und Gebäck sehr preiswert.
- Das **New Modern** bietet kleine indische Meals, Burgers, Biscuits, Fiscreme und Süßigkeiten.

Bank

- Die **Canara Bank** in der KK Rd. wechselt Travellerschecks und Bargeld.

An- und Weiterreise

- **Bahn:** Vom 2 km außerhalb gelegenen Bahnhof zahlreiche Verbindungen entlang der Malabar-Küste Richtung Thiruvananthapuram im Süden und Kochi/Ernakulum im Norden.
- **Bus:** Vom staatlichen Busbahnhof an der TB Rd. zahlreiche Verbindungen zu allen Städten an der Küste. Einige der alle halbe Stunde abfahrenden Expressbusse nach Kumily zum Periyar-Nationalpark (4 Std.) fahren weiter bis Madurai (7 Std.).
- **Fähre:** Täglich sechs Fähren verbinden Kottayam innerhalb von 2½ Std. mit Alappuzha; Abfahrt vom 3 km südlich der Innenstadt gelegenen Hafen. Weitere Informationen unter „Backwaters".

Kumarakom

Im Umkreis des 16 km westlich von Kottayam mitten in den Backwaters gelegenen Kumarakom sind in den letzten Jahren eine Reihe von luxuriösen Resort-Anlagen entstanden. Die geschmackvoll in die herrliche Landschaft integrierten Bungalow-Anlagen eignen sich wegen der paradiesischen Atmosphäre und den von allen Hotels

---

Das enorme Anwachsen der Bevölkerung hat in den letzten Jahrzehnten zu einer besorgniserregenden Überfischung geführt angebotenen ayurvedischen Behandlungen für einen mehrwöchigen **Luxus-Kur-Aufenthalt.**

Wer ein wenig Abwechslung sucht, kann einen Ausflug zum **Kumarakom-Vogelschutzgebiet** unternehmen. Besonders lohnend ist ein Besuch von November bis März, wenn Tausende von Zugvögeln hier ihr Winterquartier aufschlagen. Die beste Tageszeit zur Tierbeobachtung ist frühmorgens. Fast alle Hotelanlagen bieten Ausflüge unter der Leitung eines Guides an.

Unterkunft, Essen und Trinken

- Das **KTDC Tourist Village** €€€€ (Tel.: 2524258) ist eine gelungene Anlage in schöner Lage am See. Man hat die Wahl zwischen Pfahlbungalows und einer Übernachtung in den zum Hotel gehörenden Kettu Vallams.
- Eine Klasse besser ist das **Taj Garden Retreat** €€€€€ (Tel.: 2524377, Fax: 2524371) am Rande des Vogelreservats. Alle Bungalows sind klimatisiert und ein Pool steht selbstverständlich auch zur Verfügung.
- Ausgezeichnet ist das **Coconut Lagoon Heritage Resort** €€€€€ (Tel.: 2524491, 2524373, Fax: 2524495). Lage, Architektur, Essen, Swimmingpool, die Weiträumigkeit der Anlage – alles ist hier nur vom Feinsten. Allerdings sollte man die zum See gelegenen Bungalows den nach hinten gebauten wegen der Lage und des größeren Abstands zueinander vorziehen. Es wird auch eine Villa mit eigenem Pool vermietet. Ab April sinken die Preise um bis zu 70 %.

An- und Weiterreise

- Die einzelnen Resorts sind von Kottayam problemlos über Land oder per Boot zu erreichen.

Vijnana Kala Vedi Centre

Das Vijnana Kala Vedi Cultural Centre in dem kleinen Ort **Aranmula,** 30 km südlich von Kottayam, ist eine einzigartige Einrichtung. Das **Kulturzentrum** ist ein idealer Ort, um sich intensiv mit den spezifischen Künsten Keralas auseinander zu setzen. Unter fachmännischer Aufsicht werden Kurse in Kathakali- und Bharata-Natyam-Tanz, ayurvedischer Medizin, Holzschnitzerei, verschiedenen indischen Sprachen, Astrologie, der keralischen Kampfsportart Kalarippayat und indischer Philosophie angeboten.

- **Vijnana Kala Vedi Cultural Centre,** The Direktor, Tarayil Mukku Junction, Aranmula 689533, Kerala. Kurse inklusive Vollpension kosten 200 US$ pro Woche. Eine vorherige Anmeldung ist erforderlich.

Ettumunar

Der im 16. Jh. erbaute **Shiva-Tempel** von Ettumunar, zwölf Kilometer nördlich von Kottayam, lohnt einen Zwischenstopp auf dem Weg nach Kochi. Das Sanktum ist zwar für Nicht-Hindus verschlossen, doch die filigranen Holzschnitzereien und vor allem die berühmten Wandmalereien mit Szenen aus den hinduistischen Epen dürfen auch von Westlern besichtigt werden. Besonders lohnend ist ein Besuch während des zehntägigen **Tempelfestes,** das jedes Jahr im Februar/März veranstaltet wird. Die Tanzaufführungen, Musikveranstaltungen und **Elefantenprozession** werden von Tausenden Einheimischen besucht.

Highlight: Periyar-Wildschutzgebiet

⊅ D2

Vorwahl: 04863

Eine Infrastrukturmaßnahme der britischen Kolonialherren und die Sorge eines Maharajas stehen am Anfang der Geschichte des Periyar Wildlife Sanctuary. Die Notwendigkeit, die Trockengebiete des angrenzenden Tamil Nadu zu bewässern, ließ die Briten 1895 den Periyar-Fluss aufstauen. Von der Sorge getrieben, das von der Herrscherfamilie seit Jahrhunderten genutzte Jagdgebiet könnte von den sich ständig vermehrenden Teeplantagen „aufgefressen" werden, erklärte der Maharaja von Travancore das Gebiet um den 26 km² großen Periyar-Stausee zu einem Reservat. 1977 wurde der Park dem **Project Tiger** angegliedert, das sich dem Schutz der vom Aussterben bedrohten Tierart verschrieben hat. 1982 schließlich wurde eine Kernzone von 350 km² zum **Nationalpark** erklärt. Die ehemals im Gebiet siedelnden Volksstämme der Mannan, Paliyan und Uraly wurden umgesiedelt. Heute zählt der im Laufe der Jahrzehnte mehrmals erweiterte Park zu den bekanntesten Tierschutzgebieten Indiens.

Häufig kommt es im Zusammenhang mit dem Park zu einer Namensverwirrung, da Periyar, Thekkady und Kumily selbst in offiziellen Veröffentlichungen verwechselt werden. **Periyar** bezeichnet das gesamte Gebiet des Nationalparks, **Thekkady** den Bereich zwischen dem Parkeingang und dem Bootspier und **Kumily** den kleinen, etwa vier Kilometer nördlich hiervon gelegenen Ort. Entlang der von Kumily bis zum Parkeingang verlaufenden Thekkady Rd. haben sich die meisten Hotels und Geschäfte angesiedelt.

Die landschaftlich äußerst reizvolle Lage in den **Cardamom-Bergen** im südlichen Teil der West-Ghats mit den hervorragenden Möglichkeiten zur Tierbeobachtung und der sehr guten touristischen Infrastruktur machen den Periyar-Nationalpark zu einem der besuchenswertesten Ziele im Süden Indiens. Wenn möglich, sollte man jedoch die Wochenenden und Feiertage meiden. Dann reisen Hunderte von Einheimischen aus Tamil Nadu und von der Küste an und strapazieren die Kapazitäten dieses meistbesuchten Nationalparks Südindiens bis zum Äußersten. Auch die Monsunzeit ist wegen der allgegenwärtigen Blutegel nicht zu empfehlen. Die beste Reisezeit sind die Trockenmonate **Dezember bis April,** da dann die Tiere auf der Suche nach Wasser aus den „undurchsichtigen" Wäldern zum Seeufer wandern.

Tiervorkommen

Etwa 40 % des Schutzgebietes sind von üppigem tropischen **Shola-Wald** bedeckt, weitere 40 % sind mit feuchtem tropischen **Laubwald** bewachsen. Die restliche Fläche besteht aus Grasland, dem weit verzweigten **Stausee** und einigen Eukalyptus-Anpflanzungen. Gerade wegen der dichten Be-

PERIYAR-WILDSCHUTZGEBIET

waldung und natürlich auch wegen der großen Fläche des Schutzgebietes von 777 km² sind die Chancen, einen der insgesamt **ca. 50 im Park lebenden Tiger** zu Gesicht zu bekommen, minimal. Wesentlich häufiger lassen sich kleinere Herden der auf insgesamt 1.000 Exemplare geschätzten **Elefanten** erspähen. Weitere im Park lebende Säugetierarten sind Gaur, Sambarhirsch, Wildschwein, Muntjak, Lippenbär, Leopard, Rohrkatze, Dekkan-Rothund und verschiedene Affenarten. Der Versuch, Axishirsche einzubürgern, ist misslungen, da sie leichte Beute der Tiger wurden.

Darüber hinaus ist der Park ein Eldorado für Ornithologen. Insgesamt **275 Vogelarten** wurden bisher gezählt, wobei sich der Vogelreichtum vorwiegend auf die Waldregion bezieht. Da der Stausee kaum seichte Uferbezirke aufweist, sondern recht steil in die Tiefe abfällt (Maximaltiefe 42 m), gibt es nur Wasservögel, die auf das Fischen in tiefen Gewässern spezialisiert sind. Hierzu gehören **Schlangenhalsvogel, Kormoran, Eisvogel und Fischadler.** Viele dieser Vögel lassen sich auf den bizarr aus dem See ragenden, inzwischen fast 100 Jahre alten Bäumstämme nieder. Der größte Teil des durch die Aufstauung des Sees überfluteten

Bei einer Bootsfahrt auf dem Periyar-See lässt sich das Wildschutzgebiet wunderbar erkunden

PERIYAR-WILDSCHUTZGEBIET

Waldes liegt unter der Wasseroberfläche.

●Der **Eintritt** zum Park kostet 50 Rs pro Tag. Am Parkeingang können Ferngläser und Fotokameras zum Preis von 60–75 Rs pro Tag (6–19 Uhr) ausgeliehen werden.

Besichtigung

Bootsfahrten

●Die bei Einheimischen wie westlichen Touristen beliebteste Art, den Park zu besichtigen, sind die von **KTDC** und **Forest Department** organisierten, etwa zweistündigen Bootsfahrten. Täglich fahren je zwei Boote um 7, 9.30, 11.30, 14 und 16 Uhr. Die erste und letzte Fahrt bietet die besten Chancen zur Tierbeobachtung. Beim KTDC beträgt der Preis 90 Rs fürs Oberdeck und 40 Rs für das Unterdeck. Günstiger sind die allerdings auch auf sehr heruntergekommenen Booten durchgeführten Fahrten des Forest Department. Tickets werden in einem kleinen Büro oberhalb des Visitors' Centre verkauft. Speziell an Wochenenden und Feiertagen ist eine frühzeitige Anmeldung von Nöten. Auch sonst sind die Boote häufig im Voraus von den Gästen der Luxusunterkünfte ausgebucht. Die größten Chancen ein Ticket zu ergattern besitzt, wer gleich frühmorgens als einer der Ersten am Verkaufsschalter ansteht. Da es um diese Zeit durchaus noch kühl sein kann, empfiehlt sich die Mitnahme eines Pullovers. Die große Nachfrage hat häufig zur Folge, dass die Boote speziell auf dem begehrten Oberdeck bis auf den letzten Platz mit fotografierenden Touristen besetzt sind.

●Wesentlich entspannter ist eine Fahrt auf dem Periyar-Stausee mit einem **gecharterten Boot**. Mit 600 Rs für ein Boot mit zwölf Plätzen ist das kaum teurer als bei den offiziellen Touren.

Wanderungen

●Das **Forest Department** veranstaltet jeden Morgen um 7.30 Uhr eine ca. dreistündige Wanderung durch den Park; der Preis beträgt 70 Rs pro Person bei mindestens zehn Teilnehmern. Im Grunde eine schöne Möglichkeit den Park zu erkunden; einige Teilnehmer klagten jedoch über die zu großen und lauten Gruppen. Zu buchen über das Wildlife Information Centre (Tel.: 9322028).

●Außerdem gibt es – allerdings sehr teure – **Trekking-Touren** mit Zeltübernachtung inkl. Verpflegung (250 US-$ pro Tag, manchmal verlangen die Guides auch mehr).

●Eine interessante Alternative bieten Ausflüge mit **privaten Führern.** Einheimische Guides in Kumily und am Parkeingang sind auf solche Wanderungen abseits ausgetretener Pfade spezialisiert. Der Preis ist selbstverständlich Verhandlungssache.

●Eine besondere Art, das Periyar-Wildschutzgebiet kennen zu lernen, bietet *K. Murali*, ein sehr freundlicher und geschäftstüchtiger Mann, der außer dieser **Teuromark** (Tel.: 9322196, 9323196, teuromark@rediffmail.com) genannten Unternehmung mit Ökotourismus-Anspruch noch Zimmer im Mickey House vermietet. Er bietet für mimimal zwei, maximal sechs Personen 1- bis 10-Tages-Trekking-Touren bis zu 40 km innerhalb des Reservats mit voller, allerdings einfacher Verpflegung und Zeltübernachtung, Nachtwanderungen sowie Jeep-Transport, natürlich nur für Touristen, die gut zu Fuß sind. Die Preise liegen um die 2500 Rs pro Person und Tag. Die Touren müssen mindestens drei Tage im Voraus gebucht werden.

Praktische Tipps

Information

●Informationen zum Park und zu den aktuell angebotenen Touren bietet das **Visitors' Centre** oberhalb des Periyar-Sees.
●**The Wildlife Preservation Officer,** Periyar Tiger Reserve, Tel.: 9322027, 9322027, 9322028.
●**Tourist Office** (Tel.: 9322620, Mo–Sa 10–17 Uhr), im Zentrum von Kumily.

Stadtverkehr

●Die Entfernung von Kumily zum Periyar-See beträgt 4 km. Der etwa einstündige, angenehme Fußweg entlang der Thekkady Rd.

Rettung in letzter Sekunde – Project Tiger

Jahrzehntelang hatten die indischen Maharajas und die europäischen Kolonialherren in ihrer schrankenlosen Jagd nach Trophäen, Macht und Ruhm auf alles geschossen, was sich bewegte, um schließlich bestürzt festzustellen, dass viele Tierarten **vom Aussterben bedroht** waren. Besonders gefährdet war der König der Wildtiere, der Tiger, dessen Trophäe – am besten gleich im Dutzend – in keinem Herrscherhaus fehlen durfte. Als besonders schießwütig erwies sich der Maharaja von Gwalior, der während einer Treibjagd im Jahre 1899 an einem einzigen Tag nicht weniger als 150 dieser Großkatzen erlegt haben soll. So konnte es eigentlich nicht verwundern, dass sich der Bestand seit der Jahrhundertwende, als noch 40.000 Tiger durch die Wälder Indiens streiften, bis 1969 auf ganze 1.827 Exemplare dezimiert hatte. Neben der **Wilderei** trugen das explosionsartige Bevölkerungswachstum und die damit einhergehende Zerstörung des natürlichen Lebensraums des Tigers zu dessen Beinahe-Aussterben bei.

Angesichts dieser bedrohlichen Lage entschloss sich die indische Regierung 1973 mit Unterstützung des World Wildlife Fund dazu, das so genannte Project Tiger ins Leben zu rufen. Dabei handelt es sich um eine der weltweit größten **Rettungsaktionen,** die je zum Erhalt einer Tierart durch-

Rettung in letzter Sekunde – Project Tiger

geführt wurden. Ziel war es jedoch nicht, nur den Tiger, sondern auch seine gesamte Biosphäre zu schützen, zu der neben Elefanten und Nashörnern auch seine Beutetiere wie Gazellen und Sambarhirsche gehören.

Die zunächst neun ausgesuchten Tierschutzgebiete sind bis heute auf 23 mit einer Gesamtfläche von über 20.000 km² erweitert worden, wobei die meisten und bekanntesten von ihnen wie etwa Corbett, Sariska, Ranthambhore und Kanha in Nordindien liegen. Jedes dieser Schutzgebiete besteht aus einer gänzlich geschützten Kernzone und einer Pufferzone, in der den Bewohnern der Umgebung eine eingeschränkte Nutzung wie das Weiden ihres Viehs und das Sammeln von Feuerholz erlaubt ist.

Trotz aller Schutzmaßnahmen sterben nach wie vor jährlich ungezählte Tiere durch **illegale Wilddieberei.** Wegen der inzwischen weltweit strikt befolgten Schutzabkommen sind es jedoch inzwischen nicht mehr wie früher die **Felle,** wegen denen die Tiger verfolgt werden, sondern deren **Knochen.** Zermahlen und mit einem speziellen Saft vermischt, wird ihnen in vielen asiatischen Ländern eine lebensverlängernde und potenzfördernde Wirkung zugesprochen. Heute geht man davon aus, dass die tatsächliche Zahl der in Indien lebenden Tiger bei etwa **3.700 Exemplaren** liegt.

Doch selbst für den Fall, dass man dieser Gefahrenmomente Herr werden sollte, hängt der zukünftige Erfolg des Project Tiger von der Eindämmung des nach wie vor größten Problems des Landes ab – dem rasanten **Bevölkerungswachstum.** Seit dem Start der Rettungsaktion vor fast 30 Jahren ist die indische Bevölkerung um weitere 350 Millionen auf heute ca. eine Milliarde angewachsen. Die meisten Einwohner sind auf Brennholz, Gras für ihr Vieh und Wasser angewiesen. Je mehr die Pufferzonen der Schutzgebiete von Kühen, Büffeln, Schafen, Ziegen und Kamelen abgegrast werden, desto häufiger treiben die Leute ihr Vieh in die noch weitgehend unberührten Kernzonen. Offiziell ist dies verboten, doch die Dorfbewohner berufen sich verständlicherweise auf ihr jahrtausendealtes Gewohnheitsrecht. Zwar verehren sie den Tiger als Inbegriff des Majestätischen, Erhabenen und Machtvollen, doch im täglichen Überlebenskampf sehen sie in ihm in erster Linie ein gefährliches Raubtier, welches ihr höchstes Gut, das Vieh, tötet. In den letzten Jahren kam es immer wieder zu Übergriffen, da die Tiger ihrerseits wegen der zunehmenden Nahrungsverknappung in die angrenzenden Dörfer einfielen.

In der Erkenntnis, dass nur eine Verbesserung der Lebensbedingungen der Parkanwohner den Schutz der Tiger-Refugien gewährleisten kann, wurde daraufhin von Regierungsseite ein Bündel von Maßnahmen beschlossen. Hierzu zählen Projekte zur Verbesserung der Weidequalität, die Anlage leistungsfähiger Bewässerungssysteme und die Zucht ertragreicher Kühe, damit diese heiligen Tiere mehr Milch geben. So siegte die Einsicht, dass es nicht reicht, Mensch und Tier durch hohe Mauern voneinander zu trennen, sondern dass das Überleben des Tigers letztlich vom Wohlergehen des größten „Raubtieres" der Erde abhängt – dem Menschen.

Bei der Jagd auf die seltenen Wildkatzen waren weder die Briten noch die Maharajas besonders zimperlich

PERIYAR-WILDSCHUTZGEBIET

endet direkt an der Fähranlegestelle. Mit der **Riksha** muss man für die Strecke ca. 40 Rs zahlen. **Fahrräder** werden im Zentrum von Kumily für 40 Rs pro Tag vermietet.

Unterkunft

Grundsätzlich zu unterscheiden ist zwischen den Übernachtungsmöglichkeiten innerhalb des Parks und jenen Hotels, die sich entlang der ca. 4 km langen Strecke vom Ortszentrum in Kumily bis zum Parkeingang reihen. Da die Parkunterkünfte oftmals lange im Voraus ausgebucht sind, ist eine möglichst frühzeitige Anmeldung bei den KTDC-Büros in Thiruvananthapuram oder Ernakulum dringend anzuraten.

Unterkünfte innerhalb der Parkgrenzen:

● Tatsächlich nicht viel mehr als Aussichtstürme in freier Wildbahn ohne jeglichen Komfort sind die **Forest Department Towers** €. Dementsprechend muss alles Lebensnotwendige wie Schlafsack, Lebensmittel, Taschenlampe, Moskitonetz und warme Kleidung mitgebracht werden. Wen diese Outdoor-Verhältnisse nicht abschrecken, der wird mit einer absolut natürlichen, friedvollen Atmosphäre belohnt. Nirgendwo sonst sind die Möglichkeiten zur Tierbeobachtung so aussichtsreich, da sich von der erhöhten Warte aus unverstellte Blicke auf von den Touristenmassen unberührte Regionen bieten. Um zu den über den Park verteilten Aussichtstürmen zu gelangen, fährt man zunächst mit dem um 16 Uhr abfahrenden Boot. Danach schließt sich ein Fußmarsch an, den man am besten in Begleitung eines geländekundigen Guides unternimmt. Buchung und nähere Auskünfte im Visitors' Centre. Allerdings ist es zumindest sehr schwierig, einen der begehrten und vorrangig an Bedienstete des Parks vergebenen Plätze zu ergattern.

● Ähnlich spartanisch ist die Unterbringung im **Forest Department House** € auf der dem Pier gegenüberliegenden Uferseite. Auch hier sind Ausrüstung und Verpflegung mitzubringen. Für Anreise und Anmeldung gilt das Gleiche wie bei den Watchtowers.

● Das vielleicht beste Preis-Leistungs-Verhältnis innerhalb des Parks bietet das **KTDC Periyar House** €€€-€€€€ (Tel.: 9322026, Fax: 9322526) gut 1 km oberhalb der Fähranlegestelle. Die weitläufige Anlage mitten im Wald verfügt über ein gutes Restaurant, die Zimmer, einfach möbliert und mit TV, sind allerdings nichts Besonderes. Frühstück und Abendessen sind im Preis inbegriffen, Fahrräder können ausgeliehen werden, Geldwechsel ist möglich.

● Um einiges besser, aber auch teurer und zudem in unmittelbarer Seenähe wohnt man im **KTDC Aranya Niwas** €€€€ (Tel.: 9322023, Fax: 9322282, aranyanivas@vsnl.com) gleich oberhalb der Fähranlegestelle. Die großen, etwas einfach ausgestatteten, aber ganz gemütlichen Zimmer mit Plüschmobiliar und TV, eine urige Bar sowie das hervorragende Restaurant tragen zum Wohlbefinden bei. Im Preis inbegriffen sind Frühstück und Abendessen sowie eine Fahrt auf dem Oberdeck des Ausflugsdampfers. Ein schön zwischen Bäumen gelegener Pool inkl. Affengesellschaft ist einladend.

● Wunderschön ist das **KTDC Lake Palace** €€€€€ (Tel.: 9322024, Fax: 9322282, ktdc@vsnl.com) auf der gegenüberliegenden Uferseite. Der Name Lake Palace ist treffend, handelt es sich doch bei der ehemaligen Jagd-Lodge des Maharajas um ein palastähnliches Haus in herrlicher Lage. Was könnte es Schöneres geben, als bei einem Drink auf der Terrasse des Hauses die umherlaufenden Tiere zu beobachten? Ausgezeichnet ist auch das zugehörige Restaurant. Die Übernachtung in einer der 6 Suiten ist allerdings sündhaft teuer, zumal sich die Preise zwischen Mitte Dezember und Ende Januar verdoppeln.

Unterkünfte außerhalb der Parkgrenzen:

Generell wohnt man außerhalb von Kumily nahe dem Parkeingang gediegener und schöner als oben an der Hauptstraße im Dorf.

● Die meisten Zimmer des überragenden **Muckumkal Regent Tower** €-€€ (Tel.: 9322070, 9323170) im Dorf sind zu empfehlen, das ganz dicht am Busbahnhof gelegene Hotel hat ein ordentliches Restaurant. Die teils klimatisierten Zimmer sind recht groß, hinreichend sauber, allerdings durch kleine Fenster dunkel. Es gilt: je weiter nach oben desto besser der Blick.

PERIYAR-WILDSCHUTZGEBIET

- Falls dieses Hotel voll ist, kann man es im nur wenige Meter entfernten, vom gleichen Management verwalteten **Muckumkal Tourist Home** €€ (Tel.: 9322070) versuchen, es bietet ähnlichen Standard zu etwas höheren Tarifen.
- Auch das **Leelapankaj Resort** €€ (Tel.: 9322392) nahe dem Parkeingang befindet sich unter dem Management der Muckumkal-Gruppe. Die sechs Cottages sind recht hübsch, stehen aber etwas eng beieinander. Gut und preiswert ist das angeschlossene Madhavi Restaurant.
- Eine gute Wahl ist das **Rolex Tourist Home** €-€€ (Tel.: 9322081/200) mit sauberen, wenn auch etwas kleinen Zimmern.
- Das sehr günstige **Karthika Tourist Home** € (Tel.: 9322146) erfreut sich bei Individualreisenden großer Beliebtheit. Wahrscheinlich liegt es auch am hauseigenen Sabala-Restaurant, denn die ziemlich düsteren Zimmer laden nicht gerade zum Verweilen ein.
- Wer im **Lake Queen Tourist Home** € (Tel.: 9322084, Fax 9322754) absteigt, wohnt nicht nur in einem recht sauberen und günstigen Hotel, sondern betätigt sich indirekt auch noch karitativ, werden doch alle Gewinne des von der Katholischen Kirche geleiteten Hauses gemeinnützigen Zwecken zugeführt.
- Eine der besten Budget-Unterkünfte ist das nette **Coffee Inn** €-€€ in der Nähe der Post und nicht weit vom Parkeingang entfernt. Die Bambushütten auf Stelzen, von denen nur zwei über ein eigenes Bad verfügen, sind recht schlicht. Dafür entschädigen die hübsche Lage inmitten eines Gartens und das recht teure, aber sehr gemütliche angeschlossene Restaurant. Selbiges orientiert sich unter anderem mit dem selbstgebackenen Brot stark am Travellergeschmack.
- Ein weitere Unterkunft, die Bambus zu vermieten hat, ist das **White House** €-€€ (Tel.: 9322987). Eine der zwei Hütten (beide mit Gemeinschaftsbad) mit großem Balkon liegt direkt an der Parkgrenze und bietet so einen beschaulichen Ausblick, sehr empfehlenswert. Außerdem werden einige einfache, leicht übertreuerte Zimmer vermietet.
- Die **Wild Side Villa** €-€€ (Tel.: 9323163, gilgalmail@yahoo.com), ein bisschen abseits die Amalambika Road hinauf, hat ebenfalls eine Bambushütte, und zwar in luftiger Höhe mit tollem Blick, sowie zwei höherklassige Apartments und einige sehr einfache Zimmer zu bieten. Besonders die Bambushütte ist ihr Geld wert.
- Etwas abseits, aber sehr hübsch gelegen und erstaunlich preiswert wohnt man im einfachen, aber gemütlichen, von einer netten Familie geführten **Claus Garden** € oberhalb der Bypass Road zu vergeben, wobei besonders die im oberen Stockwerk angenehm sind.
- Nur drei Zimmer hat das familiengeführte **Rose Garden** €€ (Tel.: 9323146) an der Bypass Road zu vergeben, wobei besonders die im oberen Stockwerk angenehm sind.
- **Mickey Cottage** €€ (Tel.: 9322196, mickey cottage@rediffmail.com), ebenfalls an der Bypass Road gelegen, ist ein zweistöckiges Haus im Garten. Drei große Zimmer mit Terrasse bzw. Balkon und Liegestühlen bieten eine angenehme Erholungsmöglichkeit. Der umtriebige Besitzer hat außerdem interessante Trekking-Touren in den Park anzubieten (siehe Hinweis unter Wanderungen).
- **Hotel Revathy** €-€€€ bietet 16 saubere, teils kleine (SZ), teils große (Deluxe) Zimmer, manche mit TV, wobei die oberen einen schönen Ausblick gewähren. Eines der besten Angebote oben im Dorf.
- Das nahegelegene, neue **High Range Residency** €€-€€€ (Tel.: 9323343, Fax: 9323743, highrange_r@yahoo.com) liegt ca. 50 m von der Hauptstraße zurück und bietet saubere Zimmer, die in den oberen Etagen einen schönen Blick gewähren.
- Das Woodlands besteht aus zwei völlig unterschiedlichen Teilen: Der alte, 1958 erbaute Trakt mit sehr schlichten und billigen Zimmern und Schlafsaal, teils mit Gemeinschaftsbad (für sehr wenig Geld) bildet das **Woodlands Tourist Bhavan** € (Tel.: 9322077). Hier kann eine Küche benutzt werden. Hinter diesem Trakt gibt's einen Kräuter- und Bananengarten. Der ganz neue, fast als luxuriös zu bezeichnende Trakt heißt **Woodlands Prime Castle** €€€ (Tel.: 9323469) und hat Zimmer mit Balkon/Terrasse, schönen Möbeln und teilweise Hängeschaukeln.
- Einige Meter weiter die Straße Richtung Parkeingang hinab liegt wie eine herrschaftli-

che Villa das 1998 eröffnete **Michael's Inn** €€€-€€€€ (Tel.: 9322355, Fax: 922356). Dementsprechend tief muss man in die Tasche greifen, doch dafür sind die Zimmer geräumig und hübsch eingerichtet. Auch hier gibt's ein Restaurant.

• Eine gute Adresse ist das **Hotel Ambadi** €€€-€€€€ (Tel.: 9322193, Fax: 9322192, info@hotelambadi.com, www.hotelambadi.com). Speziell die Bungalows ohne AC (die man meist eh nicht benötigt) bieten ein gutes Preis-Leistung-Verhältnis. Leider stehen die einzelnen Häuser eng beieinander. Das hauseigene Restaurant bietet zwar keine schöne Aussicht, aber dafür gutes Essen und schnelle Bedienung.

• Ein brandneuer, großflächiger Komplex bildet das **Tree Top** €€€€ (Tel.: 9323286) mit 16 Zimmern und 8 Cottages, die alle wie auch die Dachgärten und das Dachrestaurant einen schönen Blick auf die gegenüberliegenden Hänge des Reservates gewähren. Trotz der etwas an IKEA erinnernden Einrichtung macht die von einem freundlichen Manager geleitete Anlage einen guten Eindruck.

• Das neu erbaute **Silver Crest** €€€€-€€€€€ (Tel.: 9322481, 9322482, Fax 9323801, sealord@vsnl.com) der Sealord-Gruppe besteht aus acht zweistöckigen Einzelgebäuden, die über ein großes, mit Rasen bedecktes Gelände verteilt sind, inkl. Restaurant und Swimmingpool. Schöne, große Zimmer mit Terrasse/Balkon, alles vom Feinsten, aber leider auch sehr steril.

• Mehr Atmosphäre bietet etwas weiter das ebenfalls ganz neue, sich über einen Sonnenhang erstreckende, riesige Areal des **Cardamom County** €€€€-€€€€€ (Tel.: 9322816, 9322806, Fax: 9322807, cardamomcounty@satyam.net.in, www.cardamomcounty.com). Die aus Einzelcottages (jeweils zwei Stockwerke mit zwei luxuriösen Apartments mit Balkon/Terrasse und tollem Blick auf die gegenüberliegenden Berge) bestehende Anlage verfügt über Restaurant und Swimmingpool.

• Eine der schönsten Übernachtungsmöglichkeiten in Kumily bietet das von der Casino-Gruppe gemanagte **Spice Village** €€€€ (Tel.: 9322314). Die in einem weitläufigen tropischen Garten am Hang platzierten Bungalows, jeweils mit Terrasse, sind ganz hübsch eingerichtet und vermitteln viel Ruhe und weiten Ausblick. Empfehlenswert ist auch das in einem luftigen Pavillon untergebrachte hauseigene Restaurant. Auch eine Bar, ein Swimmingpool und ein Badmintonplatz gehören zu den Annehmlichkeiten.

• Auf einem schönen, mit kleinen Bäumen und anderen Pflanzen begrünten Areal in der

---

> **Der besondere Tipp:**
> **Tanz aus Tamil Nadu**
>
> Eine sehr interessante Möglichkeit, **klassischen indischen Tanz** kennen zu lernen oder sogar zu erlernen, bietet die Schule von C.E. Janardanan, eine kleine Straße von der Bypass Rd. abzweigend hinauf. Er ist ausgebildeter Lehrer für die Urform des indischen Tanzes **Natyagriham** aus Tamil Nadu und stammt auch von dort. Um einmal in seine Schule hineinzuschnuppern, bietet es sich an, einer seiner Lehrstunden um 18 Uhr als Zuschauer beizuwohnen (100 Rs). Dabei wird mit einfachsten Mitteln eine sehr hohe Intensität erzielt. Allerdings muss der Besuch vorher mit dem Lehrer abgesprochen werden. Die Tel.-Nr. für diesen Zweck: 922941. Will man sich darauf einlassen, auch nur Teile des aus vielen Schritten, Gesten, Handhaltungen und mimischen Ausdrücken bestehenden Tanzes zu erlernen, sollte man auf jeden Fall eine Menge Disziplin und Ausdauer mitbringen. Aber Vorsicht: Hat man erst einmal angefangen, so besteht angeblich Suchtgefahr. Eine europäische Teilnehmerin ist jetzt schon Jahre dabei.
>
> Im Übrigen wird neben dem Cardamom County an der Thekkady Road in einem Zelt unter dem Namen Mudra täglich um 18:30 Uhr eine **Kathakali-Vorführung** für 150 Rs geboten. Ob dieses Projekt sich durchgesetzt hat bzw. sich genügend Personen für die jeweilige Vorführung zusammenfindet, sollte man vor Ort erfragen (Tel.: 0481-9567982, mermaidtours@yahoo.com).

Periyar-Wildschutzgebiet

Amalambika Road liegt das **Taj Garden Retreat** ₹₹₹₹₹ (Tel.: 922273, Fax: 9322106, retreat.thekkady@tajhotels.com), zweifelsohne eine der luxuriösesten Unterkünfte in Kumily. Alles vom Feinsten in dem architektonisch durchaus gelungenen Bau mit recht großem Pool inkl. kleinem abendlichen Wasserfall. Schöne, einzeln über das Gelände verteilte Bungalows (hübsches Mobiliar; Kaffee oder Tee können im Zimmer bereitet werden) mit weitem Ausblick von Balkon bzw. Terrasse, außerdem Bar, Badminton-Platz, kostenloser Fahrradverleih für Gäste.

● Wen die Lage 5 km außerhalb, etwas zurückversetzt von der Straße nach Kottayam, nicht stört und wer über das nötige Kleingeld verfügt, sollte sich im sehr gelungenen **Shalimar Spice Garden** ₹₹₹₹₹ (Tel./Fax: 9322132) einquartieren. Man wohnt in hübschen Bungalows inmitten eines Gewürzgartens, kann im Pool plantschen und sich an den ausgezeichneten Pizzas und Pastagerichten laben – die Besitzer sind Italiener.

Essen und Trinken

● An der Hauptstraße im Dorf Kumily findet man viele kleine indische Restaurants, von denen höchstens das **Lake Queen Restaurant** im Lake Queen Tourist Home etwas hervorsticht, durch gutes Essen und kleine Preise.
● Etwas abseits und versteckt, aber sehr schön in einem Gewürzgarten oberhalb der Bypass Road liegt das **Pepper Garden Coffee House.** Es bietet indische Gerichte, Kaffee und eine Vielzahl unterschiedlicher Tees sowie Frühstück mit Toast, Butter und Marmelade oder Porridge und Pfannkuchen.
● Sehr angenehm ist es sich im **Coffee Inn,** ebenfalls nahe dem Parkeingang. Allerdings sind die Preise höher als es das Ambiente vermuten lässt, dennoch empfehlenswert. Die Speisekarte hat typische Travellerkost und einige leckere Backwaren.
● Das **Restaurant des Hotel Ambadi** hat zwar keine Aussicht, aber die Speisekarte ist vielfältig, das Essen gut und die Bedienung schnell und zuvorkommend.
● Gegenüber dem Eingang des Ambadi steht eine meist geschlossene Bambushütte namens **Bamboo Café,** die aber zu den Essenszeiten Einheitskost (mittags *thali*) sehr schnell serviert. Außerdem ist es ein Ort, an dem man gut mit anderen Travellern oder auch Indern ins Gespräch kommt.
● Im **Madhani Restaurant** des Leelapankaj Hotel wird indische, chinesische und kontinentale Küche geboten, am preiswertesten in dieser Ecke Thekkadis.
● Auch das **Restaurant des Michael's Inn** ist verglichen mit den Zimmerpreisen erstaunlich preiswert und gut.
● Gegenüber findet sich das dem **Karthika Tourist Home** angeschlossene, einfache und billige, vegetarische **Sabala Restaurant.**
● Das **Restaurant des Taj Garden Retreat** hat eine Terrasse, auf der sich ein schöner Blick in die gegenüberliegenden Berge genießen lässt – zu entsprechenden Preisen.
● Gegenüber dem Busbahnhof gibt's die kleine, aber feine Bäckerei **Best Bakers** mit billigen Leckereien wie Sandkuchen, Torten, Pastries und Keksen.
● Innerhalb des Parks können sowohl das Restaurant des **Periyar House** wie auch das teurere des **KTDC Aryana Nivas** mit uriger Bar in sehr schöner Umgebung (allerdings nicht billig) empfohlen werden.
● Der **Kiosk** am Periyar Lake hat Süßigkeiten und einige heiße Snacks zu bieten.

Bank

● Neben verschiedenen Hotels wechselt die **State Bank of Travancore** in der Nähe des Busbahnhofs recht zügig, allerdings nur Traveller Cheques und Cash, ein spezieller Schalter in der Nähe des Eingangs, Mo–Fr 10–13 Uhr, Sa 10–12 Uhr.
● **Central Bank of India,** KK Rd., wechselt Schecks und Bargeld.

Shopping

● Ursprünglich war der Verkauf von Gewürzen die Haupteinnahmequelle der Einwohner von Kumily. Kein Wunder, liegt der Park doch inmitten der für Gewürze und Tee berühmten Cardamom Hills. Die Straße von Kumily zum Parkeingang ist gespickt mit **Spice- und Tea-Shops.** Alles ist für den Touristengeschmack bereits in handliche Päckchen verpackt und beschriftet. Dementspre-

chend überteuert sind die meisten Läden. Wegen des großen Konkurrenzdrucks ergeben sich jedoch enorme Verhandlungsspielräume.
● Billiger, wenn auch nicht so hübsch verpackt, kauft man Tee und Gewürze auf dem **Markt** im Zentrum von Kumily ein.
● **DC Books** ist ein eleganter Buchladen mit einer breiten Palette von qualitativ hochwertigen Büchern zu Kunst und Kultur Keralas. Darüber hinaus gibt es eine große Auswahl an schönen Postkarten.

An- und Weiterreise

● **Bus:** Die meisten Busse halten am Busbahnhof, nur wenige Meter von der Grenze zu Tamil Nadu entfernt. Von dort gibt es alle halbe Stunde Verbindungen nach Kottayam (4 Std., 110 km, 44 Rs) und Madurai (5 Std.). 12 Busse fahren in 6 Stunden nach Ernakulum, darüber hinaus mehrere Busse täglich nach Thiruvananthapuram, Munnar und Kochi.

Der besondere Tipp: Von Kottayam nach Kumily

Der Weg ist das Ziel – eine beim Reisen in Indien immer hilfreiche Philosophie. Für die **Fahrt zum Periyar-Nationalpark** gilt sie insofern nur bedingt, als auch das Ziel selbst eine besondere Attraktion darstellt. Man sollte sich für die ca. 100 km lange Anfahrt von der Küste genügend Zeit nehmen und mit dem Mietwagen anreisen. Unterwegs bieten sich derart viele schöne Aussichten, dass es sich lohnt, für die in drei Stunden zu schaffende Strecke einen ganzen Tag einzuplanen.

Allein die landschaftliche Vielfalt und die verschiedenen Vegetationszonen von der Küste bis auf 1.000 m Höhe machen den Ausflug zu einem echten Erlebnis. Die Fahrt beginnt in der von **Palmen und Obstbäumen** geprägten Küstenlandschaft, führt an **Kautschukplantagen** vorbei und geht dann, je höher man die fruchtbaren Hänge der West-Ghats hinaufkommt, zu **Gewürzgärten** sowie **Kaffee- und Teeplantagen** über.

Mangaladevi-Tempel

Etwa fünf bis sechs Stunden sollte man für den Besuch dieses 14 km östlich von Kumily gelegenen **Waldtempels** veranschlagen. Der Tempel an sich ist zwar nur noch in Ruinen erhalten, doch die abenteuerliche Anreise über eine ebenso steile wie schlechte Straße und die herrliche Lage inmitten eines verwunschenen Waldes lohnen die Mühen. Wer mit einem lokalen Guide unterwegs ist, kann von der Straße aus nicht einsehbare Wege und **Wasserfälle** erkunden.

Der besondere Tipp: Plantagen und Wasserfälle

Zu einem beliebten Ausflug in die Umgebung gehört die Besichtigung einiger **Tee- und Gewürzplantagen** und Wasserfälle. Empfohlen wird, besonders von Frauen, die Führerin *Maria* (Tel.: 9323878, ab 20 Uhr) mit 21 Jahren Berufserfahrung. Eine dreistündige **Wanderung** kostet 260 Rs pro Person, bei mehr Teilnehmern sinkt der Preis. Außerdem bietet sie **Trekking-Touren** an, allerdings nicht ins Wildschutzgebiet, sondern in die Berge und Dörfer, etwa 70 km von Kumily entfernt (pro Pers. 2000 Rs inkl. Unterkunft und Vepflegung, höchstens 5–6 Teilnehmer).

Munnar ⌐ D1

Einwohner: 10.000
Höhe: 1.524 m
Vorwahl: 04865

Umgeben von Teeplantagen und überragt von den höchsten Bergen Südindiens liegt das kleine Städtchen Munnar auf einer Höhe von 1.524 m. Die spektakuläre Anfahrt von Madurai oder Periyar, die herrlichen Aussichten, die frische Luft sowie einige Kolonialbauten haben diesen alten **Kurort** aus der Zeit des Raj zu einem beliebten Ausflugsziel betuchter Inder werden lassen. Westler lassen sich nur sehr selten blicken.

Tatsächlich spiegeln nicht die vom Zahn der Zeit angenagten Kolonialvillen oder die christliche Kirche und der obligatorische Golfplatz mit dem Clubhaus das Stadtbild, sondern vor sich hin rostende Wellblechhütten im Zentrum. Im Übrigen kann es gerade in den Monaten November bis Februar empfindlich kühl werden.

Ein Ausflug zu diesem Zentrum der Teegewinnung und -verarbeitung lohnt also nur, wenn man Munnar als Ausgangspunkt für Fahrten in die wunderschöne Landschaft der Umgebung nutzt. Lohnenswert ist unter anderem die Besichtigung einer der vielen **Teefabriken.** Das Tata-Büro im Ortszentrum organisiert die Führungen, bei denen man die komplizierte Methode der Teeverarbeitung erklärt bekommt.

Information

● Den Weg zu den zahlreichen zum Teil ungünstig weit vom Stadtzentrum entfernten staatlichen Touristenbüros kann man sich sparen. Eine wahre Goldgrube für westliche Individualtouristen ist dagegen das kleine Büro des **Tourist Information Service** auf dem Bazaar, ganz in der Nähe des Busbahnhofs. Eine Reihe von Karten, Tipps zu Ausflügen in die Umgebung sowie weiterreichende Informationen werden bereitwillig gegeben. Allerdings hat das Ganze einen kleinen Nachteil: Die Bediensteten und speziell der über die Grenzen Munnars hinaus bekannte Leiter scheinen an den von ihnen vorgeschlagenen Ausflügen und Hotels mitzuverdienen, was sich selbstverständlich auf die Preise niederschlägt.
● Das **DTCP** in Munnar vermietet **Fahrräder** für 10 Rs pro Stunde bzw. 50 Rs pro Tag.

Unterkunft, Essen und Trinken

Speziell für Low-Budget-Touristen ist Munnar kein empfehlenswerter Ort. Günstige Unterkünfte sind rar gesät und die, die es gibt, sind bis auf wenige Ausnahmen von schlechter Qualität und liegen zudem im unattraktiven Stadtzentrum. Fast alle Hotels orientieren sich in Preis und Leistung am Geschmack der indischen Mittelklasse.
● Die beste Budget-Unterkunft ist das **Government Guest House** € (Tel.: 230385) an der Mattupaddy Rd. Dabei handelt es sich um eine alte Villa aus der Kolonialzeit mit geräumigen Zimmern und einem hübschen Garten.
● Das **Poopada Tourist Home** €€ (Tel.: 230223) ist eine ruhige Unterkunft in schöner Lage etwa 500 m westlich des Stadtzentrums. Neben den hübschen Zimmern und dem freundlichen Personal spricht auch das sehr gute und preiswerte Restaurant für das Poopada.
● Verglichen mit dem Poopada ist **The Residency** €€€ (Tel.: 230501, Fax: 230265) ein wenig einladendes Gebäude. Dafür wohnt man in geräumigen und sauberen Zimmern.
● Das **Copper Castle** €€€ (Tel./Fax.: 230438) liegt gut 2 km südlich des Zentrums an der

MUNNAR

Bison Valley Rd. Wegen des freundlichen Personals, der ansprechenden Zimmer und des sehr guten Restaurants ist es eines der besten Hotels dieser Preiskategorie.

• Das **Edassery Eastend** €€€ (Tel.: 230451, Fax: 230227) an der Temple Rd. ist ein gutes Mittelklassehotel mit einigen klimatisierten Zimmern und zwei Restaurants, wobei das im ersten Stock recht elegant ist.

• Der **High Range Club** €€€€ (Tel.: 230724, Fax: 230333) ist die richtige Adresse für Liebhaber des Raj. Der typische, etwas verstaubt-muffige Geruch liegt in den Zimmern und über der Veranda und auch die Trophäen erlegter Tiere, die die Wände zieren, sind nicht jedermanns Sache. Nur mit Vollpension zu buchen, die im Preis inbegriffen ist.

Bank und Telefon

• Am effizientesten wechselt man in der **State Bank of Travancore** (Tel.: 230274) im Stadtzentrum. Dort finden sich auch zahlreiche **STD/ISD-Läden.**
• Außerdem gibt's noch eine Filiale der **State Bank of India,** die Geld wechselt (Tel.: 230381).

An- und Weiterreise

• Vom zentralen Busbahnhof mindestens 8 **Busse** täglich nach Ernakulum (zwischen 5.30 und 21.40 Uhr, 4 Std.), 4 Busse nach Kumily (6.30, 12, 14.30, 15 Uhr, 4½ Std.), einer nach Kottayam (10.30 Uhr, 5 Std.), Madurai (14.30 Uhr, 5½ Std.), Thiruvananthapuram (8.40 Uhr, über Alappuzha, 9 Std.) und Thrissur (13.30 Uhr.)

Eravikulam-Nationalpark

Der 15 km nördöstlich von Munnar gelegene Eravikulam-Nationalpark ist Heimat des lange Zeit vom Aussterben bedrohten *nilgiri thar*. Bereits am Parkeingang in Vaguvarai warten diese nach wie vor seltenen **Bergziegen** auf Besucher, in der Hoffnung gefüttert zu werden. Mit 4.500 mm Jahresniederschlag eine der feuchtesten Regionen der Erde, werden im Eravikulam-Nationalpark ab und zu Tiger, Panther, wilde Hunde und viele andere Säugetierarten sowie viele Vogelarten gesichtet. Im Park bieten sich traumhaft schöne Wanderwege ins **Anamali-Bergmassiv.** Der Anaimudi, mit 2.695 m der höchste Berg des Massivs, ist gleichzeitig die höchste Erhebung Indiens außerhalb des Himalaya.

• **Öffnungszeiten:** 7-18 Uhr (außer Monsunzeit).
• Der **Eintritt** zum Park beträgt 50 Rs. **Motorrikshas** von Munnar berechnen 150 Rs für die Hin- und Rückfahrt mit einstündiger Wartezeit.
• **Kontaktadresse:** Wildlife Warden, Eravikulam National Park, Rajamalai, Near Nemakad Estate, Munnar, Tel.: 0486-230487.
• **Übernachtung:** in Privatunterkünften in Munnar und in Government Guest Houses in Munnar und Devikulam.

Top Station

Ein weiterer beliebter Tagesausflug von Munnar führt zu dem kleinen, auf 1.700 m gelegenen Dorf Top Station, 34 km östlich an der Grenze zu Tamil Nadu. Am Ende der steilen Strecke von Munnar bieten sich spektakuläre **Ausblicke über die West-Ghats** – sofern das Wetter es zulässt.

• **Anreise:** Täglich acht Busse von Munnar legen den Weg in ca. 1½ Std. zurück. Mit einem gemieteten Jeep kostet der Tagesausflug etwa 700 Rs.

Stadtplan S. 256, Karte Umschlag vorn

KOCHI UND ERNAKULUM

Highlight: Kochi (Cochin) und Ernakulum ⌨ C1

Einwohner: 700.000
Vorwahl: 0484

Die landschaftlich äußerst attraktive Lage auf mehreren **Inseln und Landzungen,** eine lang zurückreichende, von Toleranz und Geschäftstüchtigkeit geprägte Geschichte, die freundliche, multiethnische Bevölkerung, die kulturelle Vielfalt sowie die ausgezeichnete touristische Infrastruktur machen Kochi zur meistbesuchten Stadt Keralas. Damit vereint die bis vor wenigen Jahren noch unter dem Namen Cochin bekannte Stadt all das, was Kerala zu einem der schönsten und interessantesten Bundesstaaten Indiens macht. Drei Tage sind das Minimum, das man benötigt, um die vielseitigen Attraktionen und die besondere Atmosphäre zu erfassen.

Ein Erlebnis besonderer Art ist allein die Fahrt mit einer der zahlreichen Fähren zur **Halbinsel Mattancherry mit Fort Cochin,** dem alten historischen Zentrum. Besonders lohnenswert ist der Ausflug frühmorgens und am späten Nachmittag, wenn die weithin sichtbaren chinesischen Fischernetze sich im glitzernden Wasser spiegeln. Einen ganzen Tag sollte man für Fort Cochin und Mattancherry einplanen. Mit den verwinkelten Gassen, geschichtsträchtigen Kirchen und Palästen, dem Judenviertel sowie den hübschen Geschäften sind dies die interessantesten Stadtteile. Ein weiterer Bestandteil jedes Kochi-Aufenthaltes sollte schließlich der Besuch einer der allabendlich dargebotenen Aufführungen des **Kathakali-Tanzes** sein.

Geschichte

Kochis materieller Reichtum gründet sich auf dem gewinnbringenden Handel mit den im Hinterland angebauten Gewürzen. Schnell wurde die Stadt zum **bedeutendsten Hafen der Malabar-Küste.** Kochis ethnischer und kultureller Reichtum ist das Resultat der Gier der europäischen Kolonialmächte, sich diesen Reichtum zu sichern.

Bis zur Ankunft der ersten Europäer Anfang des 16. Jh. war Kochi ein eher unbedeutendes Fürstentum, welches im Schatten von Cannanore, Calicut und Kollam stand. In seinem Bestreben, die eigene Machtposition zu verbessern, kam dem Raja von Kochi der portugiesische Seefahrer *Pedro Alvarez Cabral,* der im Dezember 1500 mit sechs Schiffen in Kochi anlandete, gerade recht. Nur zu gern übertrug er ihm die Handelsrechte für den lukrativen Gewürzhandel, erhoffte er sich doch neben dem finanziellen Reichtum auch die militärische Absicherung seines Kleinstaates durch die Truppen der damals führenden **Weltmacht Portugal.** Finanziell ging die Rechnung auf, überhäuften ihn die zu Wohlstand gelangten portugiesischen Stadthalter doch mit teuren Geschenken. Gleichzeitig entwickelten sie sich jedoch zu den wahren Machthabern: Bereits 1505 wurde *Francisco d'Almeida* als erster Vizekönig Portugals in Indien ein-

Kerala

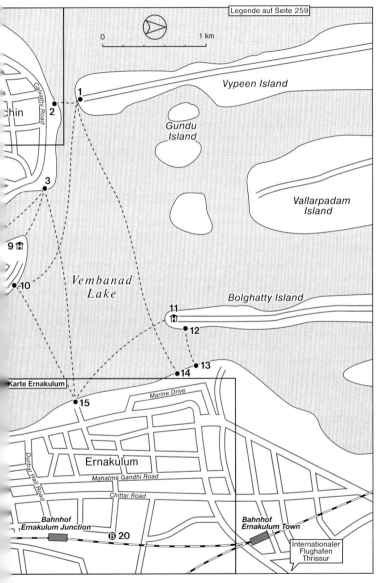

gesetzt. De facto hielten die Portugiesen die Fäden der Macht in Händen, während die lokalen Rajas nicht viel mehr waren als Marionetten, die nur Repräsentationsaufgaben wahrnahmen. Wie schnell mit dem wirtschaftlichen Aufstieg Kochis auch dessen politische Bedeutung anstieg, zeigt der Besuch *Vasco da Gamas,* der 1524 als Vizekönig die damals schon stark von den Portugiesen geprägte Stadt besuchte. Wenige Monate später starb er hier und wurde in der St.-Francis-Kirche im Fort Cochin beigesetzt.

Mitte des 17. Jh. mussten die Portugiesen ihre Besitzungen wie in allen anderen Regionen Asiens an die **Holländer** abtreten. Grundsätzlich änderte dies kaum etwas am Status Quo, übernahmen doch die Holländer das bestehende Machtgeflecht. Einflussreiche Ministerpräsidenten, die auf Geheiß der Kolonialherren eingesetzt wurden und in deren Sinne agierten, bestimmten auch nach 1800 die Geschicke der Stadt. Kochi wurde als Cochin-Staat Teil der Madras-Presidency.

Orientierung

Zunächst wirkt die sich über mehrere Inseln, Landzungen und Teile des Festlands erstreckende Stadt recht unübersichtlich. Kochi besteht aus dem modernen, auf dem Festland gelegenen Stadtteil **Ernakulum,** den westlich davon gelegenen **Inseln Willingdon, Bolgatty** und **Gundu** sowie der **Halbinsel Mattancherri** mit Fort Cochin, dem historisch und atmosphärisch interessantesten Stadtteil. Alle Stadtteile werden von Fähren angefahren. Ernakulum ist insofern von touristischer Bedeutung, als sich hier die meisten Hotels und Geschäfte sowie Bahnhof, Busbahnhof und Touristenbüro befinden. Auf dem 1932 durch eine Landaufschüttung gewonnenen Willingdon Island stehen unter anderem große Hafenanlagen und zwei Luxushotels. Der 1999 eingeweihte **Flughafen** liegt 26 km nördlich von Ernakulum.

Fort Cochin

Kaimauer

Eine Art Wahrzeichen von Kochi sind die das Nordufer von Fort Cochin säumenden **Fischernetze.** Es gibt wohl kaum einen Besucher, der das herrliche Bild der aneinander gereihten, mächtigen Netze mit der Altstadt im Hintergrund und dem glitzernden Wasser davor nicht fotografiert. Um die viereckigen, auf einer komplizierten Holzkonstruktion gespannten Netze mittels langer Seile und Gegengewichte aus schweren Steinen aus dem Wasser zu ziehen, sind mindestens vier kräftige Männer von Nöten. Noch heute kommen die im 13. Jh. von Kaufleuten im Gefolge *Kublai Khans* eingeführten Konstruktionen zum Einsatz. Wer eine Backwaters-Tour unternimmt, wird die auf Malayalam *cheena vala* genannten Netze überall an den Kanälen und Lagunen sehen.

Bei einem geruhsamen Spaziergang entlang der Kaimauer bieten sich hübsche Ausblicke aufs Meer. Nicht entgehen lassen sollte man sich einen Besuch des kleinen **Fischmarkts** mit den daneben platzierten mobilen Garküchen, an denen man den frisch gekauften Fisch gleich zubereiten lassen kann. Ein wenig störend ist hier allerdings der penetrante Geruch.

Viertel Fort Cochin

Vom Markt geht es zu dem sich unmittelbar südöstlich anschließenden, von verträumten Gassen, hohen, schattenspendenden Bäumen und hübsch restaurierten **Kolonialbauten** geprägten Viertel Fort Cochin. Das 1503 von Portugiesen unter dem Namen Fort Manuel gegründete Viertel gilt als die erste europäische Ansiedlung auf indischem Boden. Tatsächlich meint man beim Bummel durch die Gassen noch viel vom Geist jener Zeit zu spüren, als Portugiesen, Holländer und Engländer hier das Sagen hatten. Dies gilt insbesondere für den Bereich zwischen Bastion St., Rose St., Tower Rd. und Rampath Rd., wo man in den letzten Jahren viele Kolonialbauten in Guest Houses und Hotels umgewandelt hat. Dies hat den Vorteil, dass viele der vorher baufälligen Gebäude restauriert wurden. Besorgniserregend ist jedoch die zunehmende Kommerzialisierung dieses einstmals verschlafenen Stadtteils. Sollte sich der Trend zur Umwandlung zu einem reinen Touristenviertel fortsetzen, wird vom originären Charme des Forts bald kaum noch etwas zu spüren sein.

St. Francis Church

Wichtigstes Gebäude im Fort ist die St. Francis Church, die **erste europäi-**

Karte auf Seite 256

- 1 Government Jetty
- 2 Kerala Kathakali Centre
- 3 Customs Jetty
- ★ 4 Mattancherry-Palast
- ✡ 5 Synagoge
- 🍴 6 Rathmathula Restaurant
- 7 Mattanchery Jetty
- 8 Terminus Jetty
- 🏨 9 Taj Malabar
- 10 Embarkation Jetty
- 🏨 11 KTDC Bolghatty Palace
- 12 Bolghatty Jetty
- 13 High Court Jetty
- 14 Vypeen Island Jetty
- 15 Main Jetty
- 🏨 16 Casino Hotel
- 💲 17 American Express
- 18 Air India
- 💲 19 Thomas Cook
- 🚌 20 Zentraler Busbahnhof

KOCHI UND ERNAKULUM

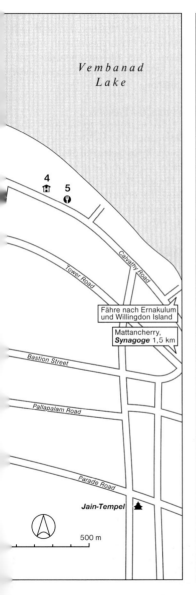

- 1 Kerala Kathakali Centre
- 2 Busbahnhof
- 3 Brunton Boat Yard Hotel
- 4 Fort House
- 5 Seagull Restaurant
- 6 Orthodoxe Kirche
- 7 Krankenhaus
- 8 Fort Avenue Tourist Home
- 9 Polizei
- 10 Chariot Beach Restaurant
- 11 The Old Courtyard
- 12 Oy's Tourist Home
- 13 Kashi Art Café
- 14 Adam's Old Inn
- 15 Internetcafé Rendez Vous Cyber Net
- 16 Elite Hotel
- 17 Tourist Information Centre und Internetcafé
- 18 Idiom Booksellers
- 19 St. Francis Church
- 20 Delight Guest House
- 21 Santa-Cruz-Basilika
- 22 The Spencer House
- 23 Malabar Residency
- 24 Chiramel Residency
- 25 Fort Heritage

sche Kirche auf indischem Boden. Ursprünglich soll an dieser Stelle eine von Franziskaner-Mönchen aus Portugal Anfang des 16. Jh. errichtete Holzkirche gestanden haben. Etwa ein halbes Jahrhundert später wurde das von außen recht unscheinbare Gotteshaus in seiner heutigen Form aus Stein erbaut. Danach wurde die Kirche mehrmals restauriert. Auch wenn sie in ihrer äußeren Erscheinungsform über die Jahrhunderte relativ unverändert blieb, spiegelt sie doch wie kaum ein anderes Gebäude die äußerst wechselvolle Geschichte von Kochi. Das Gotteshaus diente von 1503 bis 1663 als römisch-katholische Kirche unter den Portugiesen, dann machten es die Niederländer von 1664 bis 1804 zum religiösen Zentrum ihrer Gemeinde. Von 1804 bis 1947 diente es als anglikanische Kirche der Briten; seit der Unabhängigkeit untersteht es der Kirche Südindiens.

Eine schlichte, von einer Einfriedung umgebene Grabplatte markiert die Stelle, an der **Vasco da Gama,** der am 24. Dezember 1524 in Kochi verstarb, beigesetzt wurde. 14 Jahre später hat man seine Gebeine nach Portugal überführt. Interessant sind auch die zahlreichen Grabplatten, die über das Schicksal portugiesischer, holländischer und britischer Kolonialbeamter Auskunft geben.

Einen besonderen Blickfang bilden die von der Decke hängenden **Stoffmatten.** Diese so genannten *punkhas* wurden mittels nach draußen hängender Seile von Bediensteten bewegt, um den hohen Herrschaften im Inneren Kühlung zu verschaffen. Diese Frühform der Air Condition fand auch in vielen Maharaja-Palästen Anwendung. Heute übernehmen die daneben hängenden Ventilatoren diese Funktion.

Santa Cruz Basilica

Einen kurzen Abstecher lohnt auch die knapp 200 m südwestlich an der Rampath Rd. gelegene Santa Cruz Basilica. Ganz im Gegensatz zur eher schlichten St. Francis Church besticht die **1903 erbaute Kathedrale** durch ihren ebenso bunten wie ausladenden Neo-Rokoko-Stil.

Mattancherry

Schlendert man vom Customs Ferry im Fort Cochin die Calvathy Rd. etwa 1,5 km Richtung Süden, gelangt man zum Stadtteil Mattancherry, dem zweiten historischen Viertel von Kochi. Auch hier hat die Vergangenheit deutliche Spuren hinterlassen.

Mattancherry-Palast

Als erstes gelangt man zum Mattancherry-Palast. Leider ist der Zugang durch den zur Straße gelegenen Hintereingang mit einer Kette verschlossen, so dass man um den gesamten ummauerten Komplex herumgehen muss. Der zweigeschossige, um einen Innenhof angelegte Palast wurde 1555 als Geschenk der Portugiesen an *Vira Kerala Varma* (1537–1565), den Raja von Cochin, erbaut. Kleine Geschenke erhalten bekanntlich die Freundschaft und so ging es den Portugiesen bei diesem fürstlichen Geschenk natürlich in erster Linie darum, die ihnen vom Raja verliehenen, äußerst lukrativen Handelsprivilegien zu sichern. Der nach wie vor häufig verwandte Begriff **Dutch Palace** geht auf eine Renovierung der Holländer im Jahr 1665 zurück.

Der von außen recht schmucklose Bau ist nicht die alles überragende Sehenswürdigkeit, wie in vielen Broschüren und Reiseführern immer wieder dargestellt. Wegen der sehr schönen Wandmalereien und der interessanten Innenausstattung lohnt ein Besuch jedoch unbedingt. Der auf einem quadratischen Grundriss angelegte Palast ist ein schönes Beispiel für einen **indisch-europäischen Mischstil.**

Im Zentrum des Innenhofs steht die Statue von Palayanur Bhagavati, dem Schutzgott der Herrscherfamilie. Zwei weitere Schreine zu Ehren von Krishna und Shiva flankieren den Palast. Die interessanteren der zu einem **Museum** umgewandelten Räume befinden sich im zweiten Stock. Dabei handelt es sich um die Versammlungshalle, den Speisesaal, den Krönungssaal und das Schlafgemach. Neben prachtvollen Roben, Turbanen, kunstvoll geschnitzten Sänften, *howdahs* (Elefantensitzen) und Möbelstücken, Porträts der verschiedenen Rajas und der Waffensammlung gefallen vor allem die **Wandmalereien,** die zu den schönsten Indiens zählen. Die ältesten und gleichzeitig beeindruckendsten finden sich im Schlafgemach. In unzähligen Einzelszenen werden Geschichten aus dem Ramayana erzählt. Aus Respekt vor der Person des Raja, der in diesem Raum im August 1760 verstarb, brannte hier über viele Jahre hinweg ein heiliges Feuer.

Auch die weniger kunstvollen Räume der Hofdamen im Erdgeschoss zieren einige schöne Malereien. Auffällig ist die ständige Wiederkehr von Krishna, des bis heute von indischen Frauen besonders verehrten Gottes.

●**Öffnungszeiten:** Der Palast ist täglich von 10 bis 17 Uhr geöffnet, der Eintritt beträgt 233 Rs. Das Fotografieren ist zum Schutz der Wandmalereien verboten. Wer an einer detaillierten Beschreibung der einzelnen Wandmalereien interessiert ist, kann das vom Archaeological Survey of India herausgegebene Buch zum Mattancherry-Palast an der Kasse zum Preis von 35 Rs erwerben.

Judenviertel

Verlässt man den Palast durch den Hintereingang, gelangt man wieder auf die Cavathy Rd., von wo es nur noch wenige Meter zur Jew Town sind. Das Viertel, welches der Raja von Cochin den Juden quasi als Exil vor den Übergriffen der Portugiesen zur Verfügung stellte, ist noch heute von dem geprägt, was es schon immer auszeichnete – dem Kommerz. Hier lag das **Zentrum des Gewürzhandels** und damit die Quelle des Reichtums von Kochi. Dementsprechend sind die Gebäude im Gegensatz zum Fort Cochin auch nicht von kolonialer Europa-Wehmut geprägt, sondern von Funktionalität und der Sachlichkeit kaufmännischen Gewinnstrebens. Das tut dem Charme des Viertels jedoch in keinster Weise Abbruch.

In vielen Häusern entlang der schmalen Straßen wurden gemütliche **An-

Kochi (Cochin) und Ernakulum

denkenläden und kleine **Cafés** eingerichtet. Speziell entlang der Jew Street reiht sich ein **Antiquitäten- und Kunstgewerbegeschäft** ans nächste. Die Straßennamen und die Beschriftungen der alten Warenhäuser stammen noch aus einer Zeit, als hier in erster Linie mit Gewürzen gehandelt wurde. Noch immer begegnen einem mit dicken Säcken beladene Kulis, die die schwere Fracht in die bereitstehenden Lastwagen schleppen. Es macht Spaß, sich von den optischen und aromatischen Eindrücken treiben zu lassen und in den Geschäften zu stöbern.

Geistiges und soziales Zentrum der jüdischen Gemeinde war die am Ende der schmalen Synagoge Lane stehende **Synagoge.** Der heutige Bau stammt in seinem Ursprung aus dem Jahr

1664, nachdem die 1567 errichtete erste Synagoge der „weißen Juden" 1662 von den Portugiesen zerstört worden war. In einem kleinen Raum vor dem Gotteshaus wird auf naiven Bildern die Geschichte der Juden in Indien bis zu ihrer Ansiedlung in Kochi dargestellt. Das kleine, von außen recht unscheinbare Gebäude zeigt im Inneren ein skurriles Stilgemisch asiatischer und europäischer Einflüsse. Die 1.100 handgemalten Bodenfliesen sind eine Spende des Kaufmanns *Ezekiel Rahabi,* der sie 1762 aus Kanton mitbrachte. Zwei Jahre zuvor hatte er den benachbarten Uhrturm erbauen lassen. Die bunten, gläsernen Öllampen unter der Decke wurden Mitte des 19. Jh. aus Belgien importiert. Die wertvollsten Objekte sind vier Rollen der Thora, die in kostbaren Behältern aus Gold gegenüber dem Eingang aufbewahrt werden. Die darauf platzierten goldenen Kronen sind eine Spende des Maharajas von Travancore aus dem Jahr 1805.

●**Öffnungszeiten:** Die Synagoge ist täglich von 10 bis 12 Uhr und 15 bis 17 Uhr geöffnet. Der Eintritt ist frei, doch auch hier ist eine kleine Spende angebracht.

Die Fischernetze sind ein beliebtes Fotomotiv und gelten als Wahrzeichen der faszinierenden Hafenstadt

Kochi (Cochin) und Ernakulum

Ernakulum

Ernakulum ist das moderne Pendant zu den traditionsreichen Stadtteilen Fort und Mattancherry. Obwohl in den letzten Jahren eine Reihe von modernen Geschäftshäusern errichtet wurde und Sehenswürdigkeiten gänzlich fehlen, bieten sich hier gute **Einkaufs- und Essensmöglichkeiten.** Besonders der Bereich zwischen der Hauptgeschäftsstraße MG Rd. und der Shanmugam Rd. ist gepflastert mit interessanten Geschäften und guten Restaurants.

Architektonisch ansprechend ist das im traditionellen Baustil errichtete **Parishath-Thampuram-Museum.** Die ausgestellten Objekte wie Ölgemälde, Münzen, Skulpturen und Kostüme werden hingegen in vielen anderen Museen wesentlich anschaulicher präsentiert und lohnen nicht unbedingt einen Besuch. Der **Shiva-Tempel** an der Ammankovil Rd. steht alljährlich im Januar/Februar im Mittelpunkt eines bunten **Tempelfestes,** bei dem auch Elefantenprozessionen und Tempeltänze aufgeführt werden. Die genauen Termine sind beim Touristenbüro zu erfragen.

Praktische Tipps

Information

●Von den zahlreichen Touristenbüros in Kochi ist das leicht zu übersehende **Tourist Desk** am Eingang zum Main Boat Jetty in Ernakulum die beste Informationsquelle. Die freundlichen Mitarbeiter lassen keine Frage unbeantwortet, sei es nun zu Hotels, Abfahrtszeiten von Bussen, Bahnen und Fähren oder zu den genauen Terminen der Tempelfeste. Man erhält unentgeldlich einen Stadtplan und es können Ausflüge gebucht werden. Das Büro ist täglich von 8 bis 18 Uhr geöffnet.
●Das **KTDC Tourist Reception Centre** an der Shanmugam Rd. ist in erster Linie am Verkauf von Tickets für die von ihnen durchgeführten Stadtrundfahrten und Backwater-Trips interessiert. Geöffnet ist es täglich von 8 bis 19 Uhr.
●Schließlich gibt es noch ein **Government of India Tourist Office** beim Taj Malabar Hotel auf Willingdon Island.

Stadtverkehr

●Mit einer **Motorriksha** vom Bahn- bzw. Busbahnhof zu den Bootspiers und dem Tourist Reception Centre sollte man etwa 20 Rs veranschlagen. Nach Fort Cochin sind es mindestens 60 Rs. Nimmt man ein **Taxi,** kann man etwa mit dem Doppelten rechnen. Vor dem Bahnhof Ernakulum Jn. gibt es einen Prepaid-Schalter für Rikshas. Mit Vorauszahlung bekommt man auf jeden Fall einen besseren Tarif, als wenn man selbst feilscht, und das ohne Mühe – gerade nach anstrengenden Bahnfahrten eine Erleichterung.
●Einige Budget-Hotels in Fort Cochin und Ernakulum verleihen **Fahrräder** zum Tagespreis von 30–50 Rs – eine sehr schöne Möglichkeit, die verschiedenen Viertel und Gassen zu erkunden.
●Die schönste Art, sich in Kochi zwischen den einzelnen Stadtteilen fortzubewegen, sind die öffentlichen **Fähren**. Sie verkehren vom Main Jetty in Ernakulum von 6 bis 21.30 Uhr alle halbe Stunde nach Fort Cochin, Mattancherry, Willingdon und Vypeen Island. Bolgatty Island wird vom High Court Jetty aus angefahren. Darüber hinaus fahren jeden Tag außer So bis zu 30 Fähren vom Customs Jetty am Fort Cochin zum Taj-Malabar-Steg auf Willingdon Island.
●In aller Ruhe lassen sich die herrlichen Aussichten auf die diversen Inseln auch bei einer Fahrt mit einem **Ruder- oder Motorboot** erleben. Am Main Jetty können Motorboote zum Preis von ca. 300 Rs pro Stunde gemie-

tet werden. Wesentlich günstiger (ca. 50 Rs pro Stunde) sind die Ruderboote, die beim Bootspier im Fort Cochin vermietet werden. Vorsicht ist dabei allerdings bei starkem Wind geboten, da die kleinen Nussschalen auf rauer See leicht abdriften.

Stadtrundfahrt

● Die zweimal täglich, um 9 und 14 Uhr, vom High Court Jetty in Ernakulum startenden **Boots-Rundfahrten** lohnen eigentlich nur für jene, deren Zeit sehr knapp bemessen ist. Für die angefahrenen Ziele Mattancherry-Palast, Synagoge, St. Francis Church und Bolghatty Island sind die zur Verfügung stehenden 3½ Std. viel zu kurz, zumal man noch die Fahrtzeiten abziehen muss. Im Übrigen lassen sich alle Sehenswürdigkeiten völlig problemlos und wesentlich günstiger mit den öffentlichen Fähren erreichen. Dennoch sind die Touren (70 Rs) sehr beliebt, so dass eine frühzeitige Buchung am **KTDC-Büro** an der Shanmugham Rd. angeraten ist.

Unterkunft

Keine andere Stadt Keralas bietet eine derartige Vielfalt an Unterkünften jedweder Preiskategorie. Aufgrund des großen Angebots übernachten die meisten Touristen im Stadtteil Ernakulum. Mehr Atmosphäre bieten zweifellos die Unterkünfte auf den verschiedenen Inseln. Speziell im Fort Cochin sind in den letzten Jahren zahlreiche Hotels eröffnet worden. Mit dem Taj Malabar und dem Casino befinden sich zwei der schönsten Hotels Kochis auf Willingdon Island.

Bummel entlang der Kaimauer von Fort Cochin

KOCHI UND ERNAKULUM

🏨	1	Sealord Hotel
🍴	2	Restaurants Bimbi's, The Tranancore, Arul Jyothi, Bharat Coffee House, The Oven
🏨	3	Hotel Hakoba
🏨	4	Taj Residency
ℹ️	5	KTDC Tourist Resception Centre
💲	6	State Bank of India
@	7	Internetcafé
🏨	8	Meluvallil Tourist Home
🏨	9	Modern Guest House
➕	10	Ayurvedische Klinik
💲	11	State Bank of Travancore
🏨	12	Best Western Abad Plaza
🏨	13	Hotel Seaking
📕	14	Bhavi Books
•	15	Ernakulum Public Library & Post
🏨	16	Sapphire Tourist Home, SAAS Tower
☕	17	Indian Coffee House
ℹ️	18	Tourist Desk
💲	19	United Arab Emirates Exchange
📕	20	Higginbotham's
🏨	21	Grand Hotel
🏨	22	The Woods Manor
🍴	23	Pandhal Restaurant
🏨	24	Woodlands
🍴	25	Santha Restaurant
🏨	26	Hotel Yuvarani
✉	27	Central Telegraph Office
ℹ️	28	DTPC Tourist Information Centre
•	29	Indian Airlines
•	30	TDM Durbar Hall
@	31	Internetcafé
🏨	32	Hotel Aiswarya
🚌	33	Busse nach Fort Cochin
🍴	34	Bimbi's
🍴	35	Indian Coffee House
🏨	36	Hotel Paulson Park
•	37	Railway Reservation Office
🏨	38	Cochin Tourist Home
•	39	Art Kerala

Ernakulum:

● Eine gute Billigwahl ist das **Hotel Hakoba** €-€€ (Tel.: 2353933) mit einer Reihe unterschiedlicher AC- und Non-AC-Räume (einige mit Seeblick) mit TV und Heißwasser.

● Wer Wert darauf legt, möglichst billig und zudem sauber in der Nähe des Bahnhofs von Ernakulum zu wohnen, findet im **Cochin Tourist Home** € (Tel.: 2369267) an der Chavar Rd. eine noch passable Adresse.

● Ein alter Favorit der Travellerszene und häufig belegt ist das **Modern Guest House** € (Tel.: 2352130). Die Zimmer im Altbau sind nichts Besonderes, verfügen aber alle über ein eigenes Bad, was in dieser Preiskategorie keine Selbstverständlichkeit ist.

● Wer den Gerüchen und Geräuschen des vegetarischen Restaurants im Erdgeschoss des Modern Guest House entgehen möchte, sollte sich im daneben gelegenen **Modern Rest House** € (Tel.: 2361407) einquartieren.

● Das **Meluvallil Tourist Home** €-€€ (Tel.: 2360355) zwischen Hafen und Busbahnhof liegt in einer der engen Gassen ein paar Meter zurück und bietet spartanisch eingerichtete Zimmer, teils mit TV; die AC-Zimmer sind allerdings zu teuer.

● Das **Hotel Seaking** €-€€ (Tel.: 2355341, Fax: 2370073) wartet mit 52 einfachen Räumen auf, alle mit Balkon. Die AC-Zimmer sind allerdings auch hier zu teuer. Ein Restaurant ist angeschlossen.

● Nur ein bis zwei Gehminuten von der Fähre nach Fort Cochin und Mattancherry in der Canonshed Street liegt das neue **Sapphire Tourist Home** €-€€ (Tel.: 2381238). Hier gibt's sehr saubere Zimmer, teils mit TV, eine der besten Optionen in Ernakulum.

● Direkt daneben liegt der ebenfalls neue und empfehlenswerte **SAAS Tower** €-€€€ (Tel.: 2365319, Fax: 2367365, saastower@yahoo.co.in, www.lookupindia.com/saas), dessen Zimmer größer und hübsch möbliert sind (DZ mit TV). Das Restaurant ist leider nur mäßig.

● Beim **Paulson Park Hotel** €€-€€€ (Tel.: 2382170-79, Fax: 2370072, mail@paulsonpark.com, www.paulsonpark.com) schwankt der Eindruck zwischen Gefängnisatmosphäre und ganz hübsch, da die Zimmer mit TV um einen begrünten, überdachten Innenhof angelegt sind. Ein Restaurant ist vorhanden. Die Lage nahe dem Ernakulam Jn. und der MG Road machen es zu einer akzeptablen Wahl.

- Das neue **Chandrika Residency** €€-€€€ (Tel.: 2361790, chandrikaresidency@rediffmail.com) bietet 31 akzeptable AC- und Non-AC-Zimmer mit TV. Allerdings donnern vor dem Haus ständig Busse vorbei.
- Mehr fürs Geld bietet das typische Mittelklassehotel **Aiswarya** €€-€€€ (Tel.: 2364452, 2369590, Fax: 2363933, aiswaryahotl@sify.com), nicht weit entfernt und nah zur MG Road gelegen, mit großen AC- und Non-AC-Zimmern mit TV und teilweise sehr großen Fensterfronten. In den oberen Stockwerken hat man einen schönen Blick über die Stadt. Ein ordentliches Restaurant ist angeschlossen. Der geschäftstüchtige Manager bietet auch Sightseeing-Touren und Kathakali im Hotel an.
- Viele mittel- bis höherklassige Hotels sind an der MG Road zu finden, so das 35 Jahre alte, gediegene **Grand Hotel** €€€-€€€€ (Tel.: 2382061, 2366833, Fax: 2382066, reserve@grandhotelkerala.com, www.grandhotelkerala.com) mit sehr schön eingerichteten und großen Zimmern mit ebensolchen Fenstern und oftmals schönem Ausblick, Holzfußboden und TV, wobei die Standardräume eine ganze Ecke kleiner, aber ebenso gut ausgestattet sind. Eine gute Wahl, erstaunlich preiswert fürs Gebotene.
- Ein schönes Gebäude mit angenehmen Zimmern mit Holzfußboden, Badewanne und hübschen, teils geschnitzten Möbeln und TV sowie einem Pool auf dem Dach machen das **Woods Manor** €€€-€€€€ (Tel.: 2382055-59, Fax: 2382080, woodys@thewoodsmanor.com, www.thewoodsmanor.com) zu einem sehr guten Mittelklassehotel.
- Trotz der vielen in letzter Zeit neu erbauten Hotels gehört das alteingesessene **Woodlands** €€-€€€ (Tel.: 2382051) an der Ecke MG Rd./Club Rd. nach wie vor zu den besten Unterkünften der mittleren Preisklasse. Die großteils geräumigen Zimmer mit TV, die zentrale Lage, das freundliche Personal und

das ausgezeichnete vegetarische Restaurant ergeben zusammen ein sehr gutes Preis-Leistungs-Verhältnis. Es ist auch möglich, Halb- oder Vollpension zu buchen.

● Das **Best Western Abad Plaza** €€€€ (Tel.: 2381122, Fax: 2370729, abad@vsnl.com, www.abadgroup.com) weiter nördlich ist ein gutes Beispiel für die in letzter Zeit errichteten schicken, vornehmlich auf Geschäftsleute zugeschnittenen Hotels in Ernakulum. Neben für Hotels dieser Preisklasse selbstverständlichen Leistungen wie AC, Coffee-Shop, mehreren Restaurants und Business Centre verfügt es über einen eigenen Pool.

● 50 Meter zurück von der MG Road in einem Durchgang, nicht weit von der Jos Junction, steht bahnhofsnah das hoch aufragende **Yuvarani Residency** €€€-€€€€ (Tel.: 2377040, 378030, Fax: 2375780, hotel@yuvaraniresidency.com, www.yuvaraniresidency.com), dessen große Zimmer mit und Teppich einen typischen Mittelklasseanspruch erheben können. Die oberen Etagen haben natürlich den besseren Ausblick.

● In die gleiche Preislage, allerdings nicht an der MG Road, gehört das **Hotel Sealord** €€€-€€€€ (Tel.: 2382473, Fax: 2370135, sealord@vsnl.com, www.sealordcochin.com), ein modernes Mittelklassehotel schräg gegenüber dem Boat Jetty. Das zentral klimatisierte Haus verfügt über Reisebüro, Geldwechsler, Restaurants und eine arktisch unterkühlte Bar. Es hat ein erstaunlich preiswertes Restaurant sowie ein Dachrestaurant.

● Ernakulums Top-Adresse ist das luxuriöse **Taj Residency** €€€€€ (Tel.: 2371471, Fax: 2371481, residency.ernakulam@tajhotels.com) direkt am parallel zum Vembanad-See verlaufenden Marine Drive. Erstaunlicherweise verfügt es nicht über einen Pool, ansonsten erfüllt es alle Erwartungen, die man an ein Luxushotel stellt. Dennoch sollte man die Fünf-Sterne-Hotels auf Willingdon Island oder das Casino wegen der schöneren Lage vorziehen.

Fort Cochin:

Auch wenn dies zweifelsohne der schönste und interessanteste Stadtteil ist, muss die in den letzten Jahren zu verzeichnende Flut an Hoteleröffnungen mit Sorge gesehen werden. Zum einen werden damit die Preise derart in die Höhe getrieben, dass sich die Einheimischen zunehmend an den Rand gedrängt fühlen, zum anderen besteht die Gefahr, dass der originär keralische Charakter des Viertels wegen der zunehmenden Ausrichtung an den Interessen der Touristen verloren geht.

● Nicht das beste, aber eines der billigsten Hotels in der Altstadt und dementsprechend beliebt bei Rucksacktouristen ist das **Elite** € (Tel.: 2215733, elitejoy@yahoo.com, www.elitehotelcochin.com) in der Princess Street. Zur Attraktivität des Hauses tragen sicherlich das beliebte Restaurant mit Bäckerei im Erdgeschoss, ein Kiosk und ein Dachgarten bei.

● Gleich billig und ok sind die einfachen und etwas verwohnten Räume des **Oy's Tourist Home** € (Tel.: 2215475, oysfort@yahoo.co.in), das eine ganz nette Atmosphäre ausstrahlt.

● Auch das **Fort Avenue Tourist Home** € (Tel.: 2215219, fortavenue@yahoo.com) hat mit kleinen, spartanisch ausgestatteten DZ, teils klimatisiert und mit TV, nichts Besonderes zu bieten, ist aber billig.

● In der Nähe befindet sich die vielleicht schönste Budget-Unterkunft im Fort, das empfehlenswerte, von einer sehr hilfsbereiten Familie geführte **Delight Guest House** €-€€€ (Tel./Fax: 2217658, flowery@spectrum.net.in, www.delightfulhomestay.com) in der südöstlichen Ecke des Parade Ground. Die geräumigen und hellen Zimmer in dieser gepflegten Villa aus der holländischen Kolonialzeit sind um einen begrünten Innenhof angelegt. Da nur 6 Zimmer zur Verfügung stehen, ist eine frühzeitige Reservierung angeraten. Ein Internet-Zugang (40 Rs/Std.) und Bahnfahrkartenservice stehen zur Verfügung. Es können Taxi-Service inkl. Fahrer für Sightseeing- und Bay-Watch-Touren inkl. Delfinsichtungen nach Vypeen Island gebucht werden (morgens zwischen 7 und 9 Uhr für 200 Rs pro Person).

● In der ruhigen Burgher Street liegt das sehr empfehlenswerte **Adam's Old Inn** €-€€ (Tel.: 2219495, Fax: 2217595, adamsoldinn@hotmail.com), ein liebevoll restauriertes Kolonialhaus mit allerdings recht schlichten Zimmern, teils mit großem Balkon und TV, von denen eines klimatisiert ist, sowie einem hübsch bepflanzten Dachgarten. Dort wer-

Kochi (Cochin) und Ernakulum

den Kaffee und Softdrinks serviert. Auch ein Schlafsaal ist vorhanden.
- Einen wundervollen Ort der Entspannung bieten die sechs Räume der familiengeführten **Chiramel Residency** €-€€€ (Tel.: 2217310, Fax: 2216902), ein 400 Jahre alter Kolonialbau der Portugiesen in sehr gutem Zustand. Alte, dunkle Holzdielen und -möbel, mit vielerlei Gegenständen behängte Wände, ein schöner Aufenthaltsraum und eine sehr freundlichen Familie machen den Charme dieser erstaunlich preiswerten Unterkunft aus.
- Einfach, aber angenehm wohnt man im nahegelegenen, familiären **Spencer House** €-€€ (Tel.: 2215049) mit sechs riesigen (auch in der Höhe), schön möblierten Zimmern mit großen Betten, teilweise mit Gemeinschaftsbad. Auch dieses Haus stammt aus der Kolonialzeit (ca. 300 Jahre alt). Im kleinen Garten kann man sein Frühstück einnehmen.
- Nirgendwo sonst wohnt man so nah am Wasser wie im **Fort House** €€€ (Tel.: 2226103, 2222066) an der Calvathy Rd. Leider nutzen die Besitzer diesen Standortvorteil nicht, verfügt doch kein Zimmer über Seeblick. Die Anlage im Norden verfügt über einige große Zimmer um einen sehr schön bepflanzten Garten mit kleinen Skulpturen, vielen Palmen und Mangobäumen. Die Zimmerpreise schließen das Frühstück ein, das in einem sehr preiswerten und zum Garten offenen Restaurant geboten wird.
- Ein tolles altes Kolonialzeit-Gebäude, gut in Schuss, ist **The Old Courtyard** €€€-€€€€ (Tel.: 2216302, 2215035, courtyard@vsnl.com, www.old-courtyard.com), das sich um einen großen, baumbestandenen Innenhof orientiert, der auch das Freiluftrestaurant beherbergt. Schön eingerichtete Zimmer mit Terrasse tragen zur netten Atmosphäre dieses alten Klotzes bei.
- Ausgezeichnet ist das **Fort Heritage** €€€€ (Tel.: 2215333, 2215455, fortheritage@sify.com, www.fortheritage.com) in der Napier Rd. Die ruhige Lage der geschmackvoll restaurierten, über 300 Jahre alten Villa zusammen mit den geräumigen Zimmern mit TV, dem hübschen Garten und dem Restaurant vermitteln eine tolle Atmosphäre und sind den Preis wert.
- Die nach dem neu errichteten Casino beste Unterkunft im Fort ist das hervorragende **Malabar Residency House** €€€€€ (Tel.: 2216666, Fax: 2217777, malabarhouse@vsnl.com, www.malabarhouse.com) in der Parade Rd. Nach dem Motto „the best of both worlds" verbindet sich in dem zentral klimatisierten Haus der Charme der Kolonialzeit mit modernen Annehmlichkeiten.
- Mit dem Bau des 1999 eröffneten **Brunton Boat Yard Hotel** €€€€€ (Tel.: 2668221, Fax: 2668001, casino@vsnl.com) hat die renommierte Casino-Gruppe das erste wirkliche Luxushotel im Fort errichtet. Unzweifelhaft ist das Hotel, was Lage, Komfort und Service betrifft, äußerst gelungen und braucht keinen Vergleich mit den anderen Top-Hotels Kochis zu scheuen. Das im Kolonialstil errichtete Haus steht an der Stelle der im 19. Jh. von einem Deutschen errichteten Bootswerft an der Bellar Rd. Fast alle der 52 edel möblierten Zimmer verfügen über Seeblick. Selbstverständlich besitzt der Luxusbau einen eigenen Pool.

Inseln Willingdon und Bolghatty:
- Das **Casino** €€€€-€€€€€ (Tel.: 2668221, Fax: 2668001) verfügt über alle Annehmlichkeiten eines Luxushotels inklusive mehrerer hervorragender Restaurants und einem eigenen Pool. Trotz des ausgezeichneten Zustands der Hotelanlage enttäuscht die wenig attraktive Lage in der Nähe des Hafenterminals.
- Die grandiose Lage an der nördlichen Spitze von Willingdon Island ist das große Plus

Typisch keralische Architektur und geschäftiges Treiben kennzeichnen die Altstadtgassen von Kochi des traditionsreichen **Taj Malabar** €€€€-€€€€€ (Tel.: 2666811, Fax: 2668297). Sehr schön sitzt es sich im tropischen Garten mit herrlichen Ausblicken über den Vembanad-See und Fort Cochin. Ähnlich exquisit ist das Restaurant mit einer großen Fensterfront zur Mattancherry-Halbinsel. Meiden sollte man jedoch die viel zu kleinen und lauten Zimmer hinter der Rezeption.

●Das **KTDC Bolghatty Palace** €€€-€€€€ (Tel.: 2350003, Fax: 2354879) auf Bolghatty Island ist ein imposanter, 1744 von den Holländern erbauter Kolonialpalast, der später Sitz der British Residency wurde. Der kürzlich renovierte Prachtbau in herrlicher Lage mit großer Gartenanlage verfügt über eine Reihe von riesigen Zimmern im Hauptbau und einige frei stehende Pfahlbungalows. Deren an sich attraktive Lage am Wasser wird allerdings durch die ständig vorbeiknatternden Boote erheblich beeinträchtigt. Zu erreichen mit Fähren oder privaten Booten vom High Court Jetty in Ernakulum.

Essen und Trinken

Die Angebotspalette reicht von einfachen Essensständen, an denen man bereits für 30 Rs ein vorzügliches Mahl bekommen kann, über Eiscafés und Fast-Food-Läden bis zu exquisiten Restaurants in vorzüglicher Lage, in denen man allerdings auch europäische Preise zahlt.

●Alle genannten First-Class-Hotels verfügen über gleich mehrere ausgezeichnete Restaurants. Die Speisen sind hier meist ebenso erstklassig wie die Preise. Wer Wert auf authentische südindische Küche mit der dazugehörigen Schärfe legt, sollte jedoch die überall angebotenen, auf den westlichen Geschmack zugeschnittenen Büfetts meiden

In der Altstadt

Stadtplan S. 256, 260, 268

KOCHI UND ERNAKULUM

und dafür à la carte bestellen. Die Lokale im **Taj Residency, Brunton Boat Yard** und **Taj Malabar** lohnen allein wegen ihrer herrlichen Lage am Wasser einen Besuch.

Ernakulum:

● **The Tranancore** an der Shanmughan Rd. ist ein vor allem bei Einheimischen sehr beliebtes Restaurant, welches preiswerte vegetarische und nicht-vegetarische Gerichte serviert.

● Superleckere und zudem erstaunlich preisgünstige *thalis* serviert das **Lotus Cascade Restaurant** im Woodlands Hotel. Daneben gibt es weitere vegetarische Gerichte in ruhiger und freundlicher Atmosphäre.

● Wie immer ein idealer Ort, um in stilvoller Atmosphäre bei Kaffee und einem Snack Zeitung zu lesen oder die Einheimischen zu beobachten ist das **Indian Coffee House,** wovon es in Ernakulum gleich zwei gibt: an der Canonshed Rd., Ecke Park Ave (wo sich auch viele weitere Restaurants befinden, die allerdings erst nach der Frühstückszeit öffnen), und an der Durbar Rd.

● In den Restaurants des **Hotel Sealord** kann man erstaunlich preiswert und gut essen (eines auf dem Dach, ab 18 Uhr geöffnet). Ob ein Frühstücksbüfett bereitsteht, hängt von der Menge der Hotelgäste ab. Manche stört die Hintergrundmusik, abends gibt's oft Softrock. Allerdings sollte man auf halbwegs ordentliche Kleidung achten. Auch das Restaurant des **Abad Plaza** kann empfohlen werden.

● Südlich des Sealord gibt es viele Restaurants mit indischer (z.B. das **Arul Jyothi**) und auch internationaler Küche. Das nahe, klimatisierte **Bharat Coffee House** neben einem Ice Cream Parlour bietet südindische Speisen zu günstigen Preisen.

● **Bimbi's** in der Shanmughan Rd. ist ein Musterbeispiel für die in ganz Indien in den letzten Jahren immer beliebter werdenden Fast-Food-Restaurants. Das Essen ist erschreckenderweise gar nicht einmal schlecht. Man hat die Wahl (Self-Service) zwischen einheimischen, chinesischen und einigen wenigen westlichen Gerichten. Gut (und unproblematisch) ist auch das Eis. Eine weitere Filiale wurde an der Jos Junction eröffnet. Allerdings muss man über die eine oder andere Küchenschabe, die sich ungestört zwischen den Gästen tummelt, großzügig hinwegsehen.

● Eine schöne Möglichkeit, an der lauten M.G. Road in Ruhe zu sitzen, bietet das **Santha Restaurant,** das indische Gerichte zu indischen Preisen serviert. Es liegt neben dem Hotel Udipi Anantha Bhavan.

● Das beste Nicht-Hotelrestaurant in Ernakulum ist das elegante **Pandhal** in der MG Rd. Hervorragende vegetarische und nicht-vegetarische Gerichte in schönem Ambiente mit freundlicher Bedienung zu erstaunlich günstigen Preisen: eine ausgezeichnete Kombination.

● Eine wilde Mischung von leckerem Gebäck, Torten, Keksen, Burgern, Pizza und Süßigkeiten hat das AC-Fastfood-Café **The Oven** im Angebot.

Fort Cochin:

● Ein kulinarisches Erlebnis ganz besonderer Art sind die hinter den chinesischen Fischernetzen auf Touristen wartenden Fischverkäufer. Hat man einen der ausliegenden Fische ausgewählt, wird er an einem der daneben stehenden **mobilen Essensstände** frisch zubereitet. Auf einem Bananenblatt serviert, kann man ihn dann verzehren. Klingt ganz romantisch, ist jedoch nicht mehr hygienisch und zudem auch nicht so billig, wie es auf den ersten Blick scheinen mag.

● Seit Jahren eine bei Touristen beliebte Adresse ist das **Kashi Art Café** in der Burgher St., was angesichts des angenehmen Ambientes in dem renovierten, mit diversen Bildern und hübschen Auslagen geschmückten Haus kein Wunder ist. Hier gibt es das beste Frühstück der Stadt, ausgezeichneten Kaffee sowie diverse selbstgebackene Kuchen und andere Köstlichkeiten. Allerdings sollte man Zeit mitbringen.

● Nr. 1 der Rucksackszene ist das Restaurant **Elite** im gleichnamigen Guest House. Die Auswahl ist vielfältig, die Preise sind günstig, doch die Qualität ist wie so häufig in Etablissements dieser Art eher durchschnittlich.

● Ausgezeichnet isst man im etwas versteckt liegenden **Rathmathula Restaurant.** Bei Ein-

Kerala

heimischen wie Westlern gleichermaßen geschätzt sind die vorzüglichen Lammgerichte.
● Das **Seagull** in der Calvathy Rd. im gleichnamigen, nicht sonderlich empfehlenswerten Hotel serviert leckere Fischgerichte zu vernünftigen Preisen. Ein weiteres Plus ist die hübsche Lage am Wasser mit der Möglichkeit zum draußen Sitzen.
● Das **Chariot Beach Restaurant** ist ein angenehmer Ort, um im Freien das Leben zu genießen. Im **Thoma's Restaurant** in derselben Straße, 50 m weiter, kann man ein kühles Bier genießen.

Bank

Ernakulum hat zahlreiche Geldwechsler und Banken, einige sind bis 18 Uhr geöffnet.
● Am häufigsten von Travellern frequentiert werden die **State Bank of India** gegenüber dem KTDC Tourist Reception Centre und **Thomas Cook** im Palal Tower an der MG Rd.
● Eine weitere sehr effiziente Stelle zum Tausch von Geld und Traveller Cheques wie auch Kreditkarten-Service und Money Transfer ist der **United Arab Emirates Exchange (UAE)** in der PT Usha Road nahe der Canonshed Rd., Mo–Sa 9.30–18 Uhr, So 9.30–13.30 Uhr, Tel.: 2383317).
● Zwei empfehlenswerte private Geldwechsler sind **Surana Financial Corporation** gleich neben Thomas Cook und **Jyotiss Exchange Bureau** im KTDC Shopping Complex an der Shanmughan Rd.

Post, Internet

● Das **GPO** von Kochi, inklusive Poste-Restante-Schalter, befindet sich in Fort Cochin an der Ridsale Rd., nahe der Bastian Street, Mo–Fr 9–15 Uhr, Sa 9–14 Uhr.

Säcke voll Zimt, Ingwer und Nelken – der Handel mit Gewürzen ist nach wie vor ein gutes Geschäft

- Das **Head Post Office** in Ernakulum liegt ganz in der Nähe des Main Jetty in der Hospital Rd. Poste-Restante-Briefe werden nur dann hier aufbewahrt, wenn sie speziell an diese Adresse verschickt wurden. Beide Postämter sind Mo–Sa von 9 bis 20 Uhr und So von 10 bis 16 Uhr geöffnet.
- Im **Central Telegraph Office** (2. Stock) an der MG Road in Ernakulum kann schnell und mit 30 Rs/Std. auch recht billig rund um die Uhr im Internet gesurft werden. Etwas weiter südlich in einer Einfahrt, die von der MG Rd. abgeht, im 1. Stock befindet sich ein ebenfalls schnelles und preiswertes **Internetcafé**. Natürlich gibt's noch viele weitere Möglichkeiten in der Stadt.
- Über dem Tourist Office in Fort Cochin steht mit dem **Rendez-Vous Cyber Café** ein schnelles Internetcafé bereit.

Kultur

Keine andere Stadt Indiens bietet derart viele Möglichkeiten, einer **Kathakali-Aufführung** beizuwohnen, wie Kochi. Jeden Abend wird diese wohl berühmteste Kunstform Keralas auf verschiedenen Bühnen präsentiert. So gehört ein Besuch zum Standardprogramm aller Touristen. Wie häufig in solchen Fällen geht jedoch die Quantität auf Kosten der Qualität. Viele, ja die meisten Aufführungen sind nur mehr routinemäßige Pflichtübungen, die mit der ursprünglichen Form dieser klassischen Kunst kaum noch etwas gemein haben. Abgesehen von den in fast jedem First-Class-Hotel allabendlich stattfindenden Aufführungen, gibt es zahlreiche Veranstaltungsorte, an denen während der Haupttouristenzeit von Oktober bis April jeden Abend getanzt wird.

Da die extrem aufwendige, besonders für Fotografen sehr interessante **Schminkprozedur** der Tänzer etwa eine Stunde vor dem offiziellen Start der Veranstaltung beginnt, sollte man sich früh einfinden, wenn man ihr beiwohnen möchte. Wer weit vorn sitzt, hat während der etwa einstündigen Vorstellung zudem die besten Fotografiermöglichkeiten. Vor dem eigentlichen Beginn gibt ein Conferencier eine längere Einführung zur symbolischen Bedeutung von Bewegungen, Mimik, Schminke und Kleidung.

Von den zahlreichen Anbietern hier einige akzeptable Adressen, wo allabendlich Kathakali-Tänze aufgeführt werden. Die Preise variieren zwischen 100 (Kerala Kathakali Centre) bis zu 150 Rs (See India Foundation).
- **See India Foundation,** Kalathiparambil Lane (Tel.: 2369471), Ernakulum. Der außergewöhnliche Ruf dieser Institution beruht auf *Dr. Devan,* der vor dem eigentlichen Beginn eine ausführliche Einleitung zur Geschichte des Kathakali und der symbolischen Bedeutung der einzelnen Bestandteile gibt. Hochinteressant, doch zuweilen etwas langatmig.
- **Art Kerala,** Kannanthodathu Lane, Valanjambalam (Tel.: 2366238), Ernakulum. Bei trockenem Wetter in stimmungsvoller Umgebung auf einem Hausdach, mit aufwändiger Schminkprozedur.
- **Kerala Kathakali Centre,** Cochin Aquatic Club, Calvathy Rd., Fort Cochin. Am wenigsten professionell, dafür mit viel Engagement von jungen Tänzern aufgeführt, die gerade ihr Studium beendet haben.
- Wesentlich besser sind die einmal im Monat von renommierten Künstlern in der **TDM Hall** an der Durbar Rd. vom Kathakali Club durchgeführten, mehrstündigen Aufführungen (120 Rs). Die genauen Termine beim Touristenbüro erfragen.

Shopping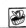

- Einhergehend mit dem in den letzten Jahren rasant gestiegenen Touristenaufkommen hat sich Kochi zu einem kleinen Shopping-Paradies entwickelt. Besonders Freunde von **kunsthandwerklichen Gegenständen und Antiquitäten** kommen auf ihre Kosten. Die MG Rd. in Ernakulum und die Jew St. auf Mattancherry sind gepflastert mit kleinen Läden, die es speziell auf westliche Touristen abgesehen haben. Ob nun die Lampen, Truhen, Bestecke, Stühle und Holzschnitzereien tatsächlich mehrere Hundert Jahre alt sind, wie von den Händlern behauptet, können wohl nur Fachleute beurteilen. Die Preise mögen zum Teil niedriger sein als in Europa, echte „Schnäppchen" sind dennoch nur selten zu machen. Im Übrigen sollte man sich versichern, ob das Objekt der Begierde überhaupt ausgeführt werden darf.

Der besondere Tipp: Kathakali-Tanz im Tempel

Authentischer als bei den speziellen Aufführungen für Touristen sind die Kathakali-Tänze dort, wo sie entstanden sind, nämlich in den Tempeln. Während der die ganze Nacht andauernden **Tempelfeste** sind die Darsteller völlig versunken im Tanz zu Ehren der Götter. Zudem unterstützt der äußere Rahmen die authentische Wirkung der Darbietung. Festlich gekleidete Einheimische, der Duft von Räucherstäbchen und ein von Öllampchen erleuchteter Tanzsaal sind einfach animierender als vom Blitzlichtgewitter der Touristen erhellte Hallen.

Die Tempelaufführungen sind nicht touristengerecht in leicht verdauliche „Häppchen" von einer Stunde gepresst, sondern dauern mehrere Stunden. Über die Termine der in der näheren Umgebung stattfindenden Tempelfeste informiert der Tourist Desk beim Main Jetty in Ernakulum.

- Kochi verfügt über eine erfreulich große Zahl an guten **Buchhandlungen**. Eine hervorragende Auswahl an Büchern aller Art bieten u.a. Idiom Bookshop in der Jew Town gegenüber der Synagoge auf Mattancherry (Filiale Bastion St. im Fort Cochin) sowie, in Ernakulum, Bhavi Books in der Covent Rd. und Higginbothams an der Chittoor Rd.
- Wer sich für **klassische indische Musik** interessiert, darf das Riesenangebot an CDs bei Sargam in der Convent Rd. gegenüber der Public Library durcharbeiten. Freunde **westlicher Popmusik** sind besser im Sea Breeze am Marine Drive aufgehoben.
- Manuel Instruments in der Banerji Rd. in Ernakulum gilt als der beste Laden für **indische Musikinstrumente**.

Bootsfahrt

Eine schöne Ausflugsmöglichkeit bietet **Baywatch**. Morgens von 7 bis 9 Uhr geht's mit einem kleinen Boot mit Sonnendach für 200 Rs Richtung Vypeen Island zur **Delfinsichtung**. Es gibt noch weitere Ausflugsziele im Angebot (z.B. „Sunset Cruise" für 100 Rs/ 1 Std.). Das Minimum für die Touren sind zwei Teilnehmer. Informationen: Tel.: 9846123394 oder beim Delight Guest House in Fort Cochin.

An- und Weiterreise

Flug:

Der Ende 1999 eingeweihte Flughafen, 26 km nördlich von Ernakulum, wird sich in den nächsten Jahren zu einem der bedeutendsten Flughäfen Indiens entwickeln. Dies gilt insbesondere für **internationale Flugziele**. Es ist damit zu rechnen, dass Kerala in Kürze von vielen Orten Europas direkt angeflogen wird. Schon jetzt fliegen Indian Airlines und Jet Airways alle größeren Städte des Südens mehrfach täglich an. Taneja Aviation fliegt zweimal täglich auf die Lakkadiven.

- **Indian Airlines,** Durbar Hall Rd., Tel.: 2370242.
- **Jet Airways,** Bab Chambers, Atlantis, MG Rd., Tel.: 2369423.
- **Taneja Aviation,** zu buchen über Casino Hotel in Willingdon Island, Tel.: 2666812.
- **Air India,** 35/1301 MG Rd., Ravipuram, Tel.: 2351295.
- **British Airways,** c/o Nijhwan Travels, MG Rd., Tel.: 2364867.
- **Gulf Air,** Bab Chambers, Atlantice Junction, MG Rd., Tel.: 2369142.
- **Kuwait Airways,** c/o National Travels, Pulinat Building, MG Rd., Tel.: 2360123.
- **Singapore Airlines** und **Swissair,** Aviation Travels, MG Rd., Ravipuram, Tel.: 2367911.

Bahn:

Mit **Ernakulum Junction, Ernakulum Town** und **Cochin Harbour Station** verfügt Kochi über drei Bahnhöfe. Für Touristen interessant sind jedoch nur die beiden erstgenannten. Fahrscheine für alle Züge verkauft das Reservierungsbüro am Bahnhof Ernakulum Junction. Da es keinen Touristenschalter gibt, muss man sich in die Schlange der Wartenden einreihen (8-14 und 14.15-20 Uhr).

Da Kochi an Keralas Haupteisenbahnstrecke zwischen Thiruvananthapuram im Süden und Mangalore im Norden liegt, gibt es her vorragende Anbindungen in beide Richtungen. Wer jedoch Ziele innerhalb Keralas anfahren möchte, die nicht weiter als zwei Stunden von Kochi entfernt liegen, sollte den Bus vorziehen, da viele Züge auf dem Weg nach Kochi mehr „Verspätung ansammeln", als die eigentliche Zugfahrt in Anspruch nimmt. Seit der Eröffnung der Konkan Railway bestehen auch Direktverbindungen nach Goa.

Bus:

Von dem zwischen den beiden innerstädtischen Bahnhöfen gelegenen, zentralen **KSRTC-Busbahnhof** werden alle größeren Städte Keralas mehrfach täglich angefahren. Abgesehen von den staatlichen gibt es noch eine Reihe privater Anbieter, deren Büros im Umkreis des Busbahnhofs liegen. Man hat wie üblich die Wahl zwischen *ordinary, superfast* und *superexpress*. Die im Folgenden aufgelisteten Zeiten beziehen sich auf die Superfast-Busse: Alappuzha (1½ Std.), Kanyakumari (9 Std.), Kollam (Quilon, 3 Std.), Kottayam (1½ Std.), Kozhikode (Calicut, 5 Std.), Mysore (10 Std.), Thiruvananthapuram (5 Std.), Thrissur (2 Std.). Die täglich drei Direktbusse nach Madurai halten unter anderem in Kumily (6 Std.), dem Dorf beim Periyar-Nationalpark. Für Busfreaks gibt es mehrere Direktverbindungen nach Bangalore in 15 Std. Wem das noch nicht reicht, der darf innerhalb 16 Stunden nach Chennai fahren – aber auch nur, wenn nichts dazwischen kommt.

Hill Palace

Der zwölf Kilometer südöstlich von Kochi an der Straße nach Kottayam gelegene Hill Palace ist eine von mehreren Dutzend Privatresidenzen, die die **Herrscherfamilie von Kochi** ihr Eigen nannte. Angesichts dieser enormen Zahl und der begrenzten finanziellen Mittel zur Instandhaltung kann es kaum verwundern, dass sich mehrere dieser ehemaligen **Palastanlagen** in einem maroden Zustand befinden. Der Hill Palace demonstriert anschaulich den über die Jahrzehnte an historisch wertvollen Gebäuden nagenden Zahn der Zeit.

Einen kleinen Zwischenstopp lohnt allerdings das in den Räumen eingerichtete **Museum,** welches eine Vielzahl von Objekten aus dem Besitz der Herrscherfamilie beherbergt. Neben sehr anmutigen Ausstellungsstücken wie filigran verzierten Möbeln, Lampen und Truhen sowie Skulpturen und Ritualobjekten sind auch weniger „liebliche" Gegenstände zu sehen wie Mordwerkzeuge und Käfige, in denen zum Tode verurteilte von Vögeln verspeist wurden.

●**Öffnungszeiten:** Täglich außer Mo von 9 bis 12.30 und 14 bis 16 Uhr.

In Mattancherry

Lakshadweep (Lakkadiven)

Einwohner: 52.000

Das Paradies heißt Lakshadweep, liegt 280 bis 480 km vor der Westküste Keralas und will nicht gestört werden. Deshalb darf nur eine der insgesamt **36 Tropeninseln** von westlichen Touristen besucht werden – allerdings auch nur von solchen, die sich die damit verbundenen enormen Kosten für Anreise, Unterbringung und Verpflegung leisten können. Das winzige, gerade einmal 51 Hektar „große" Eiland **Bangaram** besitzt mit dem Bangaram Island Resort die einzige Übernachtungsmöglichkeit auf den Lakshadweep. Da das **Luxusresort** nur über 26 Zimmer verfügt, ist dafür gesorgt, dass die Inseln auch in Zukunft ihre massentouristische Unschuld und so auch ihre einzigartige Schönheit bewahren werden.

Die 36 Inseln verteilen sich auf einer Fläche von 300 km². Sie lassen sich in drei große Gruppen unterteilen: Aminidivi im Norden, Minicoy im Süden und Lakkadiven ungefähr in der Mitte. Seit 1956 ist die Inselgruppe im arabischen Ozean als eines von insgesamt sieben **Union Territories** Teil des indischen Bundesstaates. Die Umbenennung in den Namen Lakshadweep, der alle drei Inselgruppen zusammenfasst, erfolgte 1973.

Die Bevölkerung (52.000) besteht großteils aus **muslimischen Sunniten**. Gesprochen wird Malayalam, was die Vermutung nahelegt, dass es sich um zum Islam konvertierte Hindus aus Kerala handelt. Die meisten von ihnen verdienen ihren Lebensunterhalt mit der Verarbeitung von **Kokosnüssen** und **Fischfang**. Darüber hinaus werden Früchte wie Bananen, Papayas und Guaven angebaut. Da die Gesamtfläche der Inseln gerade einmal 32 km² beträgt und nur zehn von ihnen bewohnt sind, gehören die Lakshadweep mit 1.620 Einw./km² zu den am dichtesten bevölkerten Regionen Indiens.

Jede der Atoll-Inseln ist ein kleines Reich für sich, welches lange Zeit ohne Beeinflussung durch die Außenwelt existieren konnte. Ihr Charme liegt in der Abgeschiedenheit. Dicht bepflanzt mit Kokospalmen, umsäumt von cremefarbenem Sand, liegen die Inseln in Gewässern, deren Farbe von Aquamarin über Türkis bis zu Lapislazuli reicht. Schon von Weitem sieht man, wie sich die Wellen an den vorgelagerten Korallenriffen brechen. Einzigartig ist auch die unberührte **Unterwasserwelt.** Unter Fachleuten zählen die Lakshadweep zu den schönsten Tauchregionen der Erde. Hinzu kommen die angenehmen Wassertemperaturen, die zwischen 23 und 33° C schwanken. Kein Wunder, dass das Tropenparadies immer wieder Erinnerungen an die Malediven von vor 20 Jahren wachruft.

Unterkunft, Essen und Trinken

● Das **Bangaram Island Resort** €€€€€ ist eine aus 30 Bungalows bestehende Luxusanlage inmitten eines Kokoshains direkt am traumhaften Strand der winzigen Insel Bangaram. Westliche Errungenschaften wie TV, Klimaanlage und Telefon gibt es nicht, dafür viel Ruhe und Naturbelassenheit. Außer „die Seele baumeln lassen" beschränken sich die Aktivitäten auf scuba diving, tauchen, angeln und Bootsausflüge zu der benachbarten Insel Kadmat. Da die Hotelleitung viel Wert auf umweltbewusste Haushaltung legt, werden zur Energiegewinnung Sonnenkollektoren eingesetzt und beim Kochen Kokospalmblätter als Feuermaterial verwendet.

Während der europäischen Winterzeit von November bis März ist Barang Island häufig ausgebucht. Speziell in den Monaten Dezember/Januar ist kaum ein freies Bett zu ergattern. Die Lakshadweep sind jedoch ein ganzjähriges Reiseziel. Selbst während der Monsunzeit in den Monaten **Juni bis September** regnet es, wenn überhaupt, nur eine bis zwei Stunden am Tag. Zu jener Zeit werden wegen der Touristenflaute **Rabatte von bis zu 25 %** gewährt – immer noch nicht billig, aber doch eine gute Möglichkeit, um das Tropenparadies zu besuchen.

An- und Weiterreise

Der Weg ins Paradies ist teuer. Die täglich außer So zweimal täglich von Kochi startenden Flüge der winzigen **Fluggesellschaft Taneja Aviation** machen da keine Ausnahme. 370 US$ für den 1½-stündigen Flug sind nicht jedermanns Sache – aber „jedermann" ist ja auch nicht erwünscht. Die Landung erfolgt auf der kleinen Insel Agatti, von wo es noch einmal 1½ Std. **Bootsfahrt** bis zum Bangaram Island Resort sind. Von Mai bis September erfolgt die Weiterbeförderung von Agatti per **Hubschrauber,** wofür zusätzlich 80 US$ berechnet werden. Die gesamte organisatorische Abwicklung eines Lakshadweep-Urlaubs inklusive Hotelreservierung, Flug und der Besorgung der zum Besuch der Insel erforderlichen Genehmigung erfolgt durch das Casino Hotel in Kochi, Willingdon Island Tel.: 0484/2668001).

Thrissur (Trichur) ♪ C1

Einwohner: 80.000
Vorwahl: 0487

Die Religiosität als Ausgangs- und Mittelpunkt des indischen Lebens – im 75 km nördlich von Kochi gelegenen Thrissur ist diese altbekannte Tatsache konkret erfahrbar, wurde die Stadt doch praktisch um den **Vadakkunatham-Tempel** herumgebaut. Der gesamte Ort erschließt sich von diesem Heiligtum aus, alle großen Straßen führen sternförmig in die verschiedenen Himmelsrichtungen. Das Sanktum des zu Ehren Shivas im 12. Jh. erbauten Tempels ist zwar nur für Hindus zugänglich, doch das weitläufige Gelände innerhalb der von hohen Mauern umschlossenen Anlage dürfen auch Westler betreten. Die Skulpturen und Wandmalereien sind nur durchschnittlich, das bunte religiöse Leben aber lohnt den Besuch.

Zahlreiche weitere Gebäude zeugen von der Zeit, als Thrissur große politische und kulturelle Bedeutung besaß. Zu nennen sind hier in erster Linie zwei **katholische Kirchen,** die Lourdes-Kathedrale und die Church of Our Lady of Dolores, die den Einfluss der christlichen Bevölkerung belegen. Die Chaldeen Church an der südlichen Ausfallstraße gilt als eine der ältesten christlichen Kirchen Keralas. Von Interesse sind auch das **State Museum** und die **Kerala Sangeet Natak Academy,** in der zuweilen Kathakali-Tänze aufgeführt werden.

Highlight: Puram-Fest

Insgesamt ist Thrissur eine recht angenehme Stadt, die allerdings nur wegen ihrer Sehenswürdigkeiten keinen Besuch lohnt. Wenn dennoch jedes Jahr im April/Mai Tausende Einheimischer und zahlreiche westliche Touristen hierher pilgern, dann wegen des einzigartigen Puram-Festes. Dieses bedeutendste Fest Keralas wird zwar auch an vielen anderen Orten gefeiert, doch nirgends mit der gleichen Inbrunst und Begeisterung.

Im Mittelpunkt der im Umkreis des Vadakkunatham-Tempels ausgetragenen Festivitäten steht der **Elephant Round Up** mit bis zu 30 festlich geschmückten Dickhäutern und den sie begleitenden Musikanten. In einer Art Wettstreit spielen sich die gegenüberstehenden, aus bis zu 100 Musikern bestehenden **Orchester** in einen fast tranceähnlichen Zustand. Begleitet von den begeistert mitgehenden Besuchern steigert sich die von Trommeln, Becken und Blasinstrumenten geprägte Musik zu einem stakkatoähnlichen Klangerlebnis.

Es ist immer wieder beeindruckend, mit welch stoischer Ruhe die Elefanten das Chaos um sie herum ertragen. Allerdings kam es Anfang der 90er Jahre zu einem tragischen Zwischenfall, bei dem ein ausbrechender Elefant mehrere Menschen zu Tode trampelte.

Besonders lohnend ist ein Besuch der neuntägigen Festivitäten am letzten Tag, wenn die Feierlichkeiten bis tief in die Nacht andauern und die Simse der Tempel und Häuser der Umgebung stimmungsvoll mit Öllämpchen beleuchtet sind. Sehr sehenswert sind auch die anlässlich des Festes in den Tempeln aufgeführten **Tempeltänze.** Insgesamt gehört das Puram-Fest zu einem der eindrucksvollsten Volksfeste Indiens. Wer zur passenden Zeit in der Nähe ist, sollte sich einen Besuch auf keinen Fall entgehen lassen. Über die genauen Termine informieren die Touristenbüros in Kochi.

- ● 1 Sangeet Natak Academy
- 🏠 2 Yatri Niwas
- 🏠 3 Ramanilayam Government Rest House
- ● 4 Stadthalle
- Ⓜ 5 State Museum
- ⊛ 6 State Bank of India
- ⅱ 7 Our Lady of Dolores
- ◐ 8 Indian Coffee House
- ⊛ 9 Camara Bank
- ◐ 10 Pathan's & Ming Palace
- 🏠 11 Elite International
- 🏠 12 Hotel Luciya Palace
- ● 13 Hotel Merlin
- 🏠 14 Hotel Siddharta Regency
- ⊛ 15 KSRTC-Busbahnhof
- ⅱ 16 Chaldeen-Kirche

THRISSUR (TRICHUR)

Elefantenaufmärsche begleitet von ohrenbetäubender Musik sind der Höhepunkt des Puram-Festes von Thrissur

Praktische Tipps

Information

- Es gibt zwar mit dem **DTPC Tourist Office** (Tel.: 2320800) in der Palace Rd. und dem **KTDC-Schalter** im Yatri Niwas zwei Touristenbüros, doch beide sind wohl eher Arbeitsbeschaffungsmaßnahmen als an westlichen Touristen interessiert. Den Weg kann man sich sparen.

Unterkunft

Normalerweise steht eine ausreichend große Zahl an Unterkünften zur Verfügung. Während des Puram-Festes ist allerdings eine frühzeitige Reservierung erforderlich.

- Die einzige, dafür aber auch ausgezeichnete Billigunterkunft Thrissurs ist das **Ramanilayam Government Rest House** € (Tel.: 2332016) in der Palace Rd. Die sehr geräumigen, sauberen Zimmer mit Balkon bieten ein ausgezeichnetes Preis-Leistungs-Verhältnis. Der einzige, dafür gravierende Nachteil besteht darin, dass das Haus für Regierungsangestellte reserviert ist. Im Falle einer Nichtauslastung dürfen die Angestellten jedoch auch an Ausländer vermieten.
- Eine akzeptable Alternative bietet das staatliche **Yatri Niwas** €-€€ (Tel.: 2332333) in der Stadium Rd. Nicht berauschend, doch für den Preis o.k., zumal das einfache Lokal im Erdgeschoss leckere einheimische Gerichte serviert.
- Passabel ist das **Hotel Aliya International** €-€€ (Tel.: 2425226) in der R.S. Rd. Besonders die 6 AC-Zimmer sind ihr Geld wert.

- Das **Merlin** €-€€ (Tel.: 2385520) begrüßt die per Zug ankommenden Besucher, befindet es sich doch direkt gegenüber vom Bahnhof. Das nüchterne Haus verfügt mit zwei Restaurants, mehreren AC-Zimmern und einem angeschlossenen Garten über eine Reihe von Annehmlichkeiten.
- Das **Elite International** €-€€€ (Tel.: 2421033, Fax: 2442057) in der Chembotti Lane ist eines der traditionsreichsten Hotels der Stadt. Wegen seiner Vielzahl an Zimmern, der zentralen Lage und dem hauseigenen Restaurant ist es trotz seines wenig einladenden Äußeren immer noch eines der besten.
- Sehr beliebt ist das gute **Luciya Palace** €€-€€€ (Tel.: 2424731, Fax: 2427290) in der Marar Rd. Das architektonisch gewöhnungsbedürftige Haus bietet eine Reihe hübscher Zimmer, die teilweise klimatisiert sind, und ein ausgezeichnetes hauseigenes Restaurant.
- Am besten, wenn auch nicht luxuriös, wohnt man in Thrissur im **Siddharta Regency** €€€ (Tel.: 2424773, Fax: 2425116, sregency@md5.vsnl.net.in), einem guten Mittelklassehotel mit klimatisierten Zimmern und Restaurant.

Essen und Trinken

- Abgesehen von den erwähnten Hotelrestaurants isst man am besten und zudem preiswert im **Pathan's** südlich vom Vaddakunatham-Tempel. Es gibt sehr schmackhafte vegetarische Gerichte sowie *thalis* in netter Atmosphäre. Vor allem bei Einheimischen beliebt.
- Nicht weit von hier findet sich das gediegene **Ming Palace,** wo man vegetarische und nichtvegetarische Gerichte serviert bekommt.
- Das **Indian Coffee House** am Round South ist ein idealer Ort für kleine Snacks und guten Kaffee.

Bank

- Wie so häufig in Kerala sind es die **State Bank of Travancore** und die **State Bank of India,** welche am effizientesten Bargeld und Travellerschecks wechseln. Beide befinden sich beim Round South und sind Mo–Fr von 10 bis 14 Uhr, Sa von 10 bis 12 Uhr geöffnet.

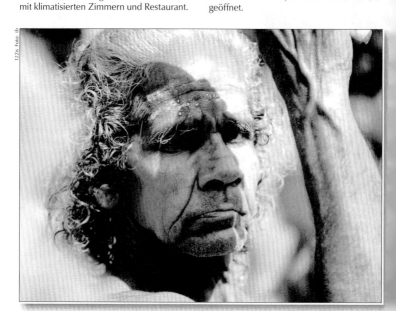

Post

- Die **Hauptpost** befindet sich etwas zurückversetzt von der TB Rd. im Süden der Stadt.

Telefon und Internet

- Mehrere **Internet-** und **ISD/STD-Läden** finden sich im Bahnhofsbereich und in der Nähe des DTPC Tourist Office.

An- und Weiterreise

- **Bahn:** Der Bahnhof liegt etwa 2 km südlich des Zentrums. Da Thrissur sowohl an der Haupttrasse entlang der Malabar-Küste als auch an der Strecke nach Tamil Nadu liegt, bieten sich vielfältige Verbindungen sowohl nach Tamil Nadu als auch zu den größeren Orten Keralas wie Kochi und Thiruvananthapuram.
- **Bus:** Vom KSRTC-Busbahnhof schräg gegenüber vom Bahnhof Verbindungen u.a. nach Kochi/Ernakulum (1½ Std.), Kozhikode (Calicut, 3½ Std.), Palakkad (1½ Std.), Thiruvananthapuram (8 Std.). Ziele in der näheren Umgebung wie Irinjalakuda, Kodungallur und Guruvayur werden vom Shakthan-Thampuran-Busbahnhof bedient. Schließlich gibt es noch den Priya-Darshani-Busbahnhof mit Verbindungen u.a. nach Palakkad und Mysore.

Irinjalakuda ⇗ C1

Der kleine Ort Irinjalakuda, 20 km südlich von Thrissur, ist bei Einheimischen für seinen Bharata-Tempel bekannt, der allerdings nur Hindus offen steht. Für Westler dürfte die Stadt wegen des **Natana Kairali Research & Performing Centre for Traditional Arts** (Tel.: 0488-2825559) einen Besuch lohnen. Hinter dem komplizierten Namen verbirgt sich eine Art Kulturzentrum, in dem Kurse in traditionellen keralischen Künsten wie **Schattentheater, Tanz und Puppenspiel** durchgeführt werden. Jedes Jahr im Januar wird ein zwölftägiges **Festival** abgehalten: eine gute Möglichkeit, sonst kaum noch in der Öffentlichkeit zu sehende Theatervorführungen zu erleben.

Cheruthuruthy ⇗ D1

Ein angesehenes und weit über die Grenzen Keralas hinaus bekanntes **Zentrum zur Pflege der keralischen Kultur** befindet sich in Cheruthuruthy, einem kleinen Ort 32 km nordöstlich von Thrissur. Im Kerala Kalamandalam werden mehrmonatige Kurse zu so verschiedenen Disziplinen wie **Gesang, Kathakali-Tanz, Trommeln** und ausgefallenen Tanzformen wie dem Mohiniyattam und dem Kutiyattam angeboten. Diese Institution leistet nicht nur einen entscheidenden Beitrag zur Wiederbelebung der keralischen Kultur, sondern gilt auch als Talentschmiede, in der bekannte Künstler ausgebildet wurden, die inzwischen auf vielen Bühnen der Welt aufgetreten sind. Am lohnenswertesten ist ein Besuch während des einwöchigen Weihnachtsfestes, zu dem zahlreiche Aufführungen in dem architektonisch sehr ansprechenden Theater stattfinden.

- **Kerala Kalamandalam,** Tel.: 0492-2622418. Besucher dürfen den Studenten, zu denen auch einige aus dem Westen gehören, beim

Älterer Keralite in
verbesserungswürdiger Stimmung

Guruvayur, Kozhikode (Calicut)

täglichen Training zwischen 5 und 7 Uhr sowie 15 und 17 Uhr zuschauen. Fotografieren ist nur nach vorheriger Erlaubnis gestattet. Am 31. März, 1. Juli, an öffentlichen Feiertagen sowie in den Monaten April und Mai ist das Kalamandalam geschlossen.

Guruvayur ♫ A3

Der Krishna-Tempel von Guruvayur, 30 km nordwestlich von Thrissur, zählt zu den bedeutendsten **Pilgerzentren** Keralas. Die tägliche Flut von Gläubigen ist beeindruckend und lohnt einen Zwischenstopp. Der Tempel selbst ist für Nicht-Hindus tabu. Jedes Jahr im November/Dezember und im Februar/März finden prunkvolle Tempelfeste statt. Die dann bei festlichen Umzügen zum Einsatz kommenden **Elefanten** verbringen den Rest des Jahres im Punnathur Kotta Elephant Sanctuary, vier Kilometer nördlich von Guruvayur. Besonders lohnend ist ein Besuch frühmorgens und gegen Abend, wenn die 40 Dickhäuter von den *mahouts* gewaschen werden. Man sollte sich den scheinbar so friedlich dreinschauenden Elefanten jedoch ohne Erlaubnis der Wärter nicht zu sehr nähern, wurden doch in den letzten Jahren vier *mahouts* von ihnen getötet. Besondere Vorsicht ist während der Brunftzeit geboten.

● **Punnathur Kotta Elephant Sanctuary:** Der Park ist täglich von 9 bis 18 Uhr geöffnet, Eintritt frei, Fotogebühr 50 Rs. Die Anfahrt per Riksha kostet 30 Rs von Thrissur.

Kozhikode (Calicut) ♫ A3

Einwohner: 900.000
Vorwahl: 0495

Kozhikode, die größte Stadt im Norden Keralas, ist reich an Geschichte und arm an Sehenswürdigkeiten. Der Name fehlt in keinem Geschichtsbuch, war es doch in dem kleinen Dorf Kappad, zehn Kilometer nördlich von Kozhikode, wo **Vasco da Gama** am 20. Mai 1498 anlandete und damit die europäische Kolonialzeit in Indien einläutete. Rein zufällig geschah dies nicht, war das damalige Calicut doch schon seit über einem Jahrhundert einer der umsatzstärksten Häfen an der Südwestküste Indiens. Die lokalen Machthaber mit dem Ehrentitel Zamorin gehörten zu den wohlhabendsten Herrscherfamilien der Malabar-Küste. Das weckte natürlich Begehrlichkeiten und so wurde Calicut in den nächsten Jahrhunderten mehrfach von portugiesischen, holländischen und britischen Heeren in Schutt und Asche gelegt. So sieht es heute auch aus.

Zwar liegen über die stark **muslimisch geprägte Stadt** verstreut zahlreiche Moscheen und einige hinduistische Tempel, doch verdient keines dieser Gebäude eine spezielle Erwähnung. Wer hier einen Zwischenstopp auf der langen Fahrt von Karnataka zu den Stränden Keralas einlegt – wohl der einzige Grund, in Kozhikode zu übernachten – sollte am späten Nachmittag einen Spaziergang zur **Strand-**

KOZHIKODE (CALICUT)

- 🏨 1 Taj Residency
- Ⓑ 2 KSRTC-Busbahnhof
- Ⓑ 3 New Bus Stand
- 🏨 4 Asma Tower
- ⛪ 5 Kirche
- Ⓢ 6 State Bank of India
- ✉ 7 Post
- 🏨 8 Hotel Malabar Palace
- Ⓑ 9 Palayam-Busbahnhof
- 🏨 10 Alakapuri Guest House

promenade unternehmen, um mit den Einheimischen den Sonnenuntergang zu erleben.

Ansonsten kann man die Zeit mit einem Abstecher zum zehn Kilometer nördlich gelegenen **Kappad** verbringen, um jene historische, mit einem **Denkmal** gekennzeichnete Stelle zu fotografieren, an der Vasco da Gama 1498 indischen Boden betrat.

Information

● Die Angestellten des **Touristenbüros** (Tel.: 2700097) am Bahnhof freuen sich über jeden der jährlich durchschnittlich 1,5 Ausländer, die bei ihnen vorbeischauen. Dementsprechend bemüht sind sie, jede nur mögliche Auskunft zu geben. Ein weiteres Büro ist am Karipur Airport (Tel.: 272276).

● Außerdem gibt's noch ein **Tourist Reception Centre** im Hotel Malabar Mansion (Tel.: 2722391).

Unterkunft, Essen und Trinken

- Das **Alakapuri Guest House** €-€€ (Tel.: 2721593) an der MM Ali Rd. ist ein passables Billighotel im Stadtzentrum. Besonders zu empfehlen sind die sehr geräumigen AC-Räume. Die günstigen Zimmer sind nicht nur wenig einladend, sondern leiden auch unter den Gerüchen der beiden empfehlenswerten hauseigenen Restaurants.
- Ein ausgezeichnetes Preis-Leistungs-Verhältnis bietet das **Hotel Asma Tower** €€-€€€ (Tel.: 2723560). Das ganz in der Nähe der Busbahnhöfe an der Mavoor Rd. gelegene Haus macht einen gepflegten Eindruck und verfügt über ein sehr gutes Restaurant.
- Das **Malabar Palace** €€€ (Tel.: 2721511) ist ein gutes Mittelklassehotel in der GH Rd. Alle 52 Zimmer sind klimatisiert, darüber hinaus verfügt das Haus über einen 24-Stunden-Coffee-Shop sowie das ebenfalls klimatisierte **Dawn Restaurant.**
- Kozhikodes Top-Hotel ist das **Taj Residency** €€€€€ (Tel./Fax: 2765354) an der PT Usha Rd.

An- und Weiterreise

- **Flug:** Kozhikodes Flughafen liegt ungünstig 30 km südlich der Stadt. Mit dem Taxi muss man ca. 350–400 Rs zahlen. Indian Airlines (Eroth Centre, 5/2521 Bank Rd., Tel.: 2753966) fliegt 2x tgl. nach Mumbai und 3x wöchentlich nach Chennai. Jet Airways (29 Mavoor Rd., Tel.: 2356518) fliegt 2x wöchentlich nach Mumbai. Air India steuert mehrere Ziele in der Golfregion an.
- **Bahn:** Gute Verbindungen entlang der Konkan Railway Richtung Norden, tgl. 7 Züge nach Mangalore (6–8 Std.). Richtung Süden nach Thiruvananthapuram (10–12 Std.) u.a. mit dem Malabar Express, der auch in Kochi/Ernakulam (7 Std.) hält. Zudem gute Verbindungen nach Tamil Nadu.
- **Bus:** Kozhikode besitzt drei Busbahnhöfe. Vom **KSRTC-Busbahnhof** an der Mavoor Rd. verkehren die Langstreckenbusse u.a. nach Bangalore, Coimbatore, Kochi, Madurai, Mangalore, Mysore und Thiruvananthapuram. Darüber hinaus fahren zahlreiche Luxusbusse nach Kochi/Ernakulam und Thiruvananthapuram von den Büros der privaten Gesellschaften im Umkreis des Busbahnhofs. Die Fahrt nach Mysore über Ooty in Tamil Nadu führt durch die spektakulären West-Ghats. Wegen der besseren Aussicht sollte man einen Platz auf der linken Seite wählen.

Kleinere Städte im Norden Keralas wie Mahé, Kannur (Cannanore) und Bekal werden vom 500 m weiter östlich an der Mavoor Rd. gelegenen **New Bus Stand** angefahren. Ziele im Süden und Osten Keralas wie Palakkad und Thrissur fahren vom **Palayam-Busbahnhof** an der Kreuzung GH Rd. und MM Ali Rd.

Kannur (Cannanore)

Einwohner: 480.000
Vorwahl: 0497

Das heute noch vielfach unter seinem früheren Namen Cannanore bekannte Kannur war zwischen dem 15. und 17. Jh. einer der großen Gegenspieler der Zamorins von Calicut, dem heutigen Kozhikode, 90 km südlich. Auffälligstes Bauwerk aus jener Zeit, als die europäischen Kolonialmächte um die Vorherrschaft über den lukrativen Hafen im Norden Keralas fochten, ist das von den Portugiesen Anfang des 16. Jh. erbaute **Fort St. Angelo.** Leider ist die gewaltige Festungsanlage im Nordwesten der Stadt heute vom indischen Militär besetzt und deshalb nicht zugänglich. Einen kurzen Spaziergang lohnt die Altstadt, in der noch einige, allerdings recht heruntergekommene **Villen der ehemaligen Patrizierfamilien** stehen.

Unterkunft, Essen und Trinken

- Das mit Abstand beste Preis-Leistungs-Verhältnis der unteren Preisklasse bietet das **Mascot Beach Resort** €-€€ (Tel.: 2708445, Fax: 2701102) mit seiner pittoresken Lage direkt oberhalb des Meeres, geräumigen, sauberen Zimmern und einem sehr empfehlenswerten hauseigenen Restaurant.
- Auch in Kannur gibt es eine Reihe schlichter Unterkünfte im Bahnhofsbereich. Eines von vielen für eine Nacht aktzeptablen Budget-Hotels ist das **KTDC Yatri Niwas** €-€€ (Tel.: 2700717). Recht gut ist das Restaurant.
- Ebenfalls günstig wohnt man in der **Swadeshi Woodlands Lodge** €-€€ (Tel.: 2501434) an der Aarat Rd. Ein freundliches, wenn auch etwas in die Jahre gekommenes Hotel mit angeschlossenem Restaurant.
- Das **Kamala International** €€€ (Tel.: 2766910, Fax: 2701819) ist ein typisches indisches Business-Hotel. Professionell, wenn auch etwas steril geführt, bietet es alle Annehmlichkeiten eines Mittelklassehotels wie TV, AC und Kühlschrank. Schönes Dachgartenrestaurant.

An- und Weiterreise

- **Bahn:** Kannur liegt an der Hauptstrecke entlang der Malabar-Küste und bietet dementsprechend gute Verbindungen nach Kochi und Thiruvananthapuram im Süden sowie Mangalore im Norden.
- **Bus:** Vom zentralen Busbahnhof werden alle größeren Orte der Malabar-Küste angefahren. Nach Kochi/Ernakulum bzw. Thiruvananthapuram fahren auch zahlreiche Luxusbusse von den im Bahnhofsbereich angesiedelten privaten Gesellschaften. Nach Karnataka täglich 10 Busse zu den Zentren Mysore und Bangalore, von dort Anschlussbusse in die kleineren Orte der Umgebung.

Tellicherry ⇗ A2

Tellicherry ist ein ebenso unspektakulärer wie angenehmer Ort 21 km südlich von Kannur. Die stark muslimisch geprägte Stadt lebt in erster Linie vom Fischfang und vom Handel. Interessant ist ein Gang zum **natürlichen Hafen,** in dem die nachmittags vom Fang zurückkehrenden Fischkutter dümpeln und die Frachtschiffe mit Tee, Kaffee und Gewürzen beladen werden.

Kasargode ⇗ A1

Kasargode ist der erste größere Ort, den man auf dem Weg von Karnataka kommend entlang der Küste Richtung Süden passiert. Der muslimische Fischerort bietet keinerlei touristische Sehenswürdigkeiten, kann jedoch als Ausgangspunkt für das 16 km südlich gelegene **Bekal Fort** genutzt werden. Bei der sehr pittoresk auf einem Felsvorsprung oberhalb des Meeres gelegenen Festungsanlage handelt es sich um das größte Fort Keralas. Erbaut wurde es zwischen 1645 und 1660. Außer den imposanten Außenmauern und einigen über das weite Areal verstreut liegenden Ruinen blieb kaum etwas erhalten. Sehr schön ist der Blick von oben über die auf beiden Seiten liegenden, palmengesäumten Buchten und das azurblaue Meer.

Information

Für weitergehende Informationen kann man das **Tourist Information Office** kontaktieren (Tel.: 2736937, 2772900) oder das Internet: www.bekal.org.

Madurai

Einer der vierOrtürme des
berühmten Sri-Meenakshi-Tempels

Überblick

Einwohner: 1,2 Mio.
Vorwahl: 0452

Welch ein Glück, dass in der hinduistischen Mythologie göttliche Wesen sehr menschliche Gefühle entwickeln dürfen. Dieser anderen Religionen gänzlich fremden „menschlichen Seite" des Hinduismus hat die Nachwelt eine Reihe von sehr schönen Plätzen und Stätten zu verdanken. Hierzu gehört das altehrwürdige Madurai, etwa 100 km von der keralischen Grenze im südlichen Tamil Nadu gelegen.

Madurai ist so etwas wie die **heimliche Hauptstadt des Südens.** Im Gegensatz zu vielen kulturell, historisch und wirtschaftlich bedeutenden Städten, die abgesehen von einem Tempel kaum Sehenswertes zu bieten haben, ist Madurai ein Ort zum Verweilen. Neben der hervorragenden touristischen Infrastruktur mit zahlreichen Hotels aller Preiskategorien, guten Restaurants und besten Einkaufsmöglichkeiten bietet die Stadt mit ihrem **pulsierenden Leben** rund um den Sri-Meenakshi-Tempel im Zentrum eine einzigartige Atmosphäre aus Geschäftigkeit und Religiosität.

Ein Abstecher nach Madurai lohnt nicht nur wegen des Tempels

Der Bereich um den täglich von über 10.000 Pilgern besuchten Tempel ist von frühmorgens bis spätabends erfüllt von geschäftiger, „marktschreierischer" Vitalität. Allein zum Durchstreifen der **engen Gassen und Märkte** sollte man sich mindestens einen Tag Zeit nehmen. In all dem lebhaften Treiben scheint der Geist der Schutzgöttin Meenakshi eine beruhigende Wirkung auf die Menschen auszuüben, herrscht doch bei aller Geschäftigkeit eine angenehm friedvolle Stimmung. Madurai ist eine tolle Stadt und es lohnt sich, einen Kerala-Aufenthalt mit dem Besuch Madurais zu verbinden.

Orientierung

Der **Vaigai-Fluss** trennt Madurai in zwei deutlich voneinander zu unterscheidende Stadtteile. Die **Neustadt im Norden** geht auf das ursprünglich von den Briten gegründete Cantonment zurück. Hier präsentiert sich Madurai weitläufig und modern. Von tou-

Ausschnitt S. 306

ÜBERBLICK

🏨	1	Hotel Pandyan
☐	2	Central Telegraph Office
●	3	Meenakshi College
✚	4	Krankenhaus
Ⓑ	5	Anna-Busbahnhof
✉	6	Hauptpost
Ⓑ	7	STCI/Periyar-Busbahnhof
🏨	8	Hotel Taj Garden Retreat

ristischem Interesse ist diese Region nur wegen des Anna-Busbahnhofs, des Gandhi Museum und einiger First-Class-Hotels im Bereich der vom Schwerverkehr geprägten Alagarkoil Rd.

Die **Altstadt im Süden** des Vaigai erstreckt sich um den **Sri-Meenakshi-Tempel.** Nach dem Vorbild eines *mandala* um mehrere Ringstraßen angelegt, hat sie ihren Charakter über die Jahrhunderte zum großen Teil bewahren können. Nach wie vor prägen die engen, von Händlern, Pilgern, bunten Märkten und Ochsenkarren geprägten Gassen das Bild. Zwischen dem Meenakshi-Tempel und dem etwa 1,5 km nordwestlich gelegenen **Bahnhof** haben sich die meisten Hotels der unteren und mittleren Preiskategorie angesiedelt. In diesem Bereich finden sich auch drei der insgesamt fünf Busbahnhöfe von Madurai.

Sehenswertes

Highlight:
Sri-Meenakshi-Tempel

Für die Erkundung des Sri-Meenakshi-Tempels sollte man sich genügend Zeit nehmen. Neben den *gopurams*, Schreinen, Hallen, Skulpturen und Wandgemälden beeindruckt vor allem das bunte Treiben in der täglich von mehr als 10.000 Menschen besuchten Tempelstadt. Es lohnt sich, zu unterschiedlichen Tageszeiten wiederzu-

1 Südlicher Gopuram
2 Tempelteich (Pottamarai Kulam)
3 Kilikattu Mandapam
4 Meenakshi-Schrein
5 Westlicher Gopuram
6 Sundareshvara-Schrein
7 Nördlicher Gopuram
8 Halle der Tausend Pfeiler (Museum)
9 Kalyan Mandapam
10 Östlicher Gopuram
11 Meenakshi Naika Mandapam

kommen, da sich die Atmosphäre immer wieder ändert.

Die Tempel, in denen **Shiva und Meenakshi** verehrt werden, liegen zusammen mit weiteren Nebentempeln und -schreinen innerhalb eines umfriedeten Rechtecks, das 254 x 237 m misst. Die sechs Hektar große Anlage wird durch zwei parallele Ost-West-Achsen bestimmt, auf denen die beiden Haupttempel liegen. Wahrzeichen der Stadt sind die **zwölf riesigen Tempeltürme,** die die Millionenstadt weithin überragen.

Der hohe, im Stil einer Festungsmauer gestaltete Außenwall wird von **vier Tortürmen** unterbrochen – einem in jeder Himmelsrichtung. Die Spitzen dieser mit Tausenden von bunten Götterfiguren, Dämonen, Asketen, Tempelwächtern, Tieren und Fabelwesen übersäten *gopurams* bestehen aus tonnenförmigen Überdachungen, die seitlich in großen hufeisenförmigen Bögen enden. Im Laufe von umfangreichen Renovierungsarbeiten, die Mitte des 20. Jh. durchgeführt wurden, entbrannte in der Öffentlichkeit eine heftige Debatte. Die Frage, ob die Türme bunt oder einfarbig gestaltet werden sollten, wurde schließlich in einem Volksentscheid zugunsten der farbigen Variante entschieden. Wie Inschriften am Tempel belegen, entspricht dies auch dem ursprünglichen Zustand.

Hat der Besucher die Tempelanlage durch das Tor des südlichen *gopuram* betreten (vorher in einem kleinen Raum links davon die Schuhe ausziehen), taucht auf der rechten Seite hinter den Säulen des umlaufenden Wandelganges der **Teich des Goldenen Lotus** (Pottamarai Kulam) auf. Dieser Tempelteich ist der ideale Ort, um auf den zum Wasser führenden **Ghats** (Treppenstufen) das bunte Leben auf sich wirken zu lassen. Familien legen hier eine Pause ein, Pilger vollführen ihre rituellen Waschungen, Musiker spielen in der Hoffnung auf ein paar Rupien, Hochzeitspaare lassen sich fotografieren, ältere Menschen treffen sich auf ein Gespräch – hier zeigt sich, dass die südindischen Tempel neben ihrer sakralen Bedeutung bis heute ihre Funktion als sozialer Mittelpunkt des städtischen Lebens bewahrt ha-

ben. Der Tempelteich bietet sich auch als guter Standort zum Fotografieren der umliegenden Türme an. Während die Hauptschreine des Meenakshi und Sundareshvara trotz ihrer vergleichsweise geringen Größe wegen der goldenen Ummantelung sofort ins Auge fallen, ragen die knallbunten *gopurams* atemberaubend weit in die Höhe.

Die den Teich umlaufenden **Säulengänge** des zwischen dem 15. und 17. Jh. von den Nayaks erbauten Tempels sind von den monolithischen, mit Ungeheuern geschmückten Granitpfeilern geprägt, die das vorkragende Deckensystem tragen. Auch die bunten Deckengemälde bilden einen interessanten Blickfang. Die meisten von ihnen stammen aus dem 17. Jh. und zeigen Szenen der von Shiva in Madurai vollbrachten Heldentaten. Der zwischen Tempelteich und dem nur Hindus zugänglichen Meenakshi-Schrein gelegene Kilikattu Mandapam beherbergt ein interessantes **Modell,** anhand dessen man sich einen Überblick über die verwinkelte Tempelanlage verschaffen kann. Allabendlich zwischen 20 und 21 Uhr findet am Eingang zum Meenakshi-Schrein die von vielen Gläubigen verfolgte **Lali Puja** statt.

Durch einen kleinen Durchgang gelangt man in den wesentlich größeren zweiten Tempelbereich mit dem **Sundareshvara-Schrein** im Zentrum. Die weiten, das Hauptheiligtum umlaufenden Korridore mit ihren fein skulpturierten Pfeilern beherbergen eine Reihe von Götterskulpturen, denen die Gläubigen ihre Aufwartung machen.

Als erstes trifft man auf eine gewaltige **Ganesha-Figur,** welche im 17. Jh. auf dem Grund des fünf Kilometer östlich der Stadt gelegenen Mariammam-Teppakulam-Sees entdeckt und hierher gebracht wurde.

Vorbei an einem mit rotem Pulver bedeckten Hanuman-Schrein gelangt man zu der großen, dem Sundareshvara-Schrein vorgelagerten Halle. Hier versammeln sich die Gläubigen und warten darauf, dass der von einem Nandi-Bullen bewachte Hauptschrein (für Nicht-Hindus geschlossen) von den Tempelbediensteten geöffnet wird. Einer der beliebtesten Zeitvertreibe besteht darin, die beiden im Norden des Hofes beim Tanzwettbewerb dargestellten Figuren von **Shiva und Kali mit Butterkugeln zu bewerfen.** Das macht nicht nur den Pilgern Spaß, sondern erfreut auch die Brahmanen, die am Verkauf dieser Wurfgeschosse kräftig verdienen. Bezweifelt werden darf allerdings, ob die gänzlich mit Butterfett besudelten Hindu-Götter Gefallen an dem kirmesähnlichen Vergnügen finden. Von den zahlreichen die Pfeiler schmückenden Figuren fällt besonders die Darstellung einer breitbeinigen Frau ins Auge.

Eine beliebte Darstellung an den hoch aufragenden Tempeltoren ist Shiva, der in jeder seiner zehn Hände eines seiner Attribute hält

Begibt man sich von hier Richtung Osttor, gelangt man zu der links (nördlich) vom Hauptweg gelegenen **1.000-Säulen-Halle** (Airakal Mandapam). Tatsächlich handelt es sich dabei um 995 aufwendig mit springenden Pferden, berittenen Löwen sowie Fabelwesen und Göttern dekorierte, monolithische Granitpfeiler. Die Größe des Raumes, der eine Fläche von 75 x 75 m bedeckt, zeigt die zunehmende Bedeutung, die dieser Art von Versammlungssaal in der späten indischen Architektur zukam. Heute beherbergt der Saal das **Tempelmuseum** mit einer umfangreichen Sammlung von zum Teil ausgezeichneten Skulpturen. Wie so häufig in ähnlichen Museen Indiens macht alles einen sehr heruntergekommenen Eindruck. So wird dem an sich sehr schönen Raum viel von seiner Wirkung genommen.

Nach Durchschreiten des **Kalyan Mandapam**, Mittelpunkt des zwölftägigen, alljährlich im April/Mai in Erinnerung an die Krönung Shivas gefeierten **Chittirai-Festes,** gelangt man zum östlichen Rajagopuram. Wie die vier anderen ist dieser mit 56 m und neun Stockwerken höchste Torturm mit Tausenden von farbigen Figuren besetzt.

Spätestens hier wird man von Einheimischen angesprochen, die einen mit „The best view of the Meenakshi Temple" in ihr Textilgeschäft locken möchten. Die um den Tempelkomplex führenden Straßen sind gesäumt von **Stoffgeschäften und Schneidereien,** von deren Dächern sich tatsächlich häufig schöne Aussichten auf die Tempelanlage bieten. Es spricht also nichts dagegen eine solche – selbstverständlich nicht uneigennützig ausgesprochene – Einladung anzunehmen. Hat man die Aussicht genossen und Fotos gemacht, kann man sich ja wieder mit einem freundlichen Lächeln verabschieden ...

Auf keinen Fall entgehen lassen sollte man sich einen Besuch der unmittelbar vor dem Rajagopuram gelegenen, nur durch die Straße von ihm getrennten **Puthu Mandapa.** Die 111 x 35 m große Halle wurde ursprünglich als eine dem Tempelkomplex vorgelagerte Eingangshalle gebaut. Wie die mit Skulpturen der Nayak-Herrscher geschmückten Säulen belegen, handelte es sich hierbei um eine Art Visitenkarte, die den Gläubigen vor dem Betreten des Tempels die Macht und Großzügigkeit ihrer Herrscher vor Augen führen sollte. Heute haben sich in dem zu einer Art **Markthalle** umgewandelten *mandapam* viele Schneider niedergelassen, die es besonders auf kaufkräftige Touristen abgesehen haben.

●**Öffnungszeiten:** Der Sri-Meenakshi-Tempel ist tgl. von 5 bis 12.30 Uhr und 16 bis 21.30 Uhr geöffnet. Schuhabgabestellen befinden sich an jedem der vier Eingangstore, wo auch Fototickets (50 Rs) gekauft werden können. Videofilmen ist verboten.

Markt

Ein Augen- und Ohrenschmaus ganz besonderer Art ist der sich zwischen N. Chitrai St. und Avani Moola St. erstreckende **Obst- und Gemüsemarkt.** In den verwinkelten Gassen unmittelbar nördlich des Tempels scheint die Zeit in den letzten Jahrhunderten stehengeblieben zu sein. Stundenlang könnte man an den unter der Last der Früchte fast zusammenbrechenden Holzständen vorbeibummeln und die Einheimischen beim Handeln beobachten.

Noch einmal eine Steigerung erlebt dieser Anschlag auf die Sinnesorgane auf dem sich unmittelbar daran anschließenden **Blumenmarkt.** Der von außen hässliche Betonbau entpuppt sich innen als ein Meer von Farben und Düften. Riesige Mengen von leuchtend gelben, violetten, weißen und roten Blumen und Blüten, oftmals zu kunstvollen Girlanden zusammengesteckt, bilden einen überwältigenden Eindruck und lassen den Finger am Auslöser der Kamera „kleben".

Tirumalai-Nayak-Palast

Ein sehr schönes Beispiel des ansonsten in Tamil Nadu kaum zu sehenden **indo-islamischen Baustils** bietet der Tirumalai-Nayak-Palast ca. zwei Kilometer südöstlich des Meenakshi-Tempels. Allerdings bedarf es schon einiger Fantasie, um sich die ehemalige Größe und Pracht des im 17. Jh. vom gleichnamigen Nayak-Herrscher erbauten Palastes vorzustellen. Nur noch ein Viertel der ursprünglichen Anlage ist erhalten, Privattempel, Haremsbereich, Theatersaal und die Befestigungsmauern sind gänzlich verschwunden. Als besonders dreist erwies sich *Tirumalais* Enkel *Chockkanatha,* der einen Großteil der Einrichtung zum Bau seines eigenen Palastes in Tiruchirapalli abtransportieren ließ. *Lord Napier,* der Generalgouverneur von Chennai, ließ einen Teil des Gebäudes 1858 instand setzen. Es bleibt zu hoffen, dass die in den letzten Jahren zaghaft wieder aufgenommenen Restaurierungsarbeiten energisch fortgeführt werden.

Nach wie vor sehr beeindruckend ist der **Swargavilasa,** ein 75 x 52 m großer Hof, den man als erstes nach Passieren des hoch aufragenden Eingangstores betritt. Die trotz ihrer Größe elegant wirkenden, 18 m hohen Arkaden, die den „Himmelspavillon" umgeben, bilden zusammen mit den sehr detailgenauen Deckenverzierungen eine besonders schöne Synthese islamischer und hinduistischer Stilelemente. Jeden Abend findet hier eine vom Tourist Department veranstaltete **Sun and Light Show** statt, bei der die Geschichte Tirumalais nacherzählt wird. Wer sich an der schlechten Tonqualität, den Millionen von Moskitos und dem fast schon wieder amüsanten Gemisch aus heroischem Kommentar und tamilischem Gesang nicht stört, sollte sich die englische Vorstellung von 18.45 bis 19.30 Uhr ansehen ...

In der ehemaligen Tanzhalle des Palastes ist heute das **Museum** untergebracht, in dem u.a. Statuen und historische Aufnahmen der Palastanlage ausgestellt sind.

●**Öffnungszeiten:** Palast und Museum sind tgl. von 9 bis 13 und 14 bis 17 Uhr geöffnet.

Mariammam-Teppakulam-Tempelteich

Nur während des im Januar/Februar zu Ehren der Hochzeit von Shiva und Meenakshi stattfindenden **Teppam-Festes** lohnt ein Ausflug zu dem fünf Kilometer östlich der Altstadt gelegenen Mariammam-Teppakulam-Tempelteich. Nur dann wird der den Rest des Jahres trockene künstliche kleine See mit Wasser gefüllt und das **Hochzeitspaar** auf einem **Floß** um den Tempelschrein in seiner Mitte gezogen, wobei die ganze Szenerie in ein romantisches Licht getaucht wird. Ursprünglich war der 1646 von *Tirumalai Nayak* erbaute Teich durch einen unterirdischen Kanal mit dem Vaigai-Fluss verbunden und wurde das ganze Jahr über durch dessen Wasser gespeist. Wie weit man der Geschichte Glauben schenkt, wonach man beim Ausheben des Teiches im 17. Jh. jene gewaltige Ganesha-Figur fand, die heute im Sri-Meenakshi-Tempel zu sehen ist, bleibt jedem selbst überlassen.

Museen im Tamukam-Palast

Das fünf Kilometer nördöstlich des Zentrums in den Räumen des Tamukam-Palastes untergebrachte **Gandhi-Museum** gehört zu den interessantesten seiner Art in Indien. Der hübsche Bau wurde im 17. Jh. für die Königin *Rani Mangammal* errichtet. Anhand zahlreicher Ausstellungsobjekte wie historischer Aufnahmen, Originalbriefe, Zeitungsausschnitte und persönlicher Gegenstände wird die Lebensgeschichte Ghandis sehr eindrucksvoll nachgezeichnet. Spektakulärstes Ausstellungsobjekt ist zweifelsohne der blutbefleckte *dhoti*, den der berühmteste Sohn Indiens am Tag seiner Ermordung trug.

Das in einem Extragebäude innerhalb der weitläufigen Gartenanlge untergebrachte **Government Museum** zeigt neben den üblichen Stein- und Bronzeskulpturen auch eine interessante Sammlung von Schattenpuppen, die wahrscheinlich vom Hof von Thanjavur nach Madurai gelangten.

●**Öffnungszeiten:** Beide Museen sind tgl. außer Fr und jeden 2. Sa im Monat von 9 bis 17 Uhr geöffnet, der Eintritt ist frei. Mit einer Riksha kostet die Fahrt von der Altstadt ca. 40 Rs.

Praktische Tipps

Information

●Das **Tourist Office** (Tel.: 234757), 180 West Veli St., mit sehr hilfsbereiten und freundlichen Angestellten, ist Mo–Fr von 10 bis 17.45 Uhr geöffnet. Wer mit der Bahn ankommt, sollte die Filiale am Bahnhof aufsuchen, dort tgl. von 7 bis 20 Uhr, allerdings ist nicht immer geöffnet.

Stadtverkehr

●Der Altstadtbereich zwischen Bahnhof und Sri-Meenakshi-Tempel ist klein genug und zudem so voll von faszinierenden Eindrücken, dass man sich gern und problemlos zu Fuß bewegt. Wer mit viel Gepäck ankommt und sich mit der **Riksha** vom Bahnhof zu einer der zahlreichen Unterkünfte im Bereich von Town Hall Rd. und West Perumai Maistry St. fahren lassen möchte, sollte nicht mehr als 20 Rs zahlen. Allerdings gelten die Rikshafahrer von Madurai als besonders raue Vertreter ihrer Zunft und dementsprechend hart muss gefeilscht werden.

- Zum 11 km südlich des Zentrums gelegenen **Flughafen** muss man mit dem Taxi zwischen 200 und 250 Rs zahlen, etwa die Hälfte mit der Autoriksha. Die offiziell von Indian Airlines eingesetzten Flughafenbusse verkehren, wenn überhaupt, nur sehr unregelmäßig, weshalb man sich aktuell vor Ort über den Stand der Dinge informieren sollte.

Unterkunft

Madurai bietet eine große Auswahl an guten Hotels aller Preiskategorien. Die meisten Unterkünfte der unteren und mittleren Klasse konzentrieren sich in der für Touristen besonders attraktiven Gegend zwischen dem Meenakshi-Tempel und dem Bahnhof. Gerade in Madurai lohnt es sich, ein paar Rupien mehr für die Übernachtung auszugeben, da die Unterkünfte der mittleren Preiskategorie oftmals ein hervorragendes Preis-Leistungs-Verhältnis bieten, während die meisten der billigen Hotels gerade einmal einfachsten Ansprüchen genügen. Besonders entlang der West Perumal Maistry St. ist in den letzten Jahren eine Reihe von ausgezeichneten und dabei erstaunlich preiswerten Hotels errichtet worden. Bei den meisten Unterkünften herrscht ein „24 Hours Check Out System".

- Das **Hotel Palace** €-€€ (Tel.: 2342335, 2342777) ist eine der besten Billigunterkünfte in Madurai. Es liegt ruhig und die meisten Zimmer haben TV. Die oberen Stockwerke sind wegen des Ausblicks vorzuziehen.
- Eine sehr gute Billigwahl ist auch das **Hotel Gangai** € (Tel.: 2342181-83) mit sehr sauberen AC- und Non-AC-Zimmer (teils mit TV) schon für ganz wenig Geld.
- Auch die 65 Zimmer des **Hotel Dhanamani** €-€€ (Tel.: 2342701-04) bieten in den oberen Etagen einen schönen Blick über die Stadt, wobei die etwas teureren einen sehr guten Gegenwert darstellen. Außerdem werden Sightseeing-Touren angeboten.
- Dem Preis entsprechend wohnt man im **Hotel Em Pee** €-€€ (Tel.: 2341525, Fax: 2345382). AC- und Non-AC-Zimmer mit großen Fenstern, Balkon und TV sind die Ausstattung.
- Bahnhofsnähe und eine Vielzahl unterschiedlicher AC- und Non-AC-Zimmer (meist mit TV) zu angemessenen Preisen, allerdings auch ein recht hoher Geräuschpegel sind die Qualitätsmerkmale des um einen Innenhof mit zwei Restaurants angelegten, großen **New College House** €-€€ (Tel.: 2742971, Fax: 2740794).
- Eine ganze Reihe qualitativ unterschiedlicher Hotels in diesem Preissegment befinden sich im nördlichen Teil der West Perumal Maistry Street, so die **T.M. Lodge** €-€€ (Tel.: 2341651) mit akzeptablen AC- und Non-AC-Räumen, wobei die oberen Stockwerke zu bevorzugen sind. Gut ist das **Hotel International** €-€€ (Tel.: 2341552-54, Fax: 2340372) mit AC- und Non-AC-Zimmern, wobei die ruhigeren, nach hinten gelegenen vorzuziehen sind, zumal man vom Balkon der zur Straße weisenden Zimmer wegen der Lautstärke kaum etwas hat. Das **Prem Nivas** €-€€ (Tel.: 2342532-59, Fax: 2343618, premnivas@eth.net) ist passabel und hat ein vegetarisches AC-Restaurant zu bieten. Eine recht gute Wahl sind das **Sulochna Palace** €-€€€ (Tel.: 2341071-73, Fax: 2340627), welches mit hellen Non-AC-Zimmern mit TV sowie einem Dachrestaurant aufwartet, und das akzeptable **Hotel Keerthi** €-€€€ (Tel.: 2341501).
- Das **Hotel Temple View** €-€€ (Tel.: 2746625, 2346625, Fax: 2345822, madinonc@vsnl.com) trägt seinen Namen durchaus zurecht, bietet sich doch von der Dachterrasse ein wirklich schöner Blick auf den in der Nähe gelegenen Meenakshi-Tempel. Leider macht das Management zu wenig aus diesem Standortvorteil und so vermitteln viele Zimmer besonders in den unteren Etagen einen dunklen und ungemütlichen Eindruck.
- Der tempelnahe **YMCA** €-€€ (Tel.: 2346649, Fax: 2347950, ymcamadurai@hotmail.com) bietet 20 sehr großzügige, saubere Zimmer (AC mit TV, Non-AC ohne TV), allerdings ohne Aussicht, und strapaziert den Geldbeutel nicht – eine sehr gute Wahl.
- Das ebenfalls tempelnahe **Hotel Shree Devi** €-€€€ (Tel.: 2347431-35) ist sehr zu empfehlen. Die Zimmer sind nicht ganz so gut wie im YMCA, aber sie bieten gerade in den oberen Stockwerken tolle Ausblicke auf den Tempel. Auf dem Dachgarten, wo sich das schönste Zimmer des Shree Devi befindet, wird auch Kaffee und Bier serviert.

- Teils sehr schöne Ausblicke von den oberen Stockwerken über die Stadt und einen kleinen Tempel in der Nähe sowie 72 große, saubere AC- und Non-AC-Zimmer machen das ruhig gelegene **Hotel Aarathi** €-€€€ (Tel.: 2731571) zu einer der besten Unterkünfte der Stadt. Ein vegetarisches Restaurant ist vorhanden.
- Der große Kasten des **Hotel Taj** €-€€€ (Tel.: 2334820, Fax: 2334051) gehört in die gleiche Preisklasse wie das Aarathi. Hübsch eingerichtete AC- und Non-AC-Zimmer mit TV und das Dachrestaurant machen es zu einer guten Wahl.
- Das **Hotel Padman** €€-€€€ (Tel.: 2340702, Fax: 2743629) bietet mit großen AC- und Non-AC-Zimmern teils mit Badewanne sowie einem Dachrestaurant mit Tempelblick einiges, ist aber verglichen mit den vorherigen überteuert.
- Das **Hotel Chentoor** €€-€€€ (Tel.: 2350490, Fax: 2350499, chentoor@eth.net, www.hotelchentoor.com) mit sehr sauberen AC- und Non-AC-Zimmern mit TV und Sitzgruppe und schönem Ausblick nach vorn sowie dem Dachrestaurant The Emperor (bis Mitternacht geöffnet) ist sein Geld wert.
- Das 1998 erbaute **Hotel M.R. International** €-€€ (Tel.: 2348201-04, Fax: 2347423) macht einen guten Eindruck. Die geräumigen und sauberen AC- und Non-AC-Räume, alle mit TV, teils mit Sitzgruppe, bieten viel fürs Geld.
- **Hotel Supreme** €€-€€€ (Tel.: 2343151, Fax: 2342637, supreme@md3.vsnl.net.in, www.supremehotels.com) bietet 69 gute AC- und Non-AC-Zimmer mit TV. Angeschlossen sind das Surya-AC-Restaurant und ein Dachrestaurant mit schönem Blick. Außerdem gibt's ein Internet-Café.

Obere Preiskategorie:
- Das **Hotel Park Plaza** €€€ (Tel.: 2742112, Fax: 2743654) ist das beste Hotel entlang der West Perumal Maistry St., aber auch ein bisschen überteuert. Alle der insgesamt 55 Zimmer haben AC und Kabel-TV. Auch hier bietet sich vom hauseigenen Roof-Top-Restaurant ein herrlicher Blick über die Stadt.
- Etwa 3 km nordöstlich der Altstadt liegt das zentral klimatisierte **Pandyan** €€€-€€€€ (Tel.: 2437090, Fax: 2533424) an der Alagarkoil Rd. Neben allen Annehmlichkeiten eines Hotels dieser Preiskategorie bietet es auch einen schönen Garten, in dem man sich ein wenig vom hektischen Treiben erholen kann. Der einzige Nachteil: Es fehlt ein Pool.
- Die mit Abstand schönste und stilvollste Unterkunft in Madurai ist das ausgezeichnete **Taj Garden Retreat** €€€€€ (Tel.: 2601020, www.tajhotels.com). Der Name ist treffend, handelt es sich doch um eine aus mehreren Gebäudeteilen bestehende Anlage auf einem Hügel, umgeben von einem großzügigen Park. Das umtriebige Madurai scheint Lichtjahre entfernt. Man hat die Wahl zwischen drei verschiedenen Zimmerkategorien. Am schönsten logiert man in den frei stehenden Cottages mit Balkon. Zu den Annehmlichkeiten gehören u.a. ein Swimmingpool, Tennisplätze und ein sehr gutes, großes und geschmackvoll eingerichtetes Restaurant.

Essen und Trinken

Nicht zuletzt die große Auswahl an guten Restaurants macht Madurai zu einer bei Touristen beliebten Stadt. Das Angebot reicht von einfachen vegetarischen Gaststätten im Umkreis des Tempels mit scharfen einheimischen Gerichten für wenig Geld bis zum exklusiven Abendmahl im Restaurant des Taj Garden Retreat. Nicht entgehen lassen sollte man sich auch die zahlreichen Dachrestaurants auf den Hotels im Bereich der West Perumal Maistry St., ideale Orte, um sich nach einem Sundowner mit Blick über die Skyline Madurais und die hoch aufragenden Tempeltürme den Wind um die Nase wehen und gemütlich den Tag ausklingen zu lassen. Für den kleinen Snack zwischendurch bieten sich die **Idli-Stände** um den Meenakshi-Tempel an. Ausgezeichnet sind auch die an vielen Ständen angebotenen frisch gepressten Obstsäfte.

- Seit Jahren ein populärer Treffpunkt der Travellergemeinde von Madurai ist das **Ruby** in der West Perumal Maistry St. In diesem um einen Innenhof angelegten Restaurant kann man in Ruhe aus einer allerdings nicht allzu langen Speisekarte nach dem üblichen Traveller-Geschmack zu zivilen Preisen wählen.

Allerdings weist die Speisekarte eine für Madurai ungewöhnlich große Zahl an Fleischgerichten auf, wobei besonders die köstlichen Tandoori-Gerichte zu empfehlen sind. Das kalte Bier kann man sich bis 24 Uhr zu Gemüte führen. Leider trübt die ständige Muzak-Berieselung das Vergnügen etwas.

• Nicht ganz so westlich orientiert ist das **Mahal Restaurant** in der Town Hall Rd. Auch hier kann man sich an ausgezeichneten Fleischgerichten laben; zu empfehlen sind auch die leckeren *biryani*. Etwas nobler sitzt es sich in der angeschlossenen „Aircon"-Abteilung.

• Das **New College House**, 2 Town Hall Rd., ist ein großer Speisesaal mit viel Atmosphäre und der ideale Ort, um zusammen mit dem fast ausschließlich einheimischen Publikum ebenso reichhaltige wie günstige vegetarische Gerichte zu vertilgen. Besonders zu empfehlen sind die köstlichen *thalis*. Mittags kann es zu Wartezeiten kommen.

• Sozusagen eine Luxusvariante des New College House ist das unter gleicher Leitung stehende **Anna Meenakshi** in der West Perumal Maistry St. Alles ist blitzsauber, das Ambiente freundlich und das Essen (*thalis* werden aufs Bananenblatt geklatscht) immer noch preiswert und lecker.

• Weitere Adressen an der West Perumal Maistry Street für leckere einheimische Kost in traditionellem Ambiente sind das **Vasanthani** und das **Karthik.**

• Eine klimatisierte vegetarische Variante in der Dindigul Rd. ist das **Sri Ganesh Mers Restaurant.** Kaum ein Gericht kostet hier mehr als 20–30 Rs.

• Von den zahlreichen Dachterrassenrestaurants im Bereich der West Perumal Maistry Street seien jene auf den Hotels **Chentoor, Sulchana Palace, Supreme** und **Park Plaza** genannt. Die Preise liegen hier mindestens 50 % über den allerdings auch sehr niedrigen in den einheimischen Restaurants. Dafür wird man mit einer herrlich friedvollen Atmosphäre über den Dächern von Madurai, einer tollen Aussicht und einer frischen Brise belohnt.

• Nicht in der West Perumal Maistry Street, aber auch auf dem Dach lässt es sich stilvoll im **Taj Hotel** (nicht die Hotel-Kette, also auch nicht so teuer) bei großer Auswahl speisen.

Karte auf Seite 306

- 1 Hotel Park Plaza
- 2 Hotel Chentoor
- 3 Hotel Keerthi
- 4 Hotel Gangai
- @ 5 Internetcafé
- 6 Hotel Prem Nivas
- 7 State Bank of India, Indian Airlines
- 8 Sulochna Palace
- 9 Poompuhar Handicrafts und Mallegai Book Centre
- 10 New College House, Anna Meenakshi Restaurant, @ Internetcafé, Kiosk
- 11 Hotel International
- 12 T.M. Lodge
- 13 Taj Restaurant
- 14 Mahal Restaurant
- 15 Hotel Palace
- 16 Hotel Padman
- 17 Hotel Em Pee
- 18 Periyar-Busbahnhof
- 19 Karthik Restaurant
- 20 Hotel Taj
- 21 Tourist Office
- 22 Hotel Aarathi
- 23 Vasanthani Restaurant
- 24 Hotel Dhanamani
- 25 YMCA
- @ 26 Internetcafé
- 27 Hotel Temple View
- 28 Hotel MR International
- 29 Hotel Shree Devi

- Wen mal der Heißhunger auf Süßigkeiten ereilt, der kann sich mit Mars, Twix, Cadbury und anderen Köstlichkeiten zu allerdings horrenden Preisen im **Kiosk** rechts neben dem Haupteingang des New College House befriedigen.

Bank

- Abgesehen von den Hotels der oberen Kategorie wird man am schnellsten im **VKC Forex Service**, 168 North Veli St., schräg gegenüber von der Hauptpost bedient. Tgl. außer So von 9 bis 18 Uhr geöffnet.
- Als Alternative bietet sich die **State Bank of India** in 6 West Veli St. an.

Post und Internet

- Die **Hauptpost** befindet sich an der Ecke Scozz Rd./North Veli St. und ist Mo–Sa von 8 bis 19 und So von 9 bis 16 Uhr geöffnet, der Poste-Restante-Schalter im Philatelic Bureau jedoch nur Mo–Sa von 9.30 bis 17.30 Uhr.
- In den letzten zwei Jahren haben im vornehmlich von Travellern frequentierten Bereich um die West Perumal Maistry St. zahlreiche deutlich gekennzeichnete **Internet-Büros** geöffnet, die alle um die 40 Rs pro Stunde verlangen. Auch die meisten der besseren Hotels verfügen über einen Internet-Anschluss, den man gegen eine entsprechende Gebühr nutzen kann.

Shopping

- Madurai gilt als eines der Zentren zum Kauf von Stoffen und Textilien in Südindien. Die Straßen um den Meenakshi-Tempel sind gepflastert mit **Textilgeschäften** und **Schneidern,** die die soeben gekauften Stoffe in ein paar Stunden zu Kleidern, Hosen und Hemden verarbeiten. Überall lauern Schlepper, um westliche Touristen zum Kauf in einem der von ihnen gepriesenen Geschäfte zu überreden. Wer sich darauf einlässt, dem wird selbstverständlich die Provision zum Kaufpreis hinzugerechnet. Nichtsdestotrotz sind die Preise im Vergleich zu Mitteleuropa günstig – allerdings nur nach zähem Verhandeln. Auch wenn bei einigen eine offizielle „Fixed-Price-Politik" herrscht, kann man meist auch dort noch ein paar Prozente herausschlagen. Wegen des großen Angebots macht es Sinn, sich zunächst in mehreren Geschäften umzuschauen, um so einen Überblick über Preise und Stoffe zu erlangen.

Häufig erliegt man dem sehr ansprechend ausgebreiteten Warenangebot und kauft viel mehr, als ursprünglich geplant. Im Übrigen berechnen einige Geschäfte viel zu viel Stoff zur Verarbeitung eines Kleidungsstückes. Was später übrig bleibt, kann man dann nochmal verkaufen. Da die Schneider zwar tatsächlich sehr schnell arbeiten, dies jedoch recht häufig zu Lasten der Genauigkeit geht, sollte man genügend Zeit geben, zumal dann noch Spielraum für eventuelle Korrekturen bleibt. Am Besten man hinterlässt ein Kleidungsstück als Muster, damit Maße und Schnitt den eigenen Vorstellungen entsprechen.

- Die zunehmende Beliebtheitgen von Madurai bei einheimischen wie ausländischen Touristen hat in den letzten Jahren zur Eröffnung von zahlreichen Geschäften geführt, die **kunsthandwerkliche Produkte** anbieten. Dabei handelt es sich meist um große, sich über mehrere Stockwerke erstreckende Läden, die von Holzschnitzereien über Bronzestatuen, Seidenstickerei, Schmuck, Lampen, Möbel und Teppiche alles unter einem Dach anbieten. Einige der bekanntesten Adressen: Poompuhar Handicrafts, 12 West Veli St.; Cottage Arts Emporium, 36 North Chitrai St.; All India Handicrafts Emporium, 39-41 Town Hall Rd.; Madurai Gallery, 19 North Chitrai St.

An- und Weiterreise

Flug:
- Es gibt von Indian Airlines (Abfl.: 13.40 Uhr) und Jet Airways (Abfl.: 8.20 und 17.50 Uhr) tägliche Verbindungen nach **Chennai.** Allerdings sollte man sich vor Ort nochmals nach dem jeweiligen Flug erkundigen.
- **Indian-Airlines-Büro:** 7a West Veli St., Tel.: 237234.

Bahn:

Vom „touristenfreundlich" ganz in der Nähe der Hotelgegend um die West Perumal Maistry St. gelegenen Bahnhof gibt es eine Vielzahl von Verbindungen, u.a. nach Bangalore, Chennai, Kanyakumari und Thrissur.

Wer nach **Kollam** (Quilon) in Kerala fahren will, muss früh aufstehen, um in den Genuss einer landschaftlich großartigen Fahrt durch die West-Ghats zu kommen. Er muss sich in den um 5.25 Uhr in Madurai Jn. abfahrenden 6119 Nellai Exp. setzen, der die Strecke in gut 9 Std. bewältigt. Man sollte sich vor Ort aber erkundigen, ob und wenn ja unter welchem Namen es diese Verbindung noch gibt, eventuell ist auch ein Umsteigen in Virudunagar notwendig. Leider sind die Bahnangestellten nicht immer sehr hilfsbereit. In diesem Fall sollte man selbst im Internet nachschauen (www.indianrail.gov.in).

Bus:

Madurai hat vor einiger Zeit sein Busnetz völlig umgestellt. Aus ehemals fünf Busbahnhöfen für Überlandfahrten ist einer geworden, der allerdings 5 km von der Innenstadt entfernt im Nordosten liegt. Von diesem **Integrated Bus Stand** oder auch New Bus Stand genannten Busbahnhof sind fast alle Städte in Tamil Nadu und alle größeren der umliegenden Bundesstaaten per Bus zu erreichen. Am besten man erkundigt sich aktuell vor Ort beim nahegelegenen und auch in dieser Hinsicht sehr hilfsbereiten Touristenbüro, wann und von wo der gewünschte Bus abfährt.

● Vom Integrated Bus Stand nach **Chennai** tgl. ca. 20 Deluxe-Busse, nach **Bangalore** über Salem 6 Busse (6, 7, 18, 19, 20 und 21 Uhr), ins 245 km entfernte **Pondicherry** zwei Nachtbusse um 20.45 und 22 Uhr. Nach **Kozhikode** um 8.30 Uhr (386 km), **Ernakulum** (via Kottayam) 9 und 21 Uhr, **Guruvayur** 7.30 und 22 Uhr (322 km), **Mysore** 16 und 21.30 Uhr (dieser über Ooty), **Thiruvananthapuram** 8.30 und 21.30 Uhr, **Rameshwaram** alle halbe Stunde.

● Vom **Arapalayam-Busbahnhof**, 3 km nordwestlich der Altstadt, u.a. Verbindungen nach **Kodaikanal** (4 Std., 11 Busse tgl., der erste um 5.40 Uhr, der letzte um 16.55 Uhr,) und **Coimbatore** (alle 15 Min., 6 Std.), Coimbatore ist der Umsteigepunkt für Ooty und Mysore. Nach **Kumily** stündlich (148 km), zusätzlich nach **Thekkady** um 6.20, 12.05 und 17.45 Uhr sowie nach **Munnar** ein Bus um 8.10 Uhr.

Abgesehen von den hier genannten Verbindungen setzen zahlreiche im Bereich des STC-Busbahnhofs angesiedelte **private Gesellschaften** Luxusbusse zu Zielen wie Bangalore und Chennai ein, die meist über Nacht fahren. Man sollte jedoch nur direkt in deren Büros Tickets kaufen und auch nur für Direktverbindungen. Wer irgendwo umsteigen muss, dem wird sein Anschlussticket so gut wie nie anerkannt, so dass er ein zweites Mal zahlen muss, um zum Ziel zu gelangen. Dies gilt erst recht für die zahlreichen im Bereich des STC auf Touristen lauernden Schlepper. Viele der von ihnen angebotenen Tickets sind zudem wesentlich teurer als die, die man ein paar Meter weiter am Schalter kaufen kann.

Mumbai
(Bombay)

Einer der schönsten Bahnhöfe der Welt: Victoria Terminus

Gateway of India

Überblick

Einwohner: 14 Mio.
Vorwahl: 022

Lumpige zehn Pfund Jahresgebühr waren der britischen Regierung die sieben moskitoverseuchten Inseln wert, die sie 1668 an die East India Company verpachteten. Auf ihnen steht heute Bombay bzw. Mumbai, wie die Stadt seit 1981 hochoffiziell heißt. Heute würde man für das Geld gerade mal ein paar Quadratzentimeter der Straßen bekommen, von denen man sagt, sie seien mit Gold gepflastert.

Der Aufstieg der heutigen **Hauptstadt Maharashtras** vom unbedeutenden Fischerdorf zum Finanz-, Handels- und Industriezentrum Indiens erscheint tatsächlich so märchenhaft wie einer der 150 abendfüllenden Kinofilme, die jährlich in den Studios von Mumbai gedreht werden. Diese glorifizieren das süße Leben in Mumbai und locken damit jugendliche Ausreißer und Armuts-Migranten aus allen Ecken des Landes in die Stadt. Bollywood, wie Mumbai oft scherzhaft genannt wird, hat sich zum Hollywood am Arabischen Meer gemausert.

Viele Bewohner verweisen aber lieber darauf, dass die Stadt nicht nur den größten Flughafen, sondern auch den umschlagkräftigsten Hafen des Landes beherbergt, in dem 50 % aller indischen Exportwaren verladen werden. Nebenbei besitzt die Stadt eine der größten Textilindustrien der Welt – auch wenn mittlerweile viele Werke aus Kostengründen aus der Stadt verlegt werden. Besonders stolz ist man darauf, dass ein Drittel der gesamten Einkommensteuern Indiens in Mumbai erwirtschaftet werden. Die Silhouette der kühn in den Himmel ragenden Glas- und Betontürme, der Bürogebäude am Nariman Point, dem „Manhattan Mumbais", ähnelt mehr und mehr der von Singapur oder Hongkong. „Money Makes the World Go Round" heißt hier die Devise und viele träumen unverdrossen den Traum „Vom Tellerwäscher zum Millionär". Ihre Heroen sind nicht mehr Rama, Krishna oder Hanuman, sondern Helden der Kinowelt wie *Shah Rukh Khan, Amitabh Bachchan* oder *Sanjay Dutt*.

Doch genauso wie die **Glamourwelt** der Filmindustrie wegen ihrer tiefen Verstrickung mit der Unterwelt Mumbais in letzter Zeit tiefe Risse bekommen hat, treten die Schattenseiten dieser rücksichtslosen Ellbogengesellschaft immer deutlicher zutage. Während die wenigen Privilegierten in ihren luxuriösen Villen auf dem Malabar Hill die Aussicht auf die Skyline genießen, fristen gleichzeitig Millionen anderer ein Leben am Rande des Existenzminimums. Über die Hälfte der Stadtfläche gilt heute schon als **Slumgebiet.** Zwei Millionen Einwohner verfügen über keine Toilette – die daraus resultierenden hygienischen Verhältnisse lassen sich unschwer erahnen. Hinzu kommt die nach Delhi und Kalkutta höchste **Luftverschmutzung** Indiens, teilweise verursacht durch die in den Außenbezirken angesiedelten Industrieunternehmen. Der besonders stark betroffene Vorort Chembur wird oft zynisch als Gas Chamber (Gaskammer) bezeichnet.

Obwohl Mumbai mit seinen ca. 14 Mio. Einwohnern schon jetzt zu einer der dichtbesiedeltsten Städte der Erde zählt, strömen nach wie vor täglich Hunderte von Zuwanderern aus dem Hinterland in die City of Gold, um ihren Anteil am großen Kuchen zu erhaschen. Prognosen für das Jahr 2020 sagen eine Bevölkerung von alptraumhaften 25 Millionen voraus. Mit dem **Bevölkerungswachstum** ist der Boden inzwischen zum teuersten Gut geworden. Mumbais verfeindete Mafia-Banden kämpfen heute weniger um Anteile am Drogen- und Prostitutionsgeschäft als um profitträchtige Makler-Deals.

Mumbai gleicht in den letzten Jahren zunehmend einem Dampfkessel, der jeden Moment zu explodieren droht. Gewalt und Friedfertigkeit, Glanz und Elend, prachtvolle Strandvillen und erbärmlich stinkende Slums – sie alle liegen auf Tuchfühlung beieinander. Die Atmosphäre einer jungen, zukunftsorientierten Stadt in einem

---

Offiziell heißt Mumbais berühmteste Meile inzwischen Netaji Subash Chandra Bose Marg, doch die Einheimischen nennen die Uferpromenade nach wie vor Marine Drive oder auch Queen's Necklace, „Halsband der Königin" – wegen der nach Sonnenuntergang sichelförmig aufleuchtenden Lichter der Luxushotels und Appartements

Land, das in jahrtausendealten Traditionen wurzelt – all diese Widersprüche machen Mumbai zu einer fesselnden Metropole. Genauso wenig, wie New York Amerika repräsentiert, ist Mumbai ein treffendes Spiegelbild der indischen Wirklichkeit. Doch wer die Stadt nicht gesehen hat, hat ein faszinierendes Stück Indien nicht gesehen.

Orientierung

Mumbai wirkt zunächst recht unüberschaubar, doch im Innenstadtbereich lässt sich die Stadt in drei leicht voneinander zu unterscheidende Bezirke unterteilen. **Colaba** ist der Stadtteil im Süden, in dem sich mit dem **Gateway of India** und dem Taj Mahal Intercontinental Hotel zwei der berühmtesten Wahrzeichen Mumbais befinden. Zwischen der direkt hinter dem Hotel verlaufenden Mereweather Road und dem Colaba Causeway, der Haupteinkaufsstraße Colabas, haben sich die meisten Billighotels sowie viele Restaurants angesiedelt.

Nördlich an Colaba schließt sich **Mumbai Fort** an, so benannt, weil hier früher das alte Fort stand. Hier finden sich die meisten der großartigen Kolonialbauten aus dem letzten Jahrhundert wie die Universität, das Postamt, Victoria Terminus und Churchgate sowie zwei der drei großen Bahnhöfe der Stadt. Von Süd nach Nord wird Mumbai Fort von einer großen Rasenfläche durchzogen, dem sogenannten Maidan, der heute vornehmlich als Cricket-Übungsplatz Verwendung findet.

Westlich an Mumbai Fort schließt sich **Back Beach** an, jener Bereich, der erst Anfang dieses Jahrhunderts durch gewaltige Landaufschüttungen entstand. Abgeschlossen wird er heute vom Meer durch den imposanten sechsspurigen Marine Drive. Das südliche Ende dieser Prachtstraße wird vom Nariman Point beherrscht, einem großen, kreisrunden Platz mit vielen modernen Wolkenkratzern wie dem Air-India-Gebäude oder dem Oberoi Hotel.

Der Marine Drive führt weiter nördlich zum Chowpatty Beach und dann im Halbkreis weiter zum Malabar Hill, dem Wohnviertel der Oberschicht. Mumbai Central, der dritte Großbahnhof Mumbais, liegt ca. 2,5 km nördlich vom Chowpatty Beach. Der Sahar International Airport befindet sich 30 km nördlich des Stadtzentrums.

Neue Straßennamen

Erschwert wird die Orientierung vielfach dadurch, dass in den letzten Jahren viele der noch aus der Kolonialepoche stammenden Straßennamen indisiert wurden. Die neuen Namen wurden jedoch bisher von der Bevölkerung kaum angenommen. Hier einige der wichtigsten Beispiele:

Alter Name	Neuer Name
Colaba Causeway	Shahid Bhagat Singh Rd.
Flora Fountain	Hutatma Chowk
Fort Street	Walchand Hirachand Marg
Marine Drive	Netaji Subhash Chandra Bose Marg
Rampart Row	K. Dubash Marg
Strand Road	P.J. Ramchandani Marg
Warden Road	Bhulabhai Desai Road

Geschichte

Niemand wäre 1537, als die **Portugiesen** in der so genannten „Treaty of Bassein" sieben Inseln vom Sultan von Gujarat zugesprochen bekamen, auf die Idee gekommen, hier einen Hafen zu errichten. Dazu waren die Verbindungen zum Hinterland einfach zu ungünstig. Die sich unmittelbar im Osten anschließenden Berge der West-Ghats schienen unüberwindbar, zumal kein Fluss diese Gebirgskette durchbrach.

Ganz anders war dies beim nur 250 km nördlich gelegenen **Surat,** dem bedeutendsten Hafen des Mogul-Reiches. Das Tal des Tapi-Flusses, an dem Surat liegt, verband die Stadt mit den Niederungen Gujarats. Zudem war die Hauptstadt Delhi über das Plateau von Malwa leicht zu erreichen. Jedes Jahr verließen Hunderte von voll beladenen Schiffen die Stadt und nahmen Kurs auf Arabien. Das begann sich allmählich zu ändern, als Surat auf dem Höhepunkt der Mogul-Macht unter *Aurangzeb* im Jahre 1664 vom Marathen-Führer *Shivaji* gebrandschatzt wurde. Mehr und mehr erwiesen sich nun Surats Vorteile als Nachteile. Die guten Verbindungen zum Hinterland bedeuteten nämlich auch, dass die Stadt für die vom Osten anrückenden Eroberer, die es auf die enormen, für den Export im Hafen gelagerten Schätze abgesehen hatten, leicht zugänglich war. Hinzu kam, dass die Groß-Moguln keine Kriegsflotte von Bedeutung besaßen.

Mumbais Hafen hingegen ließ sich ebenso leicht gegen das Hinterland abschirmen, wie er gegen Angriffe von See zu verteidigen war. Die **Briten** waren 1661 durch die Mitgift *Katharina von Braganzas,* die König *Charles II.* geheiratet hatte, in den Besitz der sieben Inseln gekommen. Sie boten den reichen Kaufleuten Surats in Mumbai ihren Schutz an. Langsam, aber stetig entwickelte sich nun die kleine Provinz, die den Namen **Bombay Presidency** trug. 1787 wurde der Hauptsitz der East India Company, die das Gebiet für einen Jahresbetrag von 10 Pfund von der britischen Regierung gepachtet hatte, von Surat nach Mumbai verlegt.

Der große Durchbruch zur unangefochtenen **Handelsmetropole** Indiens ließ jedoch noch gut eineinhalb Jahrhunderte auf sich warten. Zwei Ereignisse waren letztlich für den Erfolg verantwortlich. 1854 wurde die erste **Eisenbahnverbindung** von Mumbai nach Pune (Poona) fertiggestellt. Deren weiterer Ausbau ermöglichte es nun, die für die zukünftige wirtschaftliche Entwicklung so zentrale Anbindung ans Hinterland und damit die Versorgung mit Rohstoffen, vor allem Baumwolle, sicherzustellen.

Als zweiter Glücksfall für Mumbai sollte sich der amerikanische Bürgerkrieg erweisen. Da die britische **Textilindustrie** nun ihren Bedarf in Indien statt in Amerika deckte, stieg die bis dahin noch am Anfang stehende Baumwollindustrie Mumbais innerhalb kürzester Zeit zur größten Indiens auf. Heute ist Mumbai eines der bedeutendsten Textilzentren der Erde.

1862 wurde der weiteren wirtschaftlichen Expansion ein in wörtlichem

Sinn solides Fundament gelegt, als durch ein gewaltiges **Landgewinnungsprojekt** die sieben Inseln zu einer einzigen verbunden wurden. Von nun an stand dem märchenhaften Aufstieg zu Indiens führender Handels- und Industriemetropole nichts mehr im Wege.

Sehenswertes

Stadtrundgang durch das koloniale Mumbai

Gateway of India

Beginnen wir unseren Rundgang an jener geschichtsträchtigen Stelle, an der 1911 mit König *George V.* zum ersten Mal ein britischer Monarch den Boden des indischen Kaiserreiches betrat. Der zu seiner Begrüßung in aller Eile errichtete Pavillon aus weißem Gips wurde später durch den Gateway of India, das heutige **Wahrzeichen Mumbais,** ersetzt. Der 1924 eingeweihte, 26 m hohe **Triumphbogen** strahlt immer noch viel vom imperialen Selbstbewusstsein jener Tage aus. Gleichzeitig repräsentiert er wie kaum ein anderes Bauwerk Indiens das letztliche Scheitern der Kolonialmacht, verließen doch nur 23 Jahre später die letzten britischen Truppen durch eben diesen Torbogen Indien.

Im kleinen angrenzenden **Park** steht das Reiterstandbild des Marathen-Fürsten *Shivaji* (1627–1680), der zum Führer des Widerstandskampfes gegen die Mogul-Herrschaft aufstieg und heute als Idol nationaler Eigenständigkeit verehrt wird. Schräg gegenüber befindet sich das Denkmal des Hindu-Reformers und Mitbegründers der Ramakrishna Mission *Swami Vivekananda*.

Besonders gegen Abend, wenn sich neben den Souvenirverkäufern und kleinen Garküchen Hunderte von Einheimischen einfinden, bildet das angestrahlte Gateway of India einen der beliebtesten Treffpunkte Mumbais. Übrigens auch für Taschendiebe ein lukrativer Arbeitsplatz, also Vorsicht!

Taj Mahal Intercontinental

Überragt wird der „indische Triumphbogen" vom **renommiertesten Hotel Indiens,** dem Taj Mahal Intercontinental. Bauherr war der indische Industrie-Mogul *J.R. Tata,* der sich, nachdem man ihm den Zugang zu einem Hotel mit dem Hinweis „For Europeans only" verwehrt hatte, kurzerhand entschloss, das beste Hotel Mumbais zu errichten. Das Vorhaben ist ihm mehr als gelungen. Die Luxusherberge mit ihren unzähligen Restaurants und Bars, Swimmingpool, Fitnessclub und Business Centre ist nicht nur das berühmteste Hotel Indiens, sondern weltweit eines der renommiertesten überhaupt. Dem Charme des 1903 eröffneten Gebäudes konnte auch der Bau des 1973 hinzugefügten 20-geschossigen Erweiterungsbaus nichts anhaben. Allerdings hat dadurch das unmittelbar davor plazierte Gateway of India viel von seiner einstmals imposanten Ausstrahlung eingebüßt.

Colaba Causeway

Folgt man der vom Gateway of India nach Nordwesten verlaufenden Chetrapati Shivaji Marg, vorbei am Government Emporium mit einer der umfangreichsten Paletten an Kunsthandwerk ganz Indiens, gelangt man nach knapp 100 m zum Wellington Circle. Die von hier nach Süden abzweigende **Shahid Bhagat Singh Road** (bekannter unter ihrem früheren Namen Colaba Causeway) entwickelt sich vornehmlich nach Sonnenuntergang, wenn hier unzählige Straßenhändler auf den schmalen Bürgersteigen ihre Verkaufsstände aufbauen, zu einem vielbesuchten **Night Market.** Das Angebot ist stark auf den Touristenge-

- Ⓜ 1 Prince of Wales Museum
- ● 2 Jet Airways
- 🏨 3 YWCA
- ● 4 Regal Cinema
- Ⓢ 5 American Express
- 🛍 6 Central Cottage Industries
- 🏨 7 Hotel Regency Inn
- ☕ 8 Café Mondegar
- 🍴 9 Majestic Restaurant
- 🏨 10 Hotel President
- 🏨 11 Hotel Crystal
- 🍴 12 New Apollo Restaurant
- 🍴 13 Gokul Bar
- 🍴 14 Bade Miyan
- ★ 15 Shivaji-Statue
- ● 16 Boote nach Elephanta
- 🏨 17 Taj Mahal Intercontinental Hotel
- 🏨 18 Carlton Hotel
- 🍴 19 Laxmi Vilas Restaurant
- 🏨 20 Volga II
- ☕ 21 Cafe Leopold und
- 🏨   Hotels Apollo & Causeway
- 🍴 22 Olympia Coffee House
- 🏨 23 Regent Hotel
- 🏨 24 Hotel Diplomat
- 🏨 25 Salvation Army Red Shield Hostel
- 🍴 26 Kamat Restaurant
- ✉ 27 Postamt
- 🏨 28 Whalley's Guest House
- 🏨 29 Hotel Kishan
- 🏨 30 Hotel Cowies
- 🏨 31 Hotel Bentley
- 🏨 32 Hotels Strand & Harbour View
- 🏨 33 Shelley's Hotel
- 🏨 34 Hotel White Pearl
- 🏨 35 Garden Hotel
- 🏨 36 Godwin Hotel
- 🏨 37 Maria Lodge und Ascot Hotel

schmack zugeschnitten und die Preise sind bei weitem nicht so günstig, wie es einem die cleveren Verkäufer weismachen wollen. Die bunte Mischung aus Restaurants, Kneipen, Geschäften, Straßenverkäufern und Touristen aus aller Welt macht den Colaba Causeway zu einem der beliebtesten **Einkaufs- und Flanierboulevards** der Metropole.

Prince of Wales Museum

Nur wenige Meter nordwestlich des Wellington Circle befindet sich der Eingang zu dem in einem Park gelegenen Prince of Wales Museum. Das 1923 eröffnete Gebäude zählt neben dem Indian Museum in Kalkutta und dem National Museum in Delhi zu den drei bedeutendsten des Landes. Der im indo-sarazenischen Stil errichtete Bau beherbergt u.a. eine Textil- und eine Waffensammlung, Elfenbeinschnitzereien und eine kleine Abteilung nepalesischer Kunst. Berühmt sind vor allem die ausgestellten **Miniaturmalereien** sowie die **archäologische Abteilung.** Die vielen kunsthistorischen Epochen werden auf speziellen Hinweisschildern fachkundig erläutert, die Ausstellungsstücke machen fast durchweg einen gepflegten Eindruck.

● **Öffnungszeiten:** Di–So 10 bis 18 Uhr.

Jehangir Art Gallery

Im gleichen Park befindet sich mit der 1952 erbauten Jehangir Art Gallery eine der wichtigsten Stätten **zeitgenössischer Kunst** in Indien. Ergänzend zu den überwiegend älteren Ausstellungsobjekten des Prince of Wales Museum rundet ein Besuch der Galerie das Bild indischer Kunst der letzten drei Jahrhunderte ab.

● **Öffnungszeiten:** tgl. 10.30 bis 17 Uhr.

Universität

Folgt man der am Museum entlang führenden Mahatma Gandhi Road Richtung Norden, steht auf der linken Seite die 1874 vom englischen Architekten *Sir Gilbert Scott* im französischen Stil erbaute Universität. Der imposante Prachtbau wird von dem sich 80 m hoch über der Universitätsbibliothek erhebenden **Rajabai-Turm** überragt. Zu Zeiten der britischen Kolonialherrschaft wurde in dem Uhrturm viermal am Tag „God save the Queen" gespielt.

Direkt neben der Universität schließt sich der 1879 in venezianischem und neogotischem Mischstil errichtete Bau des **Obersten Gerichtshofes** (High Court) mit seiner 170 m langen Fassade an.

Flora Fountain

Die Mahatma Gandhi Road öffnet sich nun zu einem länglich ovalen Platz. Wegen der **Wasserfontäne** in Form einer Blume in seiner Mitte, die zu Ehren des von 1862 bis 1867 in Mumbai regierenden Gouverneurs *Sir*

Universität und Oberstes Gericht

Bartle Frere errichtet wurde, hieß der Platz zunächst Flora Fountain. In Erinnerung an die Opfer des Kampfes um einen unabhängigen Bundesstaat Maharasthra benannte man ihn in den sechziger Jahren in **Hutatma Chowk** (Märtyrer-Platz) um. Im Volksmund ist er jedoch wegen der vielen hier ansässigen Banken und internationalen Firmen auch unter dem Namen **Piccadilly Circus** bekannt.

Veer Nariman Road

Die von hier nach Westen verlaufende Veer Nariman Road führt entlang dem Telegrafenamt und unzähligen auf den Bürgersteigen aufgebauten **Bücherständen,** die von Hitlers „Mein Kampf" über „Was Sie schon immer über Sex wissen wollten" bis zum neuesten Ikea-Katalog eine ungewöhnliche Angebotsvielfalt aufweisen, zu einer lang gezogenen, unbebauten Rasenfläche, die sich nördlich und südlich der Straße erstreckt. An der westlichen Seite des heute vornehmlich als Cricket-Platz und öffentliche Toilette dienenden **Maidan** fällt das sehr schöne **Railway Administration Building** gegenüber der **Churchgate Station** auf, von der täglich Hunderttausende mit Vorortzügen in die nordwestlichen Stadtteile Groß-Mumbais pendeln.

Victoria Terminus

Kehrt man zurück zur Flora Fountain und folgt der Dadabhai Naoroji Road entlang weiterer schöner Kolonialbau-

Sehenswertes

ten, gelangt man nach etwa einem Kilometer in Richtung Norden zum stets menschen- und autoüberfüllten **Nagar Chowk.** Optisch beherrscht wird er vom Victoria Terminus, einem der meistbenutzten und architektonisch **beeindruckendsten Bahnhöfe der Welt.** Der über und über verzierte, braune Sandsteinbau aus dem Jahre 1888 gilt als der schönste Bau viktorianischer Gotik in Indien. Nur knapp 100 m östlich des Victoria Terminus schließt sich das nicht minder beeindruckende **Hauptpostamt** (GPO) an.

Wer will, kann hier den Stadtrundgang durchs koloniale Mumbai beenden, indem er über die gegenüber vom GPO nach Süden verlaufende Mint Road, vorbei am **Horniman Circle,** einem hübschen, kleinen Park und der **Town Hall,** die eine der größten Bibliotheken Indiens beherbergt, nach Colaba und zum Gateway of India zurückkehrt.

Rathaus

Wer noch weiter auf den Spuren des kolonialen Mumbai wandeln möchte, sollte sich das gegenüber dem Victoria Terminus gelegene Rathaus (Municipal Corporation Building) nicht entgehen lassen. Der im orientalisch-gotischen Mischstil erbaute Prachtbau wirkt mit seinem 71,5 m hohen Turm ebenso imponierend wie das Bahnhofsgebäude. Den Mittelgiebel des Rathauses krönt in vier Metern Höhe eine Frauenstatue.

Kunstakademie

Nördlich hinter dem Rathaus und dem Pressehaus der Times of India steht die **Sir Jamsetjee Jeejeebhoy School of Art.** Diese 1857 gegründete Kunstakademie wurde von *J. Lockwood Kipling,* dem Vater *Rudyard Kiplings,* geleitet.

Crawford Market

Am nördlichen Ende der Dadabhai Road, Ecke Tilak Marg, liegt der Crawfort Market (Mahatma Phule Market), einer der schönsten Orte ganz Mumbais. Stunden könnte man damit verbringen, durch die glasüberdachten **Markthallen** zu schlendern und sich von den Farben, Formen und Düften von Obst, Gemüse, Gewürzen und Fisch verführen zu lassen.

Der besondere Tipp: Basarviertel

Wer auf den Geschmack gekommen ist, sollte sich in das nördlich an den Crawford Market anschließende Basarviertel mit seinem Gewirr enger Gassen begeben, wo die verschiede-

---

- 🛒 1 Asiatics Department Store
- • 2 British Airways
- ❶ 3 Gaylord
- ❶ 4 The Pizzeria
- 🏨 5 Hotels Sea Green & Sea Green South
- 🏨 6 Hotel Marine Plaza
- ❶ 7 Maharashtra Tourist Office
- • 8 Air India & Indian Airlines
- 🏨 9 Oberoi & Oberoi Towers
- • 10 Regal Cinema
- Ⓜ 11 Prince of Wales Museum
- Ⓜ 12 Jehangir Art Gallery
- 🏨 13 Hotel Lawrence
- ❶ 14 Restaurant Trishna
- • 15 Universität und Rajabai Tower
- • 16 Börse
- ★ 17 Oberstes Gericht
- • 18 Konsulat Sri Lanka
- ♰ 19 St. Thomas Kathedrale
- ★ 20 Stadthalle
- 💲 21 Reserve Bank of India
- 🏨 22 Grand Hotel
- 🏨 23 Railway Hotel
- 🏨 24 Hotel Manama
- ✉ 25 Hauptpost
- ★ 26 Stadtverwaltung
- 🏨 27 Hotels Benazeer & Residency
- • 28 Thomas Cook
- 🛒 29 Buchstände
- ❶ 30 Tourist Office & Western Railways Reservation Office
- ❶ 31 Indian Summer
- ❶ 32 Purohits
- ❶ 33 Shiv Sagar Restaurant
- 🏨 34 Chateau Windsor Hotel
- 🏨 35 Ambassador Hotel

★ 1 Victoria Gardens, Zoo und Albert Museum
Ⓜ 2 Dhoby Ghat
★ 3 Haji Ali's Tomb
▲ 4 Mahalaxmi-Tempel
🛇 5 Crossword-Buchladen
● 6 Konsulat Thailand
✚ 7 Breach Candy Club und Krankenhaus
★ 8 Hanging Gardens
★ 9 Kamala Nehru Park
★ 10 Mani Bhawan
▲ 11 Walkeshwar-Tempel
★ 12 Raj Bhawan
★ 13 Taraporewala Aquarium
🛇 14 Javeri Bazaar
▲ 15 Mumbadevi-Tempel
🛇 16 Chor Bazaar
☪ 17 Jama Masjid
🛇 18 Crawford Market
● 19 Foreigner's Registration Office
★ 20 Rathaus
⊠ 21 Hauptpost
● 22 Deutsches Konsulat
● 23 World Trade Centre (SAS, Thai Airways)

nen Handwerkszünfte ihren Sitz haben. Besonders faszinierend ist dabei der an der Mauhana Shankatali Road in der Nähe der Ali Road gelegene **Chor Bazaar** (Diebesbasar). Hier wird nahezu alles verscherbelt, von antiken Möbelstücken über wertvolles Chinaporzellan bis zur Rolex, die vom Handgelenk eines reichen Touristen auf verschlungenen Wegen hierher gelangte. Damit man in den engen, stets von Menschen gefüllten Gassen nicht selbst Opfer des Diebesmarktes wird, sollte man seine Wertsachen stets aufmerksam im Auge behalten.

In unmittelbarer Nähe zum Chor Bazaar, an der Abdul Rahman Street, steht der von einem großen, heiligen Teich umgebene, der Schutzgöttin Mumbais gewidmete **Mumbadevi-Tempel**. Ursprünglich befand sich der Tempel dort, wo heute der Victoria Terminus steht. 1737 musste er jedoch der Erweiterung des alten Forts weichen. Der heutige Tempel soll aus dem Jahre 1753 stammen.

Vom Nariman Point zum Malabar Hill

Nariman Point

Steht das Gateway of India für die Kolonialgeschichte Mumbais, so spiegeln die Glitzerfassaden der Luxushotels und Verwaltungsgebäude am Nariman Point die nachkoloniale Erfolgsgeschichte der Stadt. Auffälligstes Gebäude dieses „Manhattan Mumbais", wie es stolz genannt wird, ist das **Oberoi,** ein Superluxushotel, welches mit seinen beiden Türmen den Himmel der Metropole beherrscht.

Marine Drive

Etwas weiter nördlich entlang des Marine Drive, der imponierenden sechsspurigen Küstenstraße, findet sich das moderne **Air-India-Hochhaus.** 1993 wurde es durch einen von insgesamt sechs Sprengsätzen, die innerhalb nur weniger Minuten im Stadtzentrum explodierten, erheblich beschädigt. Alle Prachtbauten entlang der Marine Drive oder Netaji Subash Chandra Bose Marg, wie Mumbais berühmteste **Promenadenstraße** heute heißt, seit sie in den achtziger Jahren zu Ehren des Freiheitskämpfers umbenannt wurde, stehen auf einer Landmasse, welche erst 1940 künstlich aufgeschüttet wurde.

Taraporewala Aquarium

Etwa 1,5 km weiter nördlich an der Marine Drive lohnt das 1951 eröffnete Taraporewala Aquarium mit einer Vielfalt an exotischen Meerestieren einen Besuch.

●**Öffnungszeiten:** Di–Sa von 11 bis 20 Uhr, So von 10 bis 20 Uhr.

Chowpatty Beach

Von hier ist es nicht mehr weit zur Chowpatty Beach, die sich in einem Halbbogen vor der Marine Drive erstreckt. Sonnenanbeter und Wasserratten sind hier allerdings fehl am Platze, da der Strand ebenso wie die See gleichermaßen verdreckt sind. Dafür ist Chowpatty besonders gegen Abend, vor dem Hintergrund der hell erleuchteten Skyline, ein stimmungsvoller Ort, an dem sich Hunderte von Indern einfinden. Erfrischungsstände, Karussells und Gaukler vertreiben ihnen die Zeit.

Historische Bedeutung erlangte Chowpatty, weil hier während des indischen Unabhängigkeitskampfes viele große Demonstrationen stattfanden, an denen mehrere Hunderttausend Menschen beteiligt waren. Auch heute noch wird er von den Parteien als Schauplatz ihrer Wahlveranstaltungen genutzt.

Jedes Jahr im September finden sich Tausende ein, um **Ganesh Chaturhi,** den Geburtstag des beliebten Elefantengottes, zu zelebrieren. Dabei werden kunstvoll bemalte, oft meterhohe Tonskulpturen Ganeshas nach Abhaltung ausgiebiger Kulthandlungen im Meer versenkt.

Malabar Hill

Die Marine Drive setzt sich, hinter Chowpatty nach Westen abbiegend, in der Walkeshwar Road fort, die über die steil aufsteigende Bal Gangadhar Kher Marg zum Malabar Hill führt, einer **Landzunge,** die wie ein Daumen ins Meer hinausragt. Malabar Hill ist so etwas wie das Beverly Hills Mumbais, da hier in frischer Seebrise die oberen Zehntausend der Stadt ihren Reichtum mit **herrschaftlichen Villen** zur Schau stellen.

Kamala Nehru Park

Die besten Ausblicke auf Chowpatty und Marine Drive bieten die auf der Spitze des Berges gelegenen Hanging Gardens und der Kamala Nehru Park. Der 1952 angelegte Park ist eine Art **Freizeitpark** für Kinder und wurde nach der Frau des ersten indischen Ministerpräsidenten benannt.

Hanging Gardens und Türme des Schweigens

Die direkt gegenüber gelegenen, über einem Wasserreservoir errichteten Hanging Gardens (neuer Name Pherozeshah Mehta Gardens) gewähren einen Blick in Richtung der Türme des Schweigens, jenem **Bestattungsort,** wo die Parsen ihre Toten den Vögeln zum Fraß vorlegen. Die in der Luft kreisenden Geier sind allerdings das einzige, was man von der Bestattungszeremonie zu Gesicht bekommt, da die Türme selbst durch dichte Bäume vor den neugierigen Blicken Fremder verdeckt sind. Ein Modell kann im Prince of Wales Museum besichtigt werden. Der Grund für diese Bestattungsmethode ist das oberste Gesetz der Parsen, welches besagt, dass die Reinheit der Elemente nicht durch die Bestattung von Toten in der Erde oder ihre Verbrennung beschmutzt werden soll (s. „Menschen und Kultur: Religionen").

Raj Bhavan und Walkeshwar-Tempel

Am Ende der Landzunge des Malabar Hill steht Raj Bhavan, einst herrschaftliche Residenz des britischen Gouverneurs und heute **Sitz des Gouverneurs** von Maharashtra.

Der ganz in der Nähe gelegene Walkeshwar-Tempel, ein beliebter **Wallfahrtsort** der Hindus, stammt aus dem Jahre 1715. Er war ursprünglich im 11. Jh. erbaut, danach jedoch mehrfach zerstört worden. Glaubt man der Legende, so soll der Tempelteich entstanden sein, als Rama einen Pfeil in den Boden schoss, um seinen Durst zu löschen.

Haji Ali's Tomb

Der Pavillon zum Andenken an *Haji Ali*, der während einer Pilgerfahrt nach Mekka ertrank, liegt äußerst pittoresk auf einer Felsenklippe mitten im Meer. Zu erreichen ist er nur während der Ebbe über einen ca. 100 m langen **Damm,** der zu beiden Seiten von erbarmungswürdig aussehenden Bettlern gesäumt wird, die auf eine milde Gabe der täglich Tausenden von Pilgern hoffen.

Mani Bhawan

In der schattigen Labarnum-Gasse liegt das hübsche, dreigeschossige Haus mit vorspringenden Holzbalkonen, in dem **Mahatma Gandhi** während seiner zahlreichen Besuche in Mumbai zwischen 1917 und 1934 wohnte. Heute befindet sich in den Räumlichkeiten ein **Museum,** in dem neben berühmten Utensilien wie etwa dem Spinnrad und den Sandalen auch beeindruckende Fotos über den indischen Unabhängigkeitskampf zu sehen sind.

● **Öffnungszeiten:** tgl. 9.30 bis 18 Uhr.

Victoria Gardens, Zoo und Victoria and Albert Museum

Vor allem am Wochenende sind die gepflegten, weitläufigen Victoria Gardens im Norden von Central Mumbai mit dem auf dem Areal befindlichen Zoo ein beliebtes und dementsprechend überlaufenes **Ausflugsziel.** Der Zoo beherbergt u.a. Tiger, Leoparden, Elefanten, Affen und Zebras.

Das Victoria and Albert Museum (seit einigen Jahren heißt es offiziell Dr. Bhan Lad Museum) befindet sich ebenfalls auf dem Gelände der Victoria Gardens und lohnt u.a. wegen einer sehr anschaulichen Fotoausstellung zur **Stadtgeschichte** einen Besuch.

● **Öffnungszeiten:** Der Zoo ist von Sonnenaufgang bis Sonnenuntergang geöffnet, das Museum von 10 bis 16 Uhr. Beide sind Mi geschlossen.

Mahalaxmi Dhobi Ghat

Wer einmal sehen möchte, was mit seiner Wäsche passiert, nachdem er sie morgens im Hotel abgegeben hat, dem sei geholfen. Im Mahalaxmi Dhobi Ghat, dem **„Ufer der Wäscher"** im Stadtteil Mahalaxmi, wringen, prügeln und malträtieren Hunderte von *dhobis* die ganze Wäsche Mumbais. Die Wäscher arbeiten jeweils in nebeneinander gelegenen, von niedrigen Zementmauern umgebenen kleinen Parzellen, an denen das zum Waschen benötige Wasser vorbeifließt. Der beste Ausblick auf das Treiben bietet sich von einer Brücke an der vorbeiführenden Hauptstraße.

Zur Anfahrt nimmt man einen Vorortzug von der Churchgate Station bis zum Bahnhof Mahalaxmi. Der Zug sollte ein Slow Train sein, da die meisten Expresszüge Mahalaxmi ohne Halt durchfahren. Die Dhobi Ghats liegen direkt an der Ostseite des Bahnhofs.

Praktische Tipps

Information

- Das **Government of India Tourist Office** (Tel.: 22033144, 22083263, gitobest@bom5. vsnl.net.in) im 1. Stock in 123, Maharshi Karve Road, direkt gegenüber der Churchgate Station, ist eines der besten Informationsbüros ganz Indiens. Neben einem übersichtlichen Stadtplan erstellen die freundlichen Bediensteten auf Anfrage auch aktuelle Computerausdrucke zu fast allen touristisch interessanten Orten Indiens. Geöffnet ist es Mo–Fr von 8.30 bis 18 Uhr, Sa und an Feiertagen von 8.30 bis 14 Uhr. **Filialen** befinden sich am nationalen (Tel.: 26156920) und internationalen Flughafen (Tel.: 28325331).
- **Maharashtra Tourist Office** (Tel.: 22026713), CDO Hutments, Madame Cama Road am Nariman Point, veranstaltet neben Stadtrundfahrten, die hier beginnen (s.u.), diverse mehrtägige Rundreisen zu Zielen in Maharashtra.
- **„Mumbai – This Fortnight"** ist ein hervorragendes, 66 Seiten starkes Heftchen mit einer Fülle von Informationen über Mumbai. Neben Hotel- und Restaurant-Adressen finden sich u.a. Einkaufstipps, Flugpläne, wichtige Adressen von Botschaften und Fluggesellschaften sowie ein Veranstaltungskalender.

Stadtverkehr

Verbindungen zu den Flughäfen

Flughafenbusse:
- Busse vom nationalen zum internationalen Flughafen verkehren alle 15 Min. Kann man ein Weiterflugticket vorweisen, ist die Fahrt umsonst, ansonsten kostet sie 20 Rs.
- Der bisher von den meisten Individualtouristen genutzte Flughafenbus vom Air-India-Gebäude am Nariman Point zum nationalen Flughafen Santa Cruz und weiter zum internationalen Flughafen Sahar ist **eingestellt worden.**

Taxi:
- Taxipreise vom **internationalen Flughafen Sahar** nach Colaba sollten per Prepaid-Taxi nicht mehr als 280 Rs betragen, für zwei oder mehr Personen natürlich etwas mehr. Vom Flughafen in die Stadt muss das Ticket an einem Schalter beim Ausgang bezahlt werden. Nach Bezahlen des Festpreises erhält man eine Quittung, welche einem speziellen Taxi zugewiesen ist. Die ganze Prozedur hat den Vorteil, dass einem die übliche Feilscherei um den Fahrpreis erspart bleibt. Auch bei den Prepaid-Schaltern gibt es schwarze Schafe, die zunächst sehr viel mehr verlangen.
- Billiger, wenn auch nur nach ausgiebigem Verhandeln, kommt in die Stadt, wer sich nach der Ankunft vom „Arrival-" zum **„Departure-Terminal"** begibt und dort eines der sonst leer in die Stadt fahrenden Taxis anhält. Allerdings sind hier die Fahrer besonders „commission-minded", das heißt, sie wollen einen unbedingt in ein Hotel ihrer Wahl fahren.

S-Bahn/Autoriksha:
- Eine der billigsten und zudem schnellsten Möglichkeiten, von der Innenstadt Richtung Flughafen zu gelangen: Zunächst von Churchgate in etwa 40 Min. mit einem der ständig zwischen 4.30 und 24 Uhr verkehrenden **Vorortzüge** Richtung Ville Parle oder Andheri (5 Rs) und von dort mit einer der bereitstehenden Autorikshas für ca. 20–30 Rs weiter zum Flughafen. Allerdings sollte man bei dieser „Sparvariante" nicht außer Acht lassen, dass ein mit zwei oder drei Personen geteil-

tes Taxi letztlich kaum teurer kommt als die mit wesentlich mehr Mühe verbundene Alternative.

Da insbesondere die Flüge von Mumbai nach Europa häufig überbucht sind und die oft chaotischen Zustände am Flughafen zusätzlich für Verzögerungen sorgen, empfiehlt es sich unbedingt, spätestens **drei Stunden vor Abflug** am Schalter **einzuchecken**. Wenn man bedenkt, dass die Fahrt von der Innenstadt zum Flughafen mindestens eine Stunde dauert und die Maschinen nicht selten mit Verspätung abfliegen, muss man von der Abfahrt vom Hotel bis zum ersten Essen im Flugzeug sechs bis acht Stunden rechnen. Wer die enorm hohen Preise für Essen und Trinken am Flughafen nicht zahlen möchte, sollte sich einen **kleinen Snack** bzw. eine **Flasche Wasser** bereits vorher kaufen.

Autoriksha

●Autorikshas sind **nur in den Vororten** erlaubt und so für Touristen als Transportmittel praktisch ohne Nutzen. Wer sie dennoch benutzt, muss den angezeigten Fahrpreis mit acht multiplizieren.

Taxi

●Aufgrund ihrer Quasi-Monopolstellung im Innenstadtbereich sind die insgesamt 40.000(!) Taxis das neben Bussen meistbenutzte Transportmittel Mumbais. Tagsüber schalten die meisten Fahrer ohne Murren den **Taxameter** ein, eine für Indien ganz ungewöhnliche Erfahrung. Bei Fahrtende sollte man sich jedoch nicht zu früh über den angezeigten Fahrpreis freuen, da dieser mit dem Faktor 12 multipliziert werden muss. 2,50 Rs auf der Uhr kosten also schließlich 30 Rs. Jeder Taxifahrer muss eine Umrechnungstabelle, die so genannte *Taxi Tarif Card*, bei sich führen und auf Verlangen vorzeigen. Vom Gateway of India zum Victoria Bahnhof zahlt man ca. 20 Rs, zum Malabar Hill etwa 60–70 Rs.

Von 22 bis 6 Uhr wollen die meisten Fahrer einen **Nachtzuschlag** herausschlagen und sind kaum bereit, mit Uhr zu fahren. Dann gilt es also wieder, zäh zu verhandeln.

Bus

●Mumbai besitzt das beste innerstädtische Busnetz ganz Indiens. Die äußerst pittoresken, dunkelroten **Doppeldeckerbusse** sind meist in einem relativ guten Zustand und zudem auch nur während der Hauptverkehrszeiten typisch indisch vollgestopft. Dennoch sollte man sich vor den zahlreichen **Taschendieben** in Acht nehmen, da ansonsten die Fahrt letztlich wesentlich teurer ausfällt als gedacht. Die meisten Strecken kosten kaum mehr als maximal 2 Rs. Ein kleines Heftchen, in dem alle 300 (!) verschiedenen Routen aufgeführt sind, gibt es an vielen Kiosken zu kaufen.

●Einige für Touristen interessante **Routen** sind die Linien 1, 6-Ltd., 7-Ltd., 103 und 124 vom Victoria-Bahnhof nach Colaba. Vom Mumbai-Central-Bahnhof fahren die Busse Nr. 43, 70 und 124 nach Colaba. Von Colaba über den Chowpatty Beach zum Malabar Hill fährt u.a. Linie 108.

●Mit **Ltd.- (Limited Stops) Bussen** kommt man schneller ans Ziel, da sie seltener halten.

●Wer mit dem Zug am **Mumbai-Central-Bahnhof** ankommt bzw. von dort losfährt, kann mit einem der alle 5 Min. von und nach Churchgate fahrenden Busse ins Stadtzentrum fahren. Der Preis ist im Bahnticket enthalten. Allerdings gilt auch hier: Vorsicht vor Langfingern!

Stadtrundfahrt

●Zweimal tgl. (9 und 14 Uhr) außer Mo startet vom **Maharashtra Tourist Office** am Nariman Point eine vierstündige Stadtrundfahrt, die u.a. Gateway of India, Hanging Gardens, Kamala Nehru Park, Mani Bhawan und Prince of Wales Museum beinhaltet (75 Rs).

●Skepsis ist bei den von **privaten Anbietern** in der Nähe des Gateway of India offerierten Stadtrundfahrten angebracht. Die Erklärungen sind häufig nur in Hindi und die Eintrittspreise müssen während der Fahrt extra bezahlt werden.

●Wesentlich billiger erlebt die Stadt, wer mit einem **Doppeldeckerbus** der Linien 132 oder 133 fährt.

Unterkunft

Mumbai ist zweifellos eine der interessantesten Städte Indiens, doch für viele Reisende mit schmalem Geldbeutel entwickelt sich die Unterkunftssuche oft zu einem Alptraum. Es wäre noch untertrieben zu behaupten, in der Stadt bestünde ein **Mangel an Billigunterkünften**. Faktisch gibt es so gut wie gar keine. Ein auch nur einigermaßen akzeptables Doppelzimmer unter 300 Rs zu ergattern, ist so gut wie unmöglich, und dementsprechend werden die beiden Preiskategorien Low Budget und Budget im Folgenden auch zusammengefasst.

Auf die wenigen preiswerten Unterkünfte stürzen sich jeden Morgen neben westlichen Travellern auch viele afrikanische und arabische Touristen. Wer in den Monaten Oktober bis März nach 12 Uhr mittags in Mumbai eintrifft, kann seine Hoffnung auf ein billiges Zimmer für die kommende Nacht gleich begraben. Erreicht man die Stadt morgens per Flugzeug, sollte man bereits am Flughafen eine **telefonische Zimmerreservierung** vornehmen. Auf die Bediensteten des Tourist Office ist dabei allerdings nur wenig Verlass, da diese meist versuchen, Touristen in den teuren Hotels unterzubringen, wo sie Kommission kassieren. Besser ist es also, selber anzurufen. Auch die meisten Taxifahrer möchten sich gern einige Rupien hinzuverdienen, indem sie Touristen zu einem Luxushotel chauffieren. Insofern sollte man ihren Hinweisen, dass das gewählte Hotel abgebrannt sei, auch keine Bedeutung beimessen.

Auch die im Folgenden genannten Tarife sind mit Vorsicht zu genießen, da sich die Preisspirale unaufhörlich dreht. 20 % Zuschläge pro Jahr sind fast schon die Regel. Hinzu kommt, dass viele Billigunterkünfte im Stadtteil Colaba luxusrenoviert werden, so dass man auf einmal vor einem 3- oder 4-Sterne-Hotel steht. Reist man zu zweit und möchte sich in einem Zimmer in Colaba hinter dem Taj Hotel einquartieren, wo viele Billig- und Mittelklassehotels liegen, empfiehlt es sich, das Gepäck unter Aufsicht der einen Person in einem Café abzustellen, während der andere sich unbeschwert auf die Suche machen kann. Viel Glück dabei!

Low Budget und Budget
In Colaba:
●Wie heiß begehrt das von der Heilsarmee (Salvation Army) betriebene **Red Shield Hostel** €-€€ (30, Mereweather Rd, Tel.: 22841824) ist, davon kann man sich jeden Morgen zur Check-in-Zeit um 10 Uhr ein Bild machen, wenn eine Traube von Individualtouristen sich um eines der wenigen Betten bemüht. Tatsächlich sind besonders die sauberen Schlafsäle für 120 Rs pro Person (incl. Frühstück) die billigste Übernachtungsmöglichkeit, die es in Mumbai gibt. Einige geräumige Doppel- und Dreibett-Zimmer (AC, nur Gemeinschaftsbad) stehen ebenfalls zur Verfügung. Ein kleiner Balkon und der Aufenthaltsraum sind beliebte Treffpunkte für die bunte Mischung von Travellern aus aller Welt. Die *safe deposit lockers* (Schließfächer) zum Preis von 3 Rs pro Tag (+ 50 Rs Pfand) sollten vor allem die benutzen, die im Schlafsaal übernachten. Am besten ist man schon um 9.30 Uhr da, dann steigen die Chancen, in dieser einzigen guten Gewissens zu empfehlenden Low-Budget-Unterkunft Mumbais unterzukommen.

●Für Mumbai-Verhältnisse gar nicht mal schlecht ist das klapprige **Carlton Hotel** €-€€€ (12, Mereweather Road, Tel.: 22020642), wo neben EZ/DZ auch Drei- und Vierbett-Zimmer zur Verfügung stehen. Verglichen mit gleichwertigen Unterkünften in anderen Städten zweifelsohne übertuert, doch dafür herrscht in dem alten Holzbau eine angenehme Atmosphäre und vom Wäscheservice bis zum Bus- und Flugticketverkauf bietet der geschäftstüchtige Manager eine Menge Extras an.

●Akzeptabel ist auch das **Volga II** €-€€€ (Tel.: 22824755), direkt um die Ecke von Leopolds Café. Das einfache, aber saubere Hotel ist nicht ausgeschildert und liegt im 1. Stock. Das Angebot reicht von Doppelzimmern ohne Bad bis zu solchen mit Bad und AC. Die

sanitären Anlagen machen einen ordentlichen Eindruck.
- Akzeptabel sind die kleinen, sauberen Zimmer in der im Grants Building untergebrachten **Maria Lodge** €€-€€€ (Tel.: 22854081).
- Die Zimmer im **Bentley's Hotel** €€-€€€ (Tel.: 22841474) sind zwar spartanisch und klein, doch für Mumbai recht preiswert und deshalb meist ausgebucht (z.T. mit Gemeinschaftsbad, einige DZ mit AC).
- Ein gutes Preis-Leistungs-Verhältnis bietet das freundliche **Hotel Kishan** €-€€€ (12, Walton Street, Tel.: 22832886, 22841732, Fax: 22021534) mit sehr sauberen, schön eingerichteten EZ/DZ.
- Eine gute Wahl ist auch das ebenfalls in der Walton Str. gelegene **Hotel Cowies** €€€-€€€€ (Tel.: 22840232, Fax: 22834203) mit AC-Zimmern in einem villaähnlichen Gebäude.
- Weitere Hotels in Colaba mit ähnlichen Zimmerpreisen sind das **Hotel Crystal** (Shahid Bhagat Singh Road, Tel.: 22020673) und das **Whalley's Guest House** (41, Mereweather Road, Tel.: 22834206).
- Supersaubere Zimmer in zentraler Lage in einem sehr freundlichen und ehrlichen Bediensteten geführten Haus und das zu relativ günstigen Preisen – all das bietet das **Chateau Windsor Hotel** €€-€€€€ (Tel.: 22043376, Fax: 22026459) in der Veer Nariman Rd. neben dem Ambassador Hotel.
- Das in der Nähe des Strand Hotel gelegene **Hotel White Pearl** €€€-€€€€ (Tel.: 22885316, Fax: 22852147) vermietet einfache, für Mumbai-Verhältnisse günstige EZ/DZ. Besser und dementsprechend auch teurer sind die AC-Zimmer.

Nähe Victoria Terminus:

Eine ganze Ansammlung passabler Hotels drängt sich im Bereich der Kreuzung von S.B. Singh Road und P.D. Mello Road in unmittelbarer Nähe zum Hauptpostamt, kaum zehn Gehminuten vom Victoria Terminus entfernt. Da diese Ecke von westlichen Touristen bis jetzt noch kaum entdeckt wurde, sind hier meist Zimmer frei.
- Ein Geheimtipp ist das **Hotel Lawrence** €€ (Tel.: 22843618) in einer kleinen Seitengasse der hinter dem Prince of Wales Museum verlaufenden K. Dubash Marg (hinter dem Restaurant Chetana in die links abzweigende Gasse). Spartanische, aber saubere EZ/DZ mit Gemeinschaftsbad.
- Eine gute Wahl ist das **Hotel Benazeer** €€€ (Tel.: 22611725, Fax: 22617796) mitten im Zentrum des Forts mit sauberen AC-DZ.
- Das **Hotel Manama** €€€ (221/5, P.D. Mello Road, Tel.: 22613412) ist dem gleichteuren **Hotel Oasis** (276, S.B. Singh Road, Tel.: 226178) vorzuziehen, weil die Zimmer (mit AC) wesentlich heller und zudem etwas geräumiger ausfallen.
- Akzeptabel, allerdings reichlich überteuert ist das **Railway Hotel** €€€€ (249, P.D. Mello Road, Tel.: 22620775) an der Ecke zur Harichand Marg.
- Das **YWCA** €€€ (Madame Cama Road, Tel.: 22025053) mit sehr ordentlichen EZ/DZ (zuzügl. 60 Rs Mitgliedsgebühr) wäre eine erstklassige Adresse in Colaba, wenn es nicht ständig, meist sogar über mehrere Monate im Voraus, ausgebucht wäre. Übrigens haben auch Männer Zutritt.

Tourist Class

- Sehr empfehlenswert sind die beiden im gleichen Haus (145 A, Marine Drive) untergebrachten Hotels **Sea Green** €€€-€€€€ (Tel.: 22822294, 56336530, Fax: 56336530, sgh@vsnl.com, seagreenhotel.com) und **Sea Green South** €€€-€€€€ (Tel.: 22821613, 56336535, Fax: 56336540, sgsh@vsnl.com, www.seagreensouth.com). Gute Zimmer mit AC, hervorragende Lage, nette Atmosphäre.
- Das **Regent Hotel** €€€€ (8, Best Road, Tel.: 22871853/4, Fax: 22020363, hotelregent@vsnl.com) steht an der Stelle der früheren Traveller-Hochburgen Stiffles und Rex. Eine Übernachtung in dem stilvoll renovierten Haus ist nicht billig, doch dafür wohnt man zentral und in angenehmen Zimmern (AC).
- Geräumige Zimmer vermietet das **Regency Inn** €€€ (Tel.: 22022092) ganz in der Nähe des Gateway of India.
- Ganz ähnlich in Preis und Standard ist das **Hotel Diplomat** €€€ (22/4, Mereweather Rd, Tel.: 22021661, Fax: 22830000). Ein gutes Restaurant ist angeschlossen.
- In die gleiche Preiskategorie (€€€€) fallen die unmittelbar nebeneinander gelegenen

Hotels **Apollo** (Tel.: 22020223, Fax: 22874990) und **Causeway** (Tel.: 22827777) am Colaba Causeway, nur wenige Meter von Leopold's Café entfernt.

• Trotz seiner kürzlich durchgeführten Rundumerneuerung vermittelt das nostalgisch schöne **Grand Hotel** €€€€ (17, Sprott Road, Ballard Estate, Tel.: 22618211, Fax: 22626581) immer noch viel von jener vergangenen Zeit, als die Touristen der großen Überseedampfer an Land gingen. Das aufpolierte Holzmobiliar in den kleinen Räumen und die marmornen Badezimmer verbreiten eine angenehm gemütliche Atmosphäre. Ein weiteres Plus sind die freundlichen Bediensteten und die Tatsache, dass hier fast immer Zimmer frei sind.

• Wer mehr Geld zur Verfügung hat, sollte sich in eines der drei guten, direkt nebeneinander platzierten Hotels am Ende der P.J. Ramchandani Marg, der früheren Strand Rd., einquartieren. Das teuerste und beste dieser Reihe ist **Shelley's Hotel** €€€€ (Nr. 30, Tel.: 22840229, 28400270, Fax: 22840385, shelleyshotel@vsnl.com, shelleyshotel.com). Alle Zimmer verfügen über ein eigenes Bad, Fernseher und AC. Dieses und das altehrwürdige **Strand** €€€-€€€€ (Tel.: 2288222, 22880059, Fax: 22841624, strandh@vsnl.com, www.hotelstrand.com) werden unter der Hausnummer 25 geführt. Preislich fast identisch ist das darüber (3. und 4. Stock) gelegene **Hotel Harbour View** €€€€ (Tel.: 22821089, Fax: 22843020, www.viewhotels inc.com). Außerdem gibt's ein tolles Dachrestaurant mit Hafenblick, der auch aus vielen der Zimmer zu genießen ist. Alle Zimmer mit AC, TV, Kühlschrank, viele haben (allerdings kleine) Balkone.

• Wer es vorzieht, in der Gegend um den Churchgate-Bahnhof in der Nähe des Nariman Point zu wohnen, dem sei das sehr gute **Astoria Hotel** €€€ (4, J.T. Road, Tel.: 2221514) empfohlen.

• Nur für den Fall, dass die bisher genannten Unterkünfte belegt sein sollten, seien die unmittelbar nebeneinander gelegenen Hotels **Ascot** (Tel.: 22872105, Fax: 22046449), **Godwin** (Tel.: 22872050, Fax: 22871592) und **Garden** (Tel.: 22841476, Fax: 22044290) in der Garden Rd. genannt. Alle drei sind akzeptable Mittelklassehotels €€€-€€€€, doch selbst für Mumbai-Verhältnisse überteuert.

First Class

- Das legendäre, 1903 erbaute **Taj Mahal Hotel** und **Taj Mahal Intercontinental** €€€€€ (Apollo Bunder, Tel.: 22023366, Fax: 22872711) galt lange Zeit als eines der zehn besten Hotels der Welt. Wenn auch nicht mehr das modernste, so ist es doch immer noch das renommierteste Hotel Indiens, was jeden Abend die Einfahrt von Mercedes, BMWs und Rolls Royce belegt. Im Foyer tummelt sich eine V.I.P.-Parade aus „Bollywoods" Filmstars, arabischen Scheichs und Singapore-Airlines-Stewardessen – tatsächlich filmreif. Selbst wer nicht das nötige Kleingeld besitzt, um in einem der 650 Zimmer zu nächtigen, sollte sich diese Sehenswürdigkeit nicht entgehen lassen. Eintrittsbedingung ist jedoch ordentliche Kleidung. Eine Übernachtung kostet in der Haupsaison von Oktober bis April 240/245 US-$.
- Hypermodern gibt sich das mit seinem gläsernen Doppelturm steil aufragende **Oberoi/Oberoi Towers** €€€€€ (Nariman Point, Tel.: 22025757, Fax: 22043282). Kann das Taj den Titel des renommiertesten Hotels Indiens für sich beanspruchen, so ist das Oberoi zweifelsohne die luxuriöseste Nobelherberge von Mumbai. Allein die sehr elegant gestaltete Eingangshalle mit dem Shopping-Komplex lohnt einen Besuch. Ebenso wie im Taj gehören Swimmingpool, unzählige Spezialitätenrestaurants, Business- und Health Centre, Sauna und Diskothek zu dem über 1.000 Betten verfügenden Doppelkomplex.
- Eine interessante Alternative, weil preiswerter und dennoch „Five-Star", wohnt man im guten **Hotel President** €€€€€ (Tel.: 22150808, Fax: 22151201) in der Cuffe Parade, ganz in der Nähe des World Trade Centre. Allerdings sind die EZ zum Teil recht klein. Im Haus befindet sich ein vorzügliches Thai-Restaurant.
- Das freundliche **Fariyas Hotel** €€€€€ (25, Off Arthur Bunder Road, Tel.: 22042911, Fax: 22834992) bot lange Zeit wegen seiner privaten Atmosphäre eine Alternative für jene, die sich in den riesigen Bettenburgen nicht wohl fühlen. Nach wie vor ist es ein gutes Hotel, doch mit den inzwischen deutlich gestiegenen Preisen nur noch bedingt empfehlenswert, zumal einige Zimmer recht klein geraten sind.
- Wegen seiner zentralen Lage bietet das alteingesessene **Ambassador Hotel** €€€€€ (Tel.: 22041131, Fax: 22040004, ambassador@vsnl.com, www.ambassadorindia.com) an der Veer Nariman Rd. mehr fürs Geld.
- Trotz seines bescheidenen Äußeren ist das **Hotel Marine Plaza** €€€€€ (Tel.: 22851212, Fax: 22828585, hotelmarineplaza@vsnl.com, www.sarovarparkplaza.com) eines der luxuriösesten Hotels der Innenstadt. Neben den makellosen Zimmern und dem freundlichen Personal gefällt die Lage direkt am Marine Drive ganz in der Nähe des Nariman Point.

Flughafen-Hotels

- Wer die Nacht in der Nähe des Flughafens verbringen will, dem stehen eine ganze Reihe von Hotels zur Verfügung. Die meisten finden sich in unmittelbarer Nähe zum Inlandsflughafen Santa Cruz, im Bereich der Nehru Rd. Im Folgenden kann nur eine kleine Auswahl genannt werden, wobei die Qualität in Relation zu den aufgeführten Preisen steht. Insgesamt gilt, dass man den Standortvorteil recht teuer bezahlen muss, da alle Flughafen-Hotels, verglichen mit dem gebotenen Standard, deutlich über dem ohnehin schon sehr hohen Preisniveau in der Innenstadt liegen. So erhält man für etwa 1.800 bis 2.000 Rs kaum mehr als ein bescheidenes Zimmer.
- In der Preisklasse von 1.800 bis 2.000 Rs für ein DZ befinden sich u.a. folgende Hotels: **Airlink** (Tel.: 26184220, Fax: 26105186, unversal@bom5.vsnl.net.in), **Jayshree** (Tel.: 26183232, Fax: 261544511, dalwanihotels@bol.net.in), **Ashwin** (Tel.: 28300845, Fax: 28367258) und **Airlines International** (Tel.: 26260714, Fax: 26160717, airlines@goldenswan.com).

Protzbauten: Gateway of India und Taj Mahal Intercontinental

● Noch einmal 500 Rs mehr für ihre AC-Räume verlangen die Hotels **Atithi** (Tel.: 26116124, Fax: 26111998) und **Transit** (Tel.: 26128882, Fax: 26105785, transit@vsnl.com), beide in einer Seitengasse der Nehru Rd.

● Das **Bawa International** €€€€€ (Tel.: 26113636, Fax: 26107096, bawaintl@vsnl.com) ist ein hervorragend geführtes Hotel. Im Haus befindet sich auch die Avalon, „the best Discotheque having perfect Police licence", wie das Management betont ...

● Ausgezeichnet ist das Fünf-Sterne-Hotel **The Orchid** €€€€€ (Tel.: 26164040, Fax: 26164141, ohmu@orchidhotel.com, www.orchidhotel.com). Beim Bau des 1998 eröffneten Hotels wurde besonderer Wert auf die Verwendung natürlicher Materialien gelegt, woraus sich die Bezeichnung „Asia's first certified ecofriendly 5 Star Hotel" ableitet – warum einfach, wenn's auch kompliziert geht.

● Wer es sich in der Nähe des internationalen Flughafens gut gehen lassen möchte, sollte sich im **Leela Kempinski** €€€€€ (Tel.: 226911212, Fax: 26911234, leela@theleela.com) einquartieren. Swimmingpool, vier Restaurants, drei Bars und Tennisplätze sorgen neben den an- und abfliegenden Flugzeugen dafür, dass keine Langeweile aufkommt.

● Gleich neben dem Inlandsflughafen Santa Cruz steht das **Tulip Star** €€€€€ (Tel.: 26156660, Fax: 26156535, centhot@bom5.vsnl.net.in), ein hässlich grauer Rundbau mit Lärmschutz.

Essen und Trinken

Mumbai hat mit Abstand die größte Auswahl an Restaurants in Indien. An jeder Straßenecke warten gleich mehrere Gaststätten auf Kunden. Die hohe Anzahl beruht auf der ungeheuren Zahl von Pendlern in der Stadt, die oft 4, 5 oder 6 Stunden täglich aufwenden müssen, um zwischen Wohnort und Arbeitsstätte hin- und herzufahren. Für ein Essen zu Hause bleibt vielen gar keine Zeit. Außerdem hat Mumbai eine solide Mittel- und Oberschicht, deren Mitglieder es sich leisten können, gepflegt zu speisen.

In Colaba und am Nariman Point

● Eines der preiswertesten und beständig besten Restaurants in diesem Stadtteil ist das winzige und enge **Laxmi Vilas** (Navroji Forunji Rd., neben Oxford University Press). Das Essen ist typisch südindische (vegetarische) Udipi-Küche (benannt nach ihrem Herkunftsort in Karnataka), mit sehr guten *masala dosas* und lohnenswerten *thalis* zu 12 Rs.

● Etwas weiter südlich in Colaba liegt das **Kamat** (Shahid Bhagat Singh Rd.). Neben vegetarischer südindischer Küche gibt es auch sehr gute nordindische Gerichte sowie magenfüllende *thalis*. Das immer gut besuchte Restaurant hat zwei Stockwerke, das obere hat AC.

● Neben dem Kamat hat das kleine **Restaurant Piccadilly** eine weit größere Speisekarte, als es den Anschein hat, z.B. gutes Schawarma und viele weitere Köstlichkeiten.

● Das **Hotel Majestic** (Shahid Bhagat Singh Rd.) ist ein langgedienter Favorit in Colaba, zumindest bei Leuten, die extrem auf den Geldbeutel achten müssen. In dem großen, anspruchslosen Speisesaal gibt es recht gute *thalis* zum Niedrigpreis von 18 Rs.

● Das **Kailash Parbat** (Shahid Bhagat Singh Rd., Ecke 1st Pasta Lane) genießt seit Jahren einen ausgezeichneten Ruf bei den Einheimischen, von Touristen scheint es jedoch noch nicht entdeckt worden zu sein. Es befindet sich ca. 500 m südlich des Regal Cinema, an der Hauptstraße durch Colaba. Serviert wird die vegetarische Küche der Sindhis, der aus Pakistan eingewanderten Händlerkaste. Das Essen ist preiswert und köstlich, dementsprechend ist es mittags und abends gerammelt voll. Eine Mahlzeit für zwei Personen dürfte ca. 50-100 Rs kosten.

● Das 1871 gegründete **Café Leopold** (Shahid Bhagat Singh Rd.) mitten im Herzen von Colaba ist *der* Traveller-Teffpunkt, obwohl niemand genau weiß, warum. Hier trifft man Leute, denen man zuletzt vor mehreren Monaten in Dharamsala, Varanasi, Puri, Bangkok

Tee- und Kaffeebude

oder auf Bali begegnet ist. Durchsetzt wird die Traveller-Gemeinde von afrikanischen Seeleuten, die irgendwie hängen geblieben sind, Arabern mit unislamischen Absichten und zunehmend auch von Einheimischen.

Das Essen des Leopold ist allerdings von wechselhafter Qualität. Es scheint aber genügend Leuten zu schmecken, der Laden ist immer total voll. Außerdem gibt es relativ preiswertes Bier, das hier zu jeder Tageszeit in Strömen zu fließen scheint. Zapfenstreich ist erst um 24 Uhr, relativ spät für Mumbai. Die im Obergeschoss neu eröffnete Disco soll sogar noch länger aufbleiben.

● Ein neues, recht angesagtes Restaurant in Colaba ist das **Café Churchill,** billiger als Leopold, mit ähnlichem Angebot. Es ist sehr klein, deshalb meist voll. Am Colaba Causeway etwas südlich der Straße, in der Hotel Kishan und Cowies stehen.

● Eine weitere Alternative zum teuren Leopold, wenn auch nur etwas billiger, ist das keine 100 m südlich davon gelegene **Food Inn** (9.30–0.30 Uhr) mit vielseitiger Karte: sea food, Sandwiches, Pizza, Nudeln, Milchshakes, Chicken, tandoori.

● Das ca. 100 m weiter nördlich an der gleichen Straße (etwas südlich des Wellington Circle) gelegene **Café Mondegar** hat ein ähnliches Ambiente. Die Atmosphäre ist hier noch etwas ausgelassener, was wohl nicht zuletzt an der ständig dudelnden Jukebox liegt. Allerdings hört man in letzter Zeit des öfteren Klagen darüber, dass die Ober recht unfreundlich werden, wenn man nur für einen Drink hereinschaut, ohne etwas essen zu wollen.

● Schräg gegenüber dem Leopold wartet ein weiteres Irani-Restaurant auf, das **Olympia Coffee House,** das sehr gemütlich eingerichtet ist. Kulinarisch geht es eher deftig zu, da die diversen Mughlai-Speisen oft scharf und fettig sind.

● In ganz Mumbai bekannt für seine ausgezeichneten Barbecue-Gerichte ist **Bade Miyan** in der Tulloch Rd., einer kleinen Gasse zwischen Gateway of India und Café Leopold. Dabei handelt es sich um ein jeden Abend ab 19 Uhr neu aufgebautes Open-Air-Restaurant, welches aus nicht viel mehr als ein paar aufgestellten Tischen besteht. Neben den vorzüglichen und zudem günstigen Gerichten gefällt hier die lockere Stimmung, die bis spät in die Nacht andauern kann.

●Wer danach noch in einer vor allem von Indern besuchten, rauchigen und stimmungsvollen Kneipe sein Glück suchen will, sollte das schräg gegenüber angesiedelte **Gokul** aufsuchen, wo auch kleinere, leckere Snacks, die auf einer Tafel angeschrieben stehen, serviert werden.

●Gute und preiswerte nordindische Kost ohne viel Schnickschnack bietet das in der Nawroji-F. Rd. gelegene Restaurant **New Apollo.**

●Das **Golden Gate** (Amarchand Mansion, Madame Cama Rd., Tel.: 22026306, 22027989), rechts neben dem YWCA International Guest House gelegen, bietet sowohl Fleisch- als auch vegetarische Gerichte. Sie sind allesamt sehr gut, vor allem leicht zubereitet. Zwei Personen müssen bei vegetarischen Gerichten mit mindestens 400 Rs rechnen, bei Fleischkost mit ca. 600 Rs.

●Das **Shamiana,** der Coffee Shop im Erdgeschoss des Taj Mahal Hotel, ist eine alteingesessene Institution in Colaba, in der sich der luxusgewöhnte Geschäftsmann ebenso einfindet wie der knauserende Low-Budget-Traveller, der einmal 5-Sterne-Luft schnuppern möchte. Halbwegs dezente Kleidung ist allerdings anzuraten. Das Shamiana ist rund um die Uhr geöffnet.

Im Fort

Wegen der vielen Büros in der Gegend weist der Stadtteil Fort ein Riesenangebot an guten Restaurants auf. Zur Mittagspause sind sie gerammelt voll und schließen spätestens um 21 Uhr. Sonntags bleiben sie ganz geschlossen.

Churchgate Station

●Eines der besten Restaurants im Viertel ist das vegetarische **Vaibhav** (Mahatma Gandhi Rd.). Besonders gut sind die Paneer-Gerichte, aber auch alles andere ist von höchster Qualität. Kostenpunkt ca. 100–150 Rs für zwei Personen.

●Gleich links nebenan liegt das **Rasraj,** leicht zu erkennen an seinem apfelförmigen Eingang. Es gibt ein großes Sortiment an Fruchtsäften und Milchshakes, dazu aber auch sehr gute Snacks. Zwei Personen kommen mit 50–100 Rs für eine Mahlzeit samt Fruchtsäften aus.

●Das hübsche, im Stil eines Schweizer Chalets errichtete **Ankur** in der von der M.P. Shetty Rd. abgehenden Tamarind Lane und das **Trishna** in der Ropewalk Lane gelten als die besten Adressen für Fischgerichte im Stil der Südwestküste. Bei beiden sollte man für ein Gericht mindestens 200 Rs veranschlagen.

●In der Gasse hinter dem Rasraj und Vaibhav gibt es zahlreiche weitere preiswerte und gute Restaurants, so z.B. **Dwarka, Gokul, Milan Coffee House, Amrapali** und das besonders empfehlenswerte **Welcome Hindu Restaurant** (ca. 100 m von Flora Fountain entfernt). Außer dem Amrapali sind alle genannten Restaurants vegetarisch.

Die folgenden Restaurants sind auch am Wochenende geöffnet:

●Das **Copper Chimney** (K. Dubash Marg, Tel.: 22041661, 2244468) bietet exklusive Mughlai-Küche. Das Essen ist sehr gut, wenn auch nicht billig. Zwei Personen müssen bei vegetarischen Gerichten mit ca. 400 Rs rechnen, ansonsten mit ca. 600 Rs. An Wochenenden empfiehlt sich eine telefonische Vorbestellung.

●Etwas weiter östlich an derselben Straße liegt das **Chetana,** das besonders bei Gujaratis und Rajasthanis beliebt ist, da die vegetarische Küche Gujarats und Rajasthans serviert wird. Mittags gibt es die leicht süßen Gujarati-Thalis zu 90 Rs, bei denen bis zum Abwinken nachgefüllt wird.

●Noch weiter östlich am K. Dubash Marg befindet sich das ausgezeichnete **Khyber** (Tel.: 2272227-8, 2271605, 2273973). Schon das Interieur ist äußerst stilvoll, das ganze

Ambiente erinnert an den Speisesaal eines Maharaja-Palastes. Auf der umfangreichen Speisekarte finden sich exquisite Gerichte, alles ist von höchster Qualität, dazu kommt ein freundlicher und unaufdringlicher Service. Sehr empfehlenswert! Ein gutes Essen für zwei Personen kostet bei vegetarischen Gerichten ab ca. 400 Rs, bei Fleischgerichten ab ca. 600 Rs. Das Restaurant ist oft ausgebucht – gelegentlich von Filmstars, die hier exklusive Parties zelebrieren. Telefonische Voranmeldung ist anzuraten.

● Genau gegenüber vom Khyber, im gleichen Haus wie die Jehangir Art Gallery, befindet sich das **Samovar**. Es ist weniger für seine exquisite Küche bekannt, denn als Treffpunkt Mumbais Intellektueller. Die Snacks wie *samosa* und *roti kebab* sind sehr gut.

● Das vielleicht beste Restaurant für Meeresfrüchte und Fisch in Mumbai befindet sich etwas versteckt zwischen Flora Fountain und dem GPO. Das **Bharat** (Mint Rd., Tel.: 22618991) spezialisiert sich auf die traditionellen Seafood-Gerichte von Mangalore, die als besonders schmackhaft gelten. An Wochenenden ist telefonische Voranmeldung ratsam. Ca. 150–300 Rs für zwei Personen.

Am Victoria Terminus

● Das kleine, aber sehr gute und saubere **Shivala Restaurant** (Walchand Hirachand Marg) befindet sich schräg gegenüber Victoria Terminus Station. Es gibt vegetarische Gerichte wie *masala dosas* und sehr gute *thalis* (15 Rs), Fruchtsäfte und *vegetable burgers*, alles sehr preiswert und lecker. Zwei Personen kommen ab 50 Rs zu einem vollen Magen.

● In einer kleinen Seitenstraße parallel zur Dadabahai Naoroji Road, ca. 100 m westlich Victoria Terminus, befindet sich das **Vitthal,** Mumbais berühmtestes Restaurant für *bhelpuri* und *pani puri* – die typischen Mumbai-Snacks, die mit Minz- und Tamarinden-Soße serviert werden. Ca. 50–100 Rs für zwei Personen.

Am Crawford Market

• Genau gegenüber dem Crawford Market (Mahatma Phule Market) ist Mumbais bekanntester Fruchtsaftladen, **Badshah Cold Drink Annexe,** angesiedelt. Es gibt zahlreiche Fruchtsäfte und Milchshakes, dazu sehr gute, hausgemachte Eiscremes und Obstsalate.

• In der quirligen Marktstraße links neben dem Badshah Cold Drink Annexe versteckt sich das kleine **Rajdhani Restaurant,** bekannt in der Gegend für seine guten und reichhaltigen, süß-scharfen Gujarati-Thalis (45 Rs).

An der Churchgate Station

• Wenn es um die Relation Qualität/Preis geht, gibt es nicht viele Restaurants, die das **Samrat** (Prem Court, Jamshetji Tata Rd., Tel.: 2220942, 2222027, 2220022), ca. 300 m südlich der Churchgate Station, überbieten können. Das gemütlich eingerichtete Lokal bietet vegetarische nordindische und Gujarati-Küche, dazu einen sehr aufmerksamen und effizienten Service. Unter anderem stehen typische Gujarati-Gerichte auf der Speisekarte, die es fast nirgendwo anders gibt, z.B. *patra*. Die beliebten Gujarati-Thalis im Samrat sind äußerst reichhaltig. Ansonsten kostet eine volle Mahlzeit ca. 150–300 Rs.

• An der Veer Nariman Road wartet das **Gaylord** auf. Es gibt einige gute westliche Gerichte und Backwaren, aber auch nordindische *thalis*. In dem Vorbau an der Straße lässt es sich recht gut sitzen und das Straßengeschehen beobachten.

• **The Pizzeria,** in attraktiver Lage an der Ecke Veer Nariman/Marine Drive, bietet genau das, was der Name verspricht.

• Das **Purohit's,** ein vegetarisches Restaurant an der Veer Nariman Rd., erfreut sich besonders mittags bei Geschäftsleuten großer Beliebtheit. Die einzelnen Gerichte kosten zwischen 75 und 100 Rs.

• Wenige Meter weiter im gepflegten **Indian Summer** gibt es vegetarische und nichtvegetarische Gerichte um die 200 Rs pro Hauptgericht.

• Wiederum nur wenige Schritte weiter wartet das rein vegetarische **Shiv Sagar.** Alles schmeckt vorzüglich und der Service ist effizient und unaufdringlich. Im Restaurant gibt es auch Alkoholausschank. Ab ca. 150 Rs für eine Mahlzeit pro Person.

• In der Umgebung der Churchgate Station besteht auch kein Mangel an preiswerteren Restaurants. In der Seitenstraße gleich links neben dem Bahnhof liegt das ordentliche **Satkar,** in der Maharishi Karve Road an der Ostseite des Bahnhofs das ebenso gute **Sahyadri;** noch eine Seitenstraße weiter östlich, in der V. Thakersey Road, finden sich die preiswerten **Sanman, Suruchi** und **Balwas.**

Bank

• Ähnlich wie in Delhi und Kalkutta erledigt man seine Geldgeschäfte, wenn man nicht im Hotel wechseln kann, auch in Mumbai am sichersten und schnellsten bei der **American Express Bank** (Tel.: 22048278). Sie ist verkehrsgünstig am Wellington Circle, wenige Meter vom Colaba Causeway, gelegen, Mo-Fr 9–18.30 Uhr, Sa 9–14:30 Uhr. Eine weitere American-Express-Filiale (Mo-Fr 9:30–18 Uhr, Sa 9:30–13 Uhr) mit Geldautomat ist etwa 100 Meter nördlich des Tourist Office zu finden.

• Am Colaba Causeway etwas südlich des Kamat Restaurant gibt es einen **ATM** (Geldautomaten) der **Centurion Bank,** der sowohl für Visa- wie auch für Mastercard-Besitzer zugänglich ist.

• Im Fort-Gebiet zwischen Victoria Terminus und Flora Fountain hat die **ICICI-Filiale** einen ATM sowie die **HSBC-Bank** südlich des Flora Fountain, einen weiteren gibt es neben dem Reservierungsbüro des V.T., außerdem bei der **Citibank** (P.Metha Marg/Ecke D.N. Rd.), alle nur für Visa- und Mastercard. Gegenüber dieser Citibank ist eine große **Thomas-Cook-Filiale.**

• Außerhalb der üblichen Geschäftszeiten kann man im **Air India Building** am Nariman Point und im **Thomas Cook Office** am Flora Fountain wechseln. Mo-Sa 9.30–18.30 Uhr.

• Die rund um die Uhr geöffneten Banken an den beiden **Flughäfen** tauschen zum gleichen Wechselkurs wie in der Stadt. Nachzählen nicht vergessen!

Stadtplan S. 319, 322, 324

PRAKTISCHE TIPPS

●Sehr effizient und schnell im Geldwechseln ist das private **Pheroze Framroze** in der Nanik Motwane Marg, einer Gasse, die ca. 100 m nördlich des Max Mueller Bhavan von der Mahatma Gandhi Road abzweigt. Für Leute, die in Colaba wohnen, liegt es also recht nah. Das Büro befindet sich im 2. Stock eines Gebäudes, das am Eingang absolut verslumt und verdreckt ist – nicht abhalten lassen, im Büro betritt man plötzlich eine andere (saubere) Welt. Öffnungszeiten: tgl. außer So. 9.30 bis 19 Uhr.

Post und Telefon

●Das imposante **General Post Office (GPO)** liegt direkt neben dem Victoria-Bahnhof am Nagar Chowk. Schalter Nr. 2 für postlagernde Sendungen ist Mo-Sa 9 bis 18 Uhr und feiertags von 11 bis 17 Uhr geöffnet.
●Das **Paketpostamt** findet sich rechts hinter dem Hauptgebäude in einem Hinterhof, zu dem man über die P.D. Mello Road gelangt. Geöffnet ist es Mo-Sa 10 bis 16.30 Uhr. Auf dem Bürgersteig vor dem GPO kann man sein Paket von den dort platzierten Schreibern ordnungsgemäß verpacken, versiegeln und beschriften lassen. Auch die notwendigen Formulare erhält man hier. Der Service kostet je nach Größe des Pakets und Verhandlungsgeschick zwischen 20 und 50 Rs.
●Im Gebäude vom Sea Green South Hotel gibt's ein rund um 24 Std. geöffnetes **DHL** zum Pakete verschicken.
●Ein weiteres, nicht so überlaufenes **Postamt** liegt an der Henry Road.
●Die Postämter in den beiden **Flughäfen** sind offiziell rund um die Uhr geöffnet. Besetzt sind sie, zumindest am Santa Cruz Airport, durchaus nicht immer.
●Anstatt sich der umständlichen Bürokratie des **Central Telegraph Office** an der Veer Nariman Road auszusetzen, telefoniert man schneller und preiswerter von einem der vielen privaten **Telecommunication Offices** in Colaba.

Medizinische Versorgung

●Das empfehlenswerteste Krankenhaus Mumbais und gleichzeitig eines der besten ganz Indiens ist das **Breach Candy Hospital** (Tel.: 23623224) an der Bhullabhai Desai Rd.

Konsulate

●**Deutschland,** Hoechst House (10. Stock), Nariman Point (Tel.: 2283422).
●**Österreich,** 206-210 Balram Building (Tel.: 26442291).
●**Schweiz,** Maker Chambers IV, J. Bajaj Marg, Nariman Point (Tel.: 22884563).
●**Niederlande,** International Building, Marine Lines Cross Rd. 1, Churchgate (Tel.: 22016750).
●**Singapur,** Sakhar Bhawan, Nariman Point (Tel.: 22043209).
●**Sri Lanka,** Sri Lanka House, 34, Homi Modi Street, Fort (Tel.: 22045861).
●**Thailand,** Krishna Bagh, 43, Bhulabai Desai Rd. (Tel.: 23631404).

Visumverlängerung

●Wer sein Visum verlängern muss, begibt sich, adrett gekleidet und mit Pass, Wechselquittungen, vier Fotos und viel Geduld ausgerüstet, in den 3. Stock des **Deputy Commissioner of Police** gegenüber dem Crawford Market (Mo-Fr 10.30 bis 12.30 und 13.30 bis 15.30 Uhr). Dort schlägt die indische Bürokratie gnadenlos zu. Trotz aller doppelt und dreifach auszufüllenden Formulare sollte man immer schön freundlich bleiben, sonst dauert es doppelt so lange. Normalerweise sollte man eine Visumverlängerung am nächsten Tag bekommen.

Shopping

Staatliche Geschäfte

●Wie in Delhi und Kalkutta, so bietet sich auch dem Neuankömmling in Mumbai mit dem staatlichen **Central Cottage Industries**

Emporium an der C. Shivaji Marg, nur etwa 200 m vom Gateway of India entfernt, ein idealer Ort, um sich einen Überblick über die ganze Vielfalt des indischen Kunsthandwerks zu verschaffen. Die Auswahl an prächtigen Seidenstoffen, Möbeln, Teppichen, Götterstatuen, Schmuck und vielem mehr ist einzigartig. Die Festpreise liegen über dem Landesdurchschnitt, doch dafür ist alles von garantierter Qualität und man kann sich in aller Ruhe ohne Anmache von Schleppern umschauen. Zudem wird auf Wunsch alles nach Hause geschickt.

● Auch die meisten **indischen Bundesstaaten** unterhalten in Mumbai Geschäfte.

Basare

Weit weniger geordnet, dafür orientalisch-lebendig geht es auf den verschiedenen Basaren zu, für die Mumbai berühmt ist. Hier muss man handeln, was das Zeug hält (mit den Preisen im Government Emporium hat man einen ersten Anhaltspunkt) und zudem sollte man im Menschengewimmel seine Wertsachen gut verwahren.

● Dies gilt besonders für den **Chor Bazaar** neben der Grant Road. Dieser Diebes- und Flohmarkt ist besonders für Antiquitäten und Lederwaren bekannt.

● Im **Javeri Bazaar** in der Nähe des Crawford-Marktes finden sich unzählige Schmuck- und Juwelengeschäfte. Ein faszinierendes Viertel auch für jene, die nicht über das nötige Kleingeld verfügen.

● Viele Straßenstände öffnen gegen Sonnenuntergang entlang des Colaba Causeway, speziell im Bereich von Wellington Circle bis Best Street. Verkauft wird hier alles, was für Touristen interessant sein könnte: Schuhe, Kleidung, Souvenirs u.ä. Die Preise sind meist hoch, die Qualität schlecht: keine gute Kombination. Eine Ausnahme bilden allerdings oftmals Hemden, die schon für 50 Rs zu haben sind.

Weitere Einkaufstipps

● Modische und gut verarbeitete **Schuhe** kauft man am besten in einem der vielen Läden entlang des Colaba Causeway. Wer mehr Geld ausgeben kann, sollte **Wing Son Chinese Shoemaker**, um die Ecke vom Regent Cinema, aufsuchen.

● **Antiquitätensammler** sollten sich in einem der vielen Geschäfte in Colaba und im Bereich der W. Hirachand Road in der Nähe der Hauptpost umschauen. Beim Kauf beachte man jedoch die im allgemeinen Einkaufskapitel genannten Ausfuhrverbote (s. „Praktische Reisetipps A–Z").

● Ein Riesenangebot an qualitativ hochwertigen Waren hält das **Oberoi Shopping Center** neben dem Oberoi Hotel bereit. Auf drei Etagen gibt es zahllose Geschäfte mit Lederwaren, Schuhen, Kleidung, Schmuck, Handwerksartikeln, Teppichen, Edelsteinen, alten Uhren und alten Grammophonen. Eine tolle Auswahl zu immer noch erträglichen Preisen.

● Weniger Ambiente versprüht der staatliche **Khadi Bazar,** der noch aussieht, als hätten die Briten gerade erst Indien verlassen. In dem alten Gebäude an der Dadabhai Naoroji Road (nahe American Express) werden Handwerks- und Textilartikel aus ganz Indien angeboten.

● Mumbai gilt als einer der besten Plätze Indiens, um **Musikinstrumente** zu kaufen. Zwei empfehlenswerte Adressen sind das **Hiro Music House** in der Sir Phirozshah Road und das **Rhythm House Private,** Rampart Row, gegenüber dem Max Mueller Bhawan.

● Wer sich mit Musikhören begnügt, findet die größte Auswahl an indischer Musik im **Asiatics Department Store,** dem größten und modernsten Kaufhaus der Stadt, gegenüber dem Churchgate-Bahnhof.

● Eine Reihe von **Fotoläden** liegt entlang der D.N. Road, zwischen Victoria Terminus und Flora Fountain.

● Ganz ausgezeichnet bestückt ist der **Nalanda Bookshop** im Taj Mahal Intercontinental. Von anspruchsvoller Wissenschaftsliteratur über internationale Bestseller und aktuelle Zeitungen aus aller Welt, Postkarten, Musikkassetten, CDs bis hin zu Kalendern findet sich alles. Das Geschäft hat bis Mitternacht geöffnet und so kann man im rund um die Uhr geöffneten Coffee Shop des Hotels gleich ein wenig in der neuerstandenen Lektüre schmökern.

● Mumbais größter **Buchladen** ist der relativ neue **Crossword** in Mahalaxmi Chambers,

22, Bhulabhai Desai Road (nahe Mahalaxmi-Tempel). Es gibt jede Menge englischsprachige Romane, Reiseliteratur, Sachbücher etc. Während das Crossword jeden Tag von 10 bis 20 Uhr geöffnet hat, ist der **Shankar Book Stall** im Abubaker Mansion neben dem Regal Cinema sonntags geschlossen.

Kultur und Unterhaltung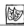

Kulturelle Veranstaltungen

●Das **National Centre of Performing Arts** (Tel.: 2234678) am Nariman Point ist einer der in ganz Indien bestangesehenen Veranstaltungsorte im Bereich Theater, Ballett und Musik. National wie international bekannte Künstler treten hier auf. Eine gute Gelegenheit, um eine Aufführung von internationalem Format zu einem Bruchteil des in Europa üblichen Preises zu sehen.

Genauere Informationen über Ort und Zeit finden sich im beim Tourist Office alle zwei Wochen ausgegebenen Veranstaltungskalender.

Kino

●Das **Regal Cinema** am Wellington Circle, Ecke Colaba Causeway, zeigt täglich internationale Kinofilme (meist Hollywood Style) in englischer Version.

Discos

●In mehreren der First-Class-Hotels wie dem Oberoi und dem Taj Mahal Intercontinental gibt's Nobeldiskotheken, in denen sich die Yuppie-Generation Mumbais trifft. Wer da, wo die Erfolgreichen sich selbst feiern, nicht fehlen will, zahlt 150 Rs Eintritt und muss ganz trendy sein.
●Das In-Lokal der nicht ganz so Betuchten ist derzeit das **Razzberry Rhinoceros** im Juhu Hotel. In dieser Mischung aus Pub und Disco trifft sich Mumbais westlich beeinflusstes Jungvolk. An manchen Abenden treten Bands auf.

Erholung

●Weniger cool, dafür aber sehr entspannend ist ein Tag im **Breach Candy Club** (Tel.: 23674381) an der Bhulabhai Desai Road in der Nähe des Haji Ali's Tomb. Ein besserer Ort, um sich unter Palmen, auf einem Liegestuhl am Swimmingpool vom brodelnden Mumbai zu erholen, lässt sich kaum denken. Mit 200 (Mo–Fr), 300 (Sa) und 500 (So) Rs ist der Spaß allerdings auch nicht billig. Beim Einlass muss man den Ausweis vorlegen.

Weiterreise

Flug

Mumbai ist zwar immer noch das Ziel von weit mehr nationalen und internationalen Flügen als etwa Delhi und Kalkutta, doch erstaunlicherweise kein guter Ort, um billige Flugtickets zu kaufen. Mit 450 US-$ nach Europa muss man schon rechnen, und auch in andere asiatische Länder wie Thailand ist es mit 250–300 US-$ nicht billig. Hier Adressen von **Reisebüros,** die sich als relativ preiswert und zuverlässig erwiesen haben:
●**Transway International,** Pantaky, 3. Stock, 8 Maruti Cross Lane, Fort, Tel.: 22626066, Fax: 22664465.
●**Space Travel,** Nanaboy Mansion, 4. Stock, Sir P.M. Road, Mumbai 400001, Tel.: 22663258.
●**Students Travel Information Centre** (STIC), 6 Maker Arcade, Cuffe Parade, Mumbai 400005, Tel.: 2211431.

Fluggesellschaften:
●**Aeroflot:** Tulsiani Chambers, Nariman Point, Tel.: 22856648.
●**Air France:** Maker Chambers VI, Nariman Point, Tel.: 22025021.
●**Air India:** Air India Building, Nariman Point, Tel.: 22024142, Reservierung internationaler Flüge: Tel.: 22876464.
●**Sri Lankan,** Mittal Towers, Nariman Point, Tel.: 2223299.
●**British Airways,** 202, B Veer Nariman Rd., Tel.: 22820888.
●**Cathay Pacific:** Bajaj Bhavan, Nariman Point, Tel.: 22029112.

PRAKTISCHE TIPPS

Veer Nariman Road

- **Crossair/Swissair:** Maker Chambers IV, Nariman Point, Tel.: 22872210.
- **Emirates:** Mittal Chambers, Nariman Point, Tel.: 22871649-52.
- **Gulf Air:** Maker Chambers V, Nariman Point, Tel.: 22021626.
- **Indian Airlines:** Air India Building, Nariman Point, Tel.: 22023031, Reservierungen: Tel.: 141.
- **Jet Air Ltd.** (Vertreter für Air Canada, Austrian Airlines, Phillipine Airlines, Royal Jordan Airlines): Amarchand Mansion, Madam Cama Rd., Tel.: 22823080, 22022779.
- **Jet Airways** : Amarchand Mansion, Madam Cama Rd., Tel.: 22875086-90.
- **KLM,** 198 Tata Rd., Tel.: 22833338.
- **Lufthansa,** Express Towers, Nariman Point, Tel.: 22875264.
- **Qantas,** Oberoi Towers, Nariman Point, Tel.: 22029297.
- **SAS,** Podar House, 10 Marine Drive, Tel.: 22027083.
- **Sahara Airlines:** Tulsiani Chambers, Nariman Point, Tel.: 22835671.
- **Singapore Airlines,** Taj Mahal Hotel, Apollo Bunder, Tel.: 22022747.
- **Swissair,** Maker Chambers VI, 220 Nariman Point, Tel.: 22872210.
- **Thai International,** World Trade Centre, Cuffe Parade, Tel.: 22187468.

Indian-Airlines-Büros:

Indian Airlines hat sein Hauptbüro im Air India Building am Nariman Point. Der Ticketschalter ist von 9 bis 19 Uhr geöffnet. Wer in Colaba wohnt, kann jedoch auch das Indian Airlines Office im Taj Mahal Hotel benutzen. Weitere Indian-Airlines-Büros befinden sich an den beiden Flughäfen sowie im Centaur Hotel am Juhu Beach.

Flugziele von Indian Airlines:
- **Ahmedabad:** 75 US-$
- **Aurangabad:** 75 US-$
- **Bhavnagar:** 75 US-$
- **Bhopal:** 130 US-$
- **Bhuj:** 100 US-$
- **Delhi:** 175 US-$
- **Goa:** 85 US-$
- **Gwalior:** 160 US-$
- **Indore:** 90 US-$
- **Jaipur:** 155 US-$
- **Jamnagar:** 105 US-$
- **Jodhpur:** 150 US-$
- **Kalkutta:** 230 US-$
- **Lucknow:** 250 US-$
- **Rajkot:** 75 US-$
- **Udaipur:** 125 US-$
- **Vadodara:** 70 US-$
- **Varanasi:** 235 US-$

- Auf einigen stark frequentierten Inlandsstrecken fliegt auch **Air India,** deren Tickets aber auch in den Indian-Airlines-Büros gekauft werden können. Diese Flüge starten jedoch nicht vom nationalen Santa Cruz Airport, sondern vom **internationalen Flughafen Sahar!**
- Auch zahlreiche **private Fluggesellschaften** unterhalten Verbindungen innerhalb des ganzen Landes mit Mumbai.

Bahn

Ein Bahnticket in Mumbai zu erstehen, kann sich zu einem komplizierten Unterfangen entwickeln. Für Verwirrung sorgt allein die Tatsache, dass es mit **Victoria Terminus** (V.T.), **Churchgate** und **Mumbai Central** drei große Bahnhöfe gibt. Hinzu kommt, dass verschiedene *booking offices* für verschiedene Strecken zuständig sind.

● Das hochmoderne Reservation Office für Central Railway im **Victoria Terminus** (CST) verkauft vor allem Tickets für Züge, die in Richtung Süden und Osten fahren, aber eben auch einige für den Norden. Man kann sich grundsätzlich an jeden der 70 Schalter anstellen, nachdem man die in Kästen bereitliegenden Reservierungsformulare ausgefüllt hat (genauere Informationen im Bahnkapitel, „Praktische Reisetipps A–Z"). Der Touristenschalter befindet sich im 1. Stock, Schalter 52 (Mo–Sa 8–13.30 und 14–15 Uhr). Leider mischen sich immer wieder Einheimische unter die Wartenden, so dass es bis zu einer Stunde dauern kann, ehe man am Anfang der Schlange angelangt ist. Am besten kommt man so früh wie möglich. Öffnungszeiten: Mo–Sa 8–14 und 14.15–20 Uhr, So 8–14 Uhr. Auskunft-Tel.: 134 (Zentral-, Süd-, Ost-, und einige Nordindienziele).

● Das **Western Railways Booking Office** im gleichen Gebäude wie das Government of India Tourist Office gegenüber vom Churchgate Bahnhof verkauft Mo bis Sa von 8 bis 20 Uhr und So von 8 bis 16 Uhr Tickets für Züge in Richtung Norden. Hier gibt es in der hinteren Ecke des 1. Obergeschosses einen separaten Schalter, an dem spezielle Touristentickets verkauft werden, jedoch nur in der Zeit von Mo bis Sa 9.30 bis 16.30 Uhr. Hierzu muss man allerdings seine Bankquittungen vorlegen, da man ansonsten in US-$ bezahlen muss. Wer in V.T. kein Ticket erhalten hat, kann ruhig hier noch einmal versuchen, ein Tourist-Quota-Ticket Richtung Süden oder Osten zu erhalten. Entgegen der allgemeinen Regel ist dies zuweilen möglich. Auskunft-Tel.: 131 (West- und Nordindien).

● Seit ein paar Jahren besteht eine **Direktverbindung nach Goa** mit dem „Mumbai-Madgaon-Express": Abfahrt Victoria Terminus 7.05 Uhr, Ankunft Margao (Station Madgaon) 18.25 Uhr, nachts: 22.50 Uhr ab, 10.45 Uhr an Madgaon. Oftmals ist diese Verbindung ausgebucht, sodass ein möglichst frühzeitiger Fahrkartenkauf unbedingt erforderlich ist.

Bus

● Die **staatlichen Überlandbusse** starten vom riesigen, unübersichtlichen **State Transport Terminal** gegenüber vom Mumbai-Central-Bahnhof, Bellasia Road. Organisation scheint hier ein Fremdwort zu sein, englische Hinweisschilder sind auch nur selten zu finden.

Buchungen bis zu 30 Tage im Voraus können tgl. zwischen 8 und 23 Uhr in den Büros der einzelnen, dort ansässigen staatlichen Busgesellschaften vorgenommen werden. Am häufigsten von Reisenden frequentiert sind die Strecken nach Pune (Poona) in Maharashtra (3½ Std.) und Aurangabad (12 Std.) sowie nach Goa (15 Std.).

● Eine bessere, wenn auch teurere Alternative bieten die von Maharashtra Tourism (CDO Hutments, Madame Cama Road) am Nariman Point eingesetzten **Deluxe-Busse nach Maharashtra und Goa.** Mit 175 Rs zahlt man zwar etwas mehr als vom Busbahnhof, doch dafür spart man sich auch die lange und kostenaufwendige Anfahrt dorthin. Aus dem gleichen Grund buchen die meisten Individualtouristen ihre Bustickets gleich in den jeweiligen Hotels in Colaba.

Schiffsverbindung Goa

Seit ein paar Jahren kann man auch wieder mit dem Schiff nach Goa fahren. Ein modernes **Tragflügelboot** bietet 400 Personen Platz und benötigt ca. 8 Std. für die Fahrt. Abfahrtszeiten: Di und Do 10 Uhr, Fr und Sa 22.30 Uhr. Der Preis von 1.400/1.600 Rs *(economy/business class)* beinhaltet Mahlzeiten. Auskünfte und Buchung: Tel. 3731855/ 28788. Mit einer romantischen Bootsfahrt inklusive schöner Aussichten hat das ganze allerdings nichts zu tun, da das Schnellboot weit draußen vor der Küste entlang fährt.

ANHANG

Anhang

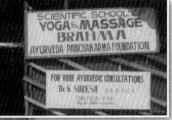

In Varkala stellt man sich auf westliche Touristen ein

Am Strand von Varkala

Angebote von Yoga und Ayurveda gibt es in Kerala immer mehr

Glossar

Geografische Begriffe finden sich auf S. 86, Begriffe der **Tempelarchitektur** auf S. 160.

Adivasi: Bezeichnung für die heute ca. 65 Mio. Ureinwohner Indiens, die z.T. noch in Stammesgebieten leben und trotz staatlicher Fördermaßnahmen zu den unterpriviligierten Schichten der Gesellschaft gehören

Arya: Arier, indoeuropäisches Volk, das im 2. vorchristlichen Jahrtausend in Nordindien einwanderte

Ashram: religiös fundierte Lebensgemeinschaft, in der eine als heilig verehrte Persönlichkeit ihre Schüler unterrichtet

Ayurveda: wörtl. „Wissenschaft vom langen Leben"; indische Medizin, eine alte Heilkunde, die sich nur pflanzlicher und mineralischer Produkte bedient. Besonders bei der Landbevölkerung beliebt, da die Medikamente äußerst billig sind

Beedi: dünne Zigarette, die aus einem zusammengerollten und getrockneten Blatt eines Strauches besteht, mit einer Füllung aus kleingehacktem Tabak im Inneren

Betel: Kaumixtur, die aus dem Blatt des Betelbaumes, dem kleingehackten Samen der Areka-Palme, einer Paste aus Kalkstein und Muscheln sowie Gewürzen und anderen Zutaten besteht. Der beim Kauen entstehende tiefrote Saft verfärbt Zähne und Mund und hinterlässt die überall in Indien zu „bewundernden" Spuckflecken auf Gehwegen und Häuserwänden.

Bhagavadgita: wörtl. „Das göttliche Lied"; religiöses Lehrbuch, welches in das Mahabharata-Epos eingefügt ist. Held dieses wichtigsten Lehrbuches des Hinduismus ist ⇨Krishna, der in einem langen Monolog gegen-über seinem Schüler Arjuna die zentrale Lehre vertritt, dass jeder Mensch genau dort seine Pflicht zu erfüllen habe, wo ihn das Schicksal, welches er selbst durch seine Taten im vorherigen Leben bestimmt hat, hingestellt hat. Damit war die theoretische Grundlage des Kastensystems gelegt.

Bhawan: Haus, Palast

Bodhi-Baum: der Pipal-Baum, unter dem der Fürstensohn *Siddharta Gautama* im 6. Jh. v. Chr. nach siebentägiger Meditation in Bodhgaya im heutigen Bihar zum ⇨*Buddha* (Erleuchteten) wurde und der deshalb in allen buddhistischen Ländern religiöse Verehrung genießt

Brahma: eine der drei Hauptgottheiten des Hinduismus

Brahman: Bezeichnet im ⇨Vedismus das Gebet, später die Weltseele, das höchste Prinzip; aus dem Gegensatz zum ⇨atman entsteht der philosophische Diskurs.

Brahmane: Mitglied der höchsten hinduistischen Kaste; der für die Ausführung der Rituale und die Darbietung der Opfer zuständige Priester

Buddha: der „Erleuchtete", Beiname des *Siddharta Gautama,* der in der zweiten Hälfte des 6. Jh. v. Chr. die buddhistische Lehre verkündete

Chalukya: mittelalterliche Herrscherdynastie in Südindien

Chapati: Fladenbrot

Chowk: Prachtstraße

Deva, Devata: Gott, Gottheit

Devadasi: Tempeltänzerin

Devanagari: Schrift der Hindu-Sprache

Dhal: Linsenbrei, indisches Standardgericht

Dharamsala: Pilgerherberge

Dharma: Weltgesetz, allgemeinverbindliche kosmisch-ethische Ordnung, an die sich jedes Lebewesen zu halten hat

Dhobi: Wäscher

Dhoti: traditionelles Beinkleid der Männer aus Baumwolle, das oberhalb der Knie endet

Draviden: die nicht-indoarische Urbevölkerung des indischen Subkontinents

Durga: hinduistische Muttergottheit, entspricht ⇨Kali, eine Form der ⇨Parvati

East India Company: britische Handelskompanie mit Monopol für den Indienhandel, gegründet 1600. Betrieb die Kolonialisierung Indiens, bevor das Land 1857 direkt der Herrschaft der britischen Krone unterstellt wurde.

Ganesha: hinduistischer Gott mit Elefantenkopf, Sohn ⇨Shivas

Garuda: Sonnenvogel, Reittier ⇨Vishnus

Ghat: Treppenstufen, die zu einem Fluss, Teich oder See hinabführen und an denen gewaschen wird oder Verbrennungszeremonien bzw. Kulthandlungen stattfinden. Außer-

dem die Bezeichnung für ein Gebirge, wie etwa die Ost- und West-Ghats
Ghee: flüssiges Butterschmalz
Gopi: Kuhhirtin, die ⇨Krishna in seiner Funktion als Seelenhüter begleitet. In der Miniaturmalerei ist eine gemeinsame Darstellung der beiden beliebt.
Gumpha: Höhle
Guru: Das Wort bedeutet im ⇨Sanskrit soviel wie „Lehrmeister", womit jedoch nicht nur, wie im Westen oft angenommen, spirituelle Lehrer gemeint sind, sondern Lehrmeister jedweder Art, also etwa auch Musik-, Tanz- oder Sprachlehrer.
Hadsch: Wallfahrt nach Mekka, eine der Grundpflichten im Islam
Hanuman: Affengeneral aus dem ⇨Ramayana, Verbündeter Ramas
Harijan: Der Begriff bedeutet „Kinder Gottes" und wurde von *Gandhi* den Kastenlosen verliehen, um sie auch sprachlich aufzuwerten.
Hauda, Howdah: Elefantensitz
Hill Station: Bergort, der von den Briten als Sommerresidenz genutzt wurde
Hoysala: Herrscherdynastie im südlichen Dekhan. Die von ihr geförderte Architektur zeichnet sich durch üppigen Skulpturenschmuck aus.
Imam: Vorbeter in der Moschee; religiöses Oberhaupt der *Ulema* (religiöse Gemeinschaft)
Inkarnation: „Herabstieg" (⇨Sanskrit: *avatara*) einer Gottheit in der Gestalt einer anderen Person
Jami Masjid: Große oder Freitags-Moschee
Jinismus (Jainismus): eine der drei Hauptreligionen Indiens, gegründet von ⇨Mahavira, der den Beinamen *Jina*, „der Siegreiche", erhielt
Kailasha: heiliger Berg, der dem Gott ⇨Shiva und seiner Gemahlin ⇨Parvati als Wohnsitz dient; Weltenberg in der hinduistischen Kosmologie
Kali: furchterregende Erscheinungsform der ⇨Parvati, Ehefrau ⇨Shivas
Karma: einer der wichtigsten Glaubensgrundsätze des Hinduismus, wonach die Summe aller Taten im jetzigen Leben das Schicksal und die Kastenzugehörigkeit im nächsten Leben bestimmen

Kibla: Gebetsrichtung und -wand, bis zum Jahr 623 nach Jerusalem ausgerichtet, danach nach Mekka. Verstorbene werden mit dem Kopf nach Mekka beerdigt.
Krishna: achte Inkarnation ⇨Vishnus, meist als Kind oder flötenspielender Hirtengott
Kshatriya: zweite der vier ⇨vedischen Gesellschaftsgruppen; Krieger- und Herrscherklasse
Lakshmi: hinduistische Göttin für Wohlstand und Glück
Lassi: Getränk aus Milch und Joghurt, salzig oder auch süß, z.T. mit Früchten
Lingam: Phallussymbol ⇨Shivas, das gewöhnlich im ⇨Sanktum eines shivaitischen Tempels aufgestellt ist
Mahabharata: größtes indisches Heldenepos mit mehr als 100.000 Doppelversen, beschreibt den Kampf zweier verfeindeter Stämme
Mahal: Palast
Maharaja: Herrscher über ein Fürstentum
Maharani: Gemahlin des ⇨*Maharaja*
Mahout: Elefantenführer
Maidan: Grünfläche in einer Stadt
Mandala: „Kreis"; aus Kreisen und Rechtecken bestehendes symbolisches Diagramm, das die Welt in ihrer kosmischen Entwicklung darstellt
Mandir: Tempel
Mantra: mystische Silben und Formeln mit magischer Funktion, die den ⇨Veden entnommen sind
Masjid: Moschee
Mela: Fest, Messe, Jahrmarkt
Meru: mystischer Weltenberg, der, von Meeren und Gebirgen umgeben, den Mittelpunkt der Welt darstellt; Wohnsitz der hinduistischen Götter
Mihrab: in die ⇨Kibla-Wand eingelassene Gebetsnische
Mithuna: Oft als erotisch empfundenes, eng umschlungenes Liebespaar, verkörpert alte kosmologische Gegensätze von Himmel und Erde, Licht und Dunkelheit, Yoni und Lingam. Ikonografisch personifiziert als ⇨Shiva/Parvati und ⇨Vishnu/Lakshmi.
Nandi: Bulle, der ⇨Shiva als Reittier dient
Nataraja: „König des Tanzes", Beiname des Gottes ⇨Shiva in seiner Funktion als Schöpfer und Zerstörer der Welt

GLOSSAR

Niwas: Haus
Pakora: gebackene Teigtaschen mit einer scharfen Gemüsefüllung
Parvati: hinduistische Göttin, wohlwollende Erscheinungsform der Gattin ⇨Shivas
Pallava: mittelalterliche Herrscherdynastie in Südindien
Puja: religiöse Zeremonie, verbunden mit Gebeten und Opfergaben
Raj: Herrschaft
Raja: Titel der südindischen Herrscher
Ramayana: eines der beliebtesten und mit 24.000 Doppelversen umfangreichsten Heldenepen des Hinduismus, in dessen Mittelpunkt Rama, die siebte Inkarnation ⇨Vishnus steht, der seine Frau Sita aus den Klauen des Dämonen Ravana befreit
Ratha: 1.: Prozessionswagen für den Transport der Götterbilder; davon hergeleitet die Bezeichnung für die aus dem Fels gearbeiteten Schreine von Mahabilipuram, 2.: Vor- und Rücksprünge (⇨paga) an den Außenfassaden eines Tempelturms
Rupie: indische Währungseinheit. „Rupien" genannte Münzen wurden zum ersten mal 1542 unter der Herrschaft *Sher Khans* in Nordindien geprägt.
Sadhu: brahmanischer Asket, Einsiedler
Sagar: künstlich angelegter See
Samosa: frittierte Teigtaschen mit Kartoffelfüllung
Sanktum: das Allerheiligste eines Tempels
Sanskrit: die heute nur noch von wenigen Priestern und Gelehrten beherrschte Sprache erlebte ihre Blütezeit im 4. Jh. v. Chr. und bildet die Grundlage aller heute in Nordindien gesprochenen Sprachen. Alle wichtigen Hindu-Schriften sind in Sanskrit verfasst.
Sati: Gattin ⇨Shivas. Sie verbrannte sich selbst, weil ihr Vater es versäumt hatte, ihren Gatten einzuladen. Damit wurde sie zum Vorbild für ungezählte Frauen im Hinduismus, die sich nach dem Tod ihres Ehemannes auf dem Scheiterhaufen verbrennen ließen und so zur „Sati" wurden (Sati-Kult).
Sepoy: heute nicht mehr gebräuchlicher Begriff für indische Soldaten
Shikhara: stufenförmiger Tempelturm
Shiva: hinduistischer Gott der Zerstörung und Erneuerung, erkennbar an seinem Haarknoten

Sufi: islamischer Mystiker
Tamilen: Bewohner Südindiens; dravidisches Volk hinduistischen Glaubens, das immer weiter in den äußersten Süden der Halbinsel und nach Sri Lanka zurückgedrängt wurde
Tantra: „Gewebe"; magisch-mystische Schriften Indiens, die sakrale Symbole und Riten zum Inhalt haben
Tantrismus: Geheimlehre von Ritualen im Hinduismus und in einigen buddhistischen Schulen; Lehre, die sich auf die Diagramme der ⇨mandalas und ⇨yantras stützt, Grundlage für bestimmte Körperübungen (⇨yoga)
Thali: rundes Metallbrett mit mehreren Vertiefungen, in denen verschiedene, meist vegetarische Gerichte serviert werden, auch Begriff für diese Gerichte
Tilak, Tika: dieses zwischen den Augen mit Farbe aufgetragene Stirnmal kann ein Zeichen für Kasten- und Sektenzugehörigkeit sein, ist heute jedoch meist eher ein schmückendes Mal ohne weitere Bedeutung
Tonga: zweirädrige Pferdedroschke zur Personenbeförderung
Veden: wörtl. „Heiliges Wissen". Die ältesten heiligen Schriften Indiens unterteilen sich in vier Texte (wichtigster ist die *Rigveda*), die im ersten Jahrtausend von unbekannten Autoren verfasst wurden.
Vihara: Kloster, buddhistischer Versammlungsort
Vilas: Haus, Palast
Vina: Zither mit zwei Kalebassen als Klangkörper
Vishnu: Wichtiger hinduistischer Gott, Welterhalter. Inkarnationen sind u.a. Rama und ⇨Krishna.
Yantra: symbolisches und mystisches Diagramm zur Bezeichnung einer Gottheit; im ⇨Tantrismus „Werkzeug" zur Stimulierung der Meditation
Yoga: „Anlegen des Joches"; körperliche Schulung, um den Geist durch Beherrschung von Bewegung und Atmung zu erlösen
Yoni: weibliches Geschlechtsteil, Symbol ⇨Parvatis, der Frau ⇨Shivas, und der weiblichen Energie

Literaturtipps

- Baldissera, Fabrizia/ Michaels, Axel: **Der indische Tanz. Körpersprache in Vollendung.**
- Dubois, Abbé Jean Antoine: **„Leben und Riten der Inder",** Reise Know-How Verlag, Bielefeld. Eine Landesbeschreibung von 1807. Der Klassiker wurde nun erstmalig ins Deutsche übersetzt.
- Kade-Luthra, Veena (Hrsg.): **Sehnsucht nach Indien. Ein Lesebuch von Goethe bis Grass,** München. Anhand von Textausschnitten geht die Herausgeberin den Gründen für die bei deutschen Philosophen und Literaten zu konstatierende Indiensehnsucht nach.
- Keilhauer, Anneliese und Peter: **Die Bildsprache des Hinduismus.** Die indische Götterwelt und ihre Symbolik.
- Kipling, Rudyard: **Kim,** München, 1989. Der Roman des englischen Autors, der die meiste Zeit seines Lebens in Indien verbrachte, wurde lange Zeit von der Literaturkritik als Plädoyer zugunsten der englischen Kolonialherrschaft abgelehnt. Inzwischen gilt die Geschichte des irischen Waisen Kim und des tibetanischen Mönchsjungen Tashoò Lama als gelungendstes Werk Kiplings, welches die unterschiedlichen Lebensphilosophien der beiden Hauptdarsteller zum Mittelpunkt hat.
- Krack, Rainer; **Hindi – Wort für Wort,** Reise Know-How Verlag, Bielefeld, aus der Kauderwelsch-Reihe (Bd. 17). Die handlichen Sprechführer bieten eine auf das Wesentliche reduzierte Grammatik und viele Beispielsätze für den Reisealltag (Begleitkassette erhältlich).
- Krack, Rainer; **Kulturschock Indien,** Reise Know-How Verlag, Bielefeld. Das Buch des Verfassers zahlreicher Reisehandbücher über asiatische Länder und jahrelangen Indienkenners ist ideal für all jene Reisenden, die mehr über das indische Alltagsleben erfahren möchten. Behandelt werden u.a. Themen wie die Bedeutung der Großfamilie, Aberglaube, Sexualität, der Gegensatz von Stadt- und Landleben oder Eunuchen in Indien.
- Krack, Rainer; **Hinduismus erleben,** Reise Know-How Verlag, Bielefeld, Praxis-Reihe.
- Malchow, Barbara und Tayebi, Keyumars: **Menschen in Bombay,** Hamburg. Zwanzig Selbstporträts, vom Müllsammler über eine Prostituierte bis zum Atomphysiker, vermitteln ein höchst lebendiges Bild von der Vielfalt und Widersprüchlichkeit Indiens.
- Naipaul, V.S.: **Indien. Ein Land in Aufruhr,** Köln, 1992. Kein anderer Schriftsteller hat seine Hassliebe zu Indien in derart faszinierender und erhellender Weise zu Papier gebracht wie der in Trinidad geborene Sohn indischer Eltern. Auch dieses Buch Naipauls, eine Mischung zwischen politischem Reisebuch und einer unkonventionellen soziologischen Analyse, hat wieder die Frage nach der Identität Indiens zum Mittelpunkt. Seine Stärke liegt nicht zuletzt darin, dass Naipaul nicht der Versuchung erliegt, das chaotische Neben- und Durcheinander der politischen, kulturellen und religiösen Sub-Identitäten des Landes künstlich zusammenzuschweißen.
- Neumann-Denzau, Gertrud/Denzau, Helmut: **Indien. Reiseführer Natur.** Detailgenaue Vorstellung der indischen Nationalparks.
- Riemenschneider, Dieter: **Shiva tanzt. Das Indien-Lesebuch.** Aufschlussreiche Texte indischer Autoren zu Geschichte, Kunst, Kultur und Alltagsleben.
- Rothermund, Dietmar: **Indische Geschichte in Grundzügen,** Darmstadt. Dem bekannten Heidelberger Indologen ist es gelungen, die überaus ereignisreiche und komplexe indische Geschichte auf 150 Seiten zusammenzufassen. Der Zwang zur Komprimierung geht allerdings zu Lasten der alten Geschichte während die Neuzeit, speziell die Kolonialgeschichte, recht ausführlich analysiert wird.
- Roy, Arundhati: **Der Gott der kleinen Dinge,** München 1997. Aufsehenerregendes Erstlingswerk der jungen, aus Südindien stammenden Autorin, in dem sie das Kastensystem und die Unterdrückung der Frau in der indischen Gesellschaft anprangert.
- Rushdie, Salman: **Des Mauren letzter Seufzer,** München. Der vielschichtige Roman des ebenso berühmten wie umstrittenen Autors der „Satanischen Verse" verwebt auf faszinierende Weise mehrere Generationen einer in Indien lebenden jüdisch-christlichen Gemeinde mit der indischen Geschichte.
- Stierlin, Henri: **Hinduistisches Indien. Tempel und Heiligtümer von Khajuraho bis Madurai.** Hervorragende Einführung in die Tempelarchitektur mit Schwerpunkt auf Süd-Indien. Ausgezeichnete Bebilderung.

Reise-Gesundheits-Information Indien

Stand: 02.04.2003
© Centrum für Reisemedizin 2003

Die nachstehenden Angaben dienen der Orientierung, was für eine geplante Reise in das Land an Gesundheitsvorsorgemaßnahmen zu berücksichtigen ist. Die Informationen wurden uns freundlicherweise vom *Centrum für Reisemedizin* zur Verfügung gestellt. Auf der Homepage: **www.travelmed.de** werden diese Informationen stetig aktualisiert. Es lohnt sich, dort noch einmal nachzuschauen.

EINREISE-IMPFVORSCHRIFTEN

Bei Direktflug aus Europa: keine Impfungen vorgeschrieben.

Bei einem vorherigen Zwischenaufenthalt (innerhalb der letzten 6 Tage vor Einreise) in einem der unten aufgeführten Länder (Gelbfieber-Endemiegebiete) wird bei Einreise eine gültige Gelbfieber-Impfbescheinigung verlangt (ausgenommen Kinder unter 6 Monaten).

Gelbfieber-Impfbescheinigung erforderlich bei Einreise aus:

Angola · Äquatorialguinea · Äthiopien · Benin · Bolivien · Brasilien · Burkina Faso · Burundi · Ecuador · Elfenbeinküste · Franz. Guayana · Gabun · Gambia · Ghana · Guinea · Guinea-Bissau · Guyana · Kamerun · Kenia · Kolumbien · Kongo, Rep. · Kongo, Dem. Rep. · Liberia · Mali · Niger · Nigeria · Panama · Peru · Ruanda · Sambia · SaoTomé & Principe · Senegal · Sierra Leone · Somalia · Südafrika · Sudan · Suriname · Tanzania · Togo · Trinidad & Tobago · Tschad · Uganda · Venezuela · Zentralafr. Republik

EMPFOHLENER IMPFSCHUTZ

Generell: Tetanus, Diphtherie, Polio, Hepatitis A, Typhus

Je nach Reisestil und Aufenthaltsbedingungen im Lande außerdem zu erwägen:

Impfschutz	Reisebedingung 1	Reisebedingung 2	Reisebedingung 3
Hepatitis B [1]	x		
Tollwut [2]	x		
Meningitis [3]	x		
Jap. Enzephalitis [4]	x		

[1] vor allem bei Langzeitaufenthalten u. engerem Kontakt zur einheimischen Bevölkerung.
[2] bei vorhersehbarem Umgang mit Tieren

REISE-GESUNDHEITS-INFORMATION INDIEN

(3) bei engerem Kontakt zur einheimischen Bevölkerung, vorw. in der Trockenzeit, besonders Delhi und nördl. Landesteile
(4) bei besonderen Aufenthaltsbedingungen in bestimmten ländlichen Regionen. Impfstoff in Deutschland nicht zugelassen. Beschaffung über Apotheken mit entsprechenden Erfahrungen.

Reisebedingung 1:
Reise durch das Landesinnere unter einfachen Bedingungen (Rucksack-/ Trecking-/Individualreise) mit einfachen Quartieren/Hotels; Camping-Reisen, Langzeitaufenthalte, praktische Tätigkeit im Gesundheits- oder Sozialwesen, enger Kontakt zur einheimische Bevölkerung wahrscheinlich.

Reisebedingung 2:
Aufenthalt in Städten oder touristischen Zentren mit (organisierten) Ausflügen ins Landesinnere (Pauschalreise, Unterkunft und Verpflegung in Hotels bzw. Restaurants mittleren bis gehobenen Standards).

Reisebedingung 3:
Aufenthalt ausschließlich in Großstädten oder Touristikzentren (Unterkunft und Verpflegung in Hotels bzw. Restaurants gehobenen bzw. europäischen Standards).

Wichtiger Hinweis

Welche Impfungen letztendlich vorzunehmen sind, ist abhängig vom aktuellen Infektionsrisiko vor Ort, von der Art und Dauer der geplanten Reise, vom Gesundheitszustand sowie dem eventuell noch vorhandenen Impfschutz des Reisenden.

Da im Einzelfall unterschiedlichste Aspekte zu berücksichtigen sind, empfiehlt es sich immer, rechtzeitig (etwa 4 bis 6 Wochen) vor der Reise eine persönliche Reise-Gesundheits-Beratung bei einem reisemedizinisch erfahrenen Arzt oder Apotheker in Anspruch zu nehmen.

Unter www.travelmed.de finden Sie Adressen von
- Apotheken mit qualifizierter Reise-Gesundheits-Beratung
(nach Postleitzahlgebieten)
- Impfstellen und Ärzten mit Spezialsprechstunde Reisemedizin
(nach Postleitzahlgebieten).
- Abruf eines persönlichen Gesundheitsvorsorge-Briefes für die geplante Reise.

MALARIA

Malaria-Risiko: ganzjährig mit saisonalen Schwankungen

Übertragungsrisiko abhängig von Geografie und Klima, insbesondere vom Monsunregen, der zwischen Mai und November das Land von Südwest nach Nordost überzieht und jeweils 3–4 Monate andauert; im Süden evtl. 2. Regenzeit zwischen Okt. und Dez.

- **Hohes Risiko** (vorwiegend P. falciparum) im Tiefland der Bundesstaaten im Nordosten (östlich von Bangladesch)
- **Mittleres Risiko** (vorwiegend P. vivax; höher in der Regenzeit, geringer in der Trockenzeit) in den meisten ländlichen Regionen der zentralen Landesteile, im Norden im Regenwaldgürtel entlang der nepalesischen Grenze (Terai); in den Stadtgebieten ist mit einem geringen Risiko zu rechnen.
- **Geringes Risiko** (höher in der Regenzeit, geringer in der Trockenzeit) im Norden entlang des Ganges (Teile von Uttar Pradesh, Bihar und östliches West-Bengal), im Süden gesamtes Kerala, Goa, der Westen von Karnataka, Süden und Osten von Tamil Nadu, Südosten von Andhra Pradesh sowie die Andamanen und Nikobaren; in den Stadtgebieten ist mit einem geringen Risiko in der Regenzeit zu rechnen.
- **Malariafrei** sind die Höhenlagen oberhalb 2.000 m von Jammu und Kashmir, Himachal Pradesh, Sikkim, Arunchal Pradesh sowie die Lakkadiven.

VORBEUGUNG

Ein konsequenter **Mückenschutz** in den Abend- und Nachtstunden verringert das Malariarisiko erheblich (Expositionsprophylaxe). Ergänzend ist die Einnahme von **Anti-Malaria-Medikamenten** (Chemoprophylaxe) dringend zu empfehlen. Zu Art und Dauer der Chemoprophylaxe fragen Sie Ihren Arzt oder Apotheker, bzw. informieren Sie sich in einer qualifizierten reisemedizinischen Beratungsstelle. Malariamittel sind verschreibungspflichtig.

AKTUELLE MELDUNGEN

DARMINFEKTIONEN: Landesweit Risiko für DURCHFALLERKRANKUNGEN; CHOLERA gab es zuletzt in den Armenvierteln von Delhi sowie vereinzelt im Küstengebiet von Kerala. HEPATITIS A und TYPHUS, auf gleichem Wege übertragen, sind landesweit häufig. Hygiene beachten.

POLIO: Indien ist weiterhin weltweit das Land mit den höchsten Fallzahlen, die im letzten Jahr in den beiden nördlichen Bundesstaaten Uttar Pradesh und Bihar sogar noch angestiegen sind. Impfschutz beachten.

TOLLWUT: Hohes Risiko landesweit vor allem durch streunende Hunde, auch in Städten. Bei entsprechenden Kontakten sofort Arzt aufsuchen, ggf. auf Verwendung moderner Gewebekultur-Impfstoffe achten. Reisende mit vorhersehbarem Risiko sollten vorbeugend geimpft sein.

HIV-Test: Ausländer über 18 und unter 70, die länger als 1 Jahr im Land bleiben sowie alle ausländischen Studenten müssen sich innerhalb eines Monats nach Ankunft einem HIV-Test unterziehen. (Ausgenommen sind Diplomaten, Ordensfrauen, Priester und akkreditierte Journalisten.) Ein Test, innerhalb eines Monats vor Ankunft von einem anerkannten Labor (WHO Collaborating Laboratory) im Ausland erstellt, wird meist akzeptiert.

HILFE!

Dieses Reisehandbuch ist gespickt mit unzähligen Adressen, Preisen, Tipps und Infos. Nur vor Ort kann überprüft werden, was noch stimmt, was sich verändert hat, ob Preise gestiegen oder gefallen sind, ob ein Hotel, ein Restaurant immer noch empfehlenswert ist oder nicht mehr, ob ein Ziel noch oder jetzt erreichbar ist, ob es eine lohnende Alternative gibt usw.

Unsere Autoren sind zwar stetig unterwegs und versuchen, alle zwei Jahre eine komplette Aktualisierung zu erstellen, aber auf die Mithilfe von Reisenden können sie nicht verzichten.

Darum: Schreiben Sie uns, was sich geändert hat, was besser sein könnte, was gestrichen bzw. ergänzt werden soll. Nur so bleibt dieses Buch immer aktuell und zuverlässig. Wenn sich die Infos direkt auf das Buch beziehen, würde die Seitenangabe uns die Arbeit sehr erleichtern. Gut verwertbare Informationen belohnt der Verlag mit einem Sprechführer Ihrer Wahl aus der über 160 Bände umfassenden Reihe „Kauderwelsch" (siehe unten).

Bitte schreiben Sie an:
REISE KNOW-HOW Verlag Peter Rump GmbH, Osnabrücker Str. 79
D-33649 Bielefeld, oder per e-mail an: info@reise-know-how.de
Danke!

Jetzt erstmals auf Deutsch erschienen:
Abbé Jean Antoine Dubois:
„Leben und Riten der Inder",
Reise Know-How Verlag

Reisen in Kerala & Ayurveda-Kuren

- Individualreisen ab 2 Personen
- direkt gebucht beim indischen Veranstalter

Idee Globus Reisen

Rohmerstr. 28, D-60486 Frankfurt/M
☎: +49-69-71910645 Fax: 779282
🖥: www.kerala-reisen.de
🖥: www.ayurvedaindien.de

Alle Reiseführer von Reise

Reisehandbücher
Urlaubshandbücher
Reisesachbücher
Rad & Bike

Afrika, Bike-Abenteuer
Afrika, Durch, Bd.1
Afrika, Durch, Bd.2
Agadir, Marrak./Südmarok.
Ägypten individuell
Alaska ⌀ Canada
Algarve
Algerische Sahara
Amrum
Amsterdam
Andalusien
Äqua-Tour
Argentinien, Urug./Parag.
Äthiopien
Auf nach Asien!

Bahrain
Bali und Lombok
Bali, die Trauminsel
Bali: Ein Paradies ...
Bangkok
Barbados
Barcelona
Berlin
Borkum
Botswana
Bretagne
Budapest
Bulgarien
Burgund

Cabo Verde
Canada West, Alaska
Canada Ost, USA NO
Chile, Osterinseln
China Manual
Chinas Norden
Chinas Osten
Cornwall
Costa Blanca
Costa Brava
Costa de la Luz
Costa del Sol
Costa Dorada
Costa Rica
Cuba

Dalmatien
Dänemarks
 Nordseeküste
Dominik. Republik
Dubai, Emirat

Ecuador, Galapagos
El Hierro
England – Süden
Erste Hilfe unterwegs
Europa BikeBuch

Fahrrad-Weltführer
Fehmarn
Florida
Föhr
Fuerteventura

Gardasee
Golf v. Neapel,
 Kampanien
Gomera
Gran Canaria
Großbritannien
Guatemala

Hamburg
Hawaii
Hollands Nordseeinseln
Honduras
Hongkong, Macau,
 Kanton

Ibiza, Formentera
Indien – Norden
Indien – Süden
Irland
Island
Israel, palästinens.
 Gebiete, Ostsinai
Istrien, Velebit

Jemen
Jordanien
Juist

Kairo, Luxor, Assuan
Kalabrien, Basilikata
Kalifornien, USA SW
Kambodscha
Kamerun
Kanada ⌀ Canada
Kapverdische Inseln
Kenia
Kerala
Korfu, Ionische Inseln
Krakau, Warschau
Kreta
Kreuzfahrtführer

Ladakh, Zanskar
Langeoog
Lanzarote
La Palma
Laos
Lateinamerika BikeB.
Libyen
Ligurien
Litauen
Loire, Das Tal der
London

Madagaskar
Madeira
Madrid
Malaysia, Singap., Brunei
Mallorca
Mallorca, Leben/Arbeiten
Mallorca, Wandern auf
Malta
Marokko
Mecklenb./Brandenb.:
 Wasserwandern
Mecklenburg-
 Vorp. Binnenland
Mexiko
Mongolei
Motorradreisen
München
Myanmar

Namibia
Nepal
Neuseeland BikeBuch
New Orleans
New York City
Norderney
Nordfriesische Inseln
Nordseeküste NDS
Nordseeküste SLH
Nordseeinseln,
 Deutsche
Nordspanien
Normandie

Oman
Ostfriesische Inseln
Ostseeküste MVP
Ostseeküste SLH
Outdoor-Praxis

Panama
Panamericana,
 Rad-Abenteuer
Paris
Peru, Bolivien
Phuket
Polens Norden
Prag
Provence
Pyrenäen

Qatar

Rajasthan
Rhodos
Rom
Rügen, Hiddensee

Sächsische Schweiz
Salzburg
San Francisco
Sansibar
Sardinien
Schottland
Schwarzwald – Nord
Schwarzwald – Süd
Schweiz, Liechtenstein
Senegal, Gambia
Singapur
Sizilien
Skandinavien – Norden
Slowenien, Triest
Spaniens
 Mittelmeerküste
Spiekeroog
Sporaden, Nördliche
Sri Lanka
St. Lucia, St. Vincent,
 Grenada
Südafrika
Südnorwegen, Lofoten
Sylt
Syrien

Know-How auf einen Blick

Taiwan
Tansania, Sansibar
Teneriffa
Thailand
Thailand – Tauch-
  und Strandführer
Thailands Süden
Thüringer Wald
Tokyo
Toscana
Transsib
Trinidad und Tobago
Tschechien
Tunesien
Tunesiens Küste

Umbrien
USA/Canada
USA, Gastschüler
USA, Nordosten
USA – der Westen
USA – der Süden
USA – Südwesten,
  Natur u. Wandern
USA SW, Kalifornien,
  Baja California
Usedom

Venedig
Venezuela
Vereinigte Arabische
  Emirate
Vietnam

Westafrika – Sahel
Westafrika – Küste
Wien
Wo es keinen Arzt gibt

Edition RKH

Burma – Land der Pagoden
Durchgedreht –
  7 Jahre im Sattel
Finca auf Mallorca
Geschichten aus d.
  anderen Mallorca
Goldene Insel
Mallorquinische Reise
Please wait
  to be seated!
Salzkarawane, Die
Schönen Urlaub!
Südwärts Lateinamerika
Traumstr. Panamerikana
Unlimited Mileage

Praxis

Aktiv Algarve
Aktiv frz. Atlantikküste
Aktiv Gran Canaria
Aktiv Marokko
Aktiv Polen
All Inclusive?
Als Frau allein unterwegs
Bordbuch Südeuropa
Canyoning
Clever buchen/fliegen
Clever kuren
Daoismus erleben
Drogen in Reiseländern
Dschungelwandern
Essbare Früchte Asiens
Fernreisen a. eigene Faust
Fernreisen, Fahrzeug
Fliegen ohne Angst
Fun u. Sport im Schnee
GPS f. Auto, Motorrad
GPS Outdoor
Heilige Stätten Indiens

Hinduismus erleben
Höhlen erkunden
Inline-Skaten Bodensee
Inline Skating
Internet für die Reise
Islam erleben
Kanu-Handbuch
Kommunikation unterw.
Kreuzfahrt-Handbuch
Küstensegeln
Maya-Kultur erleben
Mountain Biking
Orientierung mit
  Kompass und GPS
Paragliding-Handbuch
Pferdetrekking
Reisefotografie
Reisefotografie digital
Reisen und Schreiben
Respektvoll reisen
Richtig Kartenlesen
Safari-Handbuch Afrika
Schutz v. Gewalt/Kriminalität
Schwanger reisen
Selbstdiagnose u. Be-
  handlung unterwegs
Sicherheit/Bärengeb.
Sicherheit/Meer
Sonne, Wind und
  Reisewetter
Survival-Handbuch,
  Naturkatastrophen
Tauchen kalte Gewässer
Tauchen warme Gewässer
Transsib – Moskau-Peking
Trekking-Handbuch
Tropenreisen
Verreisen mit Hund
Vulkane besteigen
Wandern im Watt
Wann wohin reisen?
Was kriecht u. krabbelt
  in den Tropen

Wein-Reiseführer Dtschl.
Wein-Reiseführer Italien
Wildnis-Ausrüstung
Wildnis-Backpacking
Wildnis-Küche
Winterwandern
Wohnmobil-Ausrüstung
Wohnmobil/Indien
Wohnmobil-Reisen
Wracktauchen weltweit

KulturSchock

Afghanistan
Ägypten
Brasilien
China VR/Taiwan
Golf-Emirate, Oman
Indien
Iran
Islam
Japan
Jemen
KulturSchock – Mit
  anderen Augen sehen
Marokko
Mexiko
Pakistan
Russland
Spanien
Thailand
Türkei
Vietnam

Wo man unsere Reiseliteratur bekommt:

Jede Buchhandlung der BRD, der Schweiz, Österreichs und der Benelux-Staaten kann unsere Bücher beziehen.
Wer sie dort nicht findet, kann alle Bücher über unseren Internet-Shop unter **www.reise-know-how.de** oder **www.reisebuch.de** bestellen.

Register

A
Adapter 37
Affen 95
Afghanistan 104
AIDS 30, 352
Aiyanar 146
Akhbar 107
Alappuzha 231
Allah 149
Allepey 231
Alphabetisierung 138
Anreise 16, 21
Antiquitäten 35
Anzeige 60
Aranmula 240
Architektonische
 Begriffe 160
Architektur 157
Arecanüsse 90
Arier 140
Armut 68
Arrak 90
Ärzte 49
Ashoka 153
ATM 22
Atomtest 114
Aurangzeb 99, 109
Ausfuhr 16
Ausrüstung 26
Autorikshas 79
Ayurveda 129, 219, 221

B
Backwaters 222
Bahmani-Sultanat 106
Bahn 71
Bahnfahren 57
Bakschisch 25
Baratiya Janata
 Party 120
Bars 49
Basar 323
Bauhütten 164
Bäume 89
Behinderte 34
Bekal Fort 291
Bestattungstürme 155
Betelpalme 90
Betrug 56
Bettler 67
Bevölkerung 130
Bier 44
Bildung 138
Bischofssitz 236
Bodhi 91
Bombay 314
Bombay Presidency 317
Bootsfahrten 225, 243
Bootsrennen 235
Botschaften 14
Brahmanen 100
Brahma 144
Briefe 50
Brot 40
Buddhismus 152
Busfahren 57
Busgesellschaften 77
Busse 76

C
Cafés 49
Calicut 288
Cannanore 290
Cardamom Hills 211, 241
Cella 157
Chaitya 160
Chalukyas 102
Chapati 40
Cheruthuruthy 287
Chili 39
Cholas 103
Chowpatty Beach 326
Christentum 151
Cochin 255
Colaba 319
Communist Party
 of India 120
Computer-Industrie 123
Congress Party 112
Curry 39

D
Dampflokomotiven 72
Delhi-Sultanat 104
Desserts 43
Dhal 43
Dharamsalas 61
Dharma-Bücher 143
Diebstahl 56
Diplomatische
 Vertretungen 14
Diskotheken 49
Diwali 187
Dokumente 15, 58
Dosas 43
Dravidische
 Urbevölkerung 98, 140
Dravidische Sprachen 137
Dravidischer Stil 160
Dschungel 89
Durga 145
Dussera 187
Dvarapala 160
Dynastien 102

E
East India Company 109
Einfuhr 16
Einkaufen 34
Einreisebestimmungen 15
Einwohner 130
Eisenbahn 71
Elefantenprozession 283
Elefant 94
Elektrizität 37
Elend 68
Emporiums 34
Engländer 111
Englisch 136
Eravikulam-National-
 park 254
Ernakulum 255, 266
Essen 37
Essensstände 37
Ettumunar 240

F
Fahrer 78
Fahrradrikshas 79
Familienpolitik 130
Fauna 94
Faxe 55
Feiertage 185
Feilschen 24
Feste 185
Festkalender 185
Feuertempel 155

REGISTER

Film 165
Filme 46
Fisch 42
Fischernetze 258
Fladenbrot 44
Flagge 119
Flammenbaum 90
Fleisch 41
Flora 89
Flug 16, 70
Flug-Know-How 20
Fluggesellschaften 70, 341
Flughafengebühr 70
Fort Cochin 258
Fotografieren 45, 67
Franzosen 111
Frauen 47, 132
Fremdenverkehrsamt 14
Füße 66

G
Gandhi, Indira 113
Gandhi, Mahatma 112
Gandhi, Rajiv 115
Ganesha 146
Garbhagriha 160
Gastronomie 37
Gateway of India 318
Gaur 94
Geburtenrate 130
Gecko 96
Geldangelegenheiten 21, 58
Geldautomaten 22
Geografie 84
Gepäck 26
Gepäckversicherung 30
Geschichte 98
Gestik 65
Gesundheitsvorsorge 28, 350
Getränke 44
Gewürze 39, 93
Giftschlangen 95
Glossar 346
Gopuram 162
Götter 144
Götterskulpturen 36
Government Cottages 34
Großgrundbesitz 126
Guest Houses 61
Gummiverarbeitung 237

Gupta-Dynastie 99
Guruvayur 288

H
Handy 53
Harihar 106
Hausboot 225
Heilige Kuh 96
High-Tech-Nation 123
Hill Palace 279
Hinayana-Buddhismus 154
Hindi 136
Hinduismus 140
Hinduistische
  Architektur 157
HIV 30, 352
Holi 185
Holzarbeiten 36
Hotels 61
Hoysala-Dynastie 104
Hygiene 49
Hygieneartikel 26

I
Impfungen 29, 350
Indian National
  Congress 112, 119
Indoislamische
  Architektur 163
Indrail Pass 75
Industrie 122
Informationsstellen 14
Inlandsflüge 70
Internet 15, 55
Irinjalakuda 287
ISD-STD-Läden 52
Islam 149

J
Jagd 244
Jali 161
Janata Party 121
Jehangir 108
Joggery 90
Judenviertel 263
Jugendherbergen 61

K
Kadamba-Dynastie 102
Kaffee 44
Kailasha 161

Kakatiyas 104
Kalabhras 102
Kali 145
Kamera 46
Kampfsport-Zentrum 191
Kannada 137
Kannur 290
Karma 143
Karten 27
Kasargode 291
Kashmir 113
Kashmirteppiche 35
Kasten 100, 142
Kastenlose 101
Kathakali-Tanz 179, 277
Katholische Kirche 209
Keraliten 135
Kinder 48
Kinos 49
Kleidung 26, 36, 66
Klima 87
Kneipen 49
Kochi 255
Kokospalme 89, 92
Kollam 227
Kolonialherrschaft 109
Kommunikation 139
Kommunisten 120
Kongresspartei 116
Konkan Railway 72
Konsulate 14
Koran 149
Körpersprache 65
Kosten 24
Kottayam 236
Kovalam 200
Kozhikode 288
Krankenhäuser 49
Krankenversicherung 30
Krankheit 28, 57
Krankheiten 350
Kreditkarten 22
Kriminalität 56
Krishna 146
Krishnadeva Raya 106
Krishnanattam 177
Krokodil 95
Kshatriyas 100
Küche 37
Kuh 96
Kultur 130

Kumarakom 239
Kumily 241
Kunsthandwerk 34
Kutiyattam 175
Kuttu 175

L
Lagunen 222
Lakkadiven 280
Lakshadweep 280
Lakshmi 145
Landreform 126
Landwirtschaft 125
Last-Minute-Flüge 18
Lebenserwartung 130
Lederwaren 36
Leihwagen 78
Lingam 145
Linsen 43
Literatur 169
Literaturtipps 349
Lodis 106
Löwe 94
Löwenkapitell 119
Luftpost 51

M
Madurai 293
Mahabharata 143, 169
Maharaja-
 Paläste 63
Mahayana-
 Buddhismus 154
Malabar Hill 326
Malaria 351
Malayalam 137
Malaysia 21, 80
Malediven 21, 80
Malerei 36
Mandapa 161
Mangaladevi-
 Tempel 251
Marathen 107
Marathi 139
Marine Drive 325
Masala 39
Masala-Film 166
Masjid 161
Mattancherry 262
Mausoleen 163
Medikamente 29

Medizinische
 Versorgung 49
Metallarbeiten 36
Mietwagen 78
Militärfeudalstaaten 107
Miniaturmalerei 36
Mitleid 68
Mobiltelefone 55
Mogulreich 107
Mohammed 149
Mohini Attam 183
Moscheen 164
Mückenschutz 352
Mumbai 314
Munnar 252
Musik 171
Musikinstrumente 174
Muslime 149

N
Naan 44
Nachtleben 49
Nariman Point 325
Nashorn 94
Nationalflagge 119
Nationalpark
 Eravikulam 254
Nehru, Jawaharlal 113
Neyyar-Stausee 211
Nightlife 49
Notfalltipps 58

O, P, Q
Öffnungszeiten 49
Ottan Thullal 183
Pachalloor 210
Padmanabhapuram 212
Pakete 50
Pakistan 113, 117
Pakora 43
Palastbauten 164
Pallavas 102
Palme 89
Palmwein 90
Palmyra 90
Palmzucker 90
Pandyas 104
Parsismus 155
Parteien 119
Parvati 145
Pass 15, 57

Peppara Wildlife
 Sanctuary 211
Periyar-
 Wildschutzgebiet 241
Pfau 96
Pfeilersäle 162
Pflanzenwelt 89
Phallus 145
Phalluskult 142
Pilgerherbergen 61
Polio 352
Politik 116
Polizei 60
Ponmudi 211
Porto 50
Portugiesen 109
Post 50
Postlagernde
 Sendungen 51
Preise 24, 64
Preiskategorien 61
President's Rule 118
Presse 121
Project Tiger 241, 244
Puram-Fest 186, 283
Quilon 227

R
R-Gespräche 52
Raga 172
Railway Reservation
 Offices 74
Railway Retiring Rooms 61
Rajputen-Clans 108
Rama 146
Ramanattam 177
Ramayana 169
Rashtrakutas 102
Ratha 161
Regenbaum 90
Regenwald 89
Regierung 118
Registration Office 16
Reis 40
Reise-Gesundheits-
 Information 350
Reiseapotheke 29
Reisegepäck 26
Reisegepäck-
 versicherung 30
Reisekosten 25

REGISTER

Reisekranken-
versicherung 30
Reisepass 15
Reiserücktrittskosten-
versicherung 30
Reiseschecks 21
Reisezeit 89
Religionen 140
Reptilien 95
Reservierungen 74
Restaurants 37
Rezepte 43
Rikshas 79
Rupie 21

S
Salvation Army
Hotels 61
Salzmarsch 112
Samosa 43
Sanktum 161
Sanskrit 139
Santur 174
Sari 179
Sarod 174
Satavahanas 99
Schauspieler 168
Schlangen 95
Schlangenboote 235
Schlepper 34, 64
Schmuck 34
Schnitzereien 36
Schrift 103, 139
Schuhe 36
Schulbildung 138
Schwarztausch 23
Scooter 79
Seefracht 51
Sepoy-Aufstand 111
Service charge 64
Shahnai 174
Shikara 157, 161
Shiva 145
Shopping 34
Shudras 100
Sicherheit 56, 117
Siddharta Gautama 152
Singapur 21, 80
Sitar 174
Skulpturen 36, 157
Souvenirs 34

Sprache 136
Sri Lanka 21, 80
Sri-Meenakshi-Tempel 298
Staat 118
Staatssymbole 119
Strom 37
Stromausfälle 37
Stupa 161
Sufismus 150
Sultanat Delhi 104
Süßspeisen 43
Synagoge 264

T
Tabla 174
Tala 172
Tambura 174
Tamil 103, 137
Tamil Tigers 116
Tamilen 115
Tandoori 42
Tantrismus 154
Tanz 175, 249, 277
Taxis 79
Tee 44, 93
Telefonieren 52
Telekommunikation 50
Tellicherry 291
Telugu 137
Tempel 157
Tempel-Terminologie 160
Tempelturm 157
Tempos 79
Teppiche 35
Thailand 21
Thali 41
Theater 175
Thekkady 241
Theravada 154
Thiruvananthapuram 190
Thrissur 281
Tierschutz 94
Tierschutzgebiete 245
Tierwelt 94
Tiger 94, 244
Timur 105
Toddy 90
Toilettenartikel 26
Tollwut 28, 352
Tongas 80
Top Station 254

Tortürme 162
Tourismus 129
Tourist Bungalows 62
Trains at a Glance 72
Trichur 281
Trimurti 144
Trinken 44
Trinkgeld 25
Trivandrum 190
Tughluk, Mohammed 99
Tughluks 105
Tulu 139
Türme des Schweigens 326

U
Überfälle 57
Überweisungen 23
Unabhängig-
keitsbewegung 111
Unberührbare 100
Unterkunft 61
Urbevölkerung 99

V
Vaishyas 100
Vakataka-Dynastie 102
Varkala 213
Veden 142
Vegetarisches Essen 41
Vembanad-See 236
Verhaltenstipps 65
Verkehrsmittel 70
Versicherungen 30
Verwaltung 118
Vesara-Stil 163
Victoria Terminus 321
Vihara 161
Vijayanagar-Reich 105
Vijnana Kala Vedi
Centre 240
Vimana-Stil 162
Vindaloo 42
Vishnu 144
Visum 15
Vitchuayana-
Buddhismus 154
Vizhnijam 209
Vögel 96
Vogelschutzgebiet 240
Volkspartei 121
Vorwahlnummern 52

W

Wachtürme 162
Währung 21
Wandelgänge 162
Wanderungen 243
Wasser 44
Wechselkurse 22
Weiterreise 80
Widschutzgebiet Periyar 241
Wiedergeburt 143
Wilderei 244
Wirtschaft 122
World Wildlife Fund 244

Y

Yadavas 104
Yoga 221
Yogazentren 215

Z

Zarathustra 155
Zeitungen 121
Zeitverschiebung 81
Zimmersuche 61
Zoll 16
Zoroaster 155
Zug 71
Zugtypen 72

Die Autoren

Thomas Barkemeier, Jahrgang '58, verbringt seit 1982 jedes Jahr mehrere Monate in Asien. Nach ausgedehnten Reisen in nahezu alle asiatischen Länder führte ihn der Weg 1987 zum ersten Mal nach Indien, und zwar ausgerechnet in das berühmt-berüchtigte Kalkutta.

Seither hat er mehr als vier Jahre in Indien verbracht und während der über 35.000 Kilometer, die er auf Straße und Schiene zurücklegte, fast jeden Winkel des Landes kennen gelernt. Neben der einzigartigen ethnischen, kulturellen und landschaftlichen Vielfalt des Landes sind es die dem mitteleuropäischen Denken oftmals entgegengesetzten Wertvorstellungen der Inder, die ihn immer wieder aufs Neue in dieses ebenso faszinierende wie schwierige Reiseland ziehen.

Zwischen seinen Reisen führte er sein Studium der Geschichte, Politik und Philosophie zu Ende. Er arbeitet als Referent für asienspezifische Themen, Reisebuchautor sowie als Studien-Reiseleiter in Asien. Auch in Zukunft wird er sich beruflich und privat vornehmlich in seiner zweiten Heimat Asien aufhalten.

Martin Barkemeier, der Zwillingsbruder von Thomas, reist ebenfalls häufig nach Indien und führte für dieses Buch die Vor-Ort-Recherchen durch.

Im Reise Know-How Verlag erschienen von Thomas Barkemeier weiterhin die Reiseführer „Indien – der Süden", „Indien – der Norden" und „Rajasthan".